Angela Elwell Hunt

REISE

cmf

Verlag C. M. Fliß
Lütt Kollau 17, 22453 Hamburg

1. Auflage 2000
Originaltitel: Journey
Übersetzung: Dr. Friedemann Lux
Umschlag: image design, Landsberg
Satz: Convertex, Aachen
Druck: Printed in Germany

ISBN 3-931188-36-1

Soweit nicht anders vermerkt, wurden die Bibelzitate der revidierten Elberfelder Bibelübersetzung entnommen.

Es gibt zwei Arten Abenteurer:
die, die wirklich Abenteuer suchen,
und die, die heimlich hoffen, keine zu finden.

William Least Heat Moon
[William Trogdon]
Blue Highways: A Journey Into America

Inhalt

Prolog

Sie hörte das Murmeln von Wasser, spürte, wie das Deck sich unter ihren Füßen hob und senkte, und wußte, daß sie von ihrem Tod träumte. Wieder.

Von einem hartnäckigen Wind getrieben, pflügte das Schiff, das sie durch ihren Traum trug, sich seinen Weg durch das seidig schwarze Wasser, das an seinen Seiten entlangströmte. Jendayi griff nach der Reling, dann hob sie die Hand und hielt sie vor ihre weit aufgerissenen Augen. Sie konnte jede Linie auf ihrem Handteller sehen. Sie war sauber geschrubbt, die Hand, die Finger endeten in den sorgfältig geschnittenen Nägeln einer Musikerin.

Sie wandte ihren Blick der spiegelnden Oberfläche des schwarzen Flusses zu. Sie glaubte den Flügelschlag des Schicksals neben sich zu spüren, daß es ihr wie eine eisige Hand über den Rücken kroch. Die Szene um sie herum wollte nicht passen zu den verblaßten Bildern ihres sterblichen Gedächtnisses. Als sie noch die Gabe des Sehens besessen hatte, hatte sie auf eine helle, lebendige Welt hinausgeblickt, aber hier hatte alles gleichsam einen dunkelroten Stich, als ob die feurigen, bösen Augen Ammits alles in seinem Reich färbten.

Das Boot glitt mit einem leichten, lautlosen Schlag gegen einen Damm. Das plötzliche Schaukeln warf sie um ein Haar um. Jendayi faßte wieder die Reling. Das Boot begann sich zu drehen. Vom Rand des Wassers schossen kantige schwarze Felsen empor. An diesem Ufer lebte kein Grashalm, kein Krokodil, kein Flußpferd. Dies war das Reich der Toten, wo die Götter und die Geister wohnten.

Sie hörte, wie leise Sandalenschritte sich dem alten Fluß näherten, dann griffen winzige, unsichtbare Handpaare ihren Arm und zogen sie sachte aus dem Boot. Sie keuchte auf von der plötzlichen Kälte des Wassers um ihre nackten Füße und hörte ein Lachen; es klang fremd und halb nachsichtig. Die kleinen Wesen zogen sie durch das Uferwasser zu dem weichen Sand, wo ein riesiges Säulenpaar emporragte, das zu einem bleich schimmernden Steinkomplex gehörte.

Jendayi schluckte und versuchte, ihren stolpernden Herzschlag stetig zu machen. Merkwürdig, daß sie es immer noch in ihrer Brust schlagen spürte. Noch merkwürdiger, daß sie sie fühlen, aber nicht sehen konnte, die koboldhaften Wesen, die sie da nach vorne zogen. Aber sie hatte keine Angst vor dem Dunkel. Ihre Blindheit hatte sie gelehrt, vor nichts Angst zu haben – auf der Erde.

Die purpurne Schwärze um sie fühlte sich schwer und bedrohlich an, aber sie tapste weiter hinter ihren geisterhaften Führern her, krampfhaft bemüht, ihre brüchige Selbstbeherrschung zu wahren. Als sie näher zu den beiden Säulen kam, füllte der Modergeruch sonnenentwöhnter Steine ihre Nasenflügel. Die Hände schoben sie behutsam von der weichen Feuchte der Erde zu einem gepflasterten Säulenvorbau, der zu einem Tempel zu gehören schien. Die Zwillingssäulen, deren Kapitelle wie die ewige Lotusblüte geformt waren, ragten direkt vor ihr auf, zwischen ihnen klaffte eine schwarze Leere. Zwei Fackeln, je eine in der Wand neben jeder Säule, flackerten gegen die Dunkelheit an. Irgendein unsterblicher Bewohner dieses Ortes hatte die Säulen mit Passagen aus den Sprüchen vom Herausgehen am Tage beschrieben, aber Jendayi konnte nicht alle der Hieroglyphen lesen.

Ihre unsichtbaren Führer entfernten sich; sie merkte plötzlich, daß sie alleine stand. Eine Stille machte sich um sie breit, eine absolute Lautlosigkeit, die sich wie eine Wand anfühlte. Natürlich. Jedes Wesen mußte ohne Begleitung in die stillen Hallen des Todes gehen. Niemand konnte für die Seele eines anderen vor die Götter treten.

In der Wand zwischen den beiden Säulen war eine Türöffnung. Ihre Ränder schienen dumpf zu glühen, als Jendayi in die gähnende Leere hinter ihnen starrte.

»Du darfst nicht durch uns hindurch«, flüsterten die Türpfosten, ihre Stimme ein Summen in Jendayis Ohren, »wenn du uns nicht zuvor unseren Namen sagst.«

Jendayi dachte nach, ging ihr Gedächtnis nach den unzähligen Lektionen durch, die sie hatte lernen müssen. »Genaues Senkblei«, flüsterte sie, ihre Stimme leiser als die Luft, »ist euer Name.«

Ein dämonisches Kichern zerriß die Stille, daß eine kurze Panikwelle durch Jendayis Brust schoß. Aber sie preßte ihre Lippen zusammen und wartete. Sie würden sie nicht zum Narren halten.

»Du darfst nicht an mir vorbei«, sagte der rechte Türsturz mit einem phosphoreszierenden Leuchten, »wenn du nicht meinen Namen sagst.«

»Schale zum Wägen der Wahrheit ist dein Name.«

Mehr schwarzes Lachen. Jendayi versuchte, sich gegen die Verunsicherung, die über sie kommen wollte, zu stemmen. Sie hatte die Antworten auf diese Fragen alle gelernt, sie war auf den Tod vorbereitet; sie würde der Angst nicht nachgeben.

»Du darfst nicht an mir vorbei«, sagte der linke Türsturz, sachte glühend, »wenn du nicht *meinen* Namen sagst.«

»Weinopfer ist dein Name.«

Mehr Gelächter, heiser und bitter.

»Du darfst nicht an mir vorbei«, murmelte die Schwelle, hell vor dem dunklen Boden, »wenn du nicht meinen Namen sagst.«

Jendayi zögerte nicht. »Ochse des Geb ist dein Name.«

»Ah! Sie darf hindurch.« Die diabolischen Stimmen verklangen. Das Leuchten der Türöffnung wurde noch stärker. Jendayi machte einen Schritt nach vorne, dann blieb sie stehen, als der Boden unter ihren nackten Füßen rot aufleuchtete.

»Du darfst nicht über mich gehen«, sagte der Boden, seine Stimme ein schläfriges Schnurren, »wenn du nicht ...«

»Du bist die Halle der beiden Wahrheiten«, unterbrach Jendayi.

»Ja«, antwortete der Fußboden in mißbilligend-kaltem Ton, »aber ich kenne nicht die Namen der Füße, mit denen du auf mich treten wirst.«

»Flammen der Ha«, flüsterte Jendayi. »Wnpt der Hathor ist der Name meines linken Fußes.«

»Du kennst uns«, sprachen die Stimmen der Tür im Chor. »So trete denn über uns ein.«

Sie ging nach vorne, angetrieben ebenso von ihrer Abneigung gegen die höllischen Wächter der Halle wie von ihrem Wunsch, das, was vor ihr lag, hinter sich zu bringen. Während sie ging, wurde der Fußboden plötzlich heller, breitete sich zu einer Welle goldener Fliesen, die rechts und links abrupt an schwarzen Wänden endeten. Schatten hingen unter der hohen Decke, und vorne erschien eine Prozession mächtiger Säulen, jede mit dem Namen und Bild eines Gottes versehen und von einem eigenen Licht schimmernd. Sie wußte: Die Säulen und die Bilder sollten sie einschüchtern, ihr Angst machen, damit sie ihre Sünden bekannte. Sie sah entschlossen nicht zu ihnen hoch, als sie durch sie ging, sondern hielt ihren Blick auf ihre Hände geheftet. Nur nicht an das Verhör denken, das vor ihr lag. Ihre Hände sahen gewöhnlich aus, die üblichen Knochen, Sehnen und Fleisch, aber in ihrem Leben waren sie ihr größter Schatz gewesen ...

Ein jähes Licht blitzte vor ihr auf, so daß sie instinktiv die Arme hochwarf, um ihre Augen zu schützen. Sie ließ sie langsam wieder sinken. Ein kalter Knoten kam in ihren Magen, als sie den Raum erkannte, in den sie getreten war. Sie stand in der Halle des Gerichts, in der die Unsterblichen auf sie warteten, von ihren Pflichten hierhergerufen, um ihr Bekenntnis anzuhören.

Schatten hingen in den Ecken der Halle. Im Flackerschein vieler Schilffackeln tanzten die Bilder der Götter Ägyptens auf den bemalten Wänden. Die Bilder machten ihr keine Angst, aber jeder Nerv in ihr machte einen Schaudersatz, als sie das Tribunal der drei Götter sah. Auf der einen Seite des Raumes saß Thot, der Schreiber der Götter, einen Schilfgriffel in der Hand, in seinen schwarzen Augen ein wildes Glühen. Ein Menschenkörper mit Ibis-Kopf, wartete er darauf, das Ergebnis dieses Verhörs niederzuschreiben und für alle Ewigkeit festzuhalten, ob Jendayi in das Ewige Leben hineingegangen oder den Zweiten Tod gestorben war. Sie wußte, daß sie ihn nicht zu fürchten brauchte, liebte er doch die Tugend und haßte alles Schändliche. Er würde die Wahrheit aufschreiben.

Doch hinter Thot saß Ammit, der Verschlinger der Toten, ein Wesen mit dem Kopf eines Krokodils, das vorne wie ein Löwe und hinten wie ein Flußpferd aussah. Wenn Jendayi den Test der Götter nicht bestand, würde Ammit ihren Leib verschlingen, so daß nichts von ihr in das Jenseits übergehen könnte.

Genau in der Mitte der Halle, hinter der goldenen Waage, stand Anubis. Die Ohren seines schwarzen Schakalkopfes zuckten leicht, als er Jendayi ansah, und seine Menschenhand ging in einer vagen Geste nach oben, als wolle er sie näherziehen. In der Hand, die die Geste beschrieb, hielt er das Anch, das Henkelkreuz-Symbol des Ewigen Lebens, in der anderen einen Gehstock. Als der Öffner der Straßen der Toten würde er Jendayi entweder auf den Weg in die Ewige Freude schicken oder in die Ewige Verdammnis.

Sie trat, das Herz wie wild hämmernd, nach vorne. Sie wußte, daß die Götter wollten, daß sie ihre Sünden vor ihnen bekannte. Die Priester des Pharao hatten sie nicht nur die Worte gelehrt, die sie zu sagen hatte, wenn sie an der Halle der beiden Wahrheiten ankam; wieder und wieder hatte sie auch die Sätze hersagen müssen, die den Verstorbenen von all dem Bösen, das er begangen hatte, reinigten.

Diese Worte stiegen jetzt auf ihre Zunge, stolperten über ihre Angst und schossen aus ihrem Mund hervor: »Ich habe kein Unrecht gegen Menschen begangen und keine Gefährten mißhandelt. Ich habe nicht Böses statt Gutem getan. Was nicht recht ist, das kenne ich nicht. Ich habe keine Sünden begangen. Ich habe nicht am Beginn jedes Tages das Arbeitssoll der Knechte erhöht. Ich habe keinen Gott beleidigt. Kein Waisenkind habe ich beraubt, noch getan, was die Götter verabscheuen. Ich habe nicht den Diener bei seinem Herrn verleumdet. Ich habe niemand elend gemacht oder zu Tränen getrieben. Ich habe nicht getötet oder zu töten befohlen. Niemandem habe ich ein Leid getan. Ich habe die Speiseopfer in den Tempeln nicht vermindert und die Brote der Götter nicht angetastet. Ich habe die Opferkuchen der Seligen nicht gestohlen. Ich habe nicht Unzucht getrieben. Ich habe das Maß nicht größer noch kleiner gemacht und die Gewichte der Waage und Handwaage nicht verändert. Ich habe mein Ackerland nicht unrecht vergrößert. Ich habe die Milch nicht vom Munde des Kindes fortgenommen und das Vieh nicht von der Weide getrieben. Ich habe den Göttern nicht ihre Vögel weggefangen noch die Fische aus ihren Seen. Ich habe keinen Damm gegen das Fließen des Wassers gebaut noch das Feuer gelöscht, das brennen wollte. Ich habe die Tage des Fleischopfers nicht versäumt. Ich habe nicht die

Viehherden der Götter festgehalten und bin nicht dem Gott bei seiner Prozession in den Weg getreten.«

Sie hielt inne, außer Atem. Sie wußte, daß einige dieser Sätze nicht ganz wahr waren; jeder Mann und jede Frau fiel manchmal in Sünde. Aber die Götter würden ihre Fehler übersehen, wenn sie nur die Formel korrekt aufgesagt hatte. Und ein anderer, noch aufschlußreicherer Test lag noch vor ihr.

Die Ebenholzaugen des Schakals sahen sie an und blinzelten.

»Nichts Übles wird mir widerfahren in diesem Land ... in der Halle der beiden Wahrheiten«, stotterte Jendayi, sich an den Rest des Rituals erinnernd, »denn ich kenne die Namen der Götter, die in ihr sind, der Jünger des Großen Gottes.«

Anubis bewegte fast unmerklich seinen Kopf. Sie glaubte Zustimmung zu lesen in seinen kohlschwarzen Augen. Der Schreiber Thot blickte nicht auf, sondern kratzte über seinen Papyrus, die Bewegungen des Rohrs machten ein leises *Tsk-tsk* in der Stille der großen Halle.

Hinter Anubis kollerte der Verschlinger Ammit ungeduldig, dann öffnete er sein Maul zu einem langgezogenen, furchteinflößenden Gähnen. Jendayi rieselte es kalt über den Rücken bei dem Anblick der sägescharfen Krokodilzähne und des erwartungsvollen Leuchtens in den wilden Augen.

Sie trat zu der goldenen Waage. Auf der linken Schale lag die Feder der Maat, das Symbol der kosmischen Harmonie und Gerechtigkeit, der Ordnung und des Friedens. Auf die rechte Schale mußte Jendayi ihr Herz legen.

Sie hob ihre rechte Hand an ihre linke Brust und war nicht überrascht, als etwas Kaltes, Festes auf ihre Handfläche glitt. Ihr Herz war nicht größer als ihre Faust, ein steinernes Organ aus geädertem Marmor, leicht rosa in dem roten Fackellicht der Halle.

Anubis senkte langsam seinen Kopf, seine gerundeten Augen verfolgten jede ihrer Bewegungen genau. Sie legte ihr Herz vorsichtig auf die leere Waagschale. Das klappernde Geräusch ließ Thot und Ammit ihre Köpfe heben. Die Feder der Maat zuckte etwas auf ihrer Schale, wie von einem Windhauch bewegt, dann begann der Waagebalken zu knarren. Mit Entsetzen in den Augen schaute Jendayi zu, wie der Balken zitterte, dann kippte und die Schale unter dem Gewicht ihres Herzens heftig auf den Marmorboden krachte.

Jendayis Blut schoß wie eisige Nadeln durch ihre Adern vor der infernalischen Kakophonie, die in der Halle der beiden Wahrheiten losbrach. Anubis hob seinen Schakalskopf zu einem langgezogenen Heulen. Thot schaute auf seinen Papyrus und krächzte betroffen. Der Verschlinger Ammit brüllte schadenfroh auf. Selbst der Fußboden und die Türen schienen ein Schreckensgeheule anzustimmen.

»Dein Herz ist aus Stein!« Eine Stimme füllte die Halle, ein dröhnendes Grollen, unheimlicher als alles, was Jendayi je gehört hatte. Sie wollte sich die Ohren zuhalten, wollte fortrennen und sich verstecken in der Dunkelheit, die sie in ihrem irdischen Leben gekannt hatte. Aber diese Dunkelheit war immer in ihr drinnen gewesen; jetzt taugte sie nicht mehr als Versteck.

»Die Grundsätze der Maat sind nicht in dir«, dröhnte die Stimme weiter, daß die Säulen des Raumes erzitterten, »denn dein Herz ist tot!«

»Ich kann doch nichts dafür«, jammerte sie, ihre Hände an ihre Wangen hebend. Ein kalter Luftzug strich hinter ihren Beinen vorbei, ihre Kopfhaut kribbelte unter dem Gewicht ihrer Perücke. »Die Götter sind nicht gut zu mir gewesen. Sie haben mir das Augenlicht genommen, sie haben mir die Freiheit genommen. Wie kann in einer Sklavin in Pharaos Haus ein Herz leben? In einer blinden Harfenspielerin?«

»Schweige, törichtes Mädchen!«

Sie hob ihre Hände an ihre Augen, um sie zu bedecken. Aber was, wenn die Geste den Großen Gott nur noch mehr erzürnte? Sie nahm ihren wankenden Mut zusammen und lugte durch ihre Finger. Thot, Ammit und Anubis standen starr und still da, auf die Befehle des Unsichtbaren wartend, dessen Stimme von den Wänden donnerte.

»Du hast nichts geliebt. Du bist nichts. Du hast nichts getan! Ich überlasse dich dem Ammit, törichtes Kind! Du wirst die andere Welt nicht betreten!«

Das Entsetzen ließ Jendayis Atem zu keuchenden Stößen werden. Der Monsterleib des Verschlingers der Toten kam auf sie zu. Sie wollte sich umdrehen und fortrennen, aber der tückische Boden hielt ihre Füße wie angeklebt fest. Sie fiel nach hinten, spürte, wie ihre dünnen Arme auf die Fliesen schlugen. Dann hielt der Boden auch ihre Hände fest, fester als die Grabtücher eine Mumie. Sie warf ihren Kopf zurück und öffnete ihren Mund zu einem kehligen Schrei ...

Die Fliesen unter ihren Händen verwandelten sich in weiche Leinentücher. Das vertraute Gefühl ihres Bettes und die nächtlichen Geräusche der Sklavenstube kamen langsam in ihr Bewußtsein zurück. Jendayi ließ sich zurückfallen und trank in tiefen Atemzügen die Luft ein, still bis auf das Hämmern ihres dankbaren Herzens.

EPHRAIM

Und es geschah nach diesen Dingen,
daß man dem Joseph sagte:
»Siehe, dein Vater ist krank.«
Da nahm er seine beiden Söhne,
Manasse und Ephraim, mit sich.

(1. Mose 48,1)

Eins

Das vergoldete Boot glitt rasch wie ein Pfeil den uralten Fluß hinab, der Herz und Seele des Schwarzen Landes war. Die einfachen Leute aus den Siedlungen bei Hermopolis und Herakleopolis blieben an den Ufern stehen, um das goldene Schiff zu bewundern, Fischer in ihren kleinen Papyrusbooten hoben grüßend die Hände, als Zafenat-Paneach, der Vater des Pharao und das Brot Ägyptens, vorbeifuhr.

Unter dem bunt verzierten Baldachin saß Joseph und hing den Gedanken nach, die über den rhythmischen Schlägen des Trommlers schwirrten, der die Ruderer im Takt hielt. Die Nachricht von Ruben in Goschen hatte Joseph um äußerste Eile gebeten. Ihr Vater Jakob, der jetzt Israel hieß, lag auf seinem Sterbelager und wartete nur noch auf Joseph und dessen Söhne, bevor er seinen letzten Segen aussprechen und zum Paradies aufbrechen würde.

Das Schiff passierte den Eingang zu einer Lagune. Das Wasser war schwarz und schwer von dem fruchtbaren Schlamm der Überschwemmung. Zwei kleine Jungen auf dem Uferdamm schrien und winkten, als das Boot wie eine riesige Libelle vorbeiflog, die Ruder leuchtende Flügel in der Sonne. *Hier ist die Luft wärmer als in Theben*, dachte Joseph. *Ein helles Licht wird bald diese Erde verlassen, aber die Sonne steht weiter am Himmel, wie ein stetiges, nicht müde werdendes Auge.*

Der monotone Sprechgesang der Ruderer und der Schlag der Trommel konnten nicht durch die Stille dringen, die wie ein schwerer Nebel um die Passagiere des Schiffs lag. Manasse und Ephraim saßen neben Joseph unter dem Baldachin, ihre Augen auf die vorbeisausenden schlammigen Ufer gerichtet, ihre Gedanken weit fort. Was immer sie gerade dachten, Joseph war sicher, daß die Gedanken seiner Söhne ganz andere waren als seine eigenen.

Sein Blick glitt zurück zu den überschwemmten Ufern, und er seufzte zufrieden. Die Jahre der Trockenheit und des Hungers waren vorbei. Zwölf Jahre schon hatte Gott Shaddai dem Königreich wieder den Segen des Nils geschenkt, und das Schwarze Land war grün erblüht, von Goschen bis hinunter in den Süden Nubiens und noch weiter. Gott hatte Josephs Verwandte an seine Tür gebracht, um sie sicher durch die Zeit des Hungers zu bringen, und sie waren bei ihm geblieben, siebzehn Jahre schon, und hatten ruhig und sicher in Goschen gewohnt.

Seine elf Brüder schienen gerne in dem fruchtbaren Weideland des Deltas zu wohnen, wo sie ihre Schaf- und Ziegenherden hüteten und Vieh züchteten. In seinem Herzen fragte Joseph sich manchmal, ob sie blieben, weil ihnen Goschen wirklich gefiel, oder ob ihr schlechtes Gewissen sie zum Bleiben trieb, damit Israel seinen Lebensabend in der Nähe des Sohnes verbringen konnte, den sie in die Sklaverei verkauft hatten. Aber was machte es, was ihr Motiv war? Gott Shaddai hatte die Söhne Israels in das Schwarze Land gebracht, wo Joseph der Ägypter ihre Rettung vor Hunger und Not gewesen war. Sie verdankten ihm ihr Leben, aber Joseph hatte den Verdacht, daß viele von ihnen eher sterben als dies zugeben würden. Die meisten seiner Brüder verachteten Ägypten gerade so sehr, wie sie einst Joseph verachtet hatten, denn es war ein genußsüchtiges, götzendienerisches Königreich, in dem die Menschen sich betranken und ständig das große Glück suchten.

Den Söhnen Israels war das Glück nie in den Schoß gefallen, aber sie hatten die Hilfe, die die fruchtbaren Felder und überfließenden Kornkammern Ägyptens ihnen boten, gerne angenommen. Und nachdem sie ihn um Vergebung für das Übel gebeten hatten, das sie ihm vor so langer Zeit angetan hatten, hatten sie auch ihren Bruder und seinen Platz am Hof des Pharao akzeptiert.

Ein Lächeln glitt über Josephs Gesicht, als er an Pharao Amenhotep (Amenophis) III. und seine königliche Gattin, Königin Tiy, dachte. Seit fast dreißig Jahren stand er dem Pharao zur Seite, erst als

Lehrer und Vormund, dann als Berater. Er hatte Amenhotep durch den Tod seines Vaters begleitet, durch zahlreiche Intrigen und Krisen am Hof und durch Kriegsgefahr. Und er hatte dem jungen König zu einer Liebesheirat geraten, als sich zeigte, daß Amenhoteps Herz sich Tiy, eine Nichtadlige, erwählt hatte.

Einer der zahlreichen Titel Josephs war »Vater des Pharao«, aber Gott Shaddai war es, der alles geführt hatte, in Wort und Tat. Vielleicht, dachte Joseph, während seine Augen zu den starken Profilen seiner Söhne hingingen, war er mehr ein Vater des Pharao als dieser beiden jungen Männer, die hier mit ihm fuhren.

Aber Gott Shaddai hatte ihn in Pharaos Leben hineingesetzt und es für recht befunden, ihn in dem königlichen Thronsaal zu behalten. Seit 57 Jahren nun lebte Joseph im Schatten von El Shaddais führender Hand, und in dieser langen Zeit hatte er das Beste und das Schlimmste gesehen, was das Leben zu bieten hatte. Und weil er sich seiner Berufung ebenso gewiß war wie des nächsten Sonnenaufgangs, floß Josephs Herz über von Frieden.

Doch was für Gefühle sich in den Herzen seiner Söhne regten, darüber konnte er nur spekulieren.

Die Sonne schien nicht über dem Delta. Die galleschwarzen Wolken über Goschen, die der Wind von dem Großen Meer herbeiblies, hingen so tief, als wollten sie die Erde zusammendrücken. Mehrere kleine Gruppen Männer, Jakobs Söhne und Enkelsöhne, standen zusammengedrängt vor dem Zelt des Patriarchen, ihre Köpfe gesenkt wie vor einem dräuenden Gewitter. Als Joseph und seine Begleiter auf dem Pfad, der von dem Fluß kam, erschienen, hob Ruben seinen ergrauten Kopf und nickte ernst zum Gruß.

»Er wartet auf dich und deine Söhne«, sagte er, während er würdevoll-steif nähertrat. »Er will nicht ruhen, bevor er nicht mit euch gesprochen hat.«

Joseph zwang ein Lächeln hervor und nickte knapp, dann hob er die Türklappe zum Zelt seines Vaters hoch. Drinnen standen seine Schwester Dina und deren Tochter Tizara. Sie lächelten erleichtert, als sie Joseph sahen. Dina trat beiseite, zu dem Kohlenfeuer, dessen

Glühen die Kälte des Todes zurückhielt, aber Tizara verneigte sich bis zum Boden.

»Steh auf, Tizara«, sagte Joseph, einen Augenblick irritiert von der Unterwürfigkeitsgeste seiner Nichte. Seine Augen fuhren über die reglose Gestalt auf dem von Fellen bedeckten Lager. »Kommen wir zu spät?«

»Natürlich nicht, mein Herr.« Tizara hob ihren Kopf vom Boden hoch. »Er hat eine ungeheure Kraft, und er wartet auf euch. Ich werde ihn aufwecken.«

Lautlos wie ein Schatten glitt sie zu dem Bett und legte sachte eine Hand auf die nackte Schulter des Alten. Jakobs Wangenknochen standen wie Zeltstangen unter der Plane hervor. Seine Lippen waren zu zwei dünnen grauen Strichen geschrumpft. Aber es lag eine innere Kraft in diesem Gesicht, und als die schweren Augenlider sich hoben, hatte der Blick der trübe gewordenen Augen immer noch etwas Fesselndes.

»Großvater Israel«, flüsterte Tizara, »dein Sohn Joseph ist da.«

Mit sichtbarer Anstrengung nahm Israel seine Kräfte zusammen und setzte sich auf. Er schielte durch das Dämmerlicht des Zeltes in Josephs Richtung. »Mein Sohn?«

»Ja, Vater.« Joseph legte die Würde seiner eigenen Stellung ab und trat nach vorne, auf einmal wieder der pflichtbewußte Sohn, der auf die Wünsche seines liebenden Vaters wartete.

»Ich bin froh, daß du gekommen bist.« Israels Worte kamen langsam, wie aus einem tiefen Brunnen herausgezogen. »Höre genau auf das, was ich dir sagen werde, denn ich bin alt und werde bald zu meinem Vater und dem Vater meines Vaters gehen.«

»Ich höre«, erwiderte Joseph mit belegter Stimme.

Ein Blick müder Traurigkeit ging über Jakobs Gesicht. »In Lus, im Lande Kanaan, erschien mir Gott Shaddai. Er segnete mich und sprach zu mir: ›Ich will dich fruchtbar und zu vielen Völkern machen. Ich will dieses Land deinem Samen nach dir geben, zum ewigen Besitz!‹«

Er hielt inne, um Kraft zu schöpfen. »So seien nun deine beiden Söhne, die dir geboren wurden, bevor ich zu dir nach Ägypten kam, mein. Ephraim und Manasse, sie sollen mein sein, wie Ruben und Simeon! Doch alle Söhne, die dir nach ihnen geboren werden, sollen dein sein und nach dem Namen ihrer Brüder genannt werden in ihrem Erbteil.«

Joseph nickte stumm. Er begriff. Jakobs Worte bedeuteten, daß Manasse und Ephraim Jakobs Erbe gleichberechtigt mit Josephs elf Brüdern teilen würden. Jakob gab Joseph den doppelten Segen, der eigentlich dem Erstgeborenen zustand, und übertrug ihn sofort auf seine Kinder. Jakobs Ältester war eigentlich Ruben, aber Joseph war der Erstgeborene der Rahel, die Jakob stets als seine eigentliche Frau betrachtet hatte. Obwohl er nach Rahels Tod auch Lea, seine zweite Frau, lieben gelernt hatte, hatte er doch nie vergessen, daß er den begehrten Platz der ersten Frau und des erstgeborenen Sohnes Rahel und Joseph zugedacht hatte.

Der Patriarch blinzelte an Joseph vorbei. »Wer ist mit dir?«

Joseph zeigte hinter sich. »Die Söhne, die Gott mir im Lande Mizraim gab.«

Die Spitze der Zunge des Alten befeuchtete langsam seine Unterlippe. »Bringe sie zu mir, daß ich sie segnen kann.«

Der Schock der Trauer erlaubte es Joseph nicht, sich umzudrehen, aber Manasse und Ephraim hatten mitgehört und kamen bereits zu dem Bett ihres Großvaters.

Israel hob zitternd seine Arme. Seine Finger suchten nach den starken Schultern seiner Enkelsöhne. Als sie sie gefunden und fest gepackt hatten, zog er sie zu sich, küßte sie auf die Wangen und umarmte sie.

»O, Joseph, mein Sohn.« Es war Ehrfurcht in seiner Stimme, als seine Arme Josephs Söhne umfingen. »Ich hatte nicht gehofft, dein Angesicht wieder zu sehen, und nun hat Gott mich auch deine Kinder sehen lassen.«

Joseph trat unsicher vor, um ebenfalls vor dem Bett seines Vaters niederzuknien. Manasse machte ihm Platz. Die beiden jungen Männer neigten, in tiefer Ehrfurcht vor Israels Alter und Rang, ihre Stirnen bis auf den Boden, während Joseph weinend die Hände seines Vaters faßte. Das Licht der Freude, das bei ihrer Wiedervereinigung in seiner Seele angezündet worden war, war nicht weniger geworden in den siebzehn Jahren – und jetzt würde er, ach so bald, wieder kommen, der elende Schmerz der Trennung!

»Und jetzt«, sagte Israel mit zitternder Stimme, »bringe deine Söhne zu mir, damit ich sie segne.«

Joseph erhob sich und machte eine Geste zu seinen Söhnen. Ephraim wollte an die linke Seite des Lagers treten, wo Jakobs rechte Hand war. Joseph schnippte mit den Fingern und bedeutete den jungen Männern mit einer heftigen Bewegung, die Plätze zu tauschen. Manasse, als der Ältere, würde den größeren Segen empfangen, der traditionell mit der rechten Hand erteilt wurde.

Josephs Herz schwoll an vor Erfüllung, als seine beiden stattlichen Söhne auf ihre Knie fielen, um den Segen entgegenzunehmen. Israel schloß seine Augen, hob seine Hände zum Himmel empor und begann zu sprechen, die Stimme voller Vollmacht: »Der Gott, vor dem meine Väter wandelten, Abraham und Isaak, der Gott, der mich behütet hat von dem Tag, da ich geboren wurde, bis heute, der Engel, der mich von allem Übel erlöst hat, der segne diese Knaben!« Dann kreuzte Israel seine Arme, so daß die rechte Hand, die auf Manasses Kopf hätte fallen sollen, statt dessen auf Ephraims kam. Scheinbar ohne seinen Fehler zu bemerken, fuhr der Alte fort: »Möge mein Name und der Name meiner Väter, Abraham und Isaak, in ihnen fortleben! Mögen sie so zahlreich werden wie die Fische und viele inmitten des Landes!«

»Warte, Vater!« Joseph trat nach vorne. Eine kalte, dünne Klinge der Vorahnung schnitt in sein Herz. Was er hier sah, war der Beginn einer ironischen Wiederholung der Geschichte. Jakob hatte Esaus Erstgeburtsrecht gestohlen, Lea Rahel ihren rechtmäßigen Platz weggenommen. Der zweitgeborene Ephraim, er durfte nicht mehr Segen bekommen als Manasse ...

»Nein, mein Sohn.« Jakobs Hände blieben fest liegen, wo sie waren. Er hob seine blassen Augen, und Joseph sah das Licht der Absicht in ihnen. »Ich weiß, was du denkst. Der Erstgeborene wird auch ein Volk werden und er wird groß sein, aber sein jüngerer Bruder wird größer sein als er, und sein Same wird eine Fülle von Völkern werden!« Er senkte seinen Blick zu seinen Enkeln hin. »Mit euren Namen werden die Kinder Israels einander segnen und sagen: ›Gott mache dich wie Ephraim und Manasse!‹«

Die dünnen Hände glitten von den Köpfen der jungen Männer. Jakob legte sich erschöpft zurück, doch auf seinem Gesicht leuchtete

Zufriedenheit. »Ich muß jetzt sterben.« Er sah zu Joseph auf. »Aber Gott wird mit euch sein und euch zurückbringen in das Land eurer Väter. Und ich gebe dir ein Stück Land über deine Brüder hinaus.« Er hielt inne, seine Brust arbeitete. »Rufe die anderen, denn ich muß zu ihnen reden, bevor ich zu meiner letzten Reise aufbreche.«

Wie schwach die Stimme seines Vaters auf einmal klang! Joseph lief zum Eingang des Zeltes und rief mit rauher Stimme seine Brüder.

Manasse stand schweigend im Schatten bei den Frauen, während sein Großvater den Sterbesegen über seine Söhne aussprach: Ruben, Simeon, Levi, Juda, Sebulon, Issachar, Dan, Gad, Asser, Naftali, Joseph und Benjamin. Vielen der Onkel stand die Verwunderung im Gesicht geschrieben, als die Segnungen und Warnungen von Jakobs Zunge harollten. Simeon und Levi schienen fast zu schrumpfen unter den harten Worten ihres Vaters. Aber die Segensworte, die Israel da aussprach, hatten wenig mit den Männern zu tun, wie Manasse sie kannte, und er fragte sich, ob die Worte des Alten wirklich wörtlich genommen werden wollten. Würde Gott Shaddai das erfüllen, was Israel da prophezeite? Und wie hatte Jakob das gemeint, als er Ephraim den Segen der rechten Hand gab, den Segen, der von Rechts wegen dem Erstgeborenen gehörte?

Vielleicht sollte er die Geste nicht so wichtig nehmen. Was war so ein Segen denn? Worte eines Sterbenden, der einem Glück und Wohlstand wünschte. Gewöhnlich erhielt der Erstgeborene einen doppelten Anteil, aber er und Ephraim würde Jakobs Besitz zu gleichen Teilen mit ihren elf Onkeln teilen. Es ging also nicht um bloßen Besitz bei dem Segen. Und Jakob hatte zwar auch gesagt, daß Ephraim mehr Nachkommen haben würde, aber was hieß das schon, solange man selber noch lebte?

Aber sein jüngerer Bruder wird größer sein als er... Die Worte brannten in Manasses Gehirn. Er und Ephraim hatten sich all die üblichen Konkurrenzkämpfe geliefert, wie Geschwister sie hatten. Bis vor kurzem war Manasse immer zwei Jahre schlauer, zwei Jahre kräftiger, zwei Jahre größer gewesen als sein Bruder, aber jetzt, wo er 25 und

Ephraim 23 war, kämpften sie, erwachsen geworden, beide vom gleichen Niveau aus. Und irgendwann wäre er zwei Jahre langsamer, zwei Jahre schwächer, zwei Jahre dem Grab näher ...

Aber was sollte er sich von einem Segen die Laune verderben lassen? Manasse betrachtete seine Onkel. Keinen von ihnen schienen die Prophezeiungen ihres Vaters aus der Fassung zu bringen. Simeon und Levi, die Jakob praktisch für ihren Jähzorn verflucht hatte, standen jetzt schon wieder ruhig und gefaßt im Hintergrund des Zeltes und warteten darauf, daß ihr Vater die Reise in die Ewigkeit antrat.

Noch einmal nahm Jakob seine Kräfte zusammen. Die Frauen halfen ihm, sich aufzusetzen. »Ich werde jetzt zu meinen Vätern versammelt.« Sein Atem rasselte, seine Augen schlossen sich, als habe er nicht die Kraft, um sich zu blicken. »Begrabt mich bei meinen Vätern in der Höhle, die in dem Feld von Machpela liegt, gegenüber Mamre im Lande Kanaan. Dort haben sie Abraham und Sara begraben; dort begruben sie Isaak und Rebekka; dort begrub ich Lea.«

Er murmelte noch ein paar Worte, so leise, daß Manasse es nicht hören konnte, dann legte er sich zurück, rollte sich auf dem Bett zusammen und hauchte sein Leben aus.

Eine schmerzliche Faust legte sich um Manasses Herz, als sein Vater sich aufweinend auf den Körper des Patriarchen warf und Israels eingesunkenen Wangen küßte.

Jokim, der Sohn Schelas, des Sohnes Judas, saß draußen bei dem Feuer, in dem Kreis der weinenden Männer. Keiner von ihnen hatte die Torheit besessen, anzunehmen, daß ein 147 Jahre alter Mann ewig leben würde, aber Jakob war immer unter ihnen gewesen, der eine feste Anker in einem Meer von Veränderungen und Sorgen. Jakob war es gewesen, der angeordnet hatte, daß sie in Zelten wohnen würden, so daß sie jederzeit weiterziehen konnten, wenn Gott Shaddai es befahl. Jakob war es gewesen, der nachts die Stimme des Allmächtigen hörte. Jetzt würde Joseph der Patriarch sein, denn er hatte den Erstgeburtssegen bekommen, aber Joseph schien so weit weg zu sein wie ein Berg am Horizont in dem fernen Theben, wo immer wieder der Pharao seine Zeit beanspruchte.

Jokim sah zu seinem Vater und Großvater hinüber. Der Schmerz hatte gnadenlose Furchen in Judas Gesicht gegraben, sein schwerer weißer Bart war von Tränen gestreift. Jokims Vater, Schela, zog nachdenklich seine Lippen zusammen und starrte in das Feuer, als ob die Geheimnisse von Jakobs Leben in ihm flackerten. Ein Schweigen dick wie Wolle wickelte sich um die Trauernden. Jeder versuchte sich vorzustellen, wie wohl alles werden würde, jetzt, wo Jakob, der beherrschende Pol in ihrem Leben, nicht mehr war.

Das lastende Schweigen machte ihn nervös. Jokim schlüpfte weg von den alten Männern und wanderte zwischen den Zelten umher. Die Frauen hatten keine Zeit zum Trauern. Sie hatten jetzt alle Hände voll zu tun, Kost und Logis für die Gäste zu bereiten, die bald in Scharen kommen würden. Die Kanaaniter betrauerten ihre Toten dreißig Tage lang: drei Tage Weinen, dann sieben Tage Wehklagen und darauf zwanzig Tage zum Empfang der Trauer- und Beileidsgäste. Jakob aus Hebron war wohlbekannt und hochangesehen gewesen im Lande Kanaan. Bald würden Könige und Fürsten aus der ganzen zivilisierten Welt sich auf den Weg nach Goschen machen, um dem großen Mann, der einen noch größeren Sohn gezeugt hatte, die letzte Ehre zu erweisen.

Jokim hielt abrupt an, als er bei den Viehpferchen Manasse und Ephraim sah. Die beiden Brüder, die etwa in seinem Alter waren, waren auffallend gutaussehend, obwohl sie nach der Sitte der Ägypter gekleidet und geschminkt waren. Sie trugen feine ägyptische Perükken, die sorgfältig gekämmt und geölt waren, und das Weiß ihrer rockartigen Schurze stach hell von den dunklen Farben der Zelte Jakobs und der langen Gewänder der Hebräer ab. Manasse, der Ältere, hatte ein schmales Gesicht. Seine glatte, olivenfarbene Haut spannte sich über hohe Wangenknochen, und seine kohlschwarzen Augen schienen jeden, den sie musterten, durchdringen zu wollen. Ein kräftiger Bartwuchs hatte begonnen, Kinn und Oberlippe zu verdunkeln. Offenbar hatten die Ägypter keine Zeit mehr zum Rasieren gehabt, bevor sie das Schiff bestiegen, das sie nach Goschen brachte.

Manasses Stirn lag in nachdenklichen Falten, seine Hände lagen auf der obersten Stange eines Pferches, in welchem Lämmer untergebracht waren, die zu jung waren, um durch das Überflutungswasser zu schwimmen.

»Hallo, Vettern«, sagte Jokim und trat vorsichtig näher. Er kannte seine ägyptischen Verwandten nicht sehr gut. Joseph kam selten nach Goschen, und wenn er kam, waren Manasse und Ephraim meist nicht dabei. Jokim konnte sich nicht erinnern, öfter als ein- oder zweimal in seinem Leben mit seinen Verwandten gesprochen zu haben. Aber hier standen sie also, zwei Männer in seinem Alter und ganz offenbar in dem gleichen Gefühlsstrudel gefangen, in welchem er selber steckte.

Manasse neigte seinen Kopf zu einer höflichen Geste. Ephraim warf Jokim ein herzliches Lächeln zu. »Hallo, Jokim! Du bist doch Schelas Sohn?«

»Ja.« Jokim versuchte, seine Erleichterung nicht zu deutlich zu zeigen. Josephs Söhne gehörten ja fast schon zum ägyptischen Königshaus. Er hatte gehört, daß sie oft mit den Kindern des Pharao zu Tisch saßen. Josephs Frau, ihre Mutter, war eine schöne ägyptische Aristokratin gewesen, so daß Ephraim und Manasse Schönheit und hohe Stellung von beiden Eltern geerbt hatten.

Ephraim, fand Jokim, mußte wohl die Gesichtszüge seiner Mutter geerbt haben. Sein Gesicht war nicht so schmal wie das Manasses, der Blick nicht halb so direkt und durchdringend. An seinem Nacken lugte eine schwarze Locke unter den strengen Flechten der ägyptischen Perücke hervor, und sein Lächeln war breit, rasch und hell, daß Jokim augenblicklich alle Befangenheit verlor.

»Sollen wir uns setzen?« Ephraim zeigte auf den Zaun. »Wir würden gerne hören, was in den letzten Tagen hier so passiert ist. In Theben kriegt man leider nicht viel Nachrichten aus dem Delta mit.«

Jokim mußte lächeln über Ephraims Takt. Den meisten Menschen in Theben war es herzlich egal, was es bei den Hebräern in Goschen Neues gab.

Er zuckte mit den Achseln und setzte sich auf die oberste Zaunstange. »Israel ist langsam immer schwächer geworden. Er wurde immer weniger, und vorgestern abend befahl er den Frauen, Joseph holen zu lassen. Mein Großvater Juda hat es kommen sehen – die ganze letzte Woche schon hat er gesagt, daß es bald zu Ende geht.«

Jokim legte seinen Kopf leicht schräg und musterte Ephraims ausdrucksstarkes Gesicht. »Könnt ihr mir sagen, wie das vorhin war in Israels Zelt? Meine Mutter wollte nicht, daß ich hineinging.«

Ephraim warf einen raschen Blick auf seinen älteren Bruder. Der murmelte etwas auf ägyptisch und ging, die Arme vor der Brust kreuzend.

Ephraim senkte seine Stimme. »Israel hat seinen Segen ausgesprochen.« Seine linke Braue ging eine Spur nach oben. »Er hat mich und Manasse unter seine Söhne gezählt. Wir hatten das natürlich nicht erwartet. Und dann kam etwas ganz Ungewöhnliches ...« Er hielt inne, als wäge er ab, wie er am besten weitersprechen sollte.

»Was?« Jokim beugte sich näher. »Was kam da Ungewöhnliches?«

Ephraim befeuchtete nervös seine wohlgeformten Lippen. »Dir wird das vielleicht nicht viel sagen, aber er legte seine rechte Hand auf *meinen* Kopf, obwohl ich an seiner *linken* Seite kniete. Mein Vater wollte das korrigieren, aber Großvater ließ sich nicht davon abbringen. Er sagte, er wollte das so.« Ein prahlerischer Unterton kroch in seine Stimme. »Israel sagte, ich werde mächtiger werden als mein Bruder.«

»Wirklich?« Jokim lehnte sich zurück, überrascht sowohl von der Nachricht wie von Ephraims lässiger Art, sie mitzuteilen.

»Ja.« Ephraims Brauen gingen hoch, ein breites Grinsen trat auf sein hübsches Gesicht. »Mann, jetzt kann ich's Manasse geben! Wie er mir das immer unter die Nase gerieben hat, daß er der Ältere ist. Aber jetzt wird er nichts mehr sagen, weil ich ihm mit Israels eigenen Worten Contra geben kann. Ich werde der Mächtigere werden, aus mir wird ein gewaltiges Volk kommen!«

Jokim starrte ihn an, halb überrascht, halb amüsiert. Bei jedem anderen hätten die Worte unverschämt geklungen, aber Ephraim sprach sie so unbekümmert aus, daß es nicht ungehörig oder taktlos klang.

»Und was meinst du, wie Israel das gemeint hat?« fragte Jokim.

»Ich weiß nicht«, erwiderte Ephraim, während er von der Zaunstange glitt. »Aber ich werde Großvaters Worte so lange feiern, wie ich kann. Es kommt nicht jeden Tag vor, daß ich meinem älteren Bruder zeigen kann, was eine Harke ist!«

Zwei

Wie die anderen Musikerinnen im Gemach der Königin senkte Jendayi ihren Kopf, als das Lied zu Ende war, und wartete auf ein Signal von Akil. Die Gefährtinnen der Königin, wer immer sie sein mochten, verstummten, und Jendayi fragte sich, warum sie nicht weiterredeten. Die plötzliche Stille in dem Raum war unbehaglich, eine fast greifbare Erinnerung daran, daß auch die Musiksklavinnen Menschen waren. Sie brauchten Zeit, um zu sich zu kommen, sich neu zu gruppieren, Finger und Lungen auszuruhen.

Jetzt schnippte Akil dreimal mit den Fingern, und Jendayi zog ihre Harfe näher, um mit dem Spiel forzufahren. Ihre Arbeit gab ihr einen mechanischen Halt, der ihr half, den tiefen Herzensschmerz der Einsamkeit, der ihre Tage und Nächte gefangenhielt, zu überdecken. Seit man sie als kleines Kind ausgesetzt hatte, war sie an sie gewöhnt – an den Schmerz und die Einsamkeit, die ständigen Begleiter in ihrer Dunkelheit.

Die Musik begann wieder. Jendayis Finger zupften die Saiten ihres Instruments. Vor ihr lag eine lichtlose Zukunft, ein Leben der Alpträume und Langeweile und Sklaverei. Ihre eine Freude war ihre Musik, aber es war eine bittersüße Freude, denn die Liebe und Freude in den Klängen, die sie ihrer Harfe entlockte, erinnerten sie nur daran, daß sie diese Dinge nie selber würde erfahren können.

Sie bearbeitete die Harfe mit flinken Fingern und einem brennenden Herzen, gab der Qual ihrer Verzweiflung eine Stimme. Die Frauen in der Gesellschaft der Königin würden ohne Zweifel ihrer Musik zuhören – und sie hübsch finden.

Königin Tiy, Mutter Ober- und Unterägyptens, Jüngerin des Horus, Gefährtin des Herrschers und Lieblingsgattin, rutschte auf ihrem vergoldeten Stuhl hin und her, gelangweilt von der Musik und den Verrenkungen ihres Lieblingszwerges. Die Hofdamen, die sich um die Wette herausgeputzt hatten, lachten und kicherten über die Possen des Sklaven, doch Tiy preßte ihre Lippen zusammen und unterdrückte ein Gähnen. Für sie war diese eine Stunde mit ihren Damen reine Pflichterfüllung und Hofprotokoll; in Wirklichkeit hatte sie keine Geduld mit ihren Geschlechtsgenossinnen. Nur für Sitamun, ihre älteste Tochter, konnte sie sich erwärmen, und das wohl auch nur, wie Tiy argwöhnte, aus Mutterliebe.

»Seid gegrüßt, Herrin!« Vor den Doppeltüren des Thronsaales warf sich ein Eilbote nieder, daß seine breiten Hände auf die Fliesen klatschten. Tiy schaute hoch. Die Brust des vom Laufen atemlosen Mannes hob und senkte sich wie die Flanken eines erschöpften Hengstes. Tiy hob eine Braue und signalisierte den Musikern, still zu sein. Solch eine Eile war ungewöhnlich in dem wohlgeordneten Haus des Pharao.

»Erhebe dich und sage mir, was für Nachrichten du bringst.« Sie streckte ihre Hand aus, zum Zeichen, daß sie dem Boten die Störung vergab. Die Damen zwitscherten wie Vögel, als der elegante Diener nähertrat. Tiy rollte ihre Augen. Diese dummen Gänse! Was hatte das Palastleben sie verwöhnt. Sie, Tiy, hatte es hart gemacht.

Der Bote machte Anstalten, sich abermals niederzuwerfen und seinen Gruß zu wiederholen. »Bleibe stehen und rede«, sagte Tiy, während sie ihre Ellbogen auf die Armlehnen ihres Stuhles stützte. Sie legte die Finger zusammen und lächelte den Mann huldvoll, wie es sich gehörte, an. »Was für eine Kunde bringt dich so atemlos zu mir?«

»Der Wesir von Ober- und Unterägypten, der große und edle Zafenat-Paneach, steht vor Eurer Tür«, sagte der Bote, seine Wangen rot erglühend unter ihrem durchdringenden Blick.

»Zafenat-Paneach ist hier? Er wünscht mich zu sehen?« Sie ließ ihre Hände sinken. Ein merkwürdiges Kribbeln lief ihren Rücken herauf. Der Wesir suchte selten ihre Gesellschaft, aber er fuhr jeden Morgen über den Fluß zu Amenhoteps neuem Palast von Malkata, um den Vormittag beim Pharao zu verbringen.

Der Bote, dem ihre Gegenwart die Worte nahm, nickte eifrig mit dem Kopf.

Tiy sah rasch in die Runde. Sie mußte dem Wesir ihre prompte Aufmerksamkeit widmen. Aber sie würde ihn nicht vor diesen albernen Frauen empfangen und ihm die Possen des Zwerges zumuten.

Sie erhob sich von ihrem Stuhl. »Ich werde Zafenat-Paneach in meinem Garten empfangen«, sagte sie. »Bringe ihn sofort zu mir.«

Sie überließ ihr Gefolge seiner seichten Unterhaltung und schlüpfte durch eine verborgene Tür.

Aus Goschen zurückgekehrt, hatte Joseph Israels Leichnam in Ephraims Obhut gegeben, während er selber direkt zu dem königlichen Palast in Theben weiterfuhr. Er wußte, daß der Pharao jetzt nicht dort war, aber Tiy würde Hof halten. Joseph war nicht danach zumute, durch den ganzen Harem des Königs zu waten, um ihm sein Herz zu öffnen und von Jakob zu reden.

Obwohl das Leben des Königs voller Frauen war, zweifelte niemand daran, daß die grandiose Königin Tiy sein ganzes Herz und sein volles Vertrauen hatte. Amenhotep hatte ihr bei Malkata einen großen, imposanten Palast erbauen lassen, aber sie zog es vor, die meiste Zeit in Theben zu sein, wo sie Höflinge empfing und die Erziehung ihrer königlichen Kinder überwachte. Die beiden führten eine eigenartige Ehe, mußte Joseph denken, während er einem Wächter durch die glänzenden Marmorgänge der Gemächer der Königin folgte. Das Band, das das königliche Paar zusammenhielt, schien ebensosehr Mißtrauen wie Zuneigung zu sein.

An einem Durchgang, der auf einen überdachten Säulengang ging, hielt der Bote an. Joseph nickte ihm dankend zu und trat durch die Öffnung. Die mit grünen und goldenen Streifen bemalten, von Lotusblütenkapitellen gekrönten Säulen ließen den hochgewachsenen Wesir auf einmal kleiner erscheinen. Hoch über seinem Kopf prangten an der tiefblau bemalten Decke weißgoldene Sterne. Die polierten Alabasterplatten unter seinen Füßen spiegelten seine Gestalt wider. Hinter dem Säulengang lagen ein parkähnlicher Garten und der stille Spiegel eines Teiches. Die Königin war nirgends zu sehen.

Joseph verschränkte die Hände hinter seinem Rücken und ging langsam weiter. Er wollte die Große Gattin des Pharao nicht überraschen, falls er sie unvorbereitet antraf. Die Königin war eine überwältigende Erscheinung, voller Kraft und Energie, ernst und intelligent. Joseph hatte den Verdacht, daß ein Teil ihrer gewieften Strenge daher rührte, daß sie sich ihrer niedrigen Abstammung lebhaft bewußt war. Als Tochter Yuias, eines Provinzpriesters aus Akhmim, und Tuias, einer Dienerin der Königinmutter, war Tiy mit Amenhotep verheiratet worden, als sie beide noch fast Kinder waren. Mochte Tiy ruhig glauben, ihren Wert und ihre Fähigkeit als Königin unter Beweis stellen zu müssen – Joseph konnte sich nicht des Eindrucks erwehren, daß der gewisse Biß, den sie in diese Inzucht-Dynastie brachte, der königlichen Linie guttun würde.

»Zafenat-Paneach.« Tiys schneidende Stimme riß in seine Gedanken, und er drehte sich rasch zu ihr um. Sie faltete, offenbar zufrieden, daß sie ihn überrascht hatte, lächelnd die Hände vor ihrer Taille, während sie hinter einer der Säulen hervortrat. »Was verschafft mir diese Ehre?«

Er verbeugte sich höflich bis auf den Boden und seufzte erleichtert auf, als sie ihn stehen hieß.

»Ich habe eine höchst dringende Bitte«, sagte er, ihrem Blick begegnend, während er wieder aufstand. Das Gesicht der kleinen, kaum fünf Fuß großen Frau hatte ein markantes Kinn, tiefliegende Augen und einen festen Mund. Er hätte sie nicht schön genannt, aber ihr Teint und ihre Kleidung waren tadellos, ihre Kopfbedeckung ehrfurchtgebietend königlich. Keine der königlichen Gattinnen, an die er sich erinnern konnte, war sich ihres erhabenen Standes bewußter gewesen als Tiy.

»Was ist deine Bitte?« Sie legte ihren Kopf etwas zur Seite; ein leichtes Lächeln malte einen Schatten in ihre Mundwinkel. »Du weißt, ich würde alles tun, was in meiner Macht steht, um dir einen Gefallen zu tun.«

Er hörte etwas aus ihrer Stimme heraus – wie eine Spur von Verlangen – und runzelte die Stirn. Im Laufe der Jahre, besonders aber seit dem Tod seiner Frau, hatten unzählige gelangweilte dumme Gänse ihm ihre Offerten als Ehefrau oder Bettgespielin gemacht, doch Joseph hatte es geschafft, sie abzuwimmeln und sich auf seine Pflichten zu konzentrieren. Gewöhnlich hätte er jetzt ein geschicktes Katz-und-Maus-Spiel begonnen, das den liebeshungrigen Frauen den Wind aus den Segeln nahm, aber heute lag das Begräbnis seines Vaters ihm auf der Seele.

Er verneigte sich leicht, als fühle er sich durch ihre Aufmerksamkeit geehrt. »Wenn Ihr mir einen Gefallen tun wollt, so hört, daß mein Vater, Israel, aus diesem Leben geschieden und zu seinen Vätern gegangen ist. Ich habe meine Ärzte beauftragt, ihn einzubalsamieren, und wir haben unsere Trauertage begonnen. Aber wenn ich Gnade in Euren Augen gefunden habe, so bitte ich Euch: Sprecht beim Pharao für mich. Als er auf seinem Sterbelager lag, ließ mein Vater mich schwören, daß ich ihn in seinem und seiner Väter Erbbegräbnis im Lande Kanaan begraben würde. Wenn Ihr mir also freundlich sein wollt, so bittet den Pharao, mich nach Kanaan ziehen, meinen Vater begraben und dann wiederkommen zu lassen.«

Ein Zittern ging über ihre marmorglatten Lippen. »Dein Vater? Er ist gestorben?«

»Ja, edle Königin.«

»Es schmerzt mich, dies zu hören.« Ein unsicherer Ausdruck kam auf ihr Gesicht. »Wenn deine Reise schwierig wird, wirst du womöglich lange Zeit fort sein.«

»Eine kleine Karawane kann die Reise in 17 Tagen schaffen. Eine größere wird langsamer sein, aber ich glaube nicht, daß wir mehr als zwei Monate fort sein werden.«

Sie legte ihren Kopf etwas zurück und sah ihm voll in die Augen. »Was, wenn dir ein Unglück zustoßen würde? Der Pharao kann es nicht riskieren, dich zu verlieren, Zafenat-Paneach. Du bist ihm mehr als ein Vater.«

Joseph neigte seinen Kopf. »Sobald die Trauertage vorbei sind und mein Vater begraben ist, wird Gott Shaddai sich beeilen, mich zurückzuschicken, das weiß ich genau. Es ist meine lebenslange Pflicht, dem Pharao zu dienen – und Euch, seiner Königin.«

Sie schürzte zufrieden die Lippen. »Dann will ich für dich mit dem Pharao reden, daß du hinziehen und deinen Vater begraben kannst. Wir werden dafür sorgen, daß deine Reise gut wird. Mit dir werden all die höchsten Diener des Pharao ziehen, die Ältesten seines Hauses und die Statthalter über Ägypten. Die Welt soll sehen, daß einer der Mächtigen Ägyptens in die Unsterblichkeit übergegangen ist, und so wird sein Name für immer leben, wie er selber.«

Joseph neigte seinen Oberkörper. »Ich danke Euch, meine Königin.«

Als er sie wieder ansah, war ein unerklärlich ferner Blick auf ihrem Gesicht. In den Tiefen ihrer Augen flackerte es. »Ich werde mit dir trauern«, flüsterte sie. Sie hob eine Hand, wie um seine Schulter zu berühren, aber sie tat es nicht, und nach einem Augenblick drehte sie sich um und ging abrupt fort.

Tiy befahl sofort, ein Boot bereitzumachen, um sie über den Fluß zu dem Palastkomplex von Malkata zu bringen. Der Name bedeutete »Ort des Aufhebens«, und Tiy war sich nicht sicher, ob der Pharao damit auf die peinliche Sauberkeit des Palastes anspielte oder auf seine Angewohnheit, sich neue Frauen für seinen Harem zuzulegen.

Vom Deck des Schiffes aus hatte man einen guten Blick auf die Mauern aus rosa Granit, die über dem Uferdamm hochstiegen. Vor Malkata breitete sich der Fluß, der jetzt zu seinem höchsten Wasserstand angeschwollen war. Hinter dem Haus des Pharao ragten die Berge des Westens mit ihren Grabstätten uralter Könige. Das Boot bog in den T-förmigen, speziell für den Palast gebauten Hafen ein. Zu ihrer Rechten konnte Tiy ein Stück von dem See sehen, den Amenhotep zu ihrer Ehre hatte anlegen lassen. An Festtagen wimmelte sein Wasser von Barken und Booten, die dem Sonnengott, Aton, geweiht waren.

Ein schmaler, hinter dichtem Schilf versteckter Kanal ging von dem See ab und an dem gesamten Komplex vorbei, bevor er zurück zum Nil bog. Tiy haßte diesen Kanal, den sie für eine ideale Brutstätte für Schlangen und Nagetiere hielt, aber viele der höchsten Beamten und Kuriere des Pharao benutzten ihn als eine Art Geheimeingang und waren stolz darauf, ihn zu kennen.

Die späte Nachmittagssonne malte orangerote Streifen auf das Wasser. Tiy stand ungeduldig an der Reling des Schiffs. Als endlich die Laufplanke heruntergelassen wurde, eilte sie an den Wächtern vorbei und ging zwischen den rosa Säulen des Torbaus durch. Die Gebäude um sie herum, die aus sonnengetrockneten Ziegeln erbaut und verschwenderisch mit Szenen aus dem Leben am Fluß bemalt waren, schimmerten in den bunten Farben des Lebens.

Eigentlich war Malkata nicht ein Palast, sondern mehrere – ein ganzer Komplex von Anlagen, jede mit ihren eigenen Diensträumen, Häusern für Hofbeamte, Empfangshallen, Kapellen und Luxuswohnungen. Auch Häuser für die verdientesten und geschicktesten Handwerker hatte man errichtet, aber den einfachen Bürgern Ägyptens war es verboten, sich hier, auf dem Westufer des Nils, niederzulassen.

Sie eilte den Weg entlang, nicht achtend auf die unterwürfigen Diener und Beamten, die bei ihrem Nahen wie Stehaufpuppen niederfielen. Links erhob sich der Palast für ihren Sohn, Kronprinz Neferkeprure Wa'enre, aber der Komplex, zu dem sie ging, war wesentlich größer und prunkvoller als der des Prinzen. Er beherbergte den riesigen Harem des Königs.

Tiy preßte ihre Lippen zusammen. Sie erinnerte sich an Amenhoteps Brief an seine Provinzstatthalter, den sie gefunden hatte. »Schickt mir schöne Frauen«, hatte die unverblümte Anweisung des Königs gelautet. »Aber keine mit schrillen Stimmen. Dann wird der König, euer Herr, zu euch sagen: ›Dies ist gut.‹«

Ihr Ehemann war mehr für die Liebe als für den Krieg. Seit er den Thron bestiegen hatte, hatte er weitere ägyptische Frauen geheiratet, dazu zwei Prinzessinnen aus dem Königreich Mitanni, zwei aus Syrien, zwei aus Babylon und eine aus dem Königreich Arzawa in Anatolien. Eine der Mitanni-Prinzessinnen hatte nicht weniger als 317 Hofdamen mitgebracht, von denen Amenhotep etliche ebenfalls seinem Harem einverleibt hatte.

Sklaven und Wächter flatterten wie aufgeschreckte Hühner auseinander, als Tiy wahrhaft königlich in das Haus der Frauen segelte. Ihr Mann saß in der Empfangshalle, vor ihm ein Tanzmädchentrio, hinter ihm ein ganz aus Frauen bestehendes Orchester, an seiner Seite zwei Konkubinen. Einen kurzen Augenblick wollte ihr Zorn hochsteigen, wie früher, als sie zum ersten Mal merkte, daß Amenhotep die Gesellschaft vieler Frauen lieber war als die nur einer, dann bemeisterte sie sich gekonnt und bog ihre Lippen sorgfältig zu einem Lächeln, als ihr Blick sich mit dem seinen traf.

»Leben, Gesundheit und Wohlergehen sei dir, mein Herr!« murmelte sie, sich tief auf den Boden verneigend, wie jeder Sterbliche, der in die Gegenwart des Pharao trat.

»Tiy?« Amenhoteps Stimme sprang vor Überraschung eine Oktave höher. »Dich hatte ich heute nicht erwartet.«

Ja, das sehe ich. Sie hob ihren Kopf und sah ihm fest in die Augen. »Ich habe Besuch von deinem Wesir, Zafenat-Paneach, erhalten. Sein Vater ist gestorben, und er erbittet deine Erlaubnis, in das Land Kanaan reisen zu dürfen, um den, den wir Israel nennen, zu begraben.«

»Der Vater meines Wesirs ist tot?« Amenhotep drückte die eine der Konkubinen mechanisch mit dem Handrücken weg und setzte sich gerade auf. »Der alte Mann? Ich dachte, er würde nie sterben. Keiner der Pharaonen Ägyptens hat so lange gelebt.«

»Zafenat-Paneach sagt, sein Gott liebte den Alten«, erwiderte Tiy, ihren Blick in falscher Demut senkend. »Der Segen des Gottes ruhte auf ihm.«

»Wie er auf Ägypten ruht, seit mein Wesir kam.« Amenhoteps Kiefer preßten sich zusammen, seine Augen wurden ein Stückchen schmaler, und Tiy wußte, woran er dachte. Als Kind, als Zafenat-Paneach sein Lehrer gewesen war, hatte Amenhotep pflichtschuldigst sein Lippenbekenntnis zu dem unsichtbaren und allmächtigen Gott des Wesirs abgelegt. Aber als er älter wurde und unter den Einfluß der Priester des Amun-Re kam, war der Pharao zu dem Ergebnis gekommen, daß Zafenat-Paneachs Vorstellungen zu eng und konservativ waren, und hatte begonnen, immer mehr Götter anzubeten, um es Volk und Priestern recht zu machen. Es schien Ägypten nicht geschadet zu haben, im Gegenteil: Nach der Hungersnot war das Land grüner geworden denn je, und dank des Scharfsinns des Wesirs gehörte jetzt aller Boden in Ägypten dem Pharao oder den Priestern. Ob dieser reiche Segen wegen seines Pharao oder seines Wesirs auf das Schwarze Land gekommen war, konnte Amenhotep nicht sagen, aber er vermutete das Letztere, denn sein Vater, Thutmosis IV., hatte die heiligen Annalen mit Ruhmesworten für Zafenat-Paneach und den Geist Gottes, der auf ihm ruhte, gefüllt.

Amenhotep mochte ein eitler Genießer sein, aber er war kein Dummkopf. Er würde die Zukunft nicht aufs Spiel setzen.

Seine Stimme wurde leiser und rauher. »Und was hast du Zafenat-Paneach gesagt?«

Tiy erhob sich und faltete die Hände. »Ich wußte, daß du nicht willst, daß er traurig ist, mein König, und so habe ich ihm gesagt, daß er hinziehen und seinen Vater in Kanaan begraben soll, wie er es mit einem Eid geschworen hat.«

»Du hast ihn fortgeschickt?« Der Pharao packte die Lehnen seines Stuhls. »Tiy, wie denkst du dir das? Was, wenn er nicht zurückkommt?«

»Er wird zurückkommen, mein Herr.« Tiy lächelte ruhig und wissend. »Ich schicke die Besten Ägyptens mit ihm – die Vorsteher deines Hauses, die Priester, eine königliche Eskorte, eine Streitwagenflotte und Krieger. Das wird sein Herz an deines binden und dafür sorgen, daß er sicher zurückkehrt.«

Der Pharao sank zurück auf seinen Stuhl, legte die Fingerspitzen zusammen und warf ihr einen Blick der reinen Bewunderung zu. »Meine kluge Tiy«, murmelte er, während seine Augen sie träge taxierten. »Nicht nur schön, sondern auch geschickt. Die Götter waren gut, als sie dich zu mir schickten.« Ein männliches Interesse strahlte aus den Tiefen seiner Augen, als er sich nach vorne beugte und der Königin seine Hand hinhielt. »Möchtest du heute abend mit mir speisen?«

Sie spürte, wie ihre Mundwinkel sich zu einem halben Lächeln hoben. Als wären die Tanzmädchen, die Musikerinnen und die Konkubinen nicht da, begegnete sie seinen hungrigen Augen und trotzte ihnen. »Mein König, ich muß die Reise unseres Wesirs vorbereiten.« Sie hob die eine Schulter zu einem eleganten Achselzucken. »Wenn du Zafenat-Paneach für Ägypten behalten möchtest, mußt du mir erlauben, deine freundliche Einladung auszuschlagen.«

»Natürlich.« Er ließ abrupt seine Hand sinken. »Dann geh und sorge dafür, daß unser Wesir zufrieden ist. Wir dürfen nicht riskieren, daß er das Doppelreich verläßt.«

»Sorge dich nicht, mein Gatte, das werde ich nicht zulassen.« Sie drehte sich um, um zu gehen. Als sie durch die Tür des königlichen Gemachs schlüpfte, fügte sie zu sich selbst hinzu: »Ich würde es um nichts in der Welt riskieren.«

Drei

Als der Leichnam des Patriarchen gewaschen und auf das Boot verladen worden war, das ihn nach Theben bringen sollte, legte sich eine dumpfe Trauer auf die in der Mitte des Lagers um das Feuer versammelten Hebräer. Fast einen vollen Tag saßen sie da, weinend, ohne ein Wort zu sprechen. Die einen schaukelten vor und zurück, andere knieten auf ihren Mänteln, die sie mit ihren Tränen näßten.

Manasse, der keine Lust hatte, das süffisante Lächeln zu ertragen, das seit Israels Sterbesegen auf Ephraims Gesicht lag, war nicht mit seinem Vater und Bruder nach Theben zurückgekehrt, sondern hatte beschlossen, bis zum Ende der Trauertage in Goschen zu bleiben. Die Arme vor die Brust gelegt, den Blick gesenkt, saß er unter den anderen an dem Feuer und kam sich wie ein Fremder vor. Er war nicht oft mit seinem Großvater zusammengewesen, denn die Pflichten Ägyptens hatten es Joseph und seinen Söhnen nicht erlaubt, regelmäßig nach Goschen zu kommen, aber Manasse hatte ein tiefes und bleibendes Gefühl der Achtung vor dem Mann, den sein Vater so offen verehrt hatte.

Als die Sonne in die dunkelrote Wolkenbank sank, die tief über dem westlichen Horizont lag, stand Ruben auf, wischte sich die Tränen ab und faltete die Hände. Er sah den Kreis der Männer an, atmete lange und hörbar aus und begann, die Geschichte von zwei Kindern zu erzählen, die im Leib ihrer Mutter einander stießen. »Gott Shaddai sagte Rebekka, daß zwei Völker aus ihrem Leib hervorgehen würden«, sagte Ruben, die Stimme tief und vollmächtig. »Der eine Stamm würde mächtiger werden als der andere, der Ältere würde dem Jüngeren dienen. Und als der Tag ihrer Niederkunft kam, waren Zwillinge in ihrem Leib. Der erste kam rötlich und über und über mit Haaren bedeckt heraus, und so nannten sie ihn Esau – ›den Rauhen‹. Und nach ihm kam sein Bruder heraus, und seine Hand hielt Esaus Ferse gepackt, und so nannten sie ihn Jakob, ›den Fersenhalter‹.«

Ruben blieb einen Augenblick schweigend stehen, dann setzte er sich. In der Stille, die folgte, erhob sich Juda steif auf seine Füße. Schwer auf seinen Stock gestützt, erzählte er die Geschichte, wie Esau sein Erstgeburtsrecht um einen roten Eintopf an Jakob verkauft hatte. »Darum nannten sie ihn Edom – ›den Roten‹«, sagte er, während seine Finger eine im Wind wehende Haarsträhne aus seiner Stirn wischten. »Und Jakob gab Esau Brot und gekochte Linsen, und er aß und trank und stand auf und ging davon. So verachtete Esau sein Erstgeburtsrecht.«

Als Juda fertig war, stand Dan auf und erzählte von der Zeit, wo Isaak und seine Söhne, der Stimme Gott Shaddais gehorchend, nach Gerar gezogen waren. »Und Gott sprach zu unserem Großvater Isaak: ›Ziehe nicht hinab nach Ägypten, sondern bleibe in dem Land, das ich dir sage. Wohne als Fremdling dort, und ich will mit dir sein und dich segnen‹«, rezitierte Dan, und seine Träumeraugen fuhren über die Männer in dem Kreis. »Und Gott sprach: ›Ich will deinen Samen zahlreich machen wie die Sterne am Himmel, und deinen Nachkommen will ich alle diese Länder geben. Alle Völker der Erde sollen gesegnet sein durch deinen Samen, weil Abraham auf meine Stimme gehört und meine Gebote, Gesetze und Weisungen gehalten hat.‹«

Nach Dan stand Simeon auf, um zu erzählen, wie Rebekka und Jakob Isaak betrogen und Esau den Erstgeburtssegen gestohlen hatten. Seine Stimme dröhnte über die Versammlung, dann und wann unterstrich ein reuiges Lachen seine Worte. Der junge Jakob war ein raffinierter Betrüger gewesen, aber Esau hatte bereits seine Geringschätzung für den Segen seines Vaters gezeigt; wenn er nicht den Erstgeburtssegen erhielt, so schienen Simeons hochgezogene Brauen zu sagen, bekam er nur, was er verdient hatte.

Weiter und weiter gingen die Geschichten, priesen Jakobs Tugenden und vergaßen doch nicht seine Laster, malten das Bild, das im Gedächtnis seiner Söhne eingebrannt war, ließen die Jugend des Patriarchen wieder lebendig werden, seine Sehnsüchte, seine Hingabe an Gottes Gebote. Wie eine Statue saß Manasse da und hörte zu, wieder und wieder überrascht über die plötzlichen Begegnungen seines Großvaters mit El Shaddai. Solche Geschichten hatte er noch nie gehört! Er war mit den Geschichten der ägyptischen Götter und Göttinnen aufgewachsen, mit den Legenden um Horus und Isis und Osiris und die Urflut, aus der die Welt entstanden sein sollte, aber er hatte sich nie persönlich verbunden gefühlt mit diesen phantastischen Erzählungen. Aber jetzt öffneten seine Onkel ihm seine eigene Geschichte, brachten die Rivalität zwischen Jakob und Esau ans Licht, erklärten das Doppelspiel, das Lea, Labans ältere Tochter, in Jakobs Zelt gebracht hatte, obwohl er Rahel, die Jüngere, liebte.

»Ganz ähnlich hat unser Vater Jakob, bevor er starb, Joseph verstimmt«, berichtete Benjamin der Runde. »Israel kreuzte seine Arme, so daß Ephraim und nicht Manasse den Segen der Rechten erhielt ...«

Manasse errötete heftig, als er seinen eigenen Namen hörte, und Benjamin unterbrach sich abrupt; offenbar erinnerte er sich erst jetzt daran, daß Manasse ja nicht nach Theben zurückgekehrt war.

»Mach weiter, Onkel, es ist schon gut«, murmelte Manasse, das Elend des vergangenen Tages noch in den Knochen. »Ich weiß nicht, wie Großvater diese Geste gemeint hat.«

»Er hat gar nichts gemeint.« Simeon, der auf der anderen Seite des Kreises saß, beugte sich vor und warf Manasse ein fast spielerisches Lächeln zu. »Was soll's, wenn Ephraim mehr Kinder bekommt als du? Freu dich! Dann hast du weniger Mäuler zu ernähren, solange du lebst, und weniger Ärger, wenn du tot bist. Sieh es als einen Segen, mein Neffe!«

Simeons Worte gaben ihm etwas Trost, und Manasse brachte ein vorsichtiges Lächeln zustande, als er weiter den Geschichten lauschte, die von den Lippen der Söhne Israels flossen. Er erfuhr von Jakobs haltloser Flucht aus Hebron, nachdem er Esau den Erstgeburtssegen abgejagt hatte, von Rahels Tod bei Bethlehem, von Jakobs sprachlosem Erstaunen, als seine Söhne ihm berichteten, daß Joseph lebte und der Wesir von ganz Ägypten war.

Ruben stand wieder auf, und seine tiefe Stimme rollte wie ein Donner, als er eine andere Geschichte zu erzählen begann: »Und El

Shaddai sprach zu Abram: ›Geh hinaus aus deinem Land, aus deiner Verwandtschaft und aus deines Vaters Haus und ziehe in das Land, das ich dir zeigen werde. Ich will dich zu einem großen Volk machen und will dich segnen und will deinen Namen groß machen. Ich will segnen, die dich segnen, und wer dir flucht, den will ich verfluchen. Und alle Geschlechter auf Erden sollen durch dich Segen finden.‹«

Ruben hielt inne, sein Blick fuhr über die Versammlung. »Und so wie El Shaddai zu Abram sprach, der später Abraham hieß, so sprach er in der Nacht zu Israel: ›Ich bin der Gott Abrahams, deines Vaters, und der Gott Isaaks‹, sprach er. ›Das Land, auf dem du liegst, will ich dir und deinem Samen geben. Dein Same wird sein wie der Staub der Erde; du wirst dich ausbreiten bis zum Meer, bis zum Osten, zum Norden und zum Negev. Alle Geschlechter auf Erden werden Segen finden durch dich und deine Nachkommen! Und siehe, ich bin mit dir. Ich will dich behüten, wohin du auch gehst, und dich zurückbringen in dieses Land. Ich werde dich nicht verlassen, bis ich getan habe, was ich zu dir gesprochen habe.‹

Nach diesem erwachte unser Vater aus seinem Schlaf und sagte: ›Wahrlich, Gott ist an dieser Stätte, und ich wußte es nicht! Dies ist ein Haus Gottes, dies ist das Tor des Himmels!‹ Und unser Vater Jakob brach auf früh am Morgen, und er nahm den Stein, den er unter seinen Kopf gelegt hatte, und richtete ihn auf und goß Öl auf ihn und nannte den Namen der Stätte Bet-El, das ist ›Haus Gottes‹. Aber früher hatte die Stadt Lus geheißen.«

»Das Haus Gottes?« murmelte Manasse zu Jokim hin. »Wo liegt dieses Bet-El?«

Jokim zuckte mit den Achseln. »Ich bin nie dort gewesen. Ich bin in Hebron geboren und war noch jung, als wir von dort hierher gezogen sind.«

»Möchtest du nicht mal dahin?« Manasse stupste seinen Vetter an. »Und nach Sichem, wo unsere Onkel eine ganze Stadt abgeschlachtet haben? Und an den Ort, wo Rahel begraben liegt? Wie kannst du diese Geschichten über diese Orte hören und dir nicht wünschen, sie mit deinen eigenen Augen sehen zu können?«

Jokim sah ihn skeptisch an. »Ich habe auch Geschichten über den Scheol gehört, und da will ich überhaupt nicht hin! Würde ich etwa ein besserer Hirte werden oder würden meine Ziegen mehr Milch geben, wenn ich diese Orte besuchte? Nein. Warum soll das eine Stück Wüste oder Weideland anders sein als die anderen?«

»Offenbar hat Gott sie anders gemacht.« Manasse breitete, die richtigen Worte suchend, seine Hände aus. »Dieses andere Land ist doch das, das Gott unserem Volk verheißen hat! Jakob wollte unbedingt dort begraben werden! Wenn ein Land gerade so ist wie das andere, warum ließ Israel dann meinen Vater schwören, daß er ihn in Kanaan begraben würde?«

Darauf hatte Jokim keine Antwort.

Viele Meilen entfernt, in Theben, stand Ephraim in ehrfürchtiger Stille da, als der Leichnam seines Großvaters durch die Türen des kleinen Tempels in der Wesirsvilla getragen wurde. Die persönlichen Ärztepriester des Pharao waren herbeibeordert worden, um sich der sterblichen Überreste des Patriarchen der Hebräer anzunehmen.

Während Manasse bei den Jakobssöhnen in Goschen war, hatte Ephraim Ani, dem Verwalter des Anwesens seines Vaters, seine Hilfe bei den Vorbereitungen für den großen Trauerzug angeboten, der Israel in das Land, das er liebte, zurückbringen würde, und Ani, der alle Hände voll zu tun hatte mit seinen unerwarteten neuen Pflichten, hatte ihm kurzerhand die Aufsicht über den so wichtigen Einbalsamierungsprozeß übertragen.

Ephraim wußte, daß die Menschen des Niltals die Konservierung des menschlichen Körpers zu einer Kunst erhoben hatten. Die Ägypter glaubten, daß dann, wenn ein Mensch starb, sein *Ba* und sein *Ka*, Aspekte der Seele, aus seinem Leib hinausgingen, um im Grab weiterzuleben. Das *Ba* wachte über der noch lebenden Familie und den Freunden des Verstorbenen, während das *Ka* zwischen dem Körper und dem Jenseits hin und her wanderte. Um wirkliche Unsterblichkeit zu genießen, mußten *Ba* und *Ka* fähig sein, den Körper in aller Ewigkeit wiederzuerkennen, sonst konnten sie nicht zu ihm zurückkehren.

Ephraim stimmte mit diesen Vorstellungen der ägyptischen Religion nicht überein, aber er sah ein, daß Jakobs Leichnam, sollte er die lange Trauerzeit und die Reise nach Kanaan überstehen, einbalsamiert werden mußte. Und so folgte Ephraim dem Leichnam und schlüpfte in eine dunkle Ecke des kleinen Tempels, um den Priestern des Amun-Re bei ihrer Arbeit zuzuschauen.

Die Priester legten Israels Leichnam, der in Leinentüchern eingewickelt war, auf einen leicht geneigten marmornen Einbalsamierungstisch und wickelten ihn vorsichtig und mit aller Ehrfurcht aus. Nachdem sie den Leichnam ausgerichtet und gereinigt hatten, ließen sie das Schmutzwasser durch Löcher in der Marmorplatte ab. Ephraim schaute fasziniert zu, wie die Ärzte als nächstes mit einem Meißel einen Knochen hinter den Nasenlöchern durchstießen und mit einer Art Haken mehrere Tassen voll einer halbflüssigen grauen Substanz herauszogen. Die Gehirnmasse, die für dieses Leben wie für das nächste als wertlos galt, wanderte in den Abfall.

An den folgenden Tagen stand Ephraim mit der Sonne auf, frühstückte mit Ani und ging dann in den kleinen Tempel, um den Priestern weiter bei ihrer Arbeit zuzusehen. Nachdem sie das Gehirn entfernt hatten, brachten die Ärzte an der linken Rumpfseite, direkt über dem Beinansatz, einen Schnitt an. Durch diese Öffnung arbeiteten sie sich nach innen vor und entfernten Leber, Lunge, Magen und Gedärme. Nachdem sie diese Organe sorgfältig gereinigt hatten, wälzten sie sie in Natronpulver, einer körnigen, salzähnlichen Substanz, die aus den Sedimenten des Nils gewonnen war, und legten sie für die Reise zum Grab in separate Kanopenbehälter. Das Herz, der Sitz der Gefühle, wurde ebenfalls mit Natron behandelt und dann in die Körperhöhlung zurückgelegt.

Die Ärzte reinigten nun den Leichnam von innen und außen mit aromatischen Ölen, worauf sie die Körperhöhlung mit Leinenstreifen und Natron ausfüllten. Die erste Phase des langen Einbalsamierungsprozesses war fast abgeschlossen. Unter monotonen Gebetsgesängen begannen die Priester, den klaffenden Schnitt wieder zu vernähen.

Ephraim konnte nur staunen, mit was für einer Ehrfurcht die Ägypter diesen Vater der Hebräer behandelten. Ein Erlaß des Pharao persönlich forderte das ganze ägyptische Volk zur Trauer um den Vater des Wesirs auf, und in den letzten dreißig Tagen hatten die Leute von Theben Israel nicht weniger gründlich beweint als die Hebräer in Goschen. Viele Adlige am Hof streuten jeden Morgen Asche auf ihre Perücken und schlugen sich auf der Straße auf die Brust, als öffentliche Bekundung der Schuld, in der sie zu Israel standen, dem Erzeuger ihres geliebten Zafenat-Paneach, des Brotes des Lebens und Vaters des Pharao. Obwohl jetzt zwölf Jahre vergangen waren seit der großen Hungersnot, hatten die meisten Ägypter nicht vergessen, daß der Wesir – und sein Gott – es gewesen war, der sie lebendig durch die Jahre ohne die Überschwemmung des Hep-Ur, des alten Flusses, gebracht hatte.

Warum sollten die Ägypter und Hebräer eigentlich nicht zusammenarbeiten? mußte Ephraim denken. Er und Manasse, die Söhne eines Sohnes Israels und einer Tochter des Schwarzen Landes, waren doch der beste Beweis dafür, daß solch eine Vermischung beiden Völkern Ehre bringen konnte. Ephraim und sein Bruder waren in der Herrlichkeit Ägyptens aufgewachsen, hatten seine ganze Pracht und seine riesigen Schätze des Wissens und der Weisheit genossen. Sie sprachen sowohl die ägyptische als auch die kanaanitische Sprache und konnten die Hieroglyphenschrift so fließend lesen wie die 22 Konsonanten der hebräischen Sprache.

Und Israel hat uns genauso gesegnet wie seine anderen Söhne, dachte Ephraim, während er das eingesunkene Gesicht betrachtete, das da auf dem Einbalsamierungstisch ruhte. *Und mich hat er am meisten gesegnet, mit seiner rechten Hand ...*

Als sie mit dem Zunähen der Wunde fertig waren, traten die Einbalsamierer zurück. Unter Gebeten zu den Göttern der Unterwelt nahmen sie bemalte Schalen mit Natronpulver und begannen, das Pulver mit Löffeln über den Leichnam zu geben. Sie löffelten und rezitierten weiter, bis das Pulver den Leichnam völlig bedeckte.

Ephraim seufzte erleichtert auf. Vierzig Tage würde das Natron jetzt auf dem Leichnam liegen und ihn gänzlich austrocknen; so lange würden seine Pflichten weniger makaber sein.

Die Sonne war schon dabei, hinter die Mauern der Wesirsvilla zu sinken, als Ephraim den Tempel verließ. Die Wachen am Tor der Villa liefen eilig hin und her. Er beschattete seine Augen gegen das Blenden der untergehenden Sonne, um besser sehen zu können. Vor dem Tor standen zwei Kamele, und hinter den Kamelen, mit Führungsseilen an sie angebunden, mehrere müde Esel. Ein paar Männer, die die Leinengewänder der Wüstenbeduinen trugen, waren abgestiegen, um mit den Wachen zu sprechen. Ephraim wandte sich ab. Bestimmt Händler aus dem Norden, die sich vor ihren Geschäften der Gunst des Wesirs versichern wollten.

»Ephraim!« Manasses Stimme schallte über den Hof, daß Ephraim sich überrascht umdrehte. Seit sie sich in Goschen getrennt hatten, hatte er nichts mehr von seinem Bruder gehört, aber jetzt rannte Manasse auf ihn zu. Fast war er nicht wiederzuerkennen in seinem weißen Leinenturban und fast bis auf den Boden reichenden Gewand. Seine Augen hoben sich grüßend. »Rate mal, was für Neuigkeiten ich hab!«

»Mensch, ist das eine Überraschung!« Ephraim begrüßte seinen Bruder mit einem raschen Rückenklopfer, dann trat er zurück und legte seine Hände in die Hüften. »Na, was kann es in Goschen Neues geben?« Er warf seinem Bruder ein mokantes Lächeln zu. »Vielleicht ein neues Lamm? Oder hat Ruben herausgefunden, wie sein Vieh genauso fett wird wie das von Benjamin?«

Manasse überhörte seinen Sarkasmus. »Das verträumte Goschen wird nie mehr so sein wie früher, Bruderherz.« Er legte einen Arm um Ephraim, während sie zu der breiten Eingangshalle der Villa gingen. »Die ganze Welt kommt, um Israel zu betrauern. Könige aus Jericho, Kadesch-Barnea und Gaza. Ich hätte nie gedacht, daß unser Großvater so ein berühmter Mann war! Vater hat ihn zwar oft einen Fürsten genannt, aber es ist so viele Jahre her, daß Israel in Kanaan wohnte, daß ich nie gedacht hätte, daß die Könige dort sich noch an ihn erinnern. Aber kaum daß du eine Woche fort warst, füllte sich der Horizont mit Karawanen – lauter Männer, die viele Meilen gereist waren, um zu unserer Siedlung zu kommen. Sie kamen alle, und sie brachten Worte des Trostes mit und erzählten Geschichten von Jakob, die mich so gepackt haben wie noch nie etwas in meinem Leben!«

»*Unsere* Siedlung?« Ephraim hob spöttisch eine Augenbraue. »Wohnst du neuerdings in Goschen? Du redest gerade, als ob du zu ihnen gehörst.« Er trat zurück und sah Manasse von oben bis unten an. »Und so aussehen tust du auch.«

Der plötzliche Zorn ließ die Röte in Manasses Gesicht schießen. »Wie kommst du darauf, daß du *nicht* zu ihnen gehörst? Die Hebräer sind unser Volk. Wenn Gott nicht unseren Vater aus ihrer Mitte herausgerufen hätte ...«

»Wären sie jetzt alle tot«, unterbrach ihn Ephraim. »Und dich und mich gäbe es nicht, ich weiß. Aber es gibt uns, und wir sind nicht nur Hebräer, sondern auch Ägypter. Das ist der Wille Gottes, und das hat Israel vor seinem Tod noch bekräftigt. Gott selber hat die Söhne Israels mit Ägypten verbunden, und wir sind die erste Generation der Nachkommen.«

Manasses dunkle Augen wurden schmal und hart, aber bevor er antworten konnte, fuhr Ephraim fort. »Laß dir nicht von den Geschichten von Wüstenbarbaren den Kopf verdrehen, Bruder. Diese Geschichten sind nicht dein einziges Erbe.« Er packte Manasses Ellbogen. »Deine Vergangenheit liegt in dem Ruhm der Pharaonen, in der Pracht Ägyptens und der Kraft des Nils. Wenn Gott einen Haufen Nomadenhirten segnen kann, wieviel mehr kann er dann die segnen, die die Gaben des mächtigsten Reiches der Welt zur Verfügung haben!«

Manasse antwortete nicht, sondern starrte Ephraim ärgerlich an. Ephraim ließ achselzuckend den Ellbogen seines Bruders los und ging fort, überrascht von seiner eigenen Kühnheit. Noch nie in seinem Leben hatte er so deutliche Worte zu seinem älteren Bruder gesprochen – und noch nie hatte Manasse ihn gelassen.

Er schob seine Hände in den Gürtel seines Schurzes und begann zu pfeifen. Vielleicht war er wirklich der Mächtigere.

Mit einem schockierten Kopfschütteln sah Manasse seinem Bruder hinterher. Er hatte nur deshalb seinen Mund halten können, weil er sich rechtzeitig erinnert hatte, daß Ephraim ja *hier* trauerte, mitten in Ägypten. Er hatte nicht den ganzen letzten Monat mit an den Feuern der Hebräer gesessen und die Geschichten von Abraham und Isaak, Sara und Rebekka gehört.

Und was wußte Ephraim denn über seine Herkunft? Nichts! Zum ersten Mal in seinem Leben hatte Manasse das Gefühl, das Erbe seiner Vorfahren wirklich zu verstehen. Daß er und sein Volk dazu erwählt waren, die Welt zu segnen – es hatte ihn aufgewühlt und bis ins Mark gepackt.

Ephraim ... Aber jetzt hatte er anderes zu tun. Er sprang, zwei Stufen auf einmal nehmend, die Stufen zur Vorhalle hinauf und ging durch den Eingangsflur. Die vordere Halle, in der sein Vater immer Gäste und Bittsteller empfing, war leer, aber offenbar noch nicht lange, denn der Duft von Weihrauch hing noch schwer in der Luft. Manasse ging weiter durch die vertrauten Gänge, zu den Privatgemächern seines Vaters. Vor einer hölzernen Tür standen zwei Wachen; es war so, wie er erwartet hatte.

»Ist mein Vater drinnen?«

Der eine der Wächter antwortete mit einem dienstlichen Nicken.

»Kann ich hinein?«

Noch ein steifes Nicken. Tarik, der Chef der Leibwache des Wesirs, hielt seine Männer zu Strenge und Wortkargheit an.

Manasse drückte die Tür auf und trat ein. Wie ein Halbkönig in seinem Reich saß sein Vater auf einem hohen Stuhl, neben ihm eine Schale mit Papyrusrollen. Ani, der stets pflichtbewußte Verwalter, stand wie ein wachsamer Geist im Hintergrund.

Anis Vogelgesicht breitete sich zu einem Lächeln, als er Manasse sah. »Herr! Schaut, wer da aus dem Norden zurück ist!«

Manasse, plötzlich verlegen, ging auf die Knie, dann warf er sich ganz auf dem Boden nieder. Nach einem ganzen Monat unter den lockeren Hebräern kam die Geste ihm steif und lästig vor.

»Steh auf, Manasse.« Er hob seinen Kopf. Sein Vater lächelte. »Es ist schön, dich wiederzusehen, Junge.« Einer der Papyrusse auf der Schale rollte sich plötzlich zusammen und segelte zu Boden. Joseph schaute stirnrunzelnd in die Richtung. Ani beeilte sich, das Schriftstück aufzuheben.

»Na, du hast es sicher gut gehabt bei deinen Onkeln?« Josephs markantes Gesicht, in das die Müdigkeit und die Jahre die ersten Falten gegraben hatten, schien sanfter zu werden, als er sich zu seinem Ältesten zurückdrehte. »Wie geht es ihnen im hohen Norden?«

»Sie trauern, Vater«, sagte Manasse, während er aufstand. Er schabte verlegen mit dem einen Fuß. Er spürte, wie seine Wangen brannten vor der ehrlichen Wiedersehensfreude seines Vaters. Ani, der den Papyrus aufgehoben hatte, blieb vor ihm stehen und drückte herzlich seine eine Hand. Manasse lächelte den Alten dankbar an, dann drehte er sich wieder zu seinem Vater hin. »Sie trauern, aber sie werden getröstet von einem ganzen Strom von Besuchern aus Kanaan und noch weiter weg. Kurz bevor ich ging, kam eine Abordnung von Esaus Volk an.«

»Edomiter?« Josephs Brauen gingen überrascht nach oben. »Man stelle sich das vor! Es scheint, daß Esaus Söhne bei solch einem Anlaß bereit sind, die Vergangenheit zu vergeben.« Er schaute wieder zu den Dokumenten in der Schale hin. »Also«, sagte er, sichtlich zerstreut, »erzähle mir, was du gemacht hast bei deinen Onkeln.«

»Vater, ich habe so viel gelernt!« Manasse versuchte, seine Aufregung zu meistern. »Die Geschichten, die sie erzählen, sind schier unglaublich. Aber sie sind alle wahr, Jokim hat es mir versichert. Und trotzdem ... daß ein Engel Gottes Abrahams Hand festhielt, als er Isaak opfern wollte, und daß Sara mit neunzig Jahren noch ein Kind bekam ...«

»El Shaddai ist immer schon ein Gott der Wunder gewesen«, erwiderte sein Vater, während er nach dem Papyrus langte, den Ani aufgehoben hatte. »Vom Anbeginn der Welt bis zu diesem Tag hat er seine Segenshand nicht von uns abgezogen.«

»Ich weiß, Vater, aber ...« Manasse hielt inne, unschlüssig, ob er die Gedanken, die ihm seit Tagen durch sein Herz gingen, laut sagen sollte. »Wenn diese Geschichten so wunderbar sind, warum hast du sie uns nicht schon eher erzählt? Jokim wollte nicht glauben, daß ich noch nie die Geschichten von Rahel und Lea oder Jakob und Esau gehört hatte.«

Nein, er durfte seinem Vater keine Vorwürfe machen. Er hielt an und sah, daß Josephs Aufmerksamkeit ganz auf das Papier in seiner Hand gerichtet war. Er hatte die Frage noch nicht einmal gehört.

»Friede und Wohlstand seien dir«, sagte Manasse, sich verneigend, wie die Sitte es gebot. »Ich gehe dann wohl und wasche mich und ziehe andere Kleider an – etwas Ägyptisches. Ephraim scheint zu denken, daß ich wie ein Ziegenhirte aussehe.«

Ani lachte. Über Josephs Gesicht ging der Reflex eines Lächelns. »Ja, mach dich frisch.« Er entließ Manasse mit einer Handbewegung. »Vielleicht treffen wir uns morgen zum Frühstück.«

»Vielleicht, ja.« Manasses Blick senkte sich enttäuscht, während er rückwärts aus dem Zimmer ging. »Aber ich werde es verstehen, wenn es nicht sein kann.«

Vier

Vierzig Tage vergingen. Die Überschwemmung ging zurück, das von ihr zurückgelassene Wasser stand weit und glitzernd auf den Feldern, ein Spiegel für den wolkenlosen blauen Himmel oben. Als die Diener des Wesirs hinausgingen, um die überfluteten Grenzen seiner Felder neu zu markieren, traf Ephraim sich wieder mit den Ärztepriestern. Nachdem er sie im Tempel der Villa begrüßt hatte, trat er beiseite und ließ sie ihre Arbeit beginnen. Unter rhythmischen Gesängen zu Amun-Re fegten die Einbalsamierer mit Palmwedeln das Natronpulver von Jakobs sterblicher Hülle. Als der letzte Rest des weißen Pulvers weggefegt war, reinigten die Priester den eingetrockneten, eingesunkenen Leichnam und behandelten ihn erneut mit Ölen, Salben und Duftstoffen.

Ephraim saß auf einem Schemel in einer Ecke des winzigen Tempels, die Hand über den Mund gelegt, und schaute den Priestern zu, wie sie erneut die Körperhöhle des Toten öffneten, Jakobs Herz herausholten, das von dem Natron verschrumpelt und dunkel geworden war, und es in ein besonderes Gefäß legten. Einer der Priester schob dort, wo das Herz gewesen war, einen steinernen Skarabäus in den Leichnam, ein Amulett in der Form eines Käfers, das die Wiedergeburt der Sonne symbolisieren sollte. Während draußen die Sonne höherstieg, stopften die Priester frische Leinentücher in den Leichnam, dann verschlossen sie die Augenhöhlen und Nasenlöcher mit Bienenwachs. Sie legten die Arme des Patriarchen über Kreuz und schoben speziell angefertigte goldene Hülsen über seine Finger- und Fußnägel. Mit seidenen Fäden nähten die Priester den Einbalsamierungsschnitt wieder zusammen und bedeckten die Wunde mit einer goldenen Platte, auf die das schützende Auge des Horus eingraviert war.

Nachdem sie den Leichnam noch mit Halsketten, Ringen und Armreifen aus Gold und Edelsteinen geschmückt hatten, begannen die Ärztepriester, ihn behutsam und mit aller Ehrfurcht mit langen, schmalen Leinenstreifen zu umwickeln. Mit unendlicher Geduld wickelten sie jeden Finger, jede Zehe, die Arme und Beine ein. Mit der gleichen Sorgfalt, die sie dem Pharao persönlich bezeigt hätten, schoben die Einbalsamierer Schutzamulette – Darstellungen der Lotusblüte, des Symbols der Wiedergeburt, und des Anch-Henkelkreuzes, eines Zeichens des Lebens – zwischen die Leinenschichten ein. Nach jeweils ein paar Schichten brachten sie Harz als Klebstoff auf.

Das Einwickeln dauerte zwei Wochen und erforderte an die 400 Quadratmeter feinstes Leinen. Nach zwanzig Schichten bemerkte Ephraim mit einiger Erleichterung, daß der zusammengeschrumpfte Leichnam seine normale Größe wiedergewonnen hatte.

Auf den umwickelten Kopf der Mumie kam eine Totenmaske – eine entschieden unägyptische Darstellung eines bärtigen Mannes mit unergründlichen schwarzen Augen. Die Balsamierer banden die Maske mit Leinenstreifen fest. Darauf versiegelten sie die gesamte Mumie mit einer letzten Harzschicht. Als das Harz trocken war, traten sie zurück, falteten ihre Hände und sahen Ephraim erwartungsvoll an. Jakobs sterbliche Hülle war bereit für ihre letzte Reise.

Tief beeindruckt von ihrer pietätvollen Arbeit, verneigte Ephraim sich vor den Ärztepriestern, dann ging er in das Haus, um seinem Vater die Nachricht zu bringen.

Fünf

Manasses Kinn ging ärgerlich hoch, als er erfuhr, daß der Pharao und Königin Tiy den Wesir zu einem kleinen Bankett im Palast geladen hatten, bevor der Trauerzug Theben verließ, und seine Verärgerung wuchs noch, als er hörte, daß auch seine und Ephraims Anwesenheit bei dem Mahl erwünscht war. Er konnte es kaum erwarten, mit seinen Verwandten nach Kanaan aufzubrechen, aber ein Gedanke linderte seine Ungeduld, als er sich für seine Audienz beim König und der Königin rasierte und anzog: Das Bankett würde in dem Palast von Malkata stattfinden. Wenn alles gutging, würde er vielleicht mit Jendayi sprechen können, dem einzigen Mädchen, das je sein Herz zu bewegen vermocht hatte.

Er hatte Jendayi vor zehn Jahren kennengelernt. Er war damals erst fünfzehn gewesen und noch entsprechend unbeholfen und unsicher, aber sein Herz war zerschmolzen, als er sah, wie Ani eine Gruppe neuer Sklaven durch den Hof der Wesirsvilla führte. Es waren ganz besondere Sklaven, hatte Ani erklärt, während er die Frischerworbenen zu dem gedrungenen Ziegelgebäude führte, in dem die Schlafquartiere der Sklaven lagen. Es waren lauter Musiker, und hochbegabte dazu. Hundert Deben Gewicht in Silber hatte er für sie bezahlt, aber sie waren jedes Gramm davon wert, denn im Hause des Wesirs sollte die allerbeste Musik im ganzen Land erklingen. Der Sklavenhändler hatte ihm versichert, daß kein Orchester der Welt talentierter war als diese Gruppe, die Ani gerade durch die heiße Sonne führte.

Manasses Augen waren über die anderen Frauen gestreift und dann an ihr hängengeblieben. Jendayi war noch ein Kind, ganze sieben oder acht Jahre alt, ein zartes Mädchen mit einer Haut so rein wie Alabaster und Haar so schwarz wie der Samt der Nacht. Der Wüstenwind hatte Farbe in ihre Wangen gepeitscht, und selbst aus der Entfernung konnte Manasse die dicken, dunklen Wimpern über ihren Wangenknochen sehen. In ihrem Gürtel steckte eine zerzauste Lotusblüte, ein Schmuck, der so gar nicht zu einer Sklavin passen wollte. Schon in diesem allerersten Augenblick hatte ihre so überwältigend sanfte Schönheit sein Herz höher schlagen lassen. Obwohl die Veränderung ihres Loses ihr Angst machen mußte, stand auf ihrem Gesicht geduldiges Ertragen geschrieben, und ihre Körperhaltung verriet Kraft und Entschlossenheit.

Sieh mich an, hatte er sie schweigend aufgefordert, fasziniert von der Art, wie sie den Arm eines der anderen Sklaven hielt, eines glatzköpfigen, kräftigen Mannes, dessen Wangen schwer und faltig über den breiten Kragen um seinen Hals fielen. Aber sie hielt ihren Blick nach unten gerichtet, auch als Ani am Ende des Säulenvorbaus anhielt. Der Kräftige hielt ebenfalls an, aber das Mädchen machte noch zwei Schritte, in den Rücken der Frau vor ihr hinein.

In diesem Augenblick hatte Manasse begriffen, warum sie ihre Augen so gesenkt hielt. Sie war blind.

Er hatte einen Schritt zurück gemacht, stumm und schockiert. Er hatte noch nie ein blindes Kind gesehen. Blinde Säuglinge warf man gewöhnlich den Krokodilen im Nil vor, denn für den Ägypter war jeder Mensch mit einem körperlichen Gebrechen von den Göttern verflucht. Das Mädchen mußte also sein Augenlicht erst irgendwann nach seiner Geburt verloren haben, mutmaßte Manasse, und daß es noch lebte, lag daran, daß es irgendeine Eigenschaft oder Talent besaß, die sein Leiden aufwog, so daß es den anderen nicht gar zu sehr zur Last fiel.

In den folgenden Tagen hatte Manasse das Geheimnis von Jendayis Rettung erfahren. Ebenso begabt wie schön, war Jendayi ein Wunderkind, die beste Harfenistin, die er je gehört hatte, eine kreativere Musikerin als selbst die berühmten Harfenspieler am Hof des Pharao. Der Glatzköpfige, der Akil hieß, war der Cheironom des Orchesters, das heißt, ein Sänger, der das Ensemble mit speziellen

Handgesten dirigierte. Manasse bemerkte, daß Akil dem Mädchen eine besondere, fast väterliche Aufmerksamkeit zuwandte und es dazu anhielt, ganz in seiner Musik aufzugehen und gleichsam die Verwirrung und den Schmerz in ihrer Seele wegzuspielen.

Und Jendayi schien seinen Rat zu befolgen. Als Manasse sie das erste Mal spielen hörte, vergaß er fast, wer und wo er war. Es war bei einem Bankett, das sein Vater für einige ägyptische Adlige gab. Einer glücklichen Eingebung folgend, hatte Ani vorgeschlagen, daß die neuen Musikanten des Herrn eine Tafelmusik aufführen sollten. Zafenat-Paneach hatte zugestimmt, und das kleine Orchester hatte in einer Ecke des Raumes Platz genommen und zur Untermalung der Tischgespräche dezente Musik gespielt.

Den Dirigenten hatte Akil gemacht. Er saß vor dem Orchester, den Rücken zu dem Raum hin, seine Augen auf die Musikerinnen gerichtet. Mit der einen Hand, die auf seinem Knie lag, schlug er sachte den Takt, mit der anderen zeigte er die zu spielenden Noten an. Die Neigung seines Armes gab die Tonhöhe an, während die Position der Finger den Musikern zeigte, ob sie die Noten stakkatohaft, fließend, laut oder leise spielen sollten. Da sie den Dirigenten nicht sehen konnte, stand Jendayi mitten unter ihren Gefährtinnen und fühlte ihre Bewegungen und horchte auf ihren Atem. Sie schien Akils Dirigiergesten bereits zu spüren, bevor die anderen sie sehen konnten.

Es war ein reines Frauenorchester, und außer Jendayis Harfe gab es noch eine Laute, eine doppelte Oboe, eine Leier und ein Tamburin. Die Musik war von der sanft-gefälligen Sorte, eine schöne Untermalung des Banketts – bis eine Pause in den Gesprächen Akil die Gelegenheit gab, seinen Arm zu senken und rauh Jendayis Namen zu flüstern.

Selbst durch den Schleier des Gedächtnisses hindurch erinnerte Manasse sich deutlich an die leuchtende Klarheit der Noten, die sie spielte. Wie zerbrechendes Kristall schnitt die Harfe durch die träge Stille der zufriedenen Bankettgäste, dann perlte sie in einer melodischen Passage nach oben, die die Zeit und das Bankett stillstehen ließ. Die Adligen, die um Zafenat-Paneach saßen, hörten auf zu essen; die Diener hielten in ihren Gängen zur Küche inne, staunend und starrend über diesen plötzlichen klingenden Quellbach. Niemand hatte je, ob von einer Harfe oder einer menschlichen Stimme, solch einen

Zauber gehört, und die Tischgäste konnten sich nicht fassen vor Staunen.

Plötzliche Tränen brannten in Manasses Augen, als die Musik durch den Raum strömte. Mal voll und wild, dann wieder süß und leicht, berührten die Klänge, in denen eine fremde Wehmut schwang, Stellen in Manasses Herz, die kein Mensch je hatte erreichen können. Die Melodie wurde bittersüß, daß die Erinnerungsbilder von Manasses toter Mutter neu vor seine Seele traten, dann eilte sie jubilierend weiter, sprach von der Hoffnung des Sonnenaufgangs und dem Freudenlied der Vögel in den Bäumen, bis sie schließlich zu einem Echo des Flüsterns der Nilgeister und des Schwirrens der Insekten im hohen Uferschilf herabsank. Manasse legte eine Hand auf seinen Mund, damit ihm ja kein Laut herausrutschte und den Zauber brach, dann preßte das Mädchen die Hand auf die vibrierenden Saiten, und das Instrument schwieg.

Die Stille, die folgte, war wie das Schweigen nach einem Sturmwind, wenn die Zweige der Palmen herabhängen und die Erde den Atem anzuhalten scheint. Erschöpft wie von einem Dauerlauf saß Manasse auf dem Rand seines Stuhles und starrte das schmächtige Kind an, das still wie die Sphinx dasaß. Ein Flüstern begann wie ein unsichtbarer Finger durch die Luft zu fahren, wie der zitternde Atem eines hundertstimmigen Erstaunens. »Wer ist das? Wo kommt sie her? Wohnt ein Gott in ihren Fingern – oder in ihrer Harfe?«

Als Herr des Orchesters stand Akil auf und verneigte sich, dann legte er eine Hand auf seine Brust und zeigte auf Jendayi. Manasse brach in spontanen Applaus aus, sein Vater und die anderen Gäste folgten seinem Beispiel. Das Mädchen, das zu spüren schien, daß alle Augen im Raum auf es gerichtet waren, wurde steifer, auf seine Wangen traten rote Verlegenheitsflecken.

An diesem Tag hatte Manasse sich über beide Ohren in Jendayi verliebt. Er hatte beschlossen, zu warten, bis sie im heiratsfähigen Alter war, und dann seinen Vater zu fragen, ob sie seine Braut werden konnte. Aber drei Jahre nach ihrer Ankunft im Haus des Wesirs hatte die Nachricht vom dem Musikwunder auch die Ohren des Pharao erreicht. Als Geste der Loyalität und Liebe bot Zafenat-Paneach schweren Herzens seine Harfenistin und den Cheironomen dem Pharao zu Diensten an, und kurz darauf hatten Jendayi und Akil und das ganze

Orchester die Wesirsvilla verlassen, um in Pharaos rosa Palast in Malkata zu ziehen.

Diese Wendung der Dinge hatte Manasse zunächst untröstlich gemacht, aber Gott war nicht gänzlich ungnädig gewesen. Manasse hatte seine gelegentlichen Besuche in Malkata genossen – nicht, weil er sich so gerne vom Pharao einladen ließ, sondern weil er dort im gleichen Raum mit Jendayi sitzen konnte. Ihre Finger brauchten nur einmal über die Saiten zu streichen, und die Tränen kamen ihm in die Augen, und der Anblick ihrer so vorsichtig umhergehenden kleinen Gestalt ließ ihm das Blut in den Schläfen pochen. Er wußte nicht, wie er es fertigbringen würde, sie eines Tages zu seiner Frau zu machen, aber er war fest dazu entschlossen. Jendayi würde er heiraten oder keine.

Die Jahre hatten diese Entschlossenheit nur noch verstärkt. Für das nachmittägliche Bankett vor der Abreise nach Kanaan zog Manasse sich mit besonderer Sorgfalt an, dann ging er zu seinem Vater und Bruder, die am Tor der Villa warteten. Sie fuhren auf dem Boot des Wesirs über den Nil. Eine Sänfte brachte sie von der Anlegestelle zu dem in der Sonne glänzenden Palast des Pharao.

Während zwei Soldaten von der Elitegarde des Pharao sie durch das Labyrinth der Gänge führten, mußte Manasse über den König nachdenken, der jetzt Jendayis Schicksal in den Händen hielt. Amenhotep war kein blinder Despot, und viele hielten ihn für Ägyptens größten und weisesten Pharao. Weder bedrückte er das Volk mit unmäßigen Abgaben noch ließ er es auf fernen Schlachtfeldern sterben. Er hatte zahlreiche königliche Kinder gezeugt und eine Frau geheiratet, die sich nicht nur als fruchtbar, sondern auch als fähig erwiesen hatte.

Natürlich hatte der Pharao – Manasse schmunzelte, als er nach den Worten suchte, mit denen sein Vater den König beschreiben würde – seine *Eigenarten*. Amenhotep war nicht nur ein ausgeprägter Frauenliebhaber, er besaß auch eine Leidenschaft für das Bauen, die gerade so stark war wie die seiner Vorgänger für den Krieg. Er hatte nicht nur den Palast von Malkata errichten lassen, sondern auch den Tempel des Amun-Re in Karnak erheblich erweitert und bei Opet einen noch größeren, von einer ganzen Allee von Sphinxen flankierten Amun-Re-Tempel erbaut. Niemand vermochte zu sagen, welches seiner Projekte das kühnste, schönste oder dauerhafteste war, doch das ohne Zweifel geheimnisvollste Werk fand sich bei seinem Totentempel, wo die Baumeister des Pharao ein mit Amenhoteps Bild versehenes kolossales Statuenpaar geschaffen hatten, das exakt bei Sonnenaufgang geheimnisvoll-schwermütige Klänge von sich gab.

Vor den vergoldeten Türen des Thronsaales erwartete der Oberste Kammerherr des Pharao Joseph und seine Söhne. Er warf sich sogleich vor Zafenat-Paneach nieder. »Der Pharao und die Mutter ganz Ägyptens sind im Garten«, meldete er, nachdem Joseph ihm erlaubt hatte, wieder aufzustehen. »Sie wünschen, daß Ihr zu ihnen kommt, während sie ihr Spiel beenden.«

Der Kammerherr begann, sie in den Garten zu führen. »Was für ein Spiel spielen sie?« fragte Joseph.

Ein Lächeln trat auf das breite Gesicht des Kammerherrn. »Hunde und Schakale«, erwiderte er, die Hände hinter seinen Rücken schiebend.

Manasse warf Ephraim einen fragenden Blick zu. Hunde und Schakale war ein triviales Spiel, mit dem die reichen Ägypter sich ihre langen, heißen Nachmittage vertrieben. Daß der göttliche Pharao und die Mutter ganz Ägyptens sich genügend langweilten, um sich mit einem Brettspiel zu unterhalten, das er und Ephraim als Kinder gekannt hatten – er konnte es sich nicht vorstellen.

Sein Vater schien seine Gedanken zu erraten. »Der Pharao und die Königin Tiy haben in der Mitte des königlichen Gartens ein lebensgroßes Spielbrett einrichten lassen«, erklärte er, die Worte im Gehen über die Schulter werfend. »Die 58 goldenen Kreise auf dem Spielfeld sind durch 58 goldene Platten entlang der Gartenwege dargestellt, und anstelle des blauen Flecks, der auf dem Brett für die Oase steht, haben die Gärtner des Pharao einen echten Teich zwischen den Wegen angelegt.«

Das Ziel des Spiels war ganz einfach, erinnerte Manasse sich, während er und Ephraim weiter ihrem Vater und dem Kammerherrn folgten. Der eine Spieler hatte ein Rudel Hunde unter sich, der andere ein Rudel Schakale. Zunächst würfelte man, und der erste, der eine Eins oder Sechs warf, konnte beginnen. Man bewegte seine Figuren von einem Spielfeld zum anderen; der erste, der auf dem *Schenu*-Feld mit den königlichen Insignien landete, hatte gewonnen.

Der Reiz des Spieles lag in den beiden Geheimen Pfaden, die jeweils verschiedene Punkte der beiden Spielwege miteinander verbanden. Wenn ein Spieler auf einem Kreuzungsfeld zwischen dem eigentlichen Weg und einem der Geheimpfade landete, mußte er dem Geheimpfad folgen, indem er entweder um mehrere Felder vorrückte oder um die gleiche Anzahl Felder zurückfiel. Um das Spiel noch interessanter zu machen, trugen fünf der Spielfelder das *Anch* (Henkelkreuz), das Symbol des ewigen Lebens. Wer das Glück hatte, auf einem Anch zu landen, kam gleich noch einmal an die Reihe mit dem Würfeln.

Als sie den Garten betraten, sah Manasse, daß der Pharao eine wahrhaft königliche Version des Spielbretts hatte anlegen lassen. Auf beiden Seiten eines großen, spiegelglatten Teichs waren zwei sich schlängelnde Wege durch den Garten gelegt worden. Ein riesiges *Schenu*, eine mit dem göttlichen Namen des Königs beschriebene und mit Gold, Karnelion und Lapislazuli verzierte Platte lag direkt vor dem Gartenpavillon auf dem Boden.

»Drei!« Es war ein Hofbeamter, der die Zahl schrie. Der Pharao, der aus dem Pavillon zuschaute, zeigte auf einen Sklaven auf dem Hunde-Weg. Der Sklave, der eine Kopfbedeckung aus Fell und ein silbernes Halsband trug, eilte drei Felder nach vorne. Kaum stand er still, schoss hinter mehreren Sträuchern ein Dutzend andere Sklaven hervor, die eine Nachbildung der heiligen Sonnenbarke des Amun-Re auf ihren Schultern trugen, auf der der Gott zu seinen verschiedenen Tempeln fuhr. In Bug und Heck des Schiffes war das Bild des widderköpfigen Gottes eingeschnitzt. Lange Stangen trugen sowohl das Schiff als auch die flatternden Banner mit den heiligen Insignien des Gottes.

Der »Hund«, erfreut grinsend über Pharaos Spielglück, stieg in das Boot, worauf dessen Träger ihn über einen der Geheimpfade zu einem Spielfeld trugen, das viel näher zum Schenu lag.

Königin Tiy, die auf ihrem Stuhl im Pavillon thronte, runzelte die Stirn. Manasse trat an die Seilabsperrung, die das Spielfeld von den Zuschauern trennte, und verglich die Positionen der Spieler. Wenn sein Glück noch etwas anhielt, würde der König gewinnen.

Tiy nickte ihrem Würfler zu, der die Würfelstücke in eine glänzende Bronzeschale warf. »Zwei!« rief der Beamte.

Mit einer ärgerlichen Falte auf der Stirn zeigte die Königin auf einen ihrer Männer – einen »Schakal«, denn er trug eine schwarze Kopfbedeckung mit spitzen Ohren –, der prompt um zwei Felder vorrückte. Auch er landete an einem Geheimpfad, und kaum war er auf das Feld getreten, als zwei Priester den Deckel eines Flechtkorbes anhoben. Manasse schaute ungläubig zu, wie eine Kobra herauskam und den Spieler der Königin zum Startfeld zurückzischte.

»Keine Sorge«, flüsterte der Kammerherr, während das Reptil davonkroch. »Das ist ein altes Exemplar, dem sie die Zähne gezogen haben.«

Ein Triumphlachen kam von dem Stuhl des Königs. »Ah, Tiy, gleich habe ich dich geschlagen!«

»Wir werden sehen, mein König.« Auch die Königin lachte, aber es klang brüchig und schrill.

Der Pharao machte seinen nächsten Wurf, und die Zuschauer brachen in höflichen Applaus aus, als ein weiterer »Hund« sechs Felder vorwärts ging.

Die Köngin warf ihrem Gemahl ein halb verzerrtes Lächeln zu, dann zeigte sie auf den Hofbeamten. »Die Würfel«, befahl sie, ihre dünnen Finger weit ausgestreckt. »Ich will sie selber werfen.«

Der Beamte verneigte sich und reichte ihr die Bronzeschale. Der Pharao lehnte sich zurück und legte sein Kinn in die Hand, die Augen auf seine Königin gerichtet. Tiy rollte die Würfel in ihren Händen, als wolle sie prüfen, wie sie sich anfühlten, dann spreizte sie unvermittelt ihre Finger, daß die Würfel statt in die Schale auf den Boden fielen.

»Tiy!« Amenhoteps Stimme klang enttäuscht. »Du hast sie fallen lassen! Du bist ausgeschieden!«

»Ja, es sieht ganz so aus.« Ein langsames Lächeln schlängelte sich wie die Kobra um Tiys Lippen. »Aber lieber ergebe ich mich dir, mächtiger Pharao, als daß ich gegen dich verliere. Und außerdem ist dies nicht die Zeit für Spiele. Unsere Gäste sind da, und sie trauern.«

Das Gesicht des Pharao wurde steif, ja fast düster, als er seinen Wesir erblickte. »Zafenat-Paneach«, sagte er feierlich, die Stimme plötzlich traurig-besorgt. »Ich bin froh, daß du gekommen bist. Ich wollte diesen Tag mit dir verbringen, um dein Herz zu stärken, wie du einst das meine stärktest, als ich meinen Vater begraben mußte.«

Jetzt, wo der Blick des Königs auf sie gefallen war, folgte Manasse dem Beispiel seines Vaters und warf sich auf dem Boden vor dem Pavillon nieder. »Erhebe dich und küsse den königlichen Fuß, vortrefflichster Wesir, mein Zafenat-Paneach.« Die Stimme des Pharao klang dünn und hohl hier draußen. Joseph erhob sich auf seine Knie und rutschte nach vorne, um seine Lippen über den oberen Rand der roten Ledersandalen des Pharao fahren zu lassen. Es war eine große Ehre, die Füße des Königs küssen zu dürfen; nur einige wenige auserwählte Edle durften den Gottkönig berühren.

»Du und deine Söhne dürfen sich erheben«, rief der Pharao. Manasse stand langsam auf. Er hob sein Kinn und nahm all seine Würde zusammen, aber in Amenhoteps Gegenwart kam er sich immer wie ein Kind vor. Obwohl Joseph der Lieblingsberater des Königs war, waren Manasse und Ephraim noch nicht oft genug in der Gegenwart des Pharao gewesen, um sich wohlzufühlen in einer solchen Audienz. Aber vielleicht konnte das kein Mensch.

Mit seinen 31 Jahren stand Amenhotep III. als stolzer Herrscher in der Blüte seines Lebens vor der Welt. Bei aller Distanz spürte Manasse die sprungbereite Kraft in diesem Mann, eine Energie, die auch die bewußt legere Attitüde des Königs nicht verdecken konnte. Wie die anderen Edlen des Landes, trug der Pharao einen leinenen Schurzrock, der um die Taille von einem kunstvoll mit Perlen besetzten Gürtel zusammengehalten wurde, aber hier endete die Ähnlichkeit. Vom Gürtel des Pharao hing in der Mitte eine Art Ziertasche aus Perlenschnüren herab, jede mit einem goldenen Anhänger in der Form eines Kuhkopfes, ein Symbol der Göttin Hathor.

Da niemand ihn mit unbedecktem Haupt sehen durfte, trug Amenhotep auf seinem Kopf den *Nemes*, ein steif gefaltetes Tuch, das von einem goldenen Stirnband festgehalten wurde. Zwei gestreifte Zipfel fielen nach vorne auf seine glatte Brust. Eine Nachbildung der Schlangengöttin Wadjet verzierte die Vorderseite des Nemes. Das Profil des Königs war scharfgeschnitten und selbstbewußt. Sein von Sonne und Wind gebräuntes Gesicht war angenehm genug, um als schön zu gelten, fand Manasse. Aber in den Augen glühte der einschüchternde, feurige Stolz der Könige Ägyptens.

»Deine Söhne sind ansehnliche Männer geworden.« Der Pharao nickte knapp, dann warf er seiner Frau einen verstohlenen Seitenblick zu. »Was sagst du, meine liebe Tiy? Ich finde, die jungen Männer sind gerade so wohlgestaltet wie ihr Vater.«

Manasse spürte, wie eine unwillkommene Röte in sein Gesicht kroch, als die Königin sich von ihrem vergoldeten Stuhl erhob. Er hatte es vermieden, in ihre Richtung zu schauen, denn Tiys scharfe, unruhige Züge und ihr direkter Blick erinnerten ihn immer an einen Geier, der ein Aas sucht.

Die Königin trat, ihren Lieblingszwerg an einer goldenen Leine hinter sich herziehend, zu dem Stuhl des Pharao. Sie neigte in einer tiefen Geste ihren Kopf vor ihrem Gemahl, dann fuhr ihr Blick zu dem Trio hin, das vor ihm stand, ihre dunklen Augen indolent und verführerisch. »Die Söhne können es dem Vater niemals gleichtun, denn geteilte Schönheit ist nie so wie das Ganze.« Ihre nasale Stimme schnitt wie eine heiße Klinge durch die Stille. Sie warf ein leichtes Lächeln in Josephs Richtung. »Aber es sind schöne Söhne, mein König, und jeder Mann wäre stolz, ihr Vater zu heißen.«

»So scheint es mir auch.« Der Pharao nickte dem Kammerherrn abrupt zu und erhob sich von seinem Stuhl. »Ich habe dich heute zu einem Bankett geladen, Zafenat-Paneach. Verzichten wir also auf die Formalitäten und ziehen wir uns in meine Gemächer zurück. Ich möchte ohne die Ablenkungen des Hofes alles über deine kommende Reise erfahren. Laß meine Gemahlin und meine ältesten Töchter deine Söhne unterhalten, während wir beide des Gesprächs unter vier Augen pflegen.«

Manasse fühlte, wie sein Herz sich etwas zusammenzog. Wenn die Musikerinnen für den Pharao spielten, hätte er keine Gelegenheit, Jendayi zu sehen.

Aber da trat schon die Königin Tiy vor und schob ihren Arm durch den seinen. »Komm, junger Mann, begleite mich in meine Gemächer, wo wir uns ausruhen und interessant unterhalten können.« Ihr Lächeln ging nicht bis zu ihren Augen. »Meine Töchter erwarten uns dort, dazu Speisen und Musik, die süß genug sein wird, um allen Schmerz, der sich hinter deinen ruhelosen Augen regen mag, zu stillen.«

Musik! Die Hoffnung ließ ihn unwillkürlich lächeln. Manasse senkte ehrerbietig seinen Kopf, dann führte er die Königin aus dem Garten des Königs.

Sein Lächeln wurde breit-zufrieden, als er entdeckte, daß die Königin die Wahrheit gesprochen hatte. Das Bankett, das sie vorbereitet hatte, war schlicht, ruhig und intim. Die vier Speisenden – Königin Tiy, Manasse, Ephraim und Prinzessin Sitamun – saßen auf Stühlen, die so angeordnet waren, daß sie sich paarweise gegenübersaßen. Eine stetige Prozession von Dienern trug immer neue Schüsseln mit dampfenden Fleischgerichten, köstlichem Obst und zartem Gemüse herein. Jedes Gericht wurde zuerst der Königin gereicht, die es kostete und darauf die Sklaven anwies, es den anderen aufzutragen.

Manasse saß der Königin gegenüber, was ihm zuerst unangenehm war, bis er merkte, daß ja die Musikerinnen, wenn sie denn kamen, direkt hinter ihr sitzen würden. Er bräuchte nur so zu tun, als ob er der Königin seine volle Aufmerksamkeit widmete, um seine geliebte Jendayi so viel zu betrachten wie er wollte. Aber Tiys so intensiv schwarze Augen schienen zu verkünden, daß er sie nicht so leicht würde hinters Licht führen können. Nein, sie würde es merken, wenn etwas anderes als ihre königliche Gegenwart seine Gedanken beschäftigte.

Eine Stunde lang saßen sie und unterhielten sich über dies und das. Ephraims Zunge löste sich, und er begann, Sitamun, eine verwöhnte Sechzehnjährige, zu necken. Das hochgewachsene, schlanke Mädchen hatte ein schmales Gesicht und so schwere Augenlider, daß es ständig so aussah, als wolle sie einschlafen. Aber diese Augen glänzten, als sie ihre Zunge mit der Ephraims maß, und ihr Witz schien gerade so scharf zu sein wie ihre Zunge. Mehr als einmal schoß Manasse ein Lächeln in ihre Richtung, wenn sie wieder gepunktet hatte in dem Wortgeplänkel, und bevor die erste Stunde vorbei war, merkte er, daß aus der höflichen Tischkonversation zwischen seinem Bruder und der Prinzessin ein ausgewachsener Flirt geworden war.

Auch Königin Tiy schien es zu merken, denn um ihre Mundwinkel hing der Ansatz eines wissenden Lächelns. Manasse wollte sie gerade mit einer Frage über die Pläne des Pharao zur Restaurierung der Tore von Theben ablenken, als ein Vorhang sich öffnete und Akil in den Raum trat.

Manasses Kopf wurde leer und sein Magen sackte nach unten wie ein Gehenkter. Hinter dem Cheironomen kamen die Oboenspielerin, die Lautenspielerin, die Frau mit dem Tamburin, die Leierspielerin und schließlich, von einer Dienerin geführt, Jendayi.

Manasse starrte die kleine Harfenistin an, gelähmt vor Erstaunen. Er hatte Jendayi mehrere Monate nicht gesehen, und davor nur immer aus der Ferne. Wie lieblich sie geworden war! Keine Königin, keine der Frauen im Harem des Pharao konnte es mit der Schönheit dieses Mädchens aufnehmen. Sie trug jetzt eine volle Perücke, wie alle Diener des Pharao, aber die junge Frau unter der Perücke schien zarter und ätherischer denn je zu sein. Die Finger, die um das Handgelenk ihrer Führerin lagen, waren stark und schlank. Ihr Hals leuchtete warm und harmonisch über dem Brustteil ihres Kleides. Die Weichheit ihres jungen Körpers schien mit dem Leinen ihres Gewandes verschmelzen zu wollen. Die Augen, die sie zu den Fenstern hochhob, waren grau und wild wie Sturmwolken, aber Manasse wußte, daß hinter der Fassade dieser Augen, dieses so perfekten Gesichtes eine leidenschaftliche, intelligente junge Frau wohnte. Man brauchte sie nur spielen zu hören, um die tiefe Fülle der Seele zu spüren, die in ihr wohnte, und eins mit diesem Geist werden zu wollen.

Er holte tief Luft. Er spürte, wie es ihm in der Brust eng wurde. Wie konnte ein Mann sie anschauen und nicht begehren? Wie konnte Akil jeden Tag mit ihr arbeiten, ihre Stimme hören, ihr Gesicht sehen und nicht teilhaben wollen an ihrer süßen Unschuld? Und der Pharao! Wie konnte er, der solch einen Geschmack für schöne Frauen hatte, dieser herrlichen Blume in seinem Haus widerstehen?

Für den Lidschlag eines Augenblicks trafen seine Augen sich mit denen der Königin. Ein Lächeln schob sich in ihre Mundwinkel, dann quer über ihre Lippen. »Hat dir noch nie jemand gesagt, mein junger Freund«, sagte sie, und ihre Stimme senkte sich zu einem vagen Flüstern, »daß deine Gedanken in deinen Augen scheinen wie die Sterne am Nachthimmel? Dein Gesicht sagt mir, daß die Musiker der Königs hinter mir eingetreten sind. Und« – sie beugte sich zu ihm hin – »das Licht in deinen Augen sagt mir, daß sie etwas gefunden haben, nach dem dich sehnsüchtig verlangt. Und da die meisten Frauen in Pharaos Orchester wie giftige Wespen sind, muß dieses Leuchten in deinen Augen von der – darf ich es sagen? – kleinen Harfenistin herkommen.«

Manasse starrte sie an, unfähig zu sprechen, aber Tiys Lächeln war voller Verständnis. »Sie *ist* wunderbar, nicht wahr? Ein seltener Schatz der Schönheit und Begabung. Leider ist sie einer der Lieblinge des Pharao.« Sie hielt einen Augenblick inne. Ihre zu länglichen Schlitzen geschminkten Augen musterten ihn, dann legte sie ihre Hand an ihren schwanenhaften Hals. »Aber laß dich nicht erschrekken von meinen Worten. Unser König hat eine Schwäche für die Musik, aber in den königlichen Harem geladen worden sind die Frauen in Akils Orchester nie.«

Eine Woge der Erleichterung ließ Manasses Herz weiter werden. Die Königin sah ihn an, ihr Mund zu einem nachdenklichen Lächeln gebogen. »Fast hatte ich vergessen, daß es solch eine Unschuld geben kann, Manasse, Sohn des Zafenat-Paneach.«

»Unschuld?« Er ließ seinen Blick zurück zu Jendayi gleiten. »Nie hat Gott ein unschuldigeres Wesen geschaffen.«

»Ich meinte nicht die Harfenistin, ich meinte dich.«

Manasse merkte, wie die Röte in seinem Gesicht purpurn wurde.

»Sei nicht verlegen, mein lieber junger Freund«, schnurrte Tiy flüsternd. »Und verzage nicht. Das Herz des Pharao hängt nicht völlig an der Harfenistin. Wenn man es richtig angeht, kann eine Zeit kommen, wo er bereit ist, das Mädchen freizugeben – an einen Mann, den er zu ehren wünscht.« Die Königin ließ die Worte einen Moment in der Luft hängen, dann sah sie Manasse voll an. »Und es kann auch eine Zeit kommen, wo du deiner Königin zu Diensten sein kannst, mein junger Freund. Vielleicht können wir in der Zukunft einander helfen.«

Die Worte schienen ein Geheimnis anzudeuten. Aber Manasse war zu begeistert von der Aussicht, vielleicht Jendayis Freilassung erwirken zu können, um mehr zu tun, als zustimmend zu nicken.

Ephraim tauchte seine Finger in die winzige Wasserschüssel auf seinem Tablett, dann trocknete er sich die Hände an dem parfürmierten viereckigen Leinenhandtuch und studierte das Gesicht seines Bruders. Manasses unbeherrschte Augen waren schon wieder auf die Harfenspielerin gerichtet. Dieser sentimentale Dummkopf! Wußte er nicht, daß Tiy eine eifersüchtige Königin war, die es nicht leicht verzieh, wenn man sie nicht beachtete? Und für eine königliche Sklavin schwärmen, es war überhaupt die reine Zeitverschwendung. Das Mädchen würde nie aus dem Dienst des Pharao entlassen werden und nie heiraten dürfen. Sie durfte sich glücklich schätzen, daß sie ein Stück Freude in ihrer Musik fand; die meisten Sklaven des Pharao kannten keine Freude außerhalb seines Willens.

»Ephraim.« Sitamun zog wieder an seinem Arm, ihre Hand verweilte einen Augenblick auf seiner Haut.

»Wie kann ich Euch dienen, Prinzessin?« fragte er, seine Aufmerksamkeit zu dem Mädchen, das ihm gegenübersaß, zurückwendend. Sitamun war eine anstrengende Tischpartnerin, die nur zufrieden war, wenn er sie anlächelte, aber sie war hübsch und intelligent und hatte das Genie ihrer Mutter und die Hartnäckigkeit ihres Vaters. Und sie war sechzehn, im besten heiratsfähigen Alter und ein durchaus nicht zu verachtendes Exemplar des weiblichen Geschlechts. Obwohl er, wenn er ganz ehrlich war, eigentlich auch lieber solch eine schöne Fee hatte wie Manasses Harfenengel. Aber das blinde Mädchen würde nie den Erben eines Königsthrons gebären – Sitamun sehr wohl. Und obwohl Amenhoteps logischer Nachfolger der Kronprinz war – wer wollte wissen, was das Leben und die Zukunft bringen würden?

Ein Lächeln strich um Ephraims Mund, während er sich Sitamuns Geplappere über den neuesten Hofklatsch anhörte. Warum nicht eine Prinzessin heiraten? Jakobs rechte Hand hatte sich auf *seinen* Kopf gelegt, und wie konnte er die Söhne Israels besser zu Ruhm und Größe führen als durch ein Bündnis mit Ägypten? Sein Vater hatte ein großes Werk begonnen; Ephraim konnte es fortführen.

Er schob sein Lächeln zurecht, stützte die Hand auf das Kinn und musterte die angenehme Erscheinung vor ihm. Er senkte seine Stimme so, daß die beiden anderen Speisenden die Worte nicht verstehen konnten, und sagte: »Hat Euch schon einmal jemand gesagt, daß Eure Augen so strahlen wie der Nachthimmel, wenn der Sirius am hellsten ist?«

Wer ihn sah, mußte annehmen, daß Akil ganz auf die Musik konzentriert war, die er dirigierte, aber seine Gedanken waren bei dem kleinen Kreis der Bankettgäste hinter ihm. Er kannte die Söhne Zafenat-Paneachs, ihr Wesen und ihre Wünsche, und er traute ihnen nicht. Er spürte förmlich, wie die Augen des Älteren, Manasse, sich durch seine Schultern bohrten, während sie Jendayi anstarrten, und der Jüngere, Ephraim, war allzu leichtzüngig und attraktiv für Akils Geschmack. In den drei Jahren, die er und seine Musikerinnen in der Wesirsvilla gelebt hatten, waren ihm die schmachtenden Blicke Manasses und Ephraims freches Geflirte mit seinem Wunderkind nicht entgangen.

Aber er hatte Jendayi, dieses gesegnetste Mädchen unter dem Himmel, vor den jungen Männern abschirmen können. Ihre blinden Augen hatten Manasses Herz, das wie ein aufgeschlagenes Buch auf seinem Gesicht lag, nie lesen können, und den dreisten Ephraim hatte er meist auf Abstand halten können. Soweit Akil sich erinnern konnte, hatte er seine Pflicht nur einmal vernachlässigt – an jenem Nachmittag, wo Ephraim Jendayi im Garten entdeckt und sie stürmisch geküßt hatte. Zum Glück war Akil dazugekommen, bevor die Situation eskalieren konnte, und hatte das stotternde Mädchen auf der Stelle zurück in das Sklavenhaus geführt. Ephraim, frech wie immer, hatte nur gegrinst und sich getrollt, wahrscheinlich um sich ein willigeres Opfer für seine Annäherungsversuche zu suchen.

Akil warf diskret einen Blick über seine Schulter. Eine sanfte, liebevolle Biegung war auf den Lippen des älteren Wesirssohnes, während er, ohne auf Akil oder die Königin zu achten, zu Jendayi hinstarrte, aber der jüngere schien sich mit der Prinzessin Sitamun zu beschäftigen. Gut. Sollte er ruhig seine Netze auswerfen nach dem glitschigen Fisch. Die beiden paßten zueinander. Und – die Götter seien gepriesen – solange Jendayi ihr Augenlicht nicht hatte, würde sie nicht die Liebe in den Augen des anderen sehen.

Akil drehte sich zurück zu dem Orchester und warf den sehenden Musikerinnen ein anerkennendes Lächeln zu. Das Lied, das sie gerade spielten, war eine Allerweltsmelodie, bei der Jendayi nicht viel mehr zu tun hatte, als eine Begleitung zu der Oboe zu klimpern. Gut. Heute abend würde sie keine ungebührliche Aufmerksamkeit auf sich ziehen.

Denn er wußte seit langem schon, daß in Jendayi der Schlüssel zu seinem eigenen Glück und Wohlstand lag. Solange die kleine Harfenspielerin die Gabe der Götter behielt und am Hof des Pharao blieb, würde Akil weiter ihr musikalischer Dolmetscher sein. Obwohl Amenhotep die besten Musiker des Reiches zur Verfügung hatte, ließ er bei jeder größeren Gelegenheit, ob offiziell oder privat, Akils Orchester rufen. Solange Jendayis Harfenspiel den König bezauberte, war Akil ein Platz im inneren Kreis der Gunst des Pharao sicher, und er würde weiter für die Königin spielen können.

Und es gab keine größere Ehre, keine schönere oder verdienstvollere Frau. Tizara war der hellste, strahlendste Stern in der Welt des Pharao, ein Ausbund an Tugend, Intelligenz und Klugheit. Akil war ein williger und loyaler Diener des Pharao, aber Tiy, die Mutter Ägyptens und große Dame seines Herzens – sie betete er an.

Sie wird vielleicht nie erfahren, daß ich bereit wäre, für sie zu sterben, dachte Akil, während er seine Hände senkte, um das Lied zu beenden. *Aber sie wird nie Grund haben, an meiner Loyalität zu zweifeln.*

Manasses Seele brannte vor Ungeduld, als die Diener der Königin die Essenstabletts forttrugen. Jetzt mußten sie nur noch die rituellen Dankgesänge an die Götter über sich ergehen lassen, und dann würden Königin Tiy und Prinzessin Sitamun sich verabschieden und den Raum verlassen. Die Musikerinnen würden vielleicht schon vorher gehen, so daß er nur wenig Zeit haben würde, um Jendayi zu sprechen, bevor die Palastwachen kommen würden, um ihn und Ephraim zurück zu dem Schiff zu begleiten. Man ging nicht ohne Begleitung durch den Palast des Pharao.

Aber er mußte mit Jendayi reden. Bald würden er und seine Familie nach Kanaan aufbrechen, und es konnte Wochen dauern, bevor er die nächste Einladung nach Malkata erhielt. Im Herzen hatte er sich schon jahrelang nach ihr gesehnt, aber jetzt war sie alt genug, um seine Liebe aus seinem Mund zu hören und zu erfahren, daß er nur ihr Allerbestes wollte und alles tun würde, um es zu erlangen.

Die Diener beendeten ihr Abräumen. Ein kahlköpfiger Priester trat herein und rezitierte einen Dank- und Preishymnus. Als er fertig war, erhob Königin Tiy sich mit einer anmutigen Bewegung von ihrem Stuhl. »Wir sagen euch lebewohl«, sagte sie, ihre Stimme schrill und klar in der plötzlichen Stille.

Sitamun folgte dem Beispiel ihrer Mutter und erhob sich ebenfalls. Ein vielsagendes Lächeln glitt über ihre Lippen, als sie ihren Kopf zu Ephraim hin neigte. »Es war mir ein Vergnügen, mit dir zu reden«, murmelte sie, ein süßlicher Unterton in ihrer Stimme. Ihre dunkle, geölte Perücke glänzte wie poliertes Holz, als ihr Blick zu Manasse hinging. »Ihr müßt beide wiederkommen, wenn ihr von dem Begräbnis eures Großvaters zurück seid.«

»Wir danken Euch für die Einladung und werden sie gerne annehmen«, antwortete Ephraim, ohne Manasse auch nur anzusehen. »Mein Bruder und ich werden an Eure Seite eilen, wann immer Ihr unsere Gegenwart wünscht.«

Manasse verschränkte die Hände hinter seinem Rücken. Sollte Ephraim Sitamuns Einladung ruhig annehmen. Er würde seinen Bruder gerne begleiten, und wenn es nur war, um Jendayi sehen zu können. »Ja.« Er nickte Sitamun zu. »Wir würden uns sehr geehrt fühlen, Euch wiedersehen zu können.«

»So sei es denn.« Sitamuns Lächeln wurde merklich entspannter. »Ich werde die Götter anflehen, euch eine sichere und glatte Reise zu schenken.«

Ephraim und Manasse verneigten sich respektvoll, dann führte Tiy ihre Tochter aus dem Raum hinaus. Kaum waren sie fort, drehte Ephraim sich aufgeregt zu Manasse hin, aber der legte ihm beschwichtigend die Hand auf die Schulter. Er ließ ihn in der Mitte des Raumes stehen und ging mit langen Schritten in die Ecke, wo die Musikerinnen gerade ihre Instrumente zusammenpackten. Jendayi war bereits durch die Tür verschwunden, aber vielleicht würde der Cheironom sie zurückrufen.

»Meister Akil.« Manasses Stimme war wackliger, als ihm lieb war.

»Kann ich Euch helfen, Herr?« Akil drehte sich um. Seine Stirn war gerunzelt, die Brauen brütend verknotet.

»Ich bin Manasse, der ältere Sohn Zafenat-Paneachs.« Die Worte wollten verschwimmen vor lauter Eile. »Könntet Ihr bitte Jendayi rufen, ich möchte gerne mit ihr ...«

»Ich weiß, wer Ihr seid«, unterbrach ihn der Cheironom. »Aber wir gehören nicht mehr Eurem Vater, dem Wesir.« Der Mann schob seine dürre Brust vor. »Wir gehören dem Pharao.«

»Ich weiß.« Manasse nickte abrupt. »Aber wenn Ihr sie bitte rufen könntet ...«

»Jendayi kann nicht mit Euch sprechen, es wäre nicht schicklich. Ihr seid der Sohn eines Edelmanns, und sie ist eine Sklavin. Aber ihr müßt jetzt gehen, die Wachen sind schon an der Tür.«

Manasse schielte über seine Schulter. Der Mann sprach die Wahrheit. Zwei bewaffnete Palastwächter waren in den Raum getreten und warteten darauf, ihn und Ephraim durch das Labyrinth der Gänge zurück zur Anlegestelle zu geleiten.

»Aber ich wünsche nur ein Wort ...«

»Nein! Geht, junger Herr, oder ihr bringt Euch und mich in Schwierigkeiten!« Der ältere Mann ließ sich nicht überzeugen.

Manasse trat zurück. Er hatte keine Angst vor Akil, aber er wußte, daß er mit übereilten Aktionen künftige Einladungen in den Palast aufs Spiel setzen konnte. Der Cheironom war ein dummer Sturkopf, aber Manasse hatte Verbündete an höheren Orten. Hatte nicht Königin Tiy selber vorhin angedeutet, daß sie ihm helfen würde, die Hand der Harfenspielerin zu gewinnen?

»Bis später, Akil«, rief Manasse, während er aus dem Zimmer ging. »Wir werden uns wiedersehen.«

Jendayi folgte ihrer Magd durch die Palastflure und versuchte, nicht an das saure Gefühl in ihrer Magengrube zu denken. Es war gut, daß der Pharao sie heute abend nicht zum Spielen rufen würde, denn heute würde nichts als Einsamkeit, Sehnsucht und Schmerz aus ihrer Harfe strömen.

Sie hörte Akils raschen, schlurfenden Schritt hinter sich und senkte den Kopf. Sie wußte: Er würde ärgerlich sein, wenn er ihre Gefühle auf ihrem Gesicht las. »Was sehnst du dich nach Dingen, die nie sein können?« schimpfte er immer mit ihr. »Sei froh über dein Los. Du wohnst in dem schönsten Palast des ruhmreichsten Königs des mächtigsten Reiches in der Welt, und du bist ein Liebling des Pharao.

Die Götter haben dich gesegnet, Kind, niemand kann dir das Wasser reichen. Also freue dich und sei zufrieden.«

Und sie versuchte ja, zufrieden zu sein, aber der Traum – der Traum verfolgte sie. Ihr Alptraum vom Tod und der Halle der beiden Wahrheiten, er hatte seine Macht, ihr Angst zu machen, nicht verloren. Jeden Morgen wachte sie schweißgebadet auf und mußte von neuem an des Verdammungsurteil der Götter denken: »Du hast nichts geliebt. Du bist nichts. Du hast nichts getan!« Auch jetzt sah sie sie wieder vor sich, die Glühaugen in Anubis' hagerem Schakalsgesicht, daß sie sich bibbernd enger an ihre Magd drückte.

Das Leben selber verfolgte sie. Es schien etwas zu sein, von dem sie immer wieder hörte, aber das sie nie selber erfahren würde. Sie aß, trank, schlief und spielte in der einsamen Dunkelheit der Blinden. Jeder Tag, jede Nacht war gleich. Wenn sie morgens aus dem Bett stieg, schlüpfte sie in ein Gewand, das sich genauso anfühlte wie das vom Tag zuvor. Die Stimmen, die um sie herum erklangen, waren die gleichen, die ihr seit den Tagen ihrer Kindheit Gesellschaft leisteten. Die Menschen, die an den Rändern ihrer Welt umhergingen, wurden lauter, wenn sie mit ihr sprachen, als sei sie taub – sofern sie sich nicht gleich einbildeten, daß mit jemandem, der einen nicht ansehen konnte, gar kein Kontakt möglich war.

Der Pharao, die Königin, die Männer und Frauen des Hofes – sie lebten und lachten *in der Welt*. Jendayi und ihre Gefährtinnen dagegen waren für immer eingesperrt hinter dem Schleier der Sklaverei, fremde Wesen, die ihre Musik zu machen und dann wieder fortzuhuschen hatten, wie Ratten in ihre Löcher. Was sie vom Leben erfahren hatte, es war so nichtssagend und fade wie lauwarmes Wasser, und ihr Magen knotete sich bei dem Gedanken an ein ganzes Leben solcher Leere, an lange, lange Jahre, in denen sie nicht liebte, nichts hatte, nichts war...

Eine Gabe hatte sie bekommen – das Talent, Musik zu hören, ja zu schaffen. Manchmal, an einem stillen Nachmittag, erzählte ihr eine der anderen Sklavinnen eine Geschichte der Liebe, des Hasses oder der Eifersucht, und dann versuchte Jendayi, diese Gefühle mit den Saiten ihrer Harfe zum Klingen zu bringen. Aber sie wußte: Selbst wo sie ihr Allerbestes gab, waren die Töne, die von ihren Fingern flossen, doch nur Schatten der wirklichen Leidenschaften, die

die anderen Menschen bewegten. Von Liebe wollten ihre Finger sprechen – und konnten doch nur das zarte Trillern eines Muttervogels malen, der seine im Schilf des Flußufers versteckten Jungen rief. Eine Imitatorin war sie, keine Künstlerin. Anubis hatte recht. Sie war nichts.

»Wir sind da, Herrin.« Kesi, ihre Magd, drehte sich abrupt zur Seite, Jendayi mit sich ziehend. Jendayi hob ihren Kopf und roch den süßen Duft der Lotusblüten, die die Lautenspielerin am vergangenen Tag in einer Schale arrangiert hatte. Sie war zurück in ihrem Zimmer, einem der vielen Räume in dem Sklavenflügel hinter dem Palast des Pharao.

»Danke.« Jendayi ließ Kesis Arm los und streckte ihre Hand aus, um den Blindenstock in Empfang zu nehmen, den sie in dem Sklavenhaus benutzte. Einen Augenblick später hatte Kesi ihr den glatten Stab in die Hand gedrückt und ging, wahrscheinlich froh, ihre so unselbständige Herrin eine Weile los zu sein. Jendayi tastete sich mit dem Stock an drei Betten vorbei und ließ sich auf das vierte sinken; den Stock legte sie vorsichtig neben dem Bett auf den Fußboden. Als sie sich vergewissert hatte, daß niemand über ihn stolpern würde, rollte sie sich auf die Seite, schob eine Hand unter ihre Wange und tat, als ob sie schlief.

Aber sie konnte nicht schlafen, denn dann würde der Traum vielleicht wiederkommen. Würde sie es je schaffen, Anubis' dumpfes Heulen zum Schweigen zu bringen? Konnte ihr kaltes Herz Liebe finden? Als die heimtückische Krankheit ihr ohnehin schwaches Augenlicht zerstört hatte, hatte Jendayis Mutter sie bald verlassen. Sie konnte sich nicht recht erinnern an ihre Mutter, auch nicht an den Sklavenmarkt, auf den man sie gebracht hatte. In ihrer Kindheit hatte man ihr zu essen gegeben, sie gebadet und sie auf das Leben eines Sklaven vorbereitet, bis ihre Musikbegabung sich gezeigt hatte. Aber hatte sie je einer geliebt?

Die anderen Sklavinnen behandelten sie rücksichtsvoll, aber ohne wirkliche Herzlichkeit. Akil schien sie zu mögen, aber er war mehr Lehrer und Vormund als Vater. Jendayi hatte den Eindruck, daß sie wohl die Begabteste in dem Orchester war, aber Akil sagte, daß sie nichts getan hatte, um diese außergewöhnliche Begabung zu verdienen. Die Götter hatten sie ihr geschenkt, sagte er, und was sie gaben, das konnten sie jederzeit wieder zurücknehmen; hatten sie ihr nicht auch das Augenlicht genommen?

Ihr Leben schien so trost- und formlos zu sein wie die Dunkelheit, die sie ständig umgab, aber hier und da unterbrach ein magischer Augenblick die Monotonie. Vor ein paar Jahren, als sie noch im Haus des Wesirs gewesen war, war ein langweiliger Nachmittag plötzlich zu unerwartetem Leben erwacht, als ein Junge, der nach Schweiß und Jugend roch, seine Lippen auf die ihren gedrückt und sie »schön« genannt hatte. Akil hatte ihn sofort weggejagt und ausgeschimpft wie einen ungezogenen jungen Hund, aber für Jendayi war es ein unvergeßliches Erlebnis gewesen. Menschliches Fleisch auf ihren Lippen – denselben Lippen, die ihren Worten Laute gaben und ihr Essen und Trinken brachten. Anubis war der Herr der Lippen, denn die Lippen waren die Pforte des Lebens, und dieser Junge hatte seine Lippen auf ihre gedrückt! Liebte er sie? Bestimmt, denn warum hätte er sie sonst geküßt?

Von diesem Tag an hatte sie auf die Stimme des Jungen gelauscht und auf seinen Geruch gewartet. Sie hatte erfahren, daß er Ephraim war, der zweite Sohn des Wesirs, ein erfrischend freier, offenherziger Bursche. Als das Orchester in den Palast des Pharao umzog, hatte sie gedacht, daß es jetzt zu Ende sei mit ihren Träumen von ihm, aber heute abend hatte sie wieder seinen Namen gehört! Er war ein Gast der Königin gewesen, und ohne Zweifel hatte er sie spielen gehört.

Das Wissen, daß der Eine, der es gewagt hatte, ihr Leben mit dem seinen zu berühren, ihr heute in ihrer Finsternis zuhörte, hatte Jendayis Finger zitternd über die Saiten ihrer geliebten Harfe fahren lassen. Akil mußte ihre Befangenheit bemerkt haben, denn er hatte ihr nicht befohlen, alleine zu spielen.

Bevor sie den Salon der Königin wieder verließ, hatte sie noch gehört, wie die Besucher versprachen, wieder nach Malkata zu kommen. Ephraim würde also wieder ihrem Spiel lauschen, und wenn ihre Musik sein Herz berührte, würde er sich vielleicht an seinen Kuß erinnern und ihr gewogen sein. Und wenn sie sehr tugendhaft war und den Göttern die richtigen Opfer darbrachte, würde Ephraim es vielleicht wagen, zum Pharao zu gehen, um sie als Sklavin für sein eigenes Haus zu erbitten. Dann könnte sie seine Dienerin werden, ja vielleicht gar seine Konkubine, und dann, so die Götter wollten, würde sie endlich Liebe erfahren, und Zärtlichkeit und echte Gefühle. Dann könnten die Götter nicht mehr sagen, daß sie nicht geliebt hatte, und sie zum ewigen Tod verdammen.

Das nächste Mal, wenn Ephraim ihr zuhörte, wäre sie bereit. Sie würde ein Lied komponieren, wie es noch nie eines gegeben hatte, eines, das all die verborgenen Gefühle ihres Herzens enthüllen würde. Sie würde ihre Seele vor der seinen öffnen und sehen, ob er genügend Mut besaß, um alles zu hören, was sie ihm sagen wollte.

MANASSE

*So zog Joseph hinauf, um seinen Vater zu begraben,
und mit ihm zogen hinauf alle Diener des Pharao,
die Ältesten seines Hauses und alle Ältesten des
Landes Ägypten und das ganze Haus Josephs und seine
Brüder und das Haus seines Vaters. Nur ihre Kinder
und ihre Schafe und ihre Rinder ließen sie im Land
Goschen zurück. Sogar Wagen und Reiter zogen mit ihm
hinauf, und es wurde ein ganz gewaltiges Heerlager.*

(1. Mose 50,7-9)

Sechs

Im ersten Monat des Rückgangs der Überschwemmung, als die Tage der Trauer um Israel vorbei waren, rief Pharao Amenhotep III. die Statthalter aller Distrikte Ägyptens nach Theben. Zusammen mit einer großen Schar von Dienern, Priestern, Ältesten und anderen hohen Beamten versammelten sich die Statthalter im königlichen Palast, wo sie erfuhren, daß sie ausersehen waren, als Vertreter des Pharao die Hebräer auf ihrer Reise nach Kanaan zu begleiten. Falls einige von ihnen nicht erbaut davon waren, die nächsten Wochen durch die Wüste ziehen zu müssen, waren sie so klug, ihren Unmut nicht zu zeigen. Der Pharao selber zog es vor, in Malkata zu bleiben, was er mit seinen hartnäckigen Zahnschmerzen und einem Fieber begründete.

Aber auch wenn er selber nicht mitzog, er sorgte dafür, daß Zafenat-Paneach sich nicht von dem Königshaus zurückgesetzt fühlte. Tiy hatte Amenhotep gedrängt, Israel um des Wesirs willen alle Ehre zu bezeigen, und der König hatte auf sie gehört. Die allerbesten Ärzte hatten Israels sterbliche Hülle einbalsamiert. Der heiligste Stein war zur Herstellung der Kanopengefäße benutzt worden, in die die kostbaren inneren Organe des Alten kamen. Der Pharao persönlich hatte sein Placet für die Steinlade gegeben, die die Gefäße beherbergen würde. Sie war über und über mit Inschriften und Reliefs versehen. Die Einbuchtungen vom Meißel der Künstler waren in sattem Blau gefärbt. Aus reinstem Alabaster gefertigt, wies die Lade an den vier Ecken Darstellungen der Göttinnen Isis, Nephthys, Nut und Selkis auf, deren Flügel sich schützend über den kostbaren Inhalt der Lade breiteten.

Und selbst Zafenat-Paneachs unsichtbarer und allmächtiger Gott schien zufrieden zu sein mit der Mühe, die der Pharao sich gemacht hatte, denn der Morgenhimmel des Tages, an dem Israel aus Theben aufbrach, erstrahlte in dem herrlichsten Blau. Von seinem privaten Balkon aus sah Amenhotep den Nil wie ein silbernes Band in der jungen Sonne glänzen, und ein kühlender Wind kam von dem zurückgehenden Wasser. Er summte leise. Es würde ein guter Tag werden. Zafenat-Paneach wäre erfreut, Tiy würde zufrieden sein mit Amenhoteps Bemühungen, und die Seele des Patriarchen der Hebräer würde sicher im Jenseits ruhen.

Hinter dem König hustete einer der Priester, die ihn jeden Morgen bedienten, diskret. Amenhotep drehte sich um, bereit, mit dem Ankleidungszeremoniell zu beginnen.

Solch eine Leichenprozession hatte Theben noch nicht gesehen. Noch nicht einmal die ägyptischen Pharaonen, die mit großem Pomp von den Tempeln im Tal zu ihren riesigen Grabkomplexen westlich des Nils gebracht wurden, unternahmen eine derart lange letzte Reise. Israel würde Theben in voller Pracht verlassen, nach Goschen fahren, um seine Kinder mitzunehmen, und dann nach Kanaan aufbrechen. Auf dem Weg würde die Trauerkarawane mehrfach durch feindliches, von wilden Stämmen bewohntes Gebiet ziehen. Obwohl Ägypten die Königreiche vom Mittelmeer bis hin zum Euphrat und Syrien formell unterworfen hatte, hatte der Pharao zum Schutz vor möglichen Angriffen befohlen, daß zwei Abteilungen Streitwagen und ein Elitecorps Fußsoldaten den Wesir begleiten sollten.

Die Teilnehmer des Zuges hatten sich seit dem frühen Morgen in Theben versammelt. Amenhotep hatte angeordnet, daß sie langsam an Malkata vorbeiziehen sollten, damit er und seine Familie ihnen ihre göttliche Gunst zulächeln konnten. Jetzt begann im Süden, am Flußufer, eine Staubwolke herbeizukriechen. Der König lehnte sich in seinem Stuhl zurück, zufrieden, daß man seinen Wunsch erfüllt hatte. An seiner Seite knieten dienstbereit zwei Sklaven, in der Tür hinter ihm standen zwei Wachen. Seine Töchter Sitamun, Ast und Hentmerheb, die gewöhnlich in Theben bei ihrer Mutter lebten, saßen zu seiner Rechten. Tiy war, als er sie am vergangenen Abend gebeten hatte, in Malkata zu bleiben, unerklärlicherweise anderer Meinung gewesen. Sie zog es vor, dem Trauerzug in Theben beizuwohnen, wo sie Zafenat-Paneach, wenn er vom Hafen ablegte, die besten Wünsche des Pharao für eine glückliche Reise übermitteln würde.

Er schielte zu Sitamun hin, deren Augen ihre Gefühle verrieten. Am Abend zuvor hatte sie es gewagt, zu fragen, ob es nicht möglich war, daß sie zusammen mit dem Kronprinzen die Hebräer auf ihrer Reise nach Kanaan begleitete. Amenhotep hatte seine Antwort aufgeschoben, und später hatte Tiy ihm das plötzliche Reiseinteresse ihrer ältesten Tochter erklärt.

»Sie bildet sich ein, daß sie den hübschen jüngeren Sohn des Wesirs liebt«, hatte Tiy gesagt, und ein plötzliches Lächeln war auf ihr Gesicht getreten. »Er hat auf unserem Bankett ihr Herz erobert. Er ist recht charmant.«

Sollte er sie gehen lassen? Amenhotep hatte seine Gefühle befragt. Seine tiefe Vorliebe für Zafenat-Paneach entsprang den nostalgischen Erinnerungen an seine Kindheit und der Hochachtung, die seine Mutter vor dem Wesir gehabt hatte, aber er hatte längst gelernt, wie töricht es war, ständig einen Berater den anderen vorzuziehen. Die Eifersucht zischte wie eine Schlange durch den königlichen Thronsaal, und selbst Amenhotep hatte ihre scharfen Zähne zu spüren bekommen. Die Priester des Amun-Re, die ihm manchmal gar zu mächtig vorkamen, neideten Zafenat-Paneach seine Erfolge immer mehr. Amenhotep hatte Gerüchte gehört – obwohl er keine große Lust hatte, untersuchen zu lassen, ob so etwas Schändliches stimmen konnte –, daß sie selbst die Geschichte des Landes umgeschrieben hatten. Die Priester von Theben, die nicht glauben konnten, daß ein unsichtbarer und unbekannter Gott Ägypten gerettet hatte, hatten in den Annalen festgehalten, daß Amun-Re, »der Größte des Himmels und Älteste der Erde«, in den frühen Jahren von Amenhoteps Regierung das Schwarze Land vor dem Verhungern bewahrt hatte. Und da die Menschen, die die Große Hungersnot durchlebt hatten, früher oder später ins Jenseits eingehen würden, würde die Wahrheit nach und nach verschwinden, wie die Ruinen der ältesten Ägypter, begraben unter der nächsten Flugsandschicht.

Sitamun riß ihn mit einem lauten Seufzen aus seinen Gedanken, und Amenhotep beglückwünschte sich im stillen, daß er so klug gewesen war, auf seine Frau zu hören. Tiy hatte gefunden, daß Sitamun besser zu Hause blieb, und jetzt sah er, wie weise dieser Rat war. Wenn Sitamun mit den Hebräern nach Kanaan gezogen wäre, die Priester hätten hundert dunkle Omen aus dem Öl in ihren Weissage-Schalen herausgelesen. Alle möglichen finsteren Absichten hätten sie dem Pharao untergeschoben. Schon jetzt murrten sie doch, wie teuer diese Ehrenbezeigung für den hebräischen Patriarchen die Staatskasse kam.

Das übliche Gewimmele der Fischer- und Papyrusboote auf dem Wasser verschwand wie das Korn vor der Sichel, als die königlichen Streitwagen erschienen, wild und rasch, zwei Linien, die in perfektem Rhythmus die Ufer des noch halb angeschwollenen Flusses entlangzogen. Die Uferdämme waren extra für die Wagen verstärkt worden; das Gewicht eines so großen Zuges hätte der von der Überschwemmung schlammige Boden sonst nicht ausgehalten. Die vergoldeten Gefährte funkelten hell in der Nachmittagssonne, als die Fahrer ihre Köpfe salutierend zu den rosa schimmernden Mauern des Palastes hindrehten. Der Pharao beugte sich nach vorne und musterte sie angespannt.

Auf dem Fluß, zwischen den Wagen auf den beiden Ufern, schwamm eine ganze Flotte majestätischer Prunkschiffe, jedes mit dem Banner des Statthalters, der an Bord saß. Die ägyptischen Würdenträger reisten viel lieber zu Wasser als zu Land, und der Pharao hob sein Kinn, für den Fall, daß einer seiner Gouverneure scharfäugig genug war, seine königliche Gegenwart auf dem Balkon zu erspähen.

Nach den Statthaltern kamen die königlichen Schiffe, die Mitglieder des Hauses des Pharao trugen: den Kronprinzen, fast die Hälfte der Berater des Pharao, Priester aus den führenden Tempeln Thebens und eine Gruppe Schreiber, die die Wunder der Reise aufzuzeichnen hatten. Amenhotep hatte sich überlegt, ob er Königin Tiy mit ihnen schicken sollte, sich dann aber anders besonnen. Eine Reise durch die Wüste war keine Vergnügungsfahrt. Die Hitze, launische Kamele, häufige Sandstürme und die Beschwerden des Lebens so fern der Zivilisation machten diese Reise von Anfang bis Ende zu einer einzigen Strapaze. Tiy hätte kein Gefallen an der Wüste gefunden, und Amenhotep hätte, falls er auf ihrem Mitgehen bestanden hätte, ihren Unmut nicht so bald wieder vegessen.

Jetzt kamen andere Boote, und Amenhotep beugte sich in seinem Stuhl nach vorne und stützte sich auf seine Ellbogen. Er erkannte ein halbes Dutzend Flußboote und Feluken, die dem Wesir gehörten. Sie trugen zweifellos verdiente Glieder von Zafenat-Paneachs Haus: seinen Verwalter, den Hauptmann seiner Wache und ein paar andere unentbehrliche Diener und Berater. Diesen Schiffen gegenüber, auf dem östlichen Ufer des Nils, marschierte in schleppend-stetigem Takt eine Abteilung hochgewachsener nubischer Trommler, die eine rhythmische Leichenklage schlugen.

»Schau, Vater, die Tänzer!« sagte Ast. Ihr Finger zeigte in die Richtung. Sie rutschte aufgeregt nach vorne und faltete ihre Hände. »Was für eine Geschichte erzählen die?«

»Ich weiß nicht, Kind«, antwortete Amenhotep. Er reckte seinen Hals, um besser sehen zu können. Auf dem breiten Deck eines der Schiffe war eine ganze Schar von Tänzern zu sehen, die etwas aufzuführen schienen. Dann begriff der Pharao. Allerhand! Um dem ungebildeten Volk, das von den Ufern aus zusah, zu verdeutlichen, worum es bei der Trauerprozession ging, hatte Zafenat-Paneach eine Pantomimen-Gruppe engagiert, die die Höhepunkte aus Israels Leben aufführte. Der Pharao rieb sich das Kinn. Gerade schlug sich ein bärtiger Mime, der ohne Zweifel Israel darstellen sollte, auf die Brust, während ein anderer in Ketten fortgeführt wurde.

Der Pharao lehnte sich in seinem Stuhl zurück und legte seine Hand an die Wange. »Sie erzählen die Geschichte, wie Zafenat-Paneach in die Sklaverei verkauft wurde«, sagte er seiner jüngeren Tochter. »Der Mann in dem langen Gewand ist Israel, der Vater des Wesirs.«

»Wer würde denn unseren Wesir verkaufen?« Ast wollte der Mund offenstehen.

Amenhotep unterdrückte ein Lächeln. »Heute niemand mehr, mein Liebes, aber vor langer Zeit, als der Wesir noch ein Knabe war, erkannten nur sein Vater und sein Gott den Samen der Größe in ihm. Seine Brüder waren eifersüchtig auf ihn.«

Amenhotep hielt inne und betrachtete das schwimmende Drama mit einer dumpfen Neugierde. Merkwürdig, daß er, ein Mann, dem keiner gleich war, es nachempfinden konnte, wie den Brüdern zumute gewesen war. Denn obgleich er Zafenat-Paneach stets als Vater betrachtet hatte, hatte er nicht selten den bitteren Stachel des Neides gespürt, wenn er sich mit seinem Wesir verglich.

Kurz nach Amenhoteps Thronbesteigung hatten die Priester ihn gelehrt, daß Amun-Re sich mit den anderen Göttern beraten hatte, wer sein Kind zur Welt bringen sollte. Thot hatte Tuja vorgeschlagen, die Gattin des Pharao, und so hatte Amun-Re die Gestalt von Thutmosis IV. angenommen und Tuja in der Nacht besucht. Das Kind, Amenhotep, war folglich als Sohn eines Gottes gezeugt worden.

Aber warum besaß Zafenat-Paneach dann mehr göttliche Eigenschaften als der Pharao selber? Amenhotep war sich seiner Schwächen nur allzu bewußt. Seine Frau war ein fähigerer Diplomat und Herrscher als er, und Zafenat-Paneachs Weisheit schlug die der Berater, Priester und Astrologen des Königs um Längen. Und wenn auch kein Berater, Sklave oder Priester es je wagen würde, gegen den Gottkönig zu sprechen, hatte Amenhotep es Hunderte von Malen erlebt, wie ein Schatten auf die Augen der anderen kam, wenn er seine Meinungen vortrug, während ebendieselben Augen – auch die Tiys – aufleuchteten, sobald Zafenat-Paneach sprach.

Der Pharao riß sich aus seinem Brüten und wandte seine Aufmerksamkeit wieder der Leichenprozession zu. Jetzt kamen die professionellen Klageweiber. Gekleidet in das Blaugrau der Trauer und die Gesichter mit Lehm und Staub verschmiert, schlugen sie sich auf die Brüste und stapften mit schweren Schritten die Ufer entlang. Ihr lautes Wehgeschrei war noch auf dem Balkon des Königs zu hören. Zwischen ihnen, auf blumengeschmückten Booten, bewachten andere Diener des Wesirs die reichen Vorratskörbe für die Reise, ein beredtes Zeugnis von Israels Würde und Wert.

»Ah, da kommt es.« Er warf einen raschen Seitenblick auf Sitamun. Das Kind schmollte schon den ganzen Morgen, daß es nicht mit seinem Bruder ziehen durfte. Dieses prächtige Schauspiel würde sie aus ihrem Trübsalblasen herausreißen. »Schau, Tochter – das Leichenboot.«

Das Leichenschiff, das Zafenat-Paneach speziell für Israel hatte bauen lassen, schnitt glatt wie ein Messer durch die Fluten, scheinbar nur von den beiden Sklaven angetrieben, die am Bug standen und das anmutige Boot mit schlanken Rudern manövrierten. Jetzt konnte man den hohen Mast sehen, und Amenhotep lächelte. Sein Wesir hatte keine Mühe gescheut. Die Seiten des Bootes waren in kräftigem Rot, Gelb und Schwarz bemalt. Ein Hieroglyphenfries stellte Texte aus den Sprüchen vom Herausgehen am Tage dar. In der Mitte des Decks, neben dem Mast, war ein mit Lotusblüten und Palmzweigen, Symbolen der Auferstehung, geschmückter Schrein. Auf dem Schrein saßen ein paar haareraufende Klageweiber. Am Heck des Schiffes stand eine Gruppe von Priestern: der *Sem*-Priester, der sein traditionelles weißes Leinengewand und das Leopardenfell trug, und die Einbalsamierer, die den Leichnam auf seine ewige Ruhe vorbereitet hatten. Ihre Aufgabe war es, die sterblichen Überreste Israels bis zu seiner Grablegung zu bewachen.

Durch mehrere Fenster in dem Schrein konnte Amenhotep einen grünen Steinschimmer sehen – der speziell für Israels Mumie gefertigte Granitsarkophag. Der Sarkophag allein hatte die Kasse des Pharao über dreihundert Deben Silber gekostet, doch dieser Tribut verblaßte vor der Schuld, in der Ägypten bei Zafenat-Paneach stand.

Gleich hinter dem Leichenboot kam die elegante Barke, die den Wesir und seine Söhne trug. Sitamun beugte sich über das Geländer des Balkons, um einen Blick auf Ephraim zu erhaschen, und Amenhotep spürte, wie er selber sich höher aufrichtete, halb überzeugt, daß Zafenat-Paneach es merken würde, ob er ihn gebührend beachtete oder nicht. Der Wesir schien immer zu wissen, was Amenhotep gerade dachte – eine weitere übernatürliche Fähigkeit, für die der Pharao keine Erklärung und der Wesir nicht seinesgleichen hatte.

Sitamun seufzte enttäuscht auf und ließ sich zurück auf ihren Stuhl sinken. Niemand war zu sehen auf dem Deck des Wesirsbootes. Wahrscheinlich hatten der Wesir und seine Söhne sich in die kleine Kabine begeben, um allein zu sein mit ihren Gefühlen. Es war nur recht und billig; ein Mann hatte das Recht, allein zu trauern. Es gab Gefühle, die nicht dazu geeignet waren, sie offen zu zeigen. Frauen, gutes Essen und sanfte Musik vermochten viel, um ein wundes Herz leichter zu machen ...

Musik. Wo waren die Musikantinnen?

Ein paar andere Schiffe folgten dem des Wesirs, aber keines von ihnen trug das königliche Banner. Sie trugen sicher Sklaven und Diener für die Beamten, die mit auf diese anstrengende Reise gingen.

Amenhotep sah streng zu einem der beiden Sklaven hinunter, die statuengleich neben ihm warteten. »Akil und sein Orchester müßten mit dem Wesir unterwegs sein. Sende sofort ein paar Wachen aus, die nachsehen sollen, ob er aufgebrochen ist.«

Der Sklave nickte und huschte wie eine Katze davon.

Amenhotep erhob sich zufrieden und faltete die Hände hinter seinem Rücken. Die Prozession schob sich langsam in den nördlichen Horizont. Er schickte seinem Wesir ein kurzes Abschiedsnicken hinterher. Er hatte seinen Teil getan, um Israel zu ehren; bestimmt würde Israels Gott ihn weiter segnen.

Die Kabine war eng und stickig. Manasse kniff verärgert die Lippen zusammen. Sein Vater saß schweigend und reglos da, die Beine übereinandergelegt, der Rücken an die Wand gelehnt. Seine Augen waren geschlossen, ob nun zur Meditation oder vor schlichter Müdigkeit, denn die Planung des Trauerzugs hatte viele Tage lang alle seine Energie aufgezehrt. Ephraim dagegen, der rein nichts getan hatte, womit er sich etwas Besonderes verdient hätte, räkelte sich auf einem schmalen Polster, den Kopf in die Hände gestützt, sein Gesicht ein breites Lächeln, und sprach kräftig einer Schale mit Feigen zu. Über was in der Welt war er so unanständig glücklich?

»Hör auf zu schmatzen.« Manasse warf seinem Bruder einen finsteren Blick zu. »Jetzt frißt du schon eine ganze Stunde, mein Magen dreht sich gleich um. Was, wenn dich einer sieht mit diesen Manieren? Dies ist ein Leichenzug, und kein Vergnügungsfest.«

Ephraim hob amüsiert-verächtlich eine Augenbraue. »Du meinst, ich habe keine Manieren? Du bist doch derjenige, der plötzlich nur noch Ziegenhirten mag! Und mich sehen tut bestimmt keiner, wir sind allein hier drinnen. Wenn's dir hier nicht gefällt, kannst du ja nach draußen gehen.«

»Ich gehe nicht nach draußen zu den Sklaven. Die Sonne ist zu heiß, und ich habe genauso ein Recht, hier zu sein, wie du. Also hör endlich auf mit dem Schmatzen.«

Das Grinsen wich aus Ephraims Gesicht. »Nichts da, du wirst mich nicht mehr rumkommandieren! Wir sind keine Kinder mehr, ich höre nicht mehr auf dich.«

»Wer redet von Rumkommandieren? Ich bitte dich nur um ein bißchen normale Höflichkeit.«

»Du hast mich rumkommandiert, seitdem ich geboren bin. Aber jetzt« – er warf Manasse einen frech-überlegenen Blick zu – »ist Schluß damit. Daß du der Ältere bist, das heißt nichts. Nicht mehr.«

Manasse zuckte mit den Augen, so überrascht, als habe Ephraim ihn geschlagen. Auch wenn sein Bruder die Worte nicht laut ausgesprochen hatte, wußte er genau, was er dachte: *Israel hat mir den Segen der rechten Hand gegeben. Ich bin der mit der größeren Gunst. Daß du als Erster geboren bist, zählt nicht mehr.*

Manasse holte tief Luft und unterdrückte den Impuls, seinen Bruder zu erdrosseln. Er war fünfundzwanzig und kein Kind mehr, und es mußte doch wohl möglich sein, daß sie als erwachsene Menschen miteinander umgingen! Wenn Ephraim nur nicht so kindisch wäre!

Er zog seine Knie an die Brust und sah zur Seite. Vielleicht sollte er wirklich nach draußen gehen? Aber der Anblick des Leichenschiffs deprimierte ihn, erinnerte ihn wieder an jenen elenden Nachmittag, wo Israel ihn mit dem gleichen milden Interesse angeschaut hatte, das Joseph immer zeigte. Und danach hatte der Alte Ephraim angesehen und *gelächelt*. Sie hatten schier geleuchtet, die alten Augen, als sie Ephraims schrägem, angeblich so bezauberndem Grinsen begegnet waren.

Die Erinnerung ließ ihn die Zähne zusammenpressen, als er sich wieder zu seinem Bruder drehte. »Es ist gut, daß Vater nicht gesehen hat, wie du dich auf dem Bankett mit der Königin benommen hast«, flüsterte er, einen verstohlenen Blick auf Joseph werfend, um sicherzugehen, daß seine bemalten Augenlider weiter geschlossen waren.

»Wie meinst du das?« Ephraim runzelte die Stirn. »Die Prinzessin hat mich charmant gefunden, und wenn ich vielleicht ein bißchen weit gegangen bin, dann jedenfalls nicht weiter als du auch.«

»Ich habe meinen Mund gehalten, aber du hast geredet wie ein Wasserfall, und immer nur mit der Prinzessin. Die Königin muß dich für einen rechten Narren halten.«

»Wenigstens mag Sitamun mich.« Ephraim zuckte wegwerfend mit den Schultern. Dann bogen sich seine schweren Brauen zu schwarzen Dreiecken. »Und das heißt, Bruderherz, daß ich glücklicher dran bin als du. Das Objekt deiner unsterblichen Zuneigung weiß überhaupt nicht, daß es dich gibt.«

»Das Objekt von was?« Manasse war dankbar für die Schatten, die die Röte auf seinen Wangen verdunkelten. »Wie meinst du das denn?«

»Na, selbst die Königin hat's bemerkt – oder hältst du mich für ganz blöd? Den ganzen Nachmittag hast du wie ein kranker Ochse auf die kleine Harfenspielerin gestarrt. Selbst Sitamun hat es gesehen. Sie fand es furchtbar komisch.«

Manasse spürte, wie die Röte der Demütigung und der Wut auf sich selber in sein Gesicht schoß. Er hatte nie im Leben vorgehabt, sich lächerlich zu machen, aber offenbar war genau das geschehen. Er sah Jendayi doch so selten; wie konnte er da, wenn er im gleichen Raum saß wie sie, so tun, als sei sie Luft? Sollte er den einen Schatz seines Herzens, das schönste Wesen in der ganzen Schöpfung etwa nur hin und wieder anschauen?

Er hob abwehrend das Kinn. »Mir ist es gleich, was Sitamun denkt.« Er senkte seine Stimme, falls etwa einer der Diener gerade hinter der Papyruswand stand und lauschte. »Ich finde sie vollkommen seicht und hirnlos. Sie lebt nur für ihr bißchen Vergnügen. Ich weiß nie, ob ich sie ernst nehmen soll. Kann ja sein, daß du sie toll findest, aber ich ...«

»Manasse, der alte Spaßverderber«, unterbrach Ephraim ihn grinsend. »Kein Wunder, daß Sitamun dich langweilig findet. Aber dein Verlust ist mein Gewinn. Ich werde eine Prinzessin heiraten, während du dich nach einer Sklavin verzehrst. Wer von uns beiden wird wohl heute in fünf Jahren glücklicher sein?«

Es war nicht auszuhalten! Manasse stand auf. Lieber den Backofen der Sonne ertragen als in derselben Kabine mit seinem Bruder sein ...

Ein paar Meilen hiner dem Palast von Malkata stießen mehrere Frachtboote zu dem Konvoi. Auf ihnen waren ganze Herden von Schafen, Kühen und Ziegen – genügend Proviant bis zum Ende der Reise. Manasse staunte über die schiere Zahl der Tiere, bis er begriff, daß die großzügige Vorsorge seines Vaters sich ja nicht nur auf die ansehnliche ägyptische Reisegesellschaft bezog, sondern auch auf seine eigene, ständig wachsende Sippe in Kanaan.

Er richtete seinen Blick auf das breite Panorama des Ufers. Die zurückgehenden Wasser der Überschwemmung, das rötliche Braun von Geburt und Blut, hatten das Ufer mit von Ländern weit im Süden hergeschwemmten entwurzelten tropischen Pflanzen übersät. Dann und wann kräuselte sich das Wasser, wenn ein Krokodil oder Flußpferd hastig wegtauchte, irritiert von der Nähe der Menschen. Auf beiden Seiten des Flusses hatten die lebenspendenden Fluten ihren Schlamm auf unzähligen kleinen Landparzellen abgeladen, die durch Steine und Lehmmauern markiert waren. Bald würden die Untertanen des Pharao herauskommen, um den frischen Boden zu bebauen. Gott würde Ägypten wieder segnen, und die nächste Runde reicher Ernten würde die Erinnerung an die sieben Jahre, in denen die jährliche Überschwemmung ausgeblieben war und nur ein schmaler Streifen direkt am Ufer eine karge Ernte hervorgebracht hatte, weiter verblassen lassen. Für diese Jahre, so hatte Joseph seinen Söhnen erzählt, hatte Gott ihn in das Schwarze Land gebracht. Und weil Gott Shaddai die Zukunft kannte, konnte man seiner Stimme auch in allen anderen Dingen vertrauen.

Ein kleiner Punkt erschien an dem südlichen Wasserhorizont. Er wurde rasch größer. Es war ein kleines Schiff, das so schnell fuhr, daß eine weiße Schaumgirlande um seinen Bug hing. Manasse kniff die Augen zusammen. Das Boot trug das Banner des Pharao. Hatte Amenhotep beschlossen, doch mit ihnen zu reisen? Oder ein anderes

Mitglied des Königshauses? Aber niemand aus der königlichen Familie würde auf solch einem kleinen Schiff fahren.

Manasse trat zu Ani. »Wer kommt denn da?« Er zeigte auf das ferne Schiff. »Da, hinter den Viehbooten. Die Feluke.«

Die Augen mit seiner Hand beschirmend, musterte Ani das Boot einen Augenblick, dann ging ein Lächeln über sein faltiges Gesicht. »Beim Leben des Pharao, der König hat sie doch nicht vergessen«, murmelte er. Er drehte sich zu Manasse hin und lächelte herzlich. »Der Pharao hatte versprochen, seine besten Musiker zu senden, aber ich war nicht sicher, ob er es nicht vergessen würde. Akil und seine Damen kommen spät, aber sie kommen.«

Akil und seine Damen ... Manasses Herz machte einen Satz. Wenn der Pharao seine besten Musiker geschickt hatte, einschließlich Akil, dann – ja, dann war auf diesem Schiff auch Jendayi!

»Ist es gut, daß sie so weit hinten fahren?« Manasse packte Anis Arm und versuchte, nicht gar zu eifrig zu klingen. »Sie sind doch Diener des Pharao. Ich finde, sie sollten näher zu uns fahren, damit wir sie notfalls beschützen können. Wenn sie da hinten bleiben, noch hinter dem Vieh, kriegen wir es ja gar nicht mit, falls sie in Schwierigkeiten kommen. Gib ihnen ein Signal, Ani; ihre Ruderer sollen schneller machen, so lange, bis sie direkt hinter uns sind.«

Ani sah Manasse an, die eine Braue hochgezogen, dann kam ein verschwörerisches Lächeln auf seine dünnen Lippen. »Ja, Herr Manasse, ich glaube auch, das ist eine gute Idee.« Er winkte den Sklaven herbei, der die Signalflagge am Mast bediente. »Ich werde mich sofort darum kümmern.«

Manasse drehte sich um. Ihm war plötzlich nach Tanzen zumute. Wenn Jendayi mit ihnen nach Kanaan fuhr, würde sich sicher eine Gelegenheit ergeben, mit ihr zu sprechen. So weit weg von dem strengen Protokoll des Pharao-Palastes würde sie sich vielleicht so frei fühlen, ihr Herz zu öffnen. Alles mögliche konnte geschehen unter einem hohen Sternenhimmel, wo der wilde Nachtwind all die Hemmungen und Konventionen wegblies, die die Liebe zwischen einem Sklavenmädchen und dem Sohn eines Adligen hindern konnten.

Ein aufgeregter Schauer lief durch seine Seele, als er sich wieder zu dem Wasser hindrehte. Bald würde er wissen, ob zu seiner Zukunft Liebe und Ehe gehörten. Denn seit er die kleine Harfenistin auf dem

Bankett der Königin gesehen hatte, hatte Manasse seinen Schwur erneuert. Jendayi oder gar keine!

Beim Eingang in das Delta teilte der Alte Fluß sich in sieben Arme auf. Die schwimmende Trauerprozession ankerte in dem östlichsten Mündungsarm, nicht weit von der Siedlung der Hebräer in Goschen. Von hier aus würden sie die Reise mit Kamelen, Eseln und Wagen fortsetzen, bis sie die Grabstätte bei Mamre erreichten.

Ein Runzeln ging über Ephraims Stirn, als er die Laufplanke des väterlichen Schiffes hinabging und das Durcheinander in dem Lager der Hebräer sah. Bei seinem Besuch zum Tod seines Großvaters hatte er es nicht bemerkt, vielleicht weil die Trauer ihm den Blick getrübt hatte, aber jetzt, wo seine ägyptischen Gefährten bei ihm waren, die für Hirten aller Art sowieso nur Verachtung übrig hatten, kam ihm die Hebräersiedlung geradezu heruntergekommen vor. Zwischen den Zelten liefen Tiere herum, vergnügt gejagt von schmutzigen Kindern. Es roch nach Dungfeuern, Essen, Kühen, Ziegen, Staub und heißer trockener Erde. Gegen das strahlende Weiß der Leinenschurze der Ägypter waren die Gewänder der Hebräer grobe Kittel, die Bärte und windzerzausten Haare der Männer die reinsten Räubergesichter gegen die sauber rasierten ägyptischen Köpfe. Die schweren Zelte rochen halb nach Moder, halb nach Tieren – ein denkbar ungünstiger Kontrast zu den luftigen, parfümierten Villen der Ägypter. Und während die Ägypter mit militärischer Präzision von den Schiffen gingen, jeder Mann an seinem Platz, liefen die Hebräer achtlos durcheinander, wie Schafe ohne Hirten.

Plötzlich sah Ephraim es mit neuen Augen, das Volk seines Vaters. Er preßte die Lippen zusammen und faltete die Arme übereinander. Kein Wunder, daß Gott seinen Vater in das Schwarze Land geschickt hatte! Was konnten die Hebräer nicht alles lernen von dem alten, hochzivilisierten Volk des Doppelreiches. Sie konnten heraus aus diesen schäbigen Zelten und sich richtige Steinhäuser bauen. Aus dem Lehm, der jetzt um ihre Füße spritzte, konnte man Ziegel machen, die Generationen überdauern würden. Sie konnten es den alten Pharaonen, die die Pyramiden und die Sphinx erbaut hatten, gleichtun und Städte und Monumente errichten und sich für immer in dieser fruchtbaren Gegend niederlassen. Denn trotz ihrer primitiven Technologien und Wohnstätten waren sie aufgeblüht in Goschen. Viele Kinder waren geboren worden, und bald würden die Kinder Israels ein großes und mächtiges Volk sein.

Ephraims Gedanken wanderten zurück zu dem Tag, wo Israel gestorben war. Nie würde er auch nur die kleinste Einzelheit des Augenblicks vergessen, als Jakob seine trüben Augen auf ihn gerichtet und prophezeit hatte, daß Ephraim der mächtigere Sohn sein würde. Vor diesem Tag hätte Ephraim nie und nimmer dergleichen auch nur zu denken gewagt, aber seitdem hatte er oft und viel nachgedacht.

Als hebräischer Sohn des ägyptischen Wesirs könnte er beide Nationen zu Macht und Größe führen. Einige seiner Onkel mochten anderer Meinung sein, denn Israel hatte stets beteuert, daß Gott ihnen das Land Kanaan versprochen hatte. Aber gehörte Kanaan nicht inzwischen längst zu Ägypten? Thuthmosis III. hatte das Land bis nach Megiddo unterworfen. Er hatte Kadesch erobert und war über den Karmel marschiert. Ägypten erstreckte sich jetzt vom fünften Nil-Katarakt bis zum Euphrat-Strom – was sprach dagegen, daß das von Gott verheißene Land Ägypten meinte?

»Guten Morgen, Ephraim! Du hast ja halb Ägypten mitgebracht!«

Die hebräische Stimme riß ihn mit einem Ruck in die Realität zurück. Er drehte sich in die Richtung. Jokim, Judas Enkel, stand neben ihm. Ephraim hob mit einem höflichen Lächeln die Hand. »Ja, es sind recht viele, aber ich allein hätte sie nicht hierher gebracht.« Er zuckte mit den Achseln. Es war ja schön, wenn Jokim dachte, daß *er* diesen Trauerzug auf die Beine gestellt hatte. »Der Pharao ist sehr großzügig gewesen. Er hat uns seine Wachen, seine Krieger, sogar seine Köche mitgegeben.«

Jokims Augen wurden groß. »Das ist ja ein Ding! Ich wußte ja, daß euer Vater Einfluß auf den König hat, aber daß der Pharao Israel so hochhält, das hätte ich im Traum nicht gedacht!«

»Vielleicht weiß der Pharao, daß der Geist Gottes genauso auf unserem Großvater ruhte, wie er auf meinem Vater ruht.« *Und wie er auf mir ruhen wird.* Ephraim lächelte den jüngeren Mann vorfühlend an. »Könntest du mir helfen? Wir müssen die Leute hier in Abteilungen aufteilen. Die Ägypter schaffen das selber, aber die Hebräer sind zerstreut wie Federn im Wind. Wenn wir diese Reise sicher hinter uns bringen wollen, müssen wir uns besser organisieren.«

»Es ist mir eine Ehre, dir zu helfen, Vetter.« Jokim schob seine Schultern vor, und ein zufrieden-stolzer, eine Spur besitzergreifender Blick trat auf sein Gesicht. »Aber wo ist Manasse? Ich dachte, er wäre bei dir.«

»Mein Bruder«, sagte Ephraim, und die eine Seite seines Mundes hob sich zu einem trockenen Lächeln, »wartet darauf, daß die Musikanten sich ausschiffen. Er hat sein Herz an eine Sklavin verloren und seinen Verstand an die Liebe. Überlaß ihn seiner Torheit, Jokim.« Er legte seinen Arm um die Schulter seines Vetters und nahm Kurs auf das Lager der Hebräer. »Vergiß nie«, sagte er, ein spöttischer Unterton in der Stimme, »wer der Bruder mit dem größeren Segen ist. Ich bin der Chef, nicht Manasse. Wenn du willst, daß sich was tut, dann komm zu mir.«

Das eckige Gesicht des jungen Mannes begann zu grinsen. »Ich werd's mir merken, Vetter«, sagte er.

Akil beantwortete Manasses ungeduldige Fragen sichtlich ungern, aber er bestätigte widerwillig, daß, jawohl, der Pharao befohlen hatte, daß das Orchester mit nach Kanaan und zurück ziehen sollte, und daß, sehr richtig, unter den Frauen auf der Feluke auch Jendayi, die Harfenspielerin, war. Nachdem er sich überzeugt hatte, daß die Musikerinnen für den Rest des Abends gut auf dem Schiff untergebracht waren, verließ Manasse den Fluß und marschierte zum Lager der Hebräer. Seine persönliche Sorge um das Wohl der Musikerinnen ließ ihn erst um einiges nach seinem Bruder ankommen, was wohl – so schärfte er sich ein – die Erklärung dafür war, daß niemand vor dem Lager auf ihn wartete, um ihn zu begrüßen.

Joseph hatte beschlossen, die Nacht allein auf seinem Schiff zu verbringen, und Manasse freute sich auf einen gemütlichen Abend mit seinen Verwandten. Aber Ruben, Simeon und Levi, die drei ältesten Onkel, mit denen Manasse es immer so gut gekonnt hatte, schauten kaum auf, als er in Rubens Zelt trat. Simeon begrüßte ihn mit einer zerstreuten Handgeste, aber der Mittelpunkt des Zeltes war Ephraim, der mit seinen Onkeln und einer Handvoll jüngerer Männer schmausend und plaudernd zusammensaß.

Manasse blieb im Zelteingang stehen, überrascht, daß niemand ihn begrüßte. Das junge Sklavenmädchen, das zu seinen Füßen kniete, um ihm die Sandalen auszuziehen und den Staub von seinen Füßen zu waschen, registrierte er nur mit einem Auge. *Sei nicht dumm*, sagte er sich, während er dem Mädchen ein Kopfschütteln zuwarf, *dies sind doch die Männer, die dir gesagt haben, daß der Segen der rechten Hand nichts weiter zu bedeuten hat. Und sie haben recht, denn du bist weiter für deine eigenen Handlungen verantwortlich, wie Ephraim für seine, und nichts kann die Tatsache ändern, daß du der älteste Sohn Josephs bist.* Aber die gleichen Männer, die ihn damals zum Abschied so fest umarmt hatten, winkten ihm jetzt so beiläufig zu, sich an das Feuer zu setzen, als ob er nicht ein erstgeborener Sohn war, sondern irgendein Diener.

Auf steifen, unwilligen Beinen trat Manasse zu dem Kreis und hockte sich in eine Lücke. Ephraim unterhielt die Verwandten mit einem detaillierten Bericht über Jakobs Einbalsamierung. »Ich war die ganze Zeit dabei«, sagte er, und in seinen Augen leuchtete eine unermeßliche Befriedigung. »Ich habe gesehen, wie sie Israels Herz herausgenommen und für die Ewigkeit eingewickelt haben. An jedem der vierzig Tage, die er unter dem Natronsalz lag, habe ich nach dem Leichnam gesehen, und dann habe ich über zwanzig Tage lang die Priester beaufsichtigt, wie sie unseren Vater Israel in feinstes Leinen wickelten.«

Ruben grinste in Manasses Richtung. »Und was hat unser Neffe Manasse gemacht, während du so ein fleißiger Aufpasser warst?«

Manasse hatte Lust, laut zu rufen, daß er doch die meiste Zeit bei ihnen in Goschen gewesen war, um mit ihnen zu trauern, aber das schienen seine Onkel glatt vergessen zu haben.

Ephraim grinste zurück. »Manasse tut, was ihm so in den Sinn kommt«, sagte er, die Augen voll selbstgefälligem Vergnügen, während Manasse sich unbehaglich räusperte. »Ihr habt ihn für Theben untauglich gemacht, meine lieben Onkel. Seit er aus Goschen zurück ist, denkt er nur noch an Ziegen und Kühe. Wenn er sich nicht die neuen Ziegen in ihren Pferchen anschaut, geht er auf die Felder und guckt sich das Vieh an. Wenn das so weitergeht, werde ich eines Morgens noch wach und höre einen Bullen brüllen, den er in die Empfangshalle unseres Vaters gelotst hat.«

Die Onkel lachten schallend. Manasse schoß Ephraim einen finsteren Blick zu. Offenbar war ihr Streit auf dem Boot zu einem Kleinkrieg eskaliert. Manasse hatte keine Lust, die Fehde während der ganzen Reise fortzusetzen.

Aber dieses Geplänkel hier hatte Ephraim angefangen; wenn einer sich entschuldigen mußte, dann er. Manasse hatte nichts Falsches getan.

Sieben

Jendayi hob ihr Gesicht in die warmen Finger des Windes. Sie mochte das streichelne Gefühl auf der Haut. Das Fortbewegungsmittel, in dem sie und ihre Magd saßen, hatte Kesi ihr als »zwei große Körbe« beschrieben, »die in der Mitte miteinander verbunden sind und rechts und links von einem Kamelhöcker herabhängen.« Schon nach kurzer Zeit fand Jendayi, daß sie, auch wenn ihr von dem Schaukeln so hoch in der Luft etwas übel war, diese Art des Reisens mochte. Jedes der Mädchen saß in seinem eigenen Korb – so viel Privatsphäre hatten sie sonst nie. Eine Überdachung schützte sie vor der sengenden Sonne, und die Wände des Flechtkorbes fühlten sich angenehm kühl an. Das rhythmische Quietschen des Flechtwerks und das Schnauben des Kamels waren wie eine sanfte Melodie, die Jendayi all die großen, mächtigen Leute – sämtlich ihre Herren –, die noch mit in dieser Karawane waren, vergessen half.

So ließ es sich leben. Jendayi sog die Geräusche und Gerüche der Karawane ein. Komisch, aus irgendeinem Grund verwöhnte man sie. Andere Sklaven mußten neben den Packtieren herlaufen, und die übrigen Musiker saßen auf Lastfuhrwerken; nur sie und ihre Magd hatte man auf ein Kamel verfrachtet.

Sie seufzte. Natürlich. Man gönnte ihr diesen Luxus, weil sie blind war. Richtig froh werden darüber konnte sie nicht. Sie wollte doch *leben*, und statt dessen hatten sie sie wieder in einer Ecke versteckt, buchstäblich in einem Korb, mit einer Magd als Wachhund.

Jendayi war die einzige in dem Orchester, die eine Magd hatte. Sie hatten ihr Kesi kurz nach der Ankunft im Palast des Pharao zugeteilt. Akil, endlich frei von Jendayis lästigem Arm, hatte seine neue Freiheit dankbar genossen, und Jendayi hatte sich, da es nun sein mußte, an Kesis führende Hand gewöhnt.

Aber sie wollte doch niemanden brauchen müssen! Manchmal, wenn Kesi nicht da war, übte Jendayi sich darin, nur mit ihrem Stock durch ihr Zimmer zu gehen, und meistens schaffte sie es recht gut. Aber sie hatte in ihrem kurzen Leben auch gelernt, daß ein Paar sehende Augen nützlich sein konnte.

»Sag mir, Kesi« – Jendayi strengte ihre Stimme an, damit sie auf der anderen Seite des Kamelhöckers noch zu hören war –, »wo sind wir jetzt? Was für ein Land ist das hier?«

»Wir sind in der Wüste«, antwortete Kesi. Der Korb knarrte, als sie sich bewegte. »Der Himmel ist blau vom einen Ende bis zum anderen. Es gibt keine Wolken und keine Berge, man sieht bis zum Horizont. Die anderen sagen, daß es weit weg, im Norden, Wasser gibt, aber ich kann nichts sehen. Das Land hat eine Farbe wie ein Kamel, ganz braun und staubig. Ich kann ein paar Tamarinden-Bäume sehen und hin und wieder eine Eiche, aber sonst nicht viel. Hier ist es nicht wie in Ägypten. Ich habe seit Tagen keine einzige Blume gesehen.«

»Keine Blumen?« Wie Jendayi Blumen liebte. Ihren Duft, und wie sie sich anfühlten unter ihren schwieligen Fingern – so unendlich zart und luftig und leicht. Kesi stellte ständig frische Blumen neben Jendayis Bett in dem Sklavenhaus, und wenn sie besonders gut gespielt hatte, schenkte Akil ihr manchmal einen Strauß. Eines Tages, so hatte er gesagt, würde sie ein so schönes Lied spielen, daß der Pharao persönlich nicht anders könnte, als ihr Blumen vor die Füße zu legen. Sie konnte sich nicht vorstellen, ein Lied zu spielen, das noch perfekter war als die, die sie jetzt immer spielte, aber Akil schien zu denken, daß ihre beste Musik noch vor ihr lag.

Ja, die Zukunft ... Sie hob wieder ihr Gesicht. »Sag mir, Kesi, was weißt du eigentlich über die Leute, mit denen wir reisen? Ich weiß nur, daß es Hebräer sind. Hören tue ich sie schon seit vielen Meilen. Den Klang ihrer Sprache habe ich gelernt, als ich im Haus des Wesirs war, aber das, was sie sagen, kann ich nicht verstehen.«

»Ich auch nicht«, sagte Kesi. Ihr Korb knarrte laut. »Nach dem, was ich so sehen kann, reisen die meisten auf Eseln. Es sind so viele! Frauen, größere Kinder und Männer mit langen Bärten und Haaren, die ihnen bis auf die Schultern gehen. Sie haben dunkle Haare wie die Ägypter, aber sie rasieren sich nicht. Nicht im Gesicht und auch nicht am Körper. Das Haar kommt ihnen sogar aus dem Kragen ihrer Mäntel heraus!«

»Tragen die Männer richtig lange Gewänder?« Es kam selten vor, daß ein ägyptischer Mann seine Brust bedeckte. »Warum?«

»Ich weiß nicht«, erwiderte die Magd. »Vielleicht spüren sie die Hitze nicht so wie wir. Die meisten tragen solche locker gewebten Umhänge, die sie um die Taille mit Gürteln zubinden. Unser Wesir trägt natürlich etwas Ähnliches; seine Amtstracht ist ja auch so lang und fließend ...«

»Was tragen die Söhne des Wesirs?« unterbrach Jendayi sie. Sie versuchte, nicht zu neugierig zu klingen. »Kannst du sie sehen? Sind sie beide da – der Jüngere und der Ältere?«

Der Korb knarrte wieder. »Meine schlaue Herrin«, flüsterte Kesi, Lachen in ihrer Stimme, »wenn du nur etwas über die Söhne des Wesirs wissen wolltest, warum hast du nicht geradeheraus gefragt? Ich bin deine Freundin, Jendayi, bei mir sind deine Geheimnisse sicher.«

»Ich habe keine Geheimnisse«, flüsterte Jendayi zurück. Ihr Gesicht brannte. *Und ich brauche keine Freundinnen*. Sie preßte unwillkürlich ihre Hände an ihre Wangen, damit Kesi nicht die Röte auf ihnen sah, falls sie über den Kamelhöcker herüberschaute. »Ich habe doch im Haus des Wesirs gewohnt. Ich will nur wissen, wie es den beiden jungen Männern geht, die früher meine Herren waren.«

»Jetzt hab dich nicht so, du kannst mir die Wahrheit sagen.« Kesis Stimme klang jetzt näher. »Welchen magst du – den Älteren oder den Jüngeren? Ich habe sie kürzlich auf dem Bankett bei der Königin gesehen. Sie sind beide sehr hübsch.«

Jendayi überlegte. Sollte sie Kesi ihr Herz öffnen? Aber würde sie sie verstehen? Wahrscheinlich würde sie denken, daß ihre Herrin einen Schwarm hatte, während Jendayi doch nur wollte, daß jemand da war, der sie liebte. Ihr Herz schlief, aber wenn jemand sich die Mühe machen würde, es aufzuwecken, könnte Jendayi in der Halle der beiden Wahrheiten stehen und ein Herz aus Fleisch und Blut auf Anubis' Waagschale legen.

Vielleicht konnte Kesi ihr doch nützlich sein? »Ich glaube, ich mag den Jüngeren«, flüsterte Jendayi. Sie versuchte, ihre Stimme nicht zittern zu lassen. »Als ich im Palast des Wesirs lebte, ging ich einmal in den Garten, um zu üben.« Sie hob ihr Gesicht heftig zu dem jüngeren Mädchen hoch. »Kesi, mehr erzählen tue ich dir nur, wenn du mir versprichst, keiner Seele etwas zu sagen! Du mußt es für dich behalten, verstehst du?«

»Meine Lippen werden schweigen. Sprich weiter«, sagte Kesi. »Was war in dem Garten?«

Jendayi holte tief Luft. »Weißt du, ich war noch sehr jung. Aber ich saß also im Pavillon des Wesirs und spielte auf meiner Harfe. Die Sonne war warm auf meinem Gesicht, und damals konnte ich noch ein ganz kleines bißchen von ihrem Licht sehen. Ich hörte nur den Wind und das Zwitschern von ein paar Wasservögeln, aber dann schob sich ein Schatten vor mein Gesicht, und ich wußte, daß irgend jemand direkt vor mir stand.«

»Wer?«

Jendayi biß sich auf die Lippe. »Er sagte mir nicht seinen Namen. Aber er sprach zu mir und sagte, daß mein Lied schön war und daß ... ich auch schön war. Und bevor ich ihn um Verzeihung bitten konnte, daß ich ohne Erlaubnis Musik gemacht hatte, fühlte ich ... seine Lippen auf meinen.«

Kesis Mund klappte auf. »Er hat dich *geküßt*?«

Jendayi nickte, ganz vergessend, daß die Magd ja nicht in ihren Korb hineinsehen konnte. Aber Kesi hatte auch so verstanden. Ein Kuß zwischen Personen, die nicht miteinander verwandt waren, war eine hochernste Sache. Ein Mann küßte keine Frau in der Öffentlichkeit, sofern er nicht entweder stockbetrunken oder mit ihr verlobt war. Ein Trunkenbold, der eine fremde Frau küßte, bekam es unweigerlich mit ihrem Mann oder Vater zu tun, während jemand, der öffentlich seine Verlobte küßte, mit einer hastigen Hochzeit rechnen konnte. Und es geschah selten genug, daß ein Herr auch nur direkt mit einem seiner Sklaven *sprach*. Daß also ein junger Herr ein Sklavenmädchen *küßte*, das war ...

»Hat er sonst nichts gesagt?« fragte Kesi.

»Nein.« Jendayi legte ihren Kopf aufseufzend auf ihre hochgezogenen Knie. »Akil ist in den Garten gekommen und hat herumgebrüllt, als ob *er* der Herr wäre und der Sohn des Wesirs nur ein Sklave. Aber der Junge ist gegangen und hat nie mehr zu mir gesprochen.« Sie verzog das Gesicht. Auf einmal kam die Geschichte ihr wie eine Szene aus einem Roman vor. »Ich weiß nicht, was er vorhatte, aber ich bin sicher, daß er mich in diesem Augenblick geliebt hat. Warum hätte er mich sonst geküßt?«

»Adlige heiraten nicht ihre Sklavinnen«, murmelte Kesi, ihre Stimme skeptisch-schleppend in der Hitze. »Nie. Wenn wirklich einmal einer seiner Sklavin gewogen ist, macht er sie höchstens zu seiner Konkubine. Die Männer heiraten, um voranzukommen und mehr Macht zu kriegen, aber nicht einfach so aus Lust und Liebe. Du solltest den Göttern danken, daß Akil damals dazwischengekommen ist. Wenn der Junge allein mit dir geblieben wäre ...«

»Zafenat-Paneach und seine Söhne sind tugendhaft, sie würden mich nie ausnutzen.« Jendayis schwere Augenlider wollten zufallen in der Hitze. »Ich hatte keine Angst, daß der Sohn des Wesirs mir etwas Böses tun würde. Und in den Tagen danach hatte ich nur Angst, daß ich ihm doch egal war ...«

Sie verstummte. Noch nicht einmal in diesem Korb, wo sie für sich war, wagte sie es, all das auszusprechen, was ihr durch den Sinn ging. Ihre Mutter hatte sich nie für sie interessiert. Als sich zeigte, daß ihre Augen immer schwächer wurden, hatte sie sie prompt fallen lassen. Und falls Jendayi je einen Vater gehabt hatte, hatte sie ihn nie gekannt. Sie kannte auch nicht die Liebe eines Bruders oder einer Schwester, einer Kusine oder Tante oder eines Onkels. Am meisten spielte noch Akil eine Vaterrolle in ihrem Leben, aber sie wußte: Er sah sie nur als eine Bürde und Verpflichtung. Solange sie gut spielte und der Pharao weiter Akil zu sich rief, war Akil mit Jendayi zufrieden; aber wenn sie einmal nicht so spielte, wie ihr Herr es erwartete oder wenn der Pharao Akil aus irgendeinem Grund nicht holen ließ, wurde der Cheironom mißmutig und verschlossen. Dann verhöhnte und beschimpfte er Jendayi, dann rissen seine Worte in ihr Herz, bis sie weinen mußte. Nur die nächste Einladung durch den König konnte Akils gute Laune wiederherstellen.

Nein, Akil liebte sie nicht, er betrachtete sie als einen Besitz, den er eifersüchtig bewachte. Er lehrte und erzog sie nur, um sich seinen eigenen Platz an der Seite des göttlichen Wohlwollens des Pharao zu sichern.

»Ein heimlicher Kuß! Was für eine wunderbare Geschichte.« Kesi klatschte in die Hände. »Ich muß gleich weinen! Und du erinnerst dich immer noch an diesen Kuß! Was, wenn der Wesirssohn sich auch erinnert?«

Jendayi hob wieder ihren Kopf. »Ich fürchte, es wird eine Geschichte bleiben. Falls nicht ein Wunder geschieht und Zafenat-Paneachs Sohn seinen Mut zusammennimmt und zu mir redet. Ich geb's ja zu: Ich hoffe, daß seine Gefühle sich nicht verändert haben. Ich will nicht zuviel von den Göttern verlangen, aber ich habe gedacht, wenn ich immer noch seine Gunst habe, dann wird er vielleicht auf dieser Reise zu mir sprechen. Wir sind ja jetzt weit weg vom Haus des Pharao; die Götter hätten mir keine günstigere Gelegenheit schicken können. Es sei denn natürlich« – das Wort wollte ihr fast im Hals steckenbleiben –, »er hat mich vergessen.«

»Vergessen?« Kesis Stimme wurde schrill vor Entrüstung. »Wie könnte er dich vergessen? Nein, meine Freundin, das wird er niemals tun! Ich bin sicher, er erinnert sich noch an alles, genau wie du, und weiß, daß jetzt die Gelegenheit ist.«

»Aber er ist doch adlig, und ich bin eine Sklavin! Kein Edelmann vergeudet seinen Atem, um mit einem Sklaven zu sprechen; er würde eher mit einer Palme sprechen oder zu dem Staub vor seinen Füßen als mit mir.«

»Nicht die Söhne des Wesirs«, erwiderte Kesi. »Ich habe gehört, daß die Diener des Wesirs alle sehr anständig behandelt werden. Manche sagen, daß der Haushalter Ani wie ein Herr verehrt wird in dem Haus, und selbst den Küchensklaven geht es gut. Wenn der Sohn des Wesirs einmal zu dir gesprochen hat, wird er es wieder tun.«

»Aber warum ...« Jendayi zwang die Worte an ihrer inneren Unsicherheit vorbei. »Warum hat er dann nicht schon längst mit mir gesprochen? Sie waren doch gerade erst in Malkata, die beiden Wesirssöhne. Und bei anderen Gelegenheiten hätte er mich wenigstens grüßen können.«

»Vielleicht ist er etwas schüchtern und hat Angst, zu dir zu kommen.«

»Warum soll er denn vor einer Sklavin Angst haben?« jammerte Jendayi.

»Aber du bist eine Sklavin des Pharao, und du hast ein Talent, das sonst keiner hat«, antwortete Kesi. »Vielleicht imponiert ihm das so, daß er kein Wort herausbringt. Oder er denkt auch, daß du dich nicht mehr an diesen Tag im Garten erinnerst. Herrin, du mußt ihm zeigen, daß du dich erinnerst. Du mußt ihm sagen, daß du mit ihm reden willst.«

Ein Schauer lief Jendayis Rücken hinab, halb Angst, halb Erwartung. »*Ich?* Ich kann doch nicht mit ihm reden! Ich habe gedacht, ich rühre sein Herz mit Musik an. Ich arbeite an einem Lied ...«

»Die Musik ist eine Sprache, die jeder versteht. Sie rührt alle, die sie hören, gleich ... außer, einer der Zuhörer ist vorgewarnt.« Kesis Stimme wurde entschlossen. »Ich weiß etwas! Ich werde für dich mit dem Sohn des Wesirs sprechen. Sage mir, was ich ihm ausrichten soll, und ich werde es ihm Wort für Wort sagen. Wenn er deine Worte nicht hören will, wird er mich halt eine dumme Sklavin nennen und fortschicken. Aber wenn die Worte in sein Herz gehen, wird er zu dir kommen. Hier draußen in der Wüste kann ihn keiner hindern.«

Jendayi ließ ihren Kopf zurück an die geflochtene Korbwand sinken. »Was würde ich ihm sagen wollen?« fragte sie laut. »Ich würde ihm sagen, daß ich seit Jahren darauf gewartet habe, daß er mir diesen Kuß im Garten erklärt. Ich würde ihm sagen, daß ich mein Ohr an die Wände im Palast gelegt habe, um Nachrichten über ihn aufzuschnappen. Am Hof des Pharao habe ich auf die Stimme des Wesirs gelauscht und mir vorgestellt, daß es in Wirklichkeit die seines Sohnes war. Und wenn ich nachts träume, höre ich immer noch seinen schnellen Atem in meinem Ohr, seine Stimme und die Worte, daß er mein Lied und meine armselige Gestalt schön findet. Und wenn er mich wirklich liebt, würde ich so gerne wissen, ob es möglich ist, daß ich ihm diene statt dem Pharao.«

»Das kann ich unmöglich alles behalten«, flüsterte Kesi, ein Lächeln in ihrer Stimme. »Vielleicht ist es doch besser, wenn du selber mit ihm sprichst.«

Eine schwarze, nackte Angst schoß durch Jendayi. »Das kann ich nicht! Ich bin nichts! Ich könnte noch nicht einmal vor ihn treten!«

Kesi schwieg einen Augenblick, leise summend, während sie ihre Gedanken ordnete. »Wir machen das ganz einfach so: Ich gehe zu dem jüngeren Sohn des Wesirs und sage ihm, daß du dich nach seinem Wohlbefinden erkundigen möchtest. Er wird höflich sein und sagen, daß es ihm gut geht. Wenn er so wohlerzogen ist, wie ich gehört habe, wird er sich darauf nach dir erkundigen, und dann werde ich ihm sagen, daß du ihm gerne ein Lied widmen würdest, zur Erinnerung an den treuen Dienst, in dem du früher bei seinem Vater, dem Wesir, standest.«

Jendayi runzelte die Stirn, unterbrach Kesi aber nicht.

»Und heute abend, nachdem ich ihn vorgewarnt habe, werden die Männer sich wie immer um das Feuer versammeln. Sie werden Musik verlangen, und Akil wird sein Orchester holen, und du wirst darauf bestehen, daß du ein neues Lied spielen darfst, ganz allein.«

»Aber was, wenn Akil nein sagt? Er hat mich in der letzten Zeit nicht allein spielen lassen.«

»Du hast Macht, Jendayi – lerne es, sie zu nutzen! Sage Akil, daß du heute abend alleine spielen mußt, oder du wirst nie mehr für ihn spielen! Und wenn er dir dann einen Augenblick gibt, um alleine zu spielen, dann öffne deinen Mund und singe eines von den alten Liebesliedern. Wenn der Wesirssohn sich nicht mehr an den Kuß im Garten erinnert, wird er denken, daß du nur eine von den schönen alten Weisen singst, aber wenn er sich erinnert, wird sein Herz verstehen, was dein Herz sagt, und dann wird sein Mitgefühl auf den Flügeln der Himmelsgöttin Nut aus seinem Herzen emporsteigen und geradewegs in deines fliegen!«

Jendayi legte ihre Hand auf ihre Lippen, halb benommen von Kesis kühnem Plan. Im Palast des Pharao hätte sie sich ein solch gewagtes Abenteuer im Traum nicht vorstellen können, aber hier in der Wüste klang der Plan erstaunlich vernünftig. Kesis Idee hatte eigentlich alles für sich. Falls der Sohn des Wesirs sich beleidigt fühlte, daß eine Sklavin ihn ansprach, würde Kesi halt seinen Tadel über sich ergehen lassen. Und Jendayi hatte es ja schon geübt, das Lied für Ephraim! Was für eine bessere Gelegenheit hatte sie, es zu singen, als heute abend?

»Es soll so sein, wie du sagst«, flüsterte Jendayi. »Heute abend, wenn wir uns gelagert haben, gehst du zu dem jüngeren Sohn Zafenat-Paneachs. Wenn er bereit ist, dich unter vier Augen zu hören, dann sage ihm, daß ich, wenn ich das nächste Mal allein spiele, für ihn singen und spielen werde und daß ich es aus Dankbarkeit tue für die Freundlichkeit, die ich im Hause des Wesirs erfahren durfte.«

»Wunderbar!«

»Psst. Sei jetzt still. Ich muß noch weiter üben, bis die Griffe richtig sitzen.« Jendayi tastete angestrengt nach der kleinen Übungsharfe, die neben ihr in dem Korb lag. »Ich weiß nicht, warum ich auf dich höre, Kesi. Akil schimpft mich bestimmt aus. Aber ich muß es wissen, ob der Sohn des Wesirs sich noch an mich erinnert. Und ich muß wissen, ob er bereit wäre, mich aus dem Haus des Pharao zu holen.«

Als ihre Finger sich um den Hals der Harfe schlossen, flog die schwarze Erinnerung an ihren immer wiederkehrenden Traum wie ein Schatten über sie, daß sie zitterte. Zu viele Nächte schon war ihr kaltes Steinherz auf die goldene Waagschale des Anubis geplumpst. Nur ein einziges Mal in ihrem Leben hatte sie einen Blick auf die Liebe erhascht, und sie würde ihm folgen, diesem Blick, egal, wie gefahrvoll die Reise war.

Die Sonne begann zum westlichen Horizont zu sinken. Die Karawane hielt an und bildete ihren Lagerkreis für die Nacht. Kesi hielt sich krampfhaft am Rand des Korbes fest, als der wandelnde Kamelfleischberg unter ihr in die Knie knickte und dann ganz zu Boden sank, dann half sie Jendayi aus dem anderen Korb, damit die Hirten die Tiere tränken konnten.

»Willst du es immer noch machen?« flüsterte Jendayi, die sich an Kesis Arm festhielt, während das Kamel wieder auf seine Füße stieg und davontrottete.

»Später, wenn wir gegessen haben«, sagte Kesi, während sie zu den Frauen ging, die um Akil versammelt standen. »Erst mal sorge ich dafür, daß du ein Bett und was zu essen kriegst.«

Der erste Amenhotep, ein umsichtiger Pharao der 12. Dynastie, hatte die Mauer des Prinzen erbauen lassen, eine lose Kette von Forts, die die Grenzen des Reiches schützten. Kesi sah, daß die Karawane vor einer dieser Garnisonen angehalten hatte. Eine Handvoll Beduinen-Grenzwachen gingen durch das Lager, ihre Augen unverhüllt neugierig.

Kesi führte Jendayi in ein hastig aufgestelltes Zelt und holte ihr ein Stück knuspriges Schwarzbrot und etwas gedörrtes Ziegenfleisch aus einem der Vorratswagen, dann wickelte sie sich nach Art der Hebräerinnen ein Tuch um ihren Kopf. Um sie herum ging das Ausladen weiter. Sie sah, daß das Lager sich in zwei fast perfekt konzentrische Kreise aufgeteilt hatte: die Ägypter vorne, die Hebräer hinten. In welchem Lager waren Zafenat-Paneach und seine Söhne?

Sie spähte in die Dunkelheit hinaus. Da war es, daß Weiß und Gold des Wesirzeltes, das sich wie ein Phönix an der Grenze zwischen den beiden Lagern erhob. Kesi ließ ihr Tuch fallen und ging festen Schrittes los, erleichtert, daß sie nicht unter den Hebräern zu suchen brauchte. Eine ägyptische Sklavin neigte grüßend ihren Kopf, als Kesi zu dem prunkvollen Zelt des Wesirs kam. Die Seitenwände waren nicht heruntergelassen, so daß jeder, der wollte, den Wesir sehen konnte. Er saß auf einem leichten, eleganten Holzstuhl, der wie von Zauberhand hier mitten in der Wildnis erschienen war.

Kesi mischte sich unter eine Gruppe Sklaven, die draußen standen. Ihre Augen fuhren über die Menschen in dem Zelt. Der Wesir hatte die ägyptischen Statthalter zum Abendessen eingeladen. Sie hatten es sich auf Kissen und Polstern bequem gemacht, ihre Augen waren lustig vom Wein. Es war nur zu deutlich, fand Kesi, daß sie nicht zum Begräbnis eines ihrer eigenen Väter fuhren.

Der dunkel-gedrungene Hauptmann der Wesirswache stand neben Zafenat-Paneach. Seine scharfen Augen fuhren unablässig über die Menge vor dem Zelt, seine eine Hand schwebte auf dem Heft des Dolches in seinem Gürtel. Einen Augenblick lang traf sein Blick sich mit dem Kesis, und ein kurzer Angstschauer ging durch sie, als er eine Braue hob, wie um zu sagen: *Du gehörst nicht hierhin.* Sie senkte ihren Blick und drehte sich um, um wieder in der Menge zu verschwinden, doch bevor ihre schuldbewußten Füße sie vier Schritte weit getragen hatten, packte eine Hand abrupt ihren Ellbogen. Es war ein anderer aufmerksamer Wächter, und er führte sie stracks zu dem muskulösen Hauptmann, der vor das Zelt getreten war.

»Du trägst die Kleidung der Sklaven des Pharao.« Die Augen des Hauptmanns wurden fragend und hart. »Was interessierst du dich so für das Essen des Wesirs? Hast du nichts zu tun?«

»Doch«, stotterte Kesi und sah zu Boden. »Ich bin im Auftrag meiner Herrin hier.«

»Und wer ist deine Herrin?« Er senkte seinen Kopf, um besser ihr Gesicht zu sehen. »Ich kenne dich nicht.«

»Meine Herrin ist Jendayi, die Harfenistin des Pharao.«

Der Hauptmann hob sein Kinn wieder, als befriedige ihn die Antwort, aber ein leichtes Zögern blieb in seinen Habichtaugen. »Und was für ein Anliegen hat die Harfenspielerin des Pharao im Zelt des Wesirs?«

Kesi kreuzte die Arme über ihrer Brust. »Meine Herrin hat früher im Haus des Wesirs gearbeitet.«

»Ich weiß. Fahre fort.«

»Sie hat mich gebeten, zu einem der Söhne des Wesirs zu gehen. Sie sind ... Freunde.«

»Einer der Wesirssöhne hat Freundschaft mit einer Sklavin geschlossen?« Kesi erwartete, daß er ärgerlich würde, aber statt dessen kam ein amüsiertes Licht in die Augen des Hauptmanns, sein Mund bog sich wie zu einem Grinsen. Er trat auf den anderen Fuß und tippte sich mit einem Finger an das Kinn. »Laß sehen ... Wer hat erst heute morgen über die kleine Harfenspielerin gesprochen? ... Ja, jetzt erinnere ich mich wieder. Einer meiner jungen Herren hat überschwenglich ihre Schönheit gepriesen.«

»Ihr scherzt!« Kesi schlug die Hand auf ihre Lippen, kaum daß die Worte ihr herausgerutscht waren.

»Ich mache keine unnützen Scherze.« Der Hauptmann senkte seine Stimme, die Strenge auf seinem Gesicht auf einmal wie weggeblasen, als er noch näher kam und sich zu Kesi hinabbeugte, um ihr ins Ohr zu flüstern. »Der Sohn des Wesirs hat mir oft die hohe Meinung anvertraut, die er von der kleinen Harfenistin hat. Nur die Vorsehung und die Schicklichkeit haben ihn davon abgehalten, sich ihr zu erklären. Der junge Mann bringt es glatt fertig, zum Pharao persönlich zu gehen, um ihre Freilassung zu erwirken.«

Ein Kribbeln fuhr durch Kesi. Dieses Treffen hatten die Götter selber herbeigeführt! »Ich habe eine Botschaft für den jungen Mann«, sagte sie, während ihr Herz gegen ihre Rippen hämmerte. »Eigentlich sollte ich sie persönlich übergeben, aber ich möchte lieber nicht in das Zelt hinein; da kennt mich niemand, und zu viele Leute würden sich fragen, was ich dort zu suchen habe.« Ihre Augen trafen sich mit denen des Hauptmanns. »Wie Ihr gerade auch.«

»Deine Vorsicht ist weise, denn man redet nicht offen davon, daß man einen von Pharaos Sklaven begehrt.« Der Hauptmann lächelte. »Dies ist eine riskante Geschichte, und da richte ich ihm deine Botschaft wohl besser selber aus. Und du darfst deiner Herrin ausrichten, daß Tarik, der Hauptmann der Wesirswache, in ihrer Schuld steht, denn vor ein paar Jahren hat mich die Schönheit ihrer Musik dazu inspiriert, um die Hand meiner Frau, Halima, anzuhalten. Wir sind verheiratet, und ich bin sehr glücklich.«

Kesi lächelte, angenehm überrascht. »Dann bittet meine Herrin Euch, Eurem Herrn auszurichten, daß sie sich gerne an Zafenat-Paneachs Haus erinnert und daß das Lied, das sie heute abend singen und spielen wird, nur für ihn ist.« Ihre Augen huschten über die Gesellschaft in dem Zelt. »Sie hat vor, den Wesir mit ihrem Spiel zu erfreuen.«

»Dann laßt uns die Liebe nicht warten lassen«, erwiderte der Hauptmann. Er ging, immer noch lächelnd.

Jendayi biß sich vor lauter Konzentration auf die Lippen. Sie zwang ihre Finger, über die Saiten zu fliegen. Akil würde ihr die Zunge herausschneiden, wenn er wüßte, was sie heute abend vorhatte. Man sang keine Liebeslieder auf einem Trauerzug, egal, wie lange er dauerte. Aber eine strahlende Kesi war zurückgekommen; die Boschaft war ausgerichtet.

Doch noch aufwühlender war die Nachricht gewesen, die ihre Magd von dem Hauptmann der Wesirswache mitgebracht hatte. »Der Sohn des Wesirs denkt an dich!« hatte Kesi gekräht; vergeblich hatte sie versucht, ihre Stimme leise zu halten. »Der Hauptmann sagt, der junge Mann bringt es fertig, den Pharao um dich zu bitten!«

Jendayis Finger fühlten sich zittrig und merkwürdig kalt und steif an. Warum? Sie konnte sich nicht erinnern, wann sie das letzte Mal nervös gewesen war. Das Musizieren war ihr ebenso natürlich wie Essen und Schlafen. Sie genoß es, komplizierte Kompositionen zu kreieren, die andere Harfenspieler durcheinandergebracht oder erschöpft hätten. Akil versuchte schon lange nicht mehr, sie bei ihrem Solospiel zu dirigieren. Wenn sie das Signal bekam, die Oboen- oder Lautenspielerin als Solistin abzulösen, spielte Jendayi die Melodien, die in ihrem Kopf waren, brachte kühne Klangeffekte hervor, perlende Passagen, die oft sie selber überraschten und die Zuhörer atemlos vor Bewunderung sein ließen. Aber heute abend würden ihre Worte und ihre Stimme im Mittelpunkt stehen; die Glissandos der Harfe wären nur der Rahmen um das Gemälde, ein Juwel, das die Krone noch mehr schmückte.

»Herrin, Akil wartet draußen. Der Wesir wünscht Musik.«

Jendayi stand auf und strich mit ihren klammen Händen über das Leinen ihres Gewandes, dann nahm sie die Harfe an sich. Heute abend würde sie ihr Herz in sie hineinlegen. Würde ihr Geliebter es annehmen?

Das Orchester spielte seine Tafelmusik. Manasse versuchte tapfer, seinen Gesichtsausdruck nichtssagend-freundlich zu halten. Seit Tarik ihm berichtet hatte, was Jendayi plante, hatte sein Herz abwechselnd vor Freude gestolpert und sich bang zusammengezogen. Für *ihn* also wollte die Harfenspielerin heute abend singen – aber was, wenn sie von der Brutalität der Adligen sang oder von den Leiden des Lebens? Was, wenn sie ihm nur ein Beileidslied zum Tod seines Großvaters zu bieten hatte oder, schlimmer noch, ihn trösten wollte, weil er nicht den besten Segen bekommen hatte? Vielleicht hatte der Palastklatsch die Nachricht von Manasses Demütigung an ihre Ohren getragen, und jetzt wollte sie ihn mit schöner Musik auf andere Gedanken bringen ...

Sie wußte doch nicht, wie er sie verehrte. Wie konnte sie sich eine Liebe vorstellen, die so tief war wie das Meer? Sie war eine königliche Sklavin, die von Freilassung noch nicht einmal träumen konnte. Wenn Manasse sie nicht erreichen konnte, würde sie ihr ganzes Leben hinter den Mauern des Pharaopalastes verbringen. Ihr Talent, ihre Tugend, ihr Leben gehörten dem Pharao. So war es immer gewesen, so würde es immer sein.

Aber sie wußte nicht, wie sehr Manasse sie liebte. *Und mein Herz*, dachte er, während er ihr liebes Gesicht unter dem Zeltdach betrachtete, *versteht ihres so gut. Ich weiß doch, wie furchtbar es ist, seine Mutter zu verlieren. Ich weiß, wie es ist, wenn man sich nach einem Vater sehnt und immer nur Ersatz bekommt. Aber mein Vater war einst selber ein Sklave, und jetzt kommt er gleich nach dem Pharao, und so sehe ich dich, kleine Jendayi, nicht als Sklavin, sondern als das, was du einmal sein wirst: eine vornehme Dame – meine Frau.*

Würde Akil den anderen nie gebieten, still zu sein, damit sie allein spielen konnte? Manasse war halb versucht, aufzustehen und ein Harfensolo zu verlangen. Aber wenn er das tat, würde Jendayi ihn womöglich für einen verwöhnten Narren halten. Die Gäste seines Vaters – die Statthalter, Priester und Räte – saßen in der satten Zufriedenheit eines wohlgefüllten Magens da, ihre Augen würden keine Viertelstunde mehr offenbleiben. Wenn Jendayi spielen wollte, mußte sie es bald tun.

»Verehrtester Akil.«

Manasse zuckte leicht zusammen, als die Stimme seines Vaters durch seine Gedanken und das leise Gemurmel der Runde schnitt.

»Könntet Ihr uns vielleicht heute abend, bevor wir uns zurückziehen, noch etwas Besonderes bieten? Wir haben einen langen und ermüdenden Tag in der Wüste hinter uns, meine Augen haben nur lauter graue Einöde gesehen. Aber vielleicht hat Eure Harfenspielerin das Smaragdgrün des Grases und das Rauschen des Flusses in ihrem Instrument versteckt? Dürften wir sie hören?«

Akil neigte in einer tiefen Respektgeste seinen Kopf, dann drehte er sich etwas zögernd um und zeigte auf die Harfenspielerin.

Eine der anderen Frauen stupste Jendayi an. Manasse beugte sich nach vorne. Täuschten seine Augen ihn, oder zitterten ihre Finger etwas? Akil faltete seine Hände und trat zurück. Das Mädchen begann, seine Finger über die Saiten gleiten zu lassen. Ein klingender goldener Bach ergoß sich in die Stille, und dann, o größtes Wunder, öffnete Jendayi ihren Mund und begann zu singen.

»Wie müde ist der Edelmann«, sang sie, und ihre Stimme war so leicht wie der Flügelschlag eines Vogels. Manasse blinzelte erstaunt mit den Augen, überrascht von der Intensität in ihrer Stimme.

Gutes Los ist wahr geworden.
Wahrlich, Leiber sind vergangen seit den Tagen des Gottes und andere an ihre Stelle getreten.

Die Enttäuschung wollte sich um Manasses Herz legen. Dieses Trauerlied war nicht, was er erhofft hatte. Aber sie sang weiter:

Freue dich deines Tages, Sohn des Edlen, folge deinem Herzen, solange es dein ist.
Freue dich deines Tages, denke nicht an das Böse, sondern nur an das Glück, bis der Tag kommt, wo du anlegst am Ufer der Stille.
Freue dich deines Tages, tu, was du preist.
Laß dein Herz voller Glück sein.
Freue dich deines Tages, Sohn des Edlen, folge deinem Sehnen, solange du lebst.

Als Jendayi zum Schluß des Liedes kam, sang Manasses Herz voller Wonne mit. Wie raffiniert von ihr, ihren Wink an ihn mit der Erinnerung an die Vergänglichkeit des Lebens zu verweben. Und da fast jeder in der Runde sich für den Sohn eines Edelmanns hielt, konnte die Verkleidung der Botschaft und ihres Empfängers nicht harmloser sein.

Die Ägypter applaudierten lautstark, mehrere wollten das Lied noch einmal hören. Aber Akil hatte schon der Oboistin das Zeichen gegeben, das nächste Lied zu beginnen.

Manasse beugte sich selig zu seinem Vater hin. »War sie nicht wunderbar?« flüsterte er, Josephs Arm packend.

»Was?« Josephs Augen waren gedankenschwer, Manasses Frage schien ihn zu stören.

»Das Lied! Hast du es nicht gehört?«

»Doch. Sehr hübsch, wie immer.« Joseph lächelte höflich und drehte sich zu dem Kronprinzen hin, der auf dem Stuhl neben ihm saß. »Akil und seine Musiker sind hervorragend. Es war sehr liebenswürdig von Eurem Vater, dem König, sie mit auf unsere Reise zu schicken.«

Er hatte nichts gehört, hatte keinen Schimmer von der Bedeutung des Liedes. Mit wachsender Enttäuschung hörte Manasse zu, wie Joseph sein leises Gespräch mit dem Kronprinzen und einem der Statthalter fortsetzte. Aber war sie denn so wichtig, die Meinung seines Vaters? Jendayi hatte für ihn, Manasse, gesungen, ihre süße Stimme hatte ihm gesagt: Folge deinem Herzen und dem, wonach es dich im Innersten verlangt. Und ihn verlangte es nur nach *einem*, nur nach *einer* Frau.

Er drehte sich von seinem Vater und dem Prinzen weg und streckte seine langen Beine aus. Wenn sie wieder in Theben waren, würde er seine besten Kleider anlegen, silberne Armspangen und einen Mantel, und so vor den Pharao treten. Vielleicht konnte er auch seinen Vater dazu bringen, einen Brief für ihn zu schreiben. Ob durch Schmeicheln, Beziehungen oder Tricks, er würde den Pharao dazu bringen, Jendayi in das Haus des Wesirs zurückzuschicken. Heute abend hatte er gehört, daß sie bereit war, sein zu werden; er würde nicht ruhen, bis sie seine Frau geworden war.

Er hob seine Hand und sah zu Tarik hin. Der sah es und schlenderte wie zufällig herbei, im Gehen ein paar der hohen Gäste zunikkend. Als er zu Manasse trat, lag ein verschlagenes Lächeln auf seinem Gesicht. »Nun, junger Herr, habt Ihr die Unterhaltung dieses Abends ... interessant gefunden?«

»Ja«, antwortete Manasse, seine mutige Entschlossenheit wie ein Fels in ihm. »*Sehr* interessant, Tarik. Das Mädchen ist bereit, du hast sie ja selber gehört! Jetzt muß ich für sie zum Pharao gehen. Ich werde nicht glücklich sein, bis sie meine Frau ist, und ich werde ihr das heute abend noch sagen, sobald die Gäste meines Vaters gegangen sind.«

Der Hauptmann hielt einen warnenden Finger hoch. »Ihr müßt Euren Eifer zügeln, junger Löwe! Sie ist nicht irgendeine Sklavin, sie ist das Eigentum des Pharao. Und hier« – er senkte seine Stimme und schaute vielsagend nach links und rechts – »sind wir unter lauter Ägyptern, die nicht zögern würden, dem König zu melden, daß der Sohn des Wesirs die königliche Gunst für sich ausnutzt. Ihr dürft zu niemandem von Eurem Vorhaben reden. Ihr schickt Euch an, einen unmöglichen Berg zu besteigen, und wenn es Euch gelingen soll, müßt Ihr Euer Vorgehen sorgfältig planen.«

Manasse schaute bestürzt zu ihm hoch. »Unmöglich?«

»Vielleicht.« Tarik zuckte die Achseln, dann lächelte er. »Euer Vater würde natürlich sagen, daß nichts unmöglich ist für Euren Gott Shaddai.«

Manasse sah wieder zu Jendayi hin. Wie nachdenklich ihr Gesicht war; sicher wartete sie auf seine Reaktion, wollte wissen, was er zu tun gedachte. »Tarik, ich muß mir ihr sprechen!«

»Nein! Haltet Euch von dem Mädchen fern und tut nichts Unüberlegtes. Wenn irgend jemand hier ein Wort fallen läßt, daß Ihr sie auch nur mit dem kleinen Finger angefaßt habt, wird der Pharao euch niemals Euren Wunsch gewähren, ja er wird es vielleicht sogar für nötig erachten, Euch zu bestrafen, oder er zwingt sie, ihm zu Willen zu sein, zum warnenden Beispiel für andere Sklaven. Seid vorsichtig, Manasse. Die Liebe hat Euer Herz entflammt, aber Ihr dürft jetzt nicht töricht werden.«

Manasse kämpfte mit seinen ungeduldigen Gedanken. Tarik hatte recht. Man spielte nicht mit den Sklaven, den Kindern oder selbst den Ratgebern des Pharao. Er wußte, daß er klug und in aller Stille vorgehen und seinem eifrigen Herzen feste Zügel anlegen mußte. Ein unbedachtes Wort, eine ungeduldige Handlung konnte sein Leben und das Jendayis ruinieren.

»Schön«, sagte er und sah zu dem drahtigen Hauptmann hoch, der ihm schon oft ein weiser und bereitwilliger Ratgeber gewesen war. »Ich werde vorsichtig sein und meine Lippen hüten, so daß nur du allein davon weißt, Tarik. Aber ich muß sie wissen lassen, daß ich sie liebe. Geh zu der Sklavin, die dir Jendayis Botschaft gebracht hat, und sage ihr, daß ich sie verstanden habe. Sobald mein Großvater begraben ist und wir wieder in Theben sind, werde ich beim Pharao für Jendayi vorsprechen. Und wenn ich mein eigenes Leben drangeben muß für meine Kühnheit, ich werde sie aus Pharaos Haus holen. Ich werde sie nicht im Stich lassen.«

Tarik lächelte langsam und verstohlen und nickte. »Ich werde Eure Botschaft weitergeben.«

»Er hat zugehört?« Jendayis Stimme wurde laut vor Überraschung.

»Schhh!« flüsterte Kesi lachend. Sie hob die dünne Decke hoch, unter der Jendayi lag, und schlüpfte neben ihre Herrin. »Ja. Ich habe gerade mit dem Hauptmann der Wesirswache gesprochen, und er hat mir eine Botschaft vom Sohn des Wesirs ausgerichtet: Sobald Israel begraben ist und wir nach Theben zurückgekehrt sind, will er zum Pharao gehen und darum bitten, daß du zurück ins Haus des Wesirs kommst. Er sagt, er will es versuchen, und wenn es ihn das Leben kostet.«

Jendayi peßte ihre Hände vor ihren Mund. Der Schock nahm ihr die Worte.

»Das ist noch nicht alles.« Kesis Atem war warm in Jendayis Ohr. »Der Hauptmann hat gesagt, du mußt sehr vorsichtig sein und darfst mit niemandem als mir darüber reden. Du bist ja eine Sklavin des Pharao, und kein Mann hat das Recht, mit dir zu sprechen, geschweige denn, dich als sein eigen zu begehren. Du darfst dich dem jungen Mann nicht nähern, damit niemand behaupten kann, daß er Unschickliches mit dir im Sinn führt. Und du mußt deine Zunge hüten, damit du das Geheimnis niemandem verrätst.«

»Ich kann meine Zunge hüten«, flüsterte Jendayi, immer noch halb ungläubig. Er überraschte sie immer wieder, der Sohn des Wesirs. Nie hätte sie zu träumen gewagt, daß er es wirklich ernst mit ihr meinte. Und er hatte recht: Dies war eine Sache, die die größte Umsicht und Ernst verlangte. Sie war nicht nur eine Sklavin, sondern eine wertvolle dazu; ohne Zweifel war sie ihr Gewicht in Silber oder Gold wert.

»Kannst du es glauben?« flüsterte Kesi, die Stimme unsicher vor Erregung. Sie drückte ihre zitternde Hand auf Jendayis Arm. »So etwas – ich hätte es nie für möglich gehalten. Du sehnst dich danach, mit dem Sohn des Wesirs vereint zu werden, und er will dich zurück in sein Haus holen! Das ist wie ein Traum, wie ein Wunsch, den allein die Götter erfüllen können.«

»Ja«, flüsterte Jendayi, endlich gewiß, daß ihr Herz es lernen würde, zu leben und zu lieben. »Die Götter *werden* ihn erfüllen, darauf würde ich mein Leben wetten.«

Acht

Die Gesellschaft zog weiter durch die Wüste, stets auf der Hut vor Streifscharen der Philister. Sie erreichte das Salzmeer und zog an dessen östlichem Ufer vorbei nach Norden, zum Jordan hin. An der Tenne von Goren-Atad, nördlich des Salzmeers und östlich des Jordans, schlug die gemischte Gesellschaft aus Hebräern und Ägyptern ihr Lager auf. Da seine Pflichten ihn in Theben gehalten hatten, während seine Brüder in Goschen trauerten, erklärte Joseph, daß sie nicht weiterreisen würden, bis er zusammen mit seinen Brüdern sieben Tage um Israel geklagt hatte. Und sie hielten ihre Totenklage, und sie war sehr groß.

Am Ende des siebten Tages versammelten Hebräer und Ägypter sich in einem großen Kreis um ein Feuer. Ani, der die kanaanitische Zunge mittlerweile gerade so gut beherrschte wie die ägyptische, stand in der Mitte des Kreises, um für die, die nicht die Sprache der anderen Nation verstanden, Dolmetscher zu sein.

Wie sie es in Goschen getan hatten, erzählten die Hebräer die Geschichte von Israels Leben. Einer nach dem anderen der Jakobssöhne stand auf und rezitierte einen Teil: Israels Geburt, seine Abstammung von Abraham, sein Kampf mit seinem Bruder Esau, die nächtliche Himmelsleiter, wie er Rahel und Lea heiratete und seine zwölf Söhne zeugte. Die Ägypter setzten, beginnend mit dem Kronprinzen, die Lobesrede fort, priesen Jakobs Reise nach Ägypten, die Herrlichkeit seines Sohnes Zafenat-Paneach und seine Entscheidung, Ephraim und Manasse, Söhne Ägyptens, unter seine Erben aufzunehmen.

Als letzter erhob sich Joseph. Seine dunklen Augen fuhren über die schweigenden Priester des Amun-Re, die ihn mit unverhüllter Neugierde anschauten. »Durch den Glauben«, begann er, »wissen wir, daß das Wort des unsichtbaren Gottes die Welt erschaffen hat. Die Dinge, die wir sehen, sind nicht von sichtbaren Händen gemacht, sondern von unsichtbaren.«

Ani übersetzte, und die Köpfe von Hebräern wie Ägyptern nickten. Die Hebräer kannten den unsichtbaren Gott als El Shaddai, die Ägypter als Neter.

»Ohne Glauben ist es unmöglich, dem Allmächtigen Gott zu gefallen«, fuhr Manasses Vater fort. »Denn wer zu Gott kommt, muß glauben, daß er ist und daß er denen antwortet, die ihn suchen.«

Die ägyptischen Priester tauschten lächelnde Blicke aus. Manasse war sicher, daß sie ihre Gerüchte über Zafenat-Paneachs unsichtbaren Gott gehört hatten, aber bis jetzt hatte der Wesir nichts gesagt, was sie nicht selber glaubten.

Joseph fuhr fort. »In glaubensgewissem, ehrfürchtigem Gehorsam baute Noah, dem Gott offenbart hatte, was geschehen würde, ein Schiff zur Rettung seines Hauses. Durch seinen Gehorsam wurden er und seine Familie vor der Großen Flut gerettet, und die Welt stieg wieder aus den Wassern, damit die Menschen sie erneut füllen konnten.«

Das Lächeln der Priester wurde unsicher. Manasse wußte, daß sie glaubten, daß alles Leben aus der Urflut kam. Aber die Geschichte Noahs war ihnen so neu wie ihm. Zu beschäftigt mit den Dingen des Reiches des Pharao, um seine Söhne selber zu unterrichten, hatte Joseph, wie andere ägyptische Adlige, die religiöse und allgemeine Erziehung seiner Söhne Ani und anderen in seinem Haus überlassen. Aber der Ägypter Ani hatte nie etwas von diesem Mann namens Noah gesagt.

Mit der lächelnden Souveränität eines Mannes, der in vielen Welten zu Hause ist, fuhr Joseph fort: »Im Glauben an den Allmächtigen Gott gehorchte Abraham Gottes Ruf und zog hinaus in das Land, das er als sein Erbe bekommen sollte. Er ging, ohne zu wissen, wohin. Im Glauben wohnte er als Fremdling im Lande der Verheißung. In Zelten wohnte er, um sofort aufbrechen zu können, wenn die Stimme Gottes ihn aufs neue rief. Abrahams Frau, Sara, konnte ein Kind gebären, obwohl sie erstorbenen Leibes war, weil sie glaubte, daß Gott Shaddai treu war und halten konnte, was er verhieß.«

Joseph sprach jetzt langsam, als wäge er jedes Wort genau ab, bevor er es aussprach. »Und so kam von Abraham Isaak, und von Isaak Jakob, und von Jakob zwölf Söhne. Und von diesen zwölfen, wie Gott es verheißen hat, werden Nachkommen kommen so zahlreich wie die Sterne am Himmel und der Sand am Meer.«

Manasses Stirn runzelte sich. Das hatte sein Vater noch nie gesagt. War es klug, es hier vor diesen Ägyptern auszusprechen, die sich womöglich bedroht fühlen würden? Manasse schielte zu dem Kronprinzen und den Priestern hin. Der Junge, der eines Tages König sein würde, sah verdutzt aus, und die Konzentrationsfalten auf den Stirnen der Priester waren tiefer geworden. Auch sie wußten nicht, wie sie die Worte des Wesirs deuten sollten.

»Durch den Glauben brachte Abraham, als Gott ihn prüfte, Isaak als Opfer dar, obwohl Gott gesagt hatte: ›Nach Isaak sollen deine Nachkommen genannt werden.‹ Denn er glaubte, daß Gott auch die Toten auferwecken konnte.«

Ein staunendes Raunen ging durch die Reihen der Ägypter, mindestens einer schnaubte ungläubig. Obwohl sie fest an ein Leben nach dem Tode glaubten, hatte man nie gehört, daß einer ihrer Götter je einen Menschen zurück in sein irdisches Leben gebracht hatte.

»Im Glauben segnete Isaak Jakob und Esau im Hinblick auf das, was kommen würde.« Josephs tiefe Stimme hallte durch die Stille der nächtlichen Schatten. »Und im Glauben segnete mein Vater Jakob, als er starb, jeden seiner Söhne und auch die meinen, als ob es seine wären. Wie seine Vorväter, so starb auch er im vollen Vertrauen darauf, daß Gott Shaddai seine Verheißungen erfüllen wird.«

Ein Diener warf ein Bündel trockene Binsen auf das niedergebrannte Feuer. Die Flammen sprangen wieder hoch und warfen die Dunkelheit zurück, so daß Manasse deutlich die Gestalt seines Vaters sah. Hochaufgerichtet stand er da, wie eine der mächtigen Zedern des Libanon, und in seinen Augen leuchtete die gleiche Gewißheit wie in denen des sterbenden Jakob.

»Bis heute«, fuhr Joseph fort, »haben die Hebräer kein Land, das sie ihr eigen nennen könnten. Wir wachsen, aber noch sind wir klein an Zahl, viele Generationen davon entfernt, so groß zu sein wie das

Heer der Sterne. Aber meine Väter sahen den Bund Gott Shaddais und schauten seine Verheißungen von ferne, so wie auch ich heute.«

Ein undefinierbares Gefühl der Zufriedenheit füllte Manasses Herz. Sein Blick glitt zu der Stelle, wo Ephraim neben Jokim saß. Er versuchte in sein Gesicht zu sehen. Sah Ephraim nicht, wie wunderbar und einzigartig Gott ihr Volk gesegnet hatte? Gott Shaddai, der soviel mächtiger und unendlicher war als alle Gotter Ägyptens, hatte die Hebräer aus Kanaan herausgerufen, und in dieses Land würde er sie zurückbringen! Dieses Land, diese große, grenzenlose Wildnis von Kanaan, gehörte *ihnen*, wie auch die grünen Täler des Jordans, deren Felder gerade so fruchtbar waren wie die von Goschen.

Ephraim lächelte geistesabwesend, seine Augen leer und auf das Feuer gerichtet, seine Gedanken weit weg. Wie konnte er diese Zeugnisse über Jakob und seine Vorväter hören, ohne daß die Leidenschaft der Patriarchen in seinem Blut aufwallte? Die Söhne Israels – sie waren die *Erwählten,* dazu berufen, der Segen der Welt zu sein. Der allerheiligste Geist, der Schöpfer der Welt hatte sie berufen!

Aber Ephraim musterte seine Hände, als ob seine einzige Sorge war, wann er das nächste Mal die Fingernägel geschnitten bekäme.

Joseph trat in die Mitte des Kreises, hob seinen Arm und machte eine Geste zu dem Kronprinzen und seinen Priestern hin. »Und nun geht in Frieden in Eure Zelte, meine Brüder und Freunde«, sagte er mit einer tiefen Verneigung vor dem Prinzen. »Ruht euch ein paar Tage aus an dieser Stätte, denn morgen werden die Söhne Israels ausziehen, um ihren Vater zu begraben. Verehrte Priester, Gouverneure und mein Prinz, ich lade Euch ein, hierzubleiben und die Schönheit dieses fruchtbaren Flußufers zu genießen. Ich werde meinen Verwalter bei Euch lassen, so daß es Euch an nichts mangeln wird. Aber ich bitte Euch: Laßt mich und meine Brüder allein ziehen, um unserem Vater das letzte Geleit zu geben.«

Alle Augen der Ägypter drehten sich zu dem Prinzen hin. Manasse wußte, was sie jetzt dachten. Dies war eine höchst ungewöhnliche Bitte. Warum hatte der Wesir sie alle so weit in die Wildnis geführt, nur um sie so kurz vor dem Grab hier zurückzulassen? Zu dem traditionellen ägyptischen Begräbnis gehörte ein großes Zeremoniell am Grab, mit vielen Gebeten, Anrufungen, Salbungen, Weinen und Klagen ...

Aber Zafenat-Paneach konnte selbst einen zukünftigen Pharao zu allem überreden. Das wache, schmächtig-schöne Gesicht des Prinzen fing an zu lächeln. Er nickte dem Wesir wortlos sein Ja zu, dann erhob er sich, um sich von seinen Wachen zu seinen königlichen Zelten begleiten zu lassen. Die anderen Ägypter erhoben sich, ob sie nun die Entscheidung ihres Prinzen billigten oder nicht, einer nach dem anderen ebenfalls und schlüpften durch die Schatten.

Sein Herz schlug heftig, als Manasse sich vorsichtig durch die aufbrechenden Besucher schlängelte, bis er neben seinem Bruder stand. »Ephraim.« Er drückte seinen Arm. »Spürst du es nicht auch?« Er hob seine Augen zu der sternenübersäten Schwärze des Himmels hoch, dann senkte er seine Lider und atmete tief ein. »Spürst du es nicht wenigstens hier?«

Ein ärgerlicher Blick schoß über Ephraims Gesicht. »Ob ich *was* spüre? Ich fühle mich müde, falls du das meinst. Und die alten Männer tun mir leid. Der Weg durch die Wüste wird nicht einfach für sie sein, wenn wir die Streitwagen hierlassen.«

»Ich meine nicht das Begräbnis.« Manasse schüttelte ungeduldig den Kopf und suchte nach den richtigen Worten. »Ich meine unsere Bestimmung! Hast du das nicht gemerkt, als Vater gesprochen hat? Wir sind die kommende Generation, wir sind die, die nach Israels Willen den Segen Gott Shaddais weitertragen sollen. Wir sind gefordert!« Er trat auf den anderen Fuß und rieb sich über die Stoppeln an seinem Kinn, unschlüssig, wie er sich erklären sollte. Es war alles so klar gewesen, als sein Vater sprach. Er hatte förmlich gespürt, wie der Mantel der Verantwortung auf seine Schultern fiel. Er und Ephraim waren die Söhne Josephs, die Erben des Erstgeburtssegens. Wer anderes als sie würde die kommende Generation anführen?

Aber in Ephraims dunklen Augen lag mehr Trotz als Neugierde. »Nicht *wir* sind gefordert, Bruder«, sagte er, die Stimme knapp und kurz angebunden. »Wenn einer gefragt ist, dann wohl *ich*, denn ich werde größer sein als du, vergiß das nicht.«

Einen Augenblick öffnete Manasses Mund sich schockiert, dann ließ er rasch seine Augenlider fallen, um seine Betroffenheit zu verbergen. Ephraims dunkle Brauen waren zu dem spitzbübischen Ausdruck gebogen, den Manasse so gut kannte. »War nur ein Witz, Manasse, wisch die beleidigte Leberwurst aus deinem Gesicht.« Er lächelte. »Du bist müde, wie wir alle. Geh schlafen.«

Aber seine Worte hatten tief getroffen und einen Samen des Zweifels gesät. Waren Manasses inbrünstige Gefühle vielleicht nur das Ergebnis von Trauer und Erschöpfung? War diese Überzeugung, daß Gott wollte, daß sie die Hebräer anführten, nur ein Produkt seiner überhitzten Phantasie? Hatte die Wüste ihn mit Luftspiegelungen genarrt, ihm falsche Träume vorgegaukelt, daß er Jendayi zur Frau bekommen und eine ebenso bevorzugte Rolle spielen würde wie sein jüngerer Bruder?

Manasse nickte Ephraim und Jokim abrupt zu und wünschte ihnen eine gute Nacht.

Im ersten Morgengrauen des folgenden Tages beluden die Söhne Israels ihre Esel und Wagen und schickten sich an, den Jordan zu überqueren. Die Ägypter blieben zurück, wie Joseph erbeten hatte, um zu warten, bis die Kinder Israels von dem Begräbnis zurückkamen.

Die Seele noch wund von dem Gespräch des vergangenen Abends, mied Manasse sorgfältig Ephraims Nähe und hielt sich an seine Onkel. Die Jakobssöhne schienen alle so stark und fest zu sein wie die Erde selber. Obwohl vom Alter gebeugt, konnte Ruben die jüngeren Männer mit einem einfachen Zucken seiner grauen Brauen dirigieren. Levi zeigte eine stoische Unbeirrbarkeit, wie Manasse sie bei keinem Ägypter gesehen hatte. Simeon war voller Witz, Offenheit und Intelligenz. Juda besaß eine unerschütterliche geistliche Energie, er war ein Pfeiler der Glaubenszuversicht.

Manasse fragte sich, ob seine Onkel ihn deswegen so faszinierten, weil ihr Leben so ganz anders verlaufen war als seines bisher. In eine rauhe Wildnis hineingeboren, hatten sie früh gelernt, sich in einer oft grausamen Umgebung zu behaupten; er dagegen war in einem blitzblank gefegten Zimmer aufgewachsen, wo Sklaven ihm sein Essen brachten, ja es ihm in den Mund geschoben hätten, wenn er dies verlangt hätte. Der Lebensunterhalt der hebräischen Hirten beruhte auf Kraft, Schnelligkeit und Mut; Manasse hatte seine jungen Jahre damit verbracht, in einer Studierstube das Lesen und Schreiben der

Hieroglyphen zu erlernen. Und obwohl er später von Tarik Fechtunterricht bekommen hatte, hatte er nie ernsthaft Angst um sein Leben haben müssen. Er hatte sich in Duelle begeben und im voraus gewußt, daß er sie unverletzt überstehen würde, denn niemand hätte es gewagt, den Sohn des Wesirs zu verwunden. Der einzige, der ihm je Schläge versetzt hatte, war Ephraim gewesen.

Sie waren so ungeheuer selbstsicher, vernünftig und praktisch, seine Onkel. Halb bestaunte, halb bewunderte er ihre fürsorglich-wilde Art. Seine ägyptischen Bekannten waren alle lässig und unbekümmert, aber ihr gesellschaftlicher Stand trennte sie so scharf voneinander wie der Nil die Städte der Lebenden von denen der Toten. Für diese Hebräer dagegen war ein blutsverwandter Vetter gerade so nahestehend wie ein Bruder, egal, zu welcher Gesellschaftsschicht er gehörte oder wie weit entfernt er wohnte.

Simeon, der größte und lauteste der Jakobssöhne, lud Manasse ein, mit ihm und seiner Frau zu gehen. Manasse nahm das ehrenvolle Angebot sofort an, wohl wissend, daß es mit Simeons ganz besonderer Beziehung zu Josephs Familie zu tun hatte. Vor vielen Jahren, als die Brüder noch nicht wußten, daß Zafenat-Paneach ihr lange verschollener Joseph war, hatte Simeon fast ein ganzes Jahr als Geisel im Hause des Wesirs verbracht.

Simeon schien es kaum abwarten zu können, das Grab bei Mamre zu erreichen. Seine langen Schritte hinterließen tiefe Löcher in dem Wüstensand, und Manasse hatte alle Mühe, mit ihm Schritt zu halten.

»Einmal, vor vielen Jahren, bin ich allein zu dem Grab gegangen«, erzählte Simeon, während sie gingen. Er packte seinen Stock noch fester. »Das war, bevor wir nach Ägypten kamen. Bevor ich Mandisa geheiratet habe.«

Manasse warf einen raschen Blick auf die Frau, die auf dem Esel saß. Obwohl ihr Kopf und Gesicht verschleiert war, sah er, daß ihre Augen eine reiche, rehartige Schönheit hatten. Er hatte gehört, daß Mandisa einst die persönliche Dienerin seiner Mutter gewesen war, aber das Haus des Wesirs verlassen hatte, als seine Mutter starb. Seine Mutter ... Wenn er sein Gedächtnis nach ihr durchsuchte, fand er nur den Hauch eines süßen Lotusduftes, das Gefühl einer kühlen Hand auf seiner Stirn, den melodischen Klang der Stimme einer jungen Frau.

»Ich stand ganz allein vor der Grabhöhle.« Simeons Stimme zog Manasse zurück in die Gegenwart. »Und da spürte ich die Gegenwart Gottes. Ich habe die Höhle als ein anderer Mensch verlassen, Manasse. Obwohl ich immer noch nicht der Mann war, der ich hätte sein sollen, brannte in meiner Seele das Wissen, daß man mit Gott Shaddai nicht spielen kann.«

Er drehte sich plötzlich um, und seine dunklen Augen sahen Manasse forschend an. »Du machst in der letzten Zeit immer so einen bedrückten Eindruck«, sagte er, ohne seine Miene zu verändern, während seine Beine sich leicht und zügig ihren Weg durch den Sand bahnten. »Möchtest du mal darüber reden?«

Manasse schob, ohne seinen Schritt zu verlangsamen, seine Hände hinter seinen Rücken und versuchte, seine Gedanken zu ordnen. Würde sein Onkel verstehen, was er für Jendayi fühlte? Würde er sich in die Liebe hineinversetzen können, die ihm den Plan eingegeben hatte, gleich nach der Rückkehr nach Ägypten vor den Pharao zu treten? Oder hatte er einfach Manasses Wissensdurst bemerkt, mehr über seine Herkunft zu erfahren, über die so faszinierende Familiengeschichte, die er gerade erst richtig am entdecken war?

Er gebot seinen Gedanken, sich zu sammeln. »Ich bin nicht bedrückt, aber in den letzten paar Tagen habe ich so viel gelernt. Diese Geschichten mit Abraham, Isaak und Jakob hatte ich noch nie gehört. Mein Vater hat natürlich gelegentlich die Namen meiner Vorväter erwähnt, aber das war alles. Diese Geschichten sind ja die reinsten Schätze! Ich hatte nie gedacht, daß Gott sich herablassen könnte, mit Menschen einen Bund zu schließen und ihnen Verheißungen zu geben.«

Simeon brummte zur Antwort nur. Lange Zeit sagte er nichts. Sie hatten das fruchtbare Jordantal hinter sich gelassen und stiegen jetzt die Ausläufer einer Bergkette hinauf. Der Wind heulte über Grate und Felshänge, zischte durch dürre Bäume und nacktes Gestrüpp und blies den Wanderern Dreck in Augen und Haare.

»Ich glaube, was du da gerade gesagt hast, ist noch nicht alles«, sagte Simeon endlich. Er warf die Worte über seine Schulter, während er nach vorne ging, um die Zügel des Esels seiner Frau zu packen. »Ich habe deine Augen gesehen, und es ist leicht, den sehnsuchtsvollen Blick eines jungen Mannes zu deuten. Die Liebe hat Wurzeln in deinem Herzen geschlagen, nicht wahr?«

Manasse biß sich auf die Lippe und duckte seinen Kopf gegen den Wind. Er hatte Lust, laut sein *Ja!* zu rufen, aber würde Simeon ihn dann nicht für total verückt halten? Ein Patriarch vom Schrot und Korn seines Onkels würde den Schmerz der Liebe weder verstehen noch gutheißen.

Aber in Simeons Augen war ein wissender Blick. »Eines mußt du dir merken.« Simeon verlangsamte seinen Schritt und sah Manasse fest an. »Wenn du liebst, mußt du bereit sein, alles zu opfern, was du hast. Wenn du nicht bereit bist, sogar dein Leben einzusetzen, liebst du nicht.«

Und mit einer zärtlichen Bewegung, die so unerwartet kam wie ein Donnerschlag von einem blauen Himmel, nahm Simeon die Hand seiner Frau und drückte sie an seine Lippen. Das Lächeln, mit dem Mandisa ihm antwortete, war so intim wie ein Kuß.

Eines Tages, dachte Manasse, während er mit brennendem Nacken die Augen von der zärtlichen Szene wandte, *wird Jendayi mich auch so anlächeln.*

Zwei Tage später kamen sie an Hebron vorbei, einer wohlhabenden, befestigten Stadt mit reichen Weingärten und Feigenbäumen. Zwei Meilen von der Stadt entfernt hielten sie an dem Hain an, wo Abraham gewohnt hatte. Während die Frauen daran gingen, ein Essen zu richten, tränkten die Männer die Tiere und schlugen das Lager auf. »Wenn wir unseren Vater begraben haben, werden wir hier die Nacht verbringen«, erklärte Joseph. »Sobald das Lager fertig aufgeschlagen ist, wollen wir unser Gelübde an Israel erfüllen.«

Manasse half gerade einem seiner Vettern, ein Zelt aufzubauen, als Simeon ihn beiseite zog. »Komm mal eben mit«, sagte er und zeigte auf den Hain. Er hob seine Hand und wies auf eine majestätische Terebinthe, deren massiger Stamm sich in vier kolossale Äste verzweigte, die wie Flügel zum Himmel hochstiegen. »Unter diesem Baum hat unser Vorvater Abraham gesessen«, sagte er, die Stimme feierlich, ja ehrfürchtig. »Hier saß er, als die drei geheimnisvollen Besucher, die von Gott kamen, ihm Isaaks Geburt ankündigten.« Simeons dunkle, von tiefen Runzeln umrandete Augen leuchteten freundlich, als er seinen Neffen anlächelte. »Ich dachte, das wird dich interessieren.«

Etwas wie eine Botschaft aus versunkenen Zeiten schoß unvermittelt durch Manasse, ein Gefühl wie ein schneidender Wind. »Ja«, erwiderte er mit einer rauhen Stimme, die er kaum als seine eigene erkannte. »Danke, daß du mir das gesagt hast.« Er ließ seinen Onkel stehen, ging langsam zu dem alten Baum und legte seine Hände auf die rissige, verwitterte Rinde. Hier hatte Abraham gestanden, der Mann, der mit Gott verhandelt hatte. Vielleicht hatte schon seine Hand diese Rinde berührt, sein Fleisch sich gegen ihre rauhe Oberfläche gepreßt.

Manasse drehte sich um, bis sein Rücken an dem knorrigen Stamm lehnte, dann rutschte er langsam nach unten, ohne auf das Kratzen der Rinde zu achten. Was für Gedanken und Träume mochten dem Patriarchen durch den Kopf gegangen sein, als er hier saß? Abraham hatte Gottes Verheißung, aus seinen Nachkommen ein großes Volk zu schaffen, geglaubt. Ob er wohl gewußt hatte, daß einer dieser Nachkommen über Ägypten herrschen und zwei Söhne haben würde? »Hätte er«, flüsterte Manasse, während er zu den Zweigen über ihm hochsah, »auch meinem Bruder den Segen der rechten Hand gegeben? Oder hätte er in mir etwas gesehen, das mein Großvater nicht sehen konnte?«

Er wußte nicht, wie lange er dort gesessen und seinen Gedanken nachgehangen hatte, als das schleifende Geräusch des Leichenschlittens ihn aus seinen Träumereien riß. Er drehte sich um und sah, wie der von Ochsen gezogene Schlitten mit dem kunstvollen Sarkophag und der Lade mit den Kanopenbehältern gerade das Lager verließ. Jakobs Söhne, sechs auf jeder Seite, gingen neben dem Gefährt, ihre dunklen Gesichter wie steinerne Trauermasken.

Am Ende der einen Reihe, wie ein dreizehnter Sohn, ging Ephraim. Manasse stand auf und wischte sich den Dreck von seinem Gewand. Der sterbende Jakob hatte ihn und Ephraim nach Namen und Erbe zu Söhnen erklärt; er mußte ja auch mitgehen, auf der anderen Seite des Schlittens, Ephraim gegenüber. Er stellte sich rasch hinter Benjamin. Hoffentlich hatte niemand gemerkt, daß er gefehlt hatte.

Zwanzig Minuten lang gingen sie in tiefem Schweigen. Die einzigen Geräusche waren das Flüstern des Schlittens und hier und da ein Knarren des Geschirrs der Ochsen. Eine für die Jahreszeit ungewöhnliche Hitze lag wie eine Decke auf dem Berghang, daß der Schweiß auf Manasses Haut trocknete, bevor er sie kühlen konnte. Er trug ein langes Gewand und Mantel im Stile seiner Onkel; jetzt warf er einen neidischen Blick auf Ephraims eleganten ägyptischen Kurzrock. Jeder Zentimeter ein Ägypter, sah Ephraim selbst unter seiner schweren Perücke kühl aus.

Vor einer großen Felsnase an einem kahlen braunen Kamm hielt die Prozession an. Ein halbes Dutzend Klippdachse stoben kreischend davon, als Simeons Schatten auf das Geröll vor dem Felsen fiel. Ruben, Simeon und Levi gingen ohne ein Wort auf die Bergwand zu und rammten einen schweren Holzbalken unter einen großen Felsblock. Sie schoben einen kleineren Stein als Hebelachse unter den Balken, dann drückten sie den Balken mit aller Kraft nach unten. Ein Augenblick, und der Felsblock setzte sich knirschend und kratzend in Bewegung und rollte zur Seite.

Ein kurzer übelriechender Luftschwall fuhr über den Boden. Manasse sah mit zusammengekniffenen Augen zu der Öffnung im Fels hin. Halb hatte er Angst vor dem, was er in ihr sehen würde. Die Hebräer balsamierten ihre Toten nicht ein, und der Gedanke, jetzt womöglich einen halbverwesten Leichnam zu Gesicht zu bekommen, gefiel Manasse überhaupt nicht. Abraham und Sara lagen hier, und Isaak und Rebekka und Lea. Hatte die trockene Wüstenluft sie konserviert? Oder hatte der Tod sie langsam zerfallen lassen?

Er war erleichtert, als er merkte, daß er die Antwort auf seine Fragen nicht entdecken würde. Joseph und Benjamin, die Söhne Rahels, hoben den Deckel des Sarkophags ab, dann öffneten sie den darin liegenden hölzernen Sarg und hoben vorsichtig Israels Mumie heraus. Während die anderen schweigend zuschauten, trugen die beiden den Leichnam ihres Vaters in das Felsengrab und betteten ihn dort zur Ruhe. Zum Schluß öffnete Juda auch die Lade mit den Kanopengefäßen und übergab diese an Dan, Naftali, Asser und Sebulon, die sie darauf in das Grab stellten.

Den teuren Granitsarkophag und die kunstvolle Lade für die Kanopengefäße ließen sie vor der Grabhöhle stehen. Sie waren zu schwer, um sie in die Höhle zu senken, und von wenig Bedeutung für die Hebräer. Für einen Ägypter war es undenkbar, das Jenseits zu betreten, ohne hinreichend für den Schutz seiner sterblichen Überreste und seine Versorgung in der Welt der Geister gesorgt zu haben. Aber Manasse wußte, daß sein Vater nicht an die ägyptischen Jenseitsvorstellungen glaubte. Er hatte den Priestern die zeremonielle Mumifizierung erlaubt, um den Leichnam für die Reise zu konservieren, aber begraben werden würde Jakob nach der Tradition der Hebräer.

Als Joseph und Benjamin wieder aus der Höhle heraustraten, ihre Gesichter von Gram und Müdigkeit zerfurcht, bugsierten Levi, Simeon und Ruben den Verschlußstein wieder zurück, bis er wieder seine ursprüngliche Position hatte. Dann sahen sie Joseph an, Erwartung in ihren Gesichtern.

Joseph atmete heftig ein und brach die Stille. »Ich liebe dich, Gott, meine Stärke«, sagte er, während er die Hände zum Himmel hochhob. Seine Worte echoten zwischen den Felsen wie eine Stimme aus einem leeren Grab. »Gott Shaddai ist mein Fels, meine Burg und mein Erlöser. Er ist mein Gott, zu dem ich fliehe, mein Schild und Horn meines Heils, meine feste Burg. El Shaddai rufe ich an – gepriesen sei sein Name –, und er errettet mich von meinen Feinden. Ob auch die Stricke des Todes mich umgeben und die Fluten der Gottlosigkeit mich erschrecken, die Stricke des Scheol um mich sind und Gruben des Todes vor mir, will ich rufen zu Gott Shaddai in meiner Not, und er wird hören das Schreien meiner Stimme, bevor mein Mund sich öffnet.«

Die düsteren Gesichter der Onkel schienen heller zu werden unter Josephs Worten. Sie atmeten leichter. Sie hatten ihre Pflicht erfüllt, ihr Vater ruhte in seinem Grab. Die Tage Jakobs, sie waren vorbei. Jetzt waren sie die Väter, und sie waren bereit.

»Gott Shaddai hat seine Hilfe gesandt aus der Höhe«, fuhr Joseph fort. »Er zog mich aus der Grube heraus. Er erlöste mich von meinem mächtigen Feind und von denen, die mich haßten. Sie traten vor mich am Tage meines Unglücks, aber Gott Shaddai war mein Schutz und mein Halt. Er errettete mich, denn er hatte Gefallen an mir.«

Manasses Gefühle wirbelten und drehten sich wie die Dschungel-Lianen, die der Nil mit sich führte, als er an seinem Vater vorbei in seine eigenen Gedanken starrte.

Gott Shaddai hatte einen Bund geschlossen mit einem Mann, Abraham, um alle Völker der Erde zu segnen.

Gott Shaddai hatte seinen Vater aus der Gefängnisgrube herausgezogen, um Abrahams Samen zu bewahren.

Gott Shaddai herrschte nicht nur über die Wege der Nationen, er streckte seine helfende, tröstende Hand auch der bedürftigen Seele des einzelnen entgegen. Der Gott der vielen war auch der Gott des einen.

»Du hast mich errettet von dem Hader der Menschen, du hast mich zum Haupt der Völker gesetzt.« Manasse hörte die Stimme seines Vaters wie von weit weg. »Ein Volk, das ich nicht kannte, dient mir. Sobald sie hören, gehorchen sie; Fremdlinge sind mir untertan.«

Eine tiefe Stille hatte sich über die Versammlung vor dem Grab gelegt. Manasse konnte nichts hören als den monotonen Takt der Stimme seines Vaters und das Pochen seines eigenen Herzens. Seine Hände preßten sich zusammen, daß die Muskeln seiner Unterarme hart wurden unter den Ärmeln seines Gewandes. Seine Gedanken schienen plötzlich Höhen zu erklimmen, die er noch nie gekannt hatte, hinauf in eine neue, reinere Luft. Er schaute zum Himmel empor, als müßte er gleich vor seinen Augen aufreißen.

Neue Einsichten füllten seinen Kopf. Die Geschichte seiner Vorväter fügte sich nahtlos zu einem Muster zusammen. Es war die ganze Zeit dagewesen, das Muster, aber zu nah vor seiner Nase, als daß er es hätte sehen können. Die Alten, die hier begraben lagen, sie hatten die Stimme El Shaddais gehört und ihr gehorcht. Sie hatten alles verlassen, hatten sich nicht beirren lassen von all denen um sie herum, die die Kräfte der Natur anbeteten, und hatten den Ur-Gott, den Schöpfer Himmels und der Erde, gesucht und waren ihm gefolgt.

»Gott Shaddai lebt«, fuhr sein Vater fort. »Gesegnet sei mein Fels und erhöht der Gott meines Heils, der Gott, der mir Völker untertan macht und mich errettet von meinen Feinden. Darum will ich dir danken unter den Völkern, Gott Shaddai, und rühmen deinen Namen.«

Und plötzlich, in einem atemlosen Blitz der Erkenntnis, sah Manasse, wie das große Panorama der menschlichen Geschichte ja das Werk des Willens des Allmächtigen offenbarte. Zum ersten Mal begriff er den Zusammenhang zwischen der so oft gehörten Geschichte der wunderbaren Erhöhung seines Vaters und dem Gott, den sein Großvater angebetet hatte. Der Gott, der Joseph im Schwarzen Land gesegnet hatte, war derselbe Gott, der ihn aus Kanaan geführt hatte! Gott Shaddais göttlicher Wille war die Triebkraft gewesen hinter dem Neid der Brüder, der Joseph aus dem Lager Jakobs weggeführt hatte! Gott Shaddai war unendlich komplexer als die eindimensionalen ägyptischen Götter. Er war der, der alles zusammenhielt, der Vergangenheit und Gegenwart verband, der die Sehnsüchte des wunden Menschenherzens stillte und selbst durch die widrigsten Umstände hindurch seinen Willen ausführte.

Seit Generationen suchte El Shaddai Menschen, die bereit waren, an ihn zu glauben und ihm zu folgen, und nur wenige hatten diesen göttliche Ruf in die totale Hingabe befolgt. Abraham und Isaak, Jakob und Joseph. Sicher auch Simeon, wenn man nach dem ehrfurchtsvollen Blick auf seinem Gesicht gehen konnte, und Juda. Aber viele der anderen waren dem Ruf nicht gefolgt, auch Ephraim nicht. Und Manasse merkte, wie ja er selber bis zu diesem Augenblick auch nicht wirklich begriffen hatte, was Gott Shaddai von den Menschen erwartete.

Gehorsam. Totaler, aufopferungsvoller, blinder und doch sehender Gehorsam. In Goren-Atad hatte sein Vater ein anderes Wort dafür gebraucht: *Glaube*.

Die Brüder machten die Ochsen von dem Leichenschlitten, den sie am Grab stehen ließen, los, drehten sich um und gingen zurück zu dem Lager, das sie bei dem Terebinthenhain aufgeschlagen hatten. Ephraim ging mit gerunzelter Stirne. Dieses ganze Begräbnis, es hatte ihn geärgert und frustriert. Er war froh, daß die Ägypter nicht mit nach Mamre gegangen waren; sie hätten harte Worte gehabt für die pietätlose Art, in der die Kinder Israels ihren Vater behandelt hatten. Keine Schätze, keine Vorräte hatten den Leichnam in das Grab begleitet. Sie hatten es noch nicht einmal für nötig befunden, die majestätische Lade mit den Kanopengefäßen, das persönliche Geschenk des Pharao, in die primitive Höhle zu tragen. Kein Wunder, daß sein Vater die Statthalter des Pharao gebeten hatte, zurückzubleiben!

Sie hätten genausogut ein Loch ausheben und Jakob hineinwerfen können, wie einen Hund. Er kochte vor unterdrückter Wut und Demütigung. *Die einfachsten Edelmänner von Theben bekommen ein Begräbnis mit Klageweibern und allem Zeremoniell. Und was haben wir mit Jakob gemacht, dem Vater von zwölf Söhnen? Ihn in das Grab eines anderen gelegt, in seinen bloßen Grabkleidern. Sobald wir außer Sichtweite sind, werden irgendwelche kanaanitischen Grabräuber kommen, den Stein wegrollen und sich darüber amüsieren, wie wenig uns der Vater des edlen Wesirs von Ägypten wert war!*

Die Stimmung seiner Onkel hatte sich merklich gehoben. Die Söhne Israels gingen jetzt in Gruppen zu drei und vier und unterhielten sich zwanglos. Ephraim ging allein hinter seinem Vater. Er starrte Josephs Rücken mit brennend-vorwurfsvollen Augen an. Die Ägypter aus Theben, einschließlich des Pharao, würden betroffen und zornig sein, wenn sie erfuhren, daß die Schiffsladungen von Proviant nicht Jakob in sein Grab gefolgt waren, sondern zur Verköstigung des Leichenzuges gedient hatten. Sicher, Joseph glaubte nicht daran, daß die unsterbliche Seele Essen und Trinken benötigte, aber ein paar Traditionen mußte der Mensch doch wohl respektieren! Diese Begräbnissitten hatten Ägypten, dem größten, ruhmreichsten Reich der Erde, gutgetan, aber diese Hebräer schoben sie blind beiseite, lebten und starben nur mit dem Allernotwendigsten, hausten wie elende Hirten dort in Goschen, weigerten sich, ihre stinkenden, staubigen Zelte zu verlassen.

Ein Wildesel schaute mit forschenden Ohren von seinem Gras auf, starrte Ephraim einen Augenblick an, in seinem Maul ein paar harte Wüstengräser, dann drehte er sich um und trottete davon.

Ja, geh, dachte Ephraim. *Du bist ein Geschöpf der Wüste. Aber mein Volk ist es nicht.*

Er würde die anderen dazu bekommen, ihre Sitten zu ändern. Bis jetzt hatte ein gewisser Respekt vor Jakob Ephraims Zunge im Zaum gehalten, aber jetzt, wo Israel bei seinen Vätern ruhte, würden sie auf ihn hören, den Lieblingssohn des Lieblingssohnes. Die Sippenautorität lag zwar jetzt bei seinem Vater, aber Josephs Pflichten am Hof des Pharao würden ihm wenig Zeit für die Hebräer in Goschen lassen. Gut. Ephraim würde mit ihrer Erziehung beginnen. Er würde ihnen Nachhilfeunterricht geben in der Herrlichkeit Ägyptens, in den Gesetzen der Macht und wie sie es schaffen konnten, mitzureden in der ägyptischen Gesellschaft.

Er leckte über seine Unterlippe, und der Gedanke an den kommenden Sieg ließ seinen Zorn abklingen.

Neun

Die Söhne Israels verbrachten die Nacht in dem Lager am Hain von Mamre. Ein stetiger Wind blies von den Bergen herunter und drückte die erstickende Hitze zu der Steppe im Westen hin. Manasse breitete seinen Mantel auf dem Boden vor der alten Terebinthe aus. Er schlief lieber hier unter dem Dach der Zweige und des endlosen Sternenhimmels als in einem der staubigen Zelte.

Doch der Schlaf wollte nicht kommen. Er lag eine Zeitlang still da, die Finger über der Brust verschränkt, sein Kopf ein Karussell von Gedanken über die Ereignisse dieses Tages. Über ihm tauchte der Mond die Gegend in sein helles Bad, und um ihn herum erklang das unregelmäßige Schnarchen seiner erschöpften Onkel und Verwandten.

Er stützte sich auf seinen Ellbogen hoch und setzte sich auf. Nicht weit entfernt schlief Ephraim, ruhig und friedlich, und bei der Feuerstelle lag Jokim, das Gesicht rotgolden im Licht der glühenden Asche. Manasse sehnte sich danach, mit jemandem zu reden, sein so bewegendes Erleben an dem Grab mit dem eines anderen zu vergleichen, aber sie schienen alle so tief zu schlafen wie Jakob in seiner Höhle.

Er schaute zu dem Zelt seines Vaters hinüber. Tarik würde es vielleicht verstehen, wenn Manasse ihn mitten in der Nacht aufweckte, aber Joseph – nein, Joseph nicht. Er mußte todmüde sein. Solange Manasse sich zurückerinnern konnte, hatte sein Vater ihn aus erschöpften Augen angelächelt. Heute abend, als Joseph in sein Zelt geschlüpft war, hatte er kurz sein abgespanntes Gesicht gesehen. Die

Müdigkeit hatte tiefe Taschen unter Josephs Augen gegraben, und er hatte seinen Brüdern mit einer Mischung aus Würde und Erschöpfung eine gute Nacht gewünscht.

Nein, sein Vater hätte nicht den Nerv, sich Manasses Auslassungen über die Geheimnisse Gott Shaddais anzuhören. Nicht heute abend.

Er legte sich zurück auf seinen Mantel, die Augen voller ruheloser Müdigkeit, bis er endlich in den weichen Nebel des Schlafs hineinglitt. Dann – war es einen Augenblick oder ein paar Stunden später? – kam der Traum. Er ging am Nil spazieren, Jendayi an seiner Seite. Der Himmel wölbte sich makellos blau, das sommerlich graugrüne Wasser des Stromes floß glatt wie ein Spiegel durch die windlose Stille. Von einem Gehölz am Ufer kam Vogelgesang, und Jendayis tiefe graue Augen senkten sich in die seinen und sprachen von Liebe.

Er hakte ihre Hand in seinen Arm, und er spürte, wie sein Herz überfloß. In seinem ganzen Leben hatte er nicht solch einen bodenlosen, alles erfüllenden Frieden gespürt. So mußte das Leben sein, und so würde das seine werden, wenn Gott Shaddai seine Gebete erhörte ...

Manasses Gedanken mußten den Allmächtigen herbeigerufen haben, denn plötzlich wurde die Sonne heller und begann wie ein Raubvogel herabzuschießen. Manasse warf seine Hände hoch, um sich vor dem gleißenden Licht zu schützen; der Schweiß floß in kleinen Strömen seinen Rücken und seine Arme hinab.

Die Stille des Traumes zerriß, und durch das Brausen des Blutes in seinen Ohren hindurch hörte Manasse die Stimme des Gottes seines Vaters: »Verflucht ist der Mann, der sich auf Menschen verläßt und Fleisch zu seiner Stärke macht«, flüsterte die Stimme, überraschend sanft und weich, »dessen Herz sich abwendet von dem Herrn. Er wird sein wie ein Strauch in der Wüste. Er wird kein Wohlergehen sehen, sondern in Sand und Steinen der Wüste wird er leben, in einem salzigen Land, wo niemand wohnt.«

Manasse erstarrte, als sei er mit dem Flußufer verwachsen. Sprach der Allmächtige Gott wirklich zu *ihm*? Oder war dieser Traum nur ein Echo der großen Ereignisse des vergangenen Tages?

»Gesegnet ist der Mann, der sich auf Gott Shaddai verläßt«, fuhr die Stimme fort. »Er ist wie ein Baum, der am Wasser gepflanzt ist und seine Wurzeln zum Bach hinstreckt. Er fürchtet sich nicht, wenn die Hitze kommt, und seine Blätter sind grün. Ein dürres Jahr läßt ihn nicht verzagen, und er hört nicht auf, seine Frucht zu bringen.«

Der blaue Himmel über dem gleißenden Ball wurde dunkler. Ein drängender Klang kam in die übernatürliche Stimme. »Rede, Sohn Josephs, zu den Söhnen Israels. Sprich zu ihnen: ›Wenn ihr über den Jordan in das Land der Kanaaniter zieht, werdet ihr alle Bewohner des Landes vor euch hinaustreiben. Ihr werdet alle ihre steinernen Götzenbilder und gegossenen Bilder zerschmettern und alle ihre Opferhöhen zerstören. Ihr werdet das Land in Besitz nehmen und in ihm wohnen, denn euch habe ich es zum Besitz gegeben.‹«

»Kanaan?« fragte Manasse in einem erstickten Flüstern. »Sollen wir Kanaan jetzt in Besitz nehmen?«

Er schielte auf die Hand vor seinen Augen. Sie war echt und fest, dies war also keine Vision. Als er seinen Blick wieder hob, wurde die Traumwelt um ihn schwarz. Der Feuerball und der Strom waren fort, auch Jendayi. Er lag auf der harten Erde des Hains, und über ihm ragte der alte Abrahamsbaum, ein Scherenschnitt vor dem endlosen Sternenhimmel.

Aber die Stimme war noch da. »Ich habe euch das Land gegeben. Geht hin und nehmt es in Besitz.«

Manasses Atem ging flach und hastig. Er wartete darauf, daß der Schlag seines Herzens wieder regelmäßiger wurde. Falls er geschlafen hatte, war er jetzt jedenfalls wach, und er hatte die Stimme in der Dunkelheit des Haines genauso deutlich gehört wie in seinem Traum von Jendayi.

Als er einigermaßen sicher war, daß ihm seine eigene Stimme nicht versagen würde, setzte er sich auf und kroch zu Ephraim hin.

Er schüttelte Ephraims Schulter. »Bruder«, flüsterte er, »hast du es eben auch gehört?«

»Was?« Ephraim fuhr sich mit der Hand über die Augen und zwang sich, wach zu werden. Sein Gesicht verspannte sich, als er den Ausdruck in Manasses Augen sah. »Sind wir in Gefahr? Sollen wir die anderen wecken?«

»Nein.« Ein ungeheurer Jubel füllte Manasses Brust. Er hockte sich auf den Boden und sah zu dem Nachthimmel hoch. Man hörte nur das Flüstern der Blätter der Tamarinden und Terebinthen. »Ich habe einen Traum gehabt, aber als ich aufwachte, war die Stimme aus dem Traum immer noch da. Hast du ...« Er holte tief Luft und zwang sich, ruhiger zu werden. »Hast du sie auch gehört?«

Ephraim runzelte wütend die Stirn. »Hast du mich geweckt, bloß weil du was *geträumt* hast?«

»Es war mehr als ein Traum. Es war eher – ja, wie die Vision, in der Jakob die Himmelsleiter sah.«

»Eine Vision? Du spinnst, Manasse, jetzt bist du völlig verrückt!«

»Psst.« Manasse schielte über seine Schulter. Die anderen schliefen zum Glück weiter.

Ephraims Miene wurde noch finsterer. »Leg dich wieder hin und vergiß diese ... *Vision.*« Ein warnender Unterton schwang in seiner Stimme. »Die Geschichten unserer Onkel haben wohl deine Phantasie angeregt. Wenn du den anderen etwas sagst, werden sie dich nur auslachen.«

»Aber El Shaddai hat zu mir gesprochen! Ich habe ihn gehört!«

»Und warum sollte Gott zu dir sprechen?«

»Ich weiß nicht.« Manasse legte die Arme übereinander und schaute weg von Ephraims anklagendem Blick. Warum wollte sein Bruder ihm nicht glauben? Denn obgleich Gott Shaddai Joseph, Juda, Ruben, Simeon oder sonst einen von den anderen hätte wählen können, hatte er zu Manasse gesprochen.

Es war falsch gewesen, Ephraim zu wecken.

»Ich weiß nicht, warum er zu mir gesprochen hat«, flüsterte Manasse endlich. Das Zittern in seiner Stimme ärgerte ihn. »Aber ich habe ihn gehört, das weiß ich genau.«

»Schön.« Ephraim ließ sich kopfschüttelnd zurück auf seinen Mantel sinken. »Dann kannst du ja jetzt auch eine Geschichte erzählen, wenn die Söhne Israels sich das nächste Mal um ihr Lagerfeuer versammeln. Das wolltest du ja immer.«

Manasse öffnete seinen Mund, um zu protestieren, aber Ephraim hatte bereits wieder die Augen geschlossen, ein deutliches Zeichen, daß er nicht mehr zuhören würde.

Am nächsten Morgen, als die Söhne Israels ihre Sachen packten, um zu den Ägyptern in Goren-Atad zurückzukehren, trat Manasse in die

Mitte des Lagers und hob seine Hände. »Söhne Israels, Onkel und Vettern«, sagte er, eine ruhige, aber dringende Festigkeit in der Stimme. »In der vergangenen Nacht hat die Stimme El Shaddais zu mir in einem Traum gesprochen.«

Der Lärm des Lagers hörte abrupt auf. Die Stille breitete sich wie Kreise im Wasser um ihn herum aus, beginnend mit denen, die am nächsten zu ihm standen, dann immer weiter, bis hin zu den Dienern, die dabei waren, die Esel zu beladen.

Niemand sagte etwas, auch nicht sein Vater. Manasse machte es Mut. Er zog seine Schultern zurück und fuhr dort: »El Shaddai sprach zu mir und sagte ...«

»Der Allmächtige Gott hat zu *dir* gesprochen?« unterbrach ihn Ruben. Der alte Mann trat aus der Gruppe seiner Söhne vor, zwei Schritte auf Manasse zu, das Gesicht wohlwollend neugierig. »Warum sollte El Shaddai zu dir reden?«

Es war klar, was Ruben meinte. Wenn Gott eine Botschaft für sie hatte, warum richtete er sie nicht an einen der älteren Männer?

»Ich weiß nicht, warum er mich gewählt hat.« Manasses Kinn ging nach oben. »Aber ich bin ganz sicher.«

»Was sagt Josephs Sohn da?« Dan, den die Jahre schwerhörig gemacht hatten, rief es in die Stille hinein. »Was sagt der Junge uns?«

Ein Stimmengewirr brach los. »Was ist das für ein verrücktes Zeug?« fragte Gad. »Joseph, was ist mit deinem Sohn?« Die letzte Frage kam von Issachar.

Ephraim trat vor, die Arme stramm über der Brust gefaltet. »Bruder, ich hatte dir doch gesagt, du solltest niemandem was davon sagen!«

Manasses Atem wurde schneller, sein Gesicht wurde heiß und dunkelrot. Verwirrung, Demütigung. Er kreuzte seine Arme und sah zur Seite.

Der Lärm legte sich, als sein Vater durch die Menge kam, prächtig in seinem Wesirsgewand und mit dem Gold des Preises des Pharao um seinen Hals. Als er näherkam, verlangsamte er seinen Schritt und sah Manasse an, eine merkwürdige Intensität in seinem Blick. »Sage mir, Sohn,« – seine Augenlider zuckten interessiert – »was hat El Shaddai zu dir gesagt?«

Die Frage ließ die Zweifler verstummen.

Manasse, von der unerwarteten Hilfe, die ihm sein Vater anzubieten schien, ebenso überrascht wie von der plötzlichen Stille, zögerte. »Gott Shaddai ...« Sein Atem wollte stocken. »Gott Shaddai sagte, daß wir in das Land Kanaan ziehen und es in Besitz nehmen sollen.«

Eine neue, unerwartete Wärme schoß durch Manasse, als er die Botschaft verkündete. Er hob sein Kinn, gepackt von der Erregung, die durch seine Seele fuhr.

Aber die Söhne Israels begannen zu lachen.

»Kanaan in Besitz nehmen?« Simeon sah Manasse mit amüsiertem Erstaunen an. »Womit denn? Wir haben keine Armee!«

»Wir haben zwei Abteilungen ägyptische Streitwagen und eine Kompanie Soldaten in Goren-Atad«, sage Manasse. Er machte einen abrupten Schritt auf Simeon zu. »Die Kanaaniter haben Angst vor uns. Wenn wir jetzt handeln, werden sie uns keinen Widerstand entgegensetzen.«

»Und was ist mit unseren Herden und den Kindern in Ägypten?« sagte Schela, gutmütig grinsend. »Sollen wir die etwa dortlassen? Meine Schwiegermutter laß' ich ja gerne zurück, aber meine Frau und die sechs Kinder, da hört der Spaß auf.«

»Ganz zu schweigen von deinen schönen Viehherden«, versetzte Dan. »Was würdest du am wenigsten missen wollen, Juda, deine Frau oder deine Kühe?«

Manasse breitete seine Hände aus. »Wir können die ägyptischen Soldaten nach Goschen schicken. Sie werden die, die noch dort sind, hierher geleiten. Der Kronprinz könnte unser Botschafter sein und dem Pharao alles erklären. Der König versteht es bestimmt, wenn wir ihm sagen, daß unser Gott zu uns gesprochen hat.«

»Das glaube ich nicht.« Josephs Blick war jetzt offen amüsiert. »Du kennst den Pharao nicht, Sohn. Man schickt dem König nicht einfach eine Nachricht und erwartet, daß er ja und amen sagt.«

Ephraim trat theatralisch näher, ein Grinsen auf seinem Gesicht. »Du überraschst mich, Bruder.« Er senkte seine Stimme so, daß nur Manasse ihn hören konnte. »Und was wird aus deiner kleinen Harfenistin, die du so innig liebst? Wenn du denkst, du kannst sie hier in Kanaan behalten, bist du schief gewickelt. Sie ist das Eigentum des Pharao.« Er schüttelte den Kopf. »Du wirst nicht mehr lange leben, wenn du diesen Unfug nicht sein läßt.«

Manasse runzelte die Stirn und verstummte. An Jendayi hatte er gar nicht gedacht. Weil sie in seinem Traum vorgekommen war, hatte er angenommen, daß sie für immer bei ihm sein würde. Aber wie sollte er ihre Freiheit erwirken, wenn er in Kanaan blieb? Oder erwartete Gott etwa von ihm, daß er sie zurück nach Ägypten schickte? Aber wie konnte ein liebender Gott solch ein Opfer von ihm verlangen?

Verwirrung, Unsicherheit. Sein Kopf wollte sich drehen. Hatte er sich den Traum und die Stimme vielleicht nur eingebildet? Der gestrige Tag war ja lang und anstrengend gewesen, sein Herz von Trauer zerrissen, sein Körper völlig erschöpft. Vielleicht hatte sich seine Sehnsucht nach Jendayi in eine Sehnsucht nach El Shaddai verwandelt und sein Wunsch, zu den Wurzeln seiner Vorväter zurückzukehren, in den Wunsch, in das Land der Verheißung zu ziehen?

Seine Verwandten lachten jetzt offen. Schon fuhren die ersten wieder mit ihrem Packen fort. »Aber er hat gesagt, daß wir das Land in Besitz nehmen sollen«, murmelte Manasse. Er drehte sich um und sah, daß sein Vater ihn musterte. Die Stirn des Wesirs war besorgt gefaltet, auf seinen Lippen war ein vorsichtiges Lächeln.

»Ist schon gut, Vater«, rief Ephraim, auf Joseph zutretend. Er warf ihm ein entwaffnendes Lächeln zu. »Manasse hat immer schon Alpträume gehabt. Frag Ani oder Tarik, wie oft er sie mit seinem Geschrei aufgeweckt hat.«

»Da war ich ein Kind.« Manasse funkelte seinen Bruder an. »Jetzt habe ich keine Alpträume mehr.«

Ephraim tat, als habe er ihn nicht gehört. »Erst letzte Nacht hat er *mich* geweckt.« Seine Hand machte eine beruhigende Geste. »Aber das gibt sich wieder, keine Sorge.«

Joseph sah Manasse mit zur Seite gelegtem Kopf noch einen Moment an, dann nickte er Ephraim zu. »Die Trauer liegt schwer auf unseren Herzen«, sagte er, während sein Blick zu Manasse zurückfuhr. »Aber bald werden wir wieder zu Hause sein, in unserem vertrauten Alltag.«

»Ja, darauf freuen wir uns schon alle, Vater.« Ephraim warf einen letzten Schulterblick auf Manasse. »Zu Hause werden wir uns alle wieder besser fühlen.«

Joseph drehte sich erleichtert lächelnd um, um zu seinem Wagen zu gehen. Ephraim wartete, bis er fort war, dann drehte er sich wütend zu Manasse um und zog irritiert an seiner Perücke. Eine warnende Wolke trat auf sein Gesicht. »Sag so was nie wieder.« Seine Augen wurden anklagend weit. »Sie werden nicht auf dich hören. Sie werden dich nur auslachen, und unseren Vater dazu. Ganz Ägypten wird sich den Bauch halten vor Lachen! Willst du das etwa? Willst du Schande über das Haus Zafenat-Paneachs bringen?«

In Manasses Seele brodelte es, aber er senkte seine Augen vor dem bohrenden Blick seines Bruders. »Nein«, stieß er schließlich hervor.

»Dann schweige«, murmelte Ephraim, während er wegstolzierte. »Sag keiner Seele mehr was. Vergiß, was du da gehört hast, denn du hast gar nichts gehört.«

Jokim fuhr sich mit der Hand über seinen Nacken. Er zuckte zusammen, als seine Fingernägel über die sonnenverbrannte Haut kratzten. Als er gestern dem Leichenschlitten gefolgt war, hatte er sein langes Haar mit einem Lederriemen zusammengebunden, und jetzt war das Fleisch halbwund. Er zog das Lederband aus seinem Haar. Besser das Jucken des Haares im Nacken als der kratzende Kragen seines groben Gewandes.

Seit einem halben Tag waren sie unterwegs, und Jokim hatte sich für sich gehalten. Auf dem Hinweg nach Mamre war er mit Ephraim gegangen, aber jetzt ging Josephs jüngerer Sohn steif hinter dem Wagen des Wesirs, auf gebührendem Abstand zu seinem Bruder. Ein Schatten der Peinlichkeit schien über den beiden jungen Männern zu hängen. Manasse hatte sich offensichtlich noch nicht von dem Proteststurm erholt, der auf seinen bizarren Vorschlag gefolgt war, und Ephraim schien sich für seinen Bruder zu schämen. Und da Jokim die beiden nicht gut genug kannte, um sich in solch einer geladenen Atmosphäre einzumischen, ließ er sie in Ruhe und ging mit seiner eigenen Familie.

Dann hörte er, wie sein Vater und Großvater sich unterhielten. Er beschleunigte seinen Schritt, bis er neben ihren Eseln ging.

»Aber vielleicht hat Manasse recht«, sagte Schela gerade. Er zuckte die Schultern. »Vielleicht sollten wir uns wirklich überlegen, ob wir nicht nach Kanaan zurückgehen sollen. Schließlich sind wir doch nur wegen der Hungersnot in das Schwarze Land gezogen, und die ist lange vorbei.«

»Aber Joseph ist in Ägypten.« Juda runzelte die Stirn. »Und nach dem Unrecht, das wir ihm angetan haben ...«

»Ja, das ist ja das nächste«, antwortete Schela, seine Stimme rauh-besorgt. »Solange Israel lebte, hätte Joseph es nicht gewagt, seine rächende Hand gegen dich oder deine Brüder zu erheben. Aber was, wenn er es jetzt tut? Die Trauer in seinem Herzen könnte leicht zu Wut werden.«

»Am Grab«, murmelte Juda, sich über seinen Bart streichend, »hat er etwas davon gesagt, daß Gott ihn von denen errettet hat, die ihn haßten.«

»Damit hat er dich und die anderen gemeint.« Schela zermalmte die Worte zwischen seinen Zähnen. »Ihr habt ihm doch den ›Tag des Unglücks‹ beschert, das hat er nicht vergessen, noch nicht einmal am Grab seines Vaters!« Er drehte sich näher zu Juda und wurde leiser. »Woher willst du wissen, Vater, daß er euch nicht alle haßt? Wer garantiert uns, daß er, wenn wir wieder in Ägypten sind, wo er die rechte Hand des Pharao ist, nicht seine Macht gegen uns ausspielt? Er hat euch um Israels willen in das Schwarze Land geholt, aber was, wenn er euch jetzt vernichtet, um seinen Rachedurst zu stillen?«

Judas Brauen zogen sich unwillkürlich zusammen. »Meinst du also, wir sollen fliehen? Zurück nach Kanaan?«

»Ich meine nur, daß wir darüber nachdenken sollten, in das Land unserer Väter zurückzukehren«, erwiderte Schela, sein Blick gequält-nachsichtig. »Laß es nicht zu, daß ein paar von deinen Brüdern für uns alle entscheiden. Die Söhne Israels sind jetzt mehr als zwölf. Wir sind über dreihundert. Deine Söhne und Enkel haben auch ein Recht, gehört zu werden. Du willst doch nicht, daß sie und ihre Familien für das Böse sterben, das du und die anderen vor so langer Zeit getan haben.«

Judas markantes Gesicht runzelte sich noch mehr. »Wir werden sehen«, murmelte er. Er sah nach vorne, zu den anderen in der Karawane. »Wir reden mit den anderen, und dann sehen wir weiter.«

»Wie kannst du da sitzen und den ganzen Tag dieselbe Melodie spielen? Du machst mich noch verrückt, ich hab solche Langeweile!«

Jendayi hörte auf zu spielen und drehte sich in die Richtung, aus der Kesis Stimme kam. Den ganzen Morgen schon marschierte ihre Magd hin und her durch das Zelt in dem Lager der Ägypter, und nur die äußerste Konzentration auf ihre Musik machte es Jendayi möglich, das nervende Schlurfgeräusch auszublenden.

»Wenn dir langweilig ist, dann such dir doch eine Beschäftigung«, antwortete sie, während ihre Finger sich auf die Saiten ihrer Harfe preßten.

»Was für eine Beschäftigung denn? Ich habe dir zu dienen, das ist alles.«

Jendayi biß sich in ihre Wange. Einen Augenblick wünschte sie sich wieder, keine Magd zu brauchen. Manchmal war Kesi mehr Last als Hilfe, besonders wenn sie so ruhelos war. Aber Jendayi hatte sie hinter sich gelassen, die rebellische Phase, wo sie ihre Blindheit zu leugnen versucht und so getan hatte, als ob sie nicht anders war als die anderen auch. Sie *war* ja blind, sie brauchte Hilfe, daran war nicht zu rütteln.

Sie warf einen Vorschlag über ihre Schulter. »Wie wäre es, wenn du einem von den anderen Dienern hilfst?«

»Bah! Ich bin doch keine Küchensklavin!«

»Wie wäre es mit einer der anderen Musikerinnen? Akil kann dir bestimmt etwas zu arbeiten geben.«

»Wir können nichts machen außer warten, Jendayi, und diese Hebräer brauchen eine Ewigkeit, um den alten Mann zu begraben.« Kesis Stimme wurde eine Spur neckend. »Aber ich habe gedacht, ich könnte mich mal unter den hebräischen Frauen umhorchen, ob es nicht was Interessantes über deinen Freund, den Wesirssohn, zu erfahren gibt.«

Eine plötzliche Angst schoß durch Jendayi, wie die Zähne Ammits. »Du hast doch niemand etwas gesagt? Sie dürfen das nicht erfahren, du kannst nicht ...«

»Ich habe nichts gesagt«, unterbrach Kesi sie beruhigend. »Hab keine Angst, Jendayi, ich weiß das doch alles. Ich will mich nur ein bißchen über den Sohn des Wesirs umhören, ohne eine Silbe über dich zu sagen. Aber die Hebräerinnen sind alle mit zu dem Grab gezogen, nur ein paar Sklavinnen sind hiergeblieben.«

Jendayi holte tief Luft. Ihr Herz kehrte zu seinem normalen Tempo zurück. Sie war gerade so nervös und überspannt wie Kesi. Vielleicht würde ein Spaziergang ihnen beiden guttun. Sie legte die Harfe hin und stand auf, sorgfältig die Falten ihres Leinenkleides glattstreichend. »Laß uns nach draußen gehen. Die Luft am Fluß wird uns guttun.«

»Prima!« Kesis Hand schloß sich fast grob um Jendayis Oberarm. »Am Flußufer stehen ein paar hübsche Soldaten Wache, die hab ich immer schon aus der Nähe sehen wollen«, kicherte sie.

Jendayi zog seufzend den Schleier, der um ihre Schultern lag, über ihren Kopf. Etwas Schutz gegen die Hitze draußen brauchte sie. »Also los, führe mich«, sagte sie.

Sie gingen aus dem Zelt. Kesi füllte die Luft mit einer Klagelitanei über die Langeweile der Reise, die Tristheit der Landschaft und die Ungehobeltheit der Soldaten, die sie so rein gar nicht beachteten.

Jendayi versuchte, nicht auf ihr Jammern zu hören und sich statt dessen auf die Gerüche und Geräusche um sie herum zu konzentrieren. Die Sonne drang warm durch ihren dünnen Schleier, die Luft war erstaunlich mild und wohltuend. Es war die Jahreszeit des *Proyet*, des Wiederauftauchens des Landes nach der Nilüberschwemmung. Bald würde die trockene Hitze des Sommers beginnen. Aber bis zum Sommer würde sie vielleicht schon einem anderen Herrn gehören. Wenn alles gutging, wäre sie dann eine Sklavin in Ephraims Haus – wenn er sie wirklich liebte, vielleicht sogar seine Konkubine.

Seit dem Abend, als sie erfahren hatte, daß Zafenat-Paneachs Sohn den Pharao um sie bitten wollte, kreisten tausend Fragen durch ihren Kopf. Was für ein Mann war dieser Ephraim? Sie hatte gehört, daß er schön und stattlich aussah, aber was bedeuteten diese Worte? Sie war sich noch nicht einmal sicher, daß sie seine Stimme wiedererkennen würde, denn obwohl sie ihn im Gespräch mit anderen gehört hatte, hatte er seit jenem Tag im Garten des Wesirspalastes nie mehr direkt zu ihr gesprochen. Ob er immer noch so kühn war wie damals? Sie hoffte es, denn ein Mann, der es wagte, vor den Pharao zu treten und um eine seiner Sklavinnen zu bitten, mußte so mutig wie ein Löwe sein. Sie spürte, wie ihre Wangen sich röteten, als ihre Gedanken weitergingen. Ob er sie immer noch schön fand?

»Herrin.« Ein helles Lachen klang in Kesis Stimme. »Gerade denkst du an ihn! Ich sehe es auf deinem Gesicht.«

Jendayi öffnete den Mund, um zu protestieren, aber es hatte wohl keinen Zweck, zu lügen. Kesi kannte sie zu gut. »Natürlich denke ich an ihn!« Sie hob ihre Schulter. »Du redest ja dauernd von irgendwelchen Männern; warum soll ich da nicht an den denken, der geschworen hat, den Pharao um mich zu bitten?«

»Ich hoffe nur, daß seine Weisheit genauso groß ist wie sein Mut.« Kesis Schritt verlangsamte sich. »Ich weiß nicht, wie er darauf kommt, daß der Pharao ihm seine Bitte gewähren wird. Du warst ja ein Geschenk des Wesirs an den Pharao. Nur ein Narr kommt auf die Idee, ein Geschenk an den König zurückzufordern!«

»Der Pharao und der Wesir sind gute Freunde«, flüsterte Jendayi. Sie hoffte, daß ihre Worte stimmten. »Ephraim hätte nicht versprochen, ihn um mich zu bitten, wenn er nicht glauben würde, daß er es schaffen wird. Vielleicht sucht er schon eine andere Harfenspielerin für den Pharao. Und vielleicht setzt sein Vater seinen Einfluß ein. Aber wenn Ephraim es versprochen hat, dann wird es geschehen.«

Kesi antwortete nicht, sondern führte Jendayi weiter. Der weiche Sand dämpfte das Geräusch ihrer Schritte. »Seit sie gegangen sind, haben wir nichts mehr von den Hebräern gehört«, sagte Kesi unvermittelt. »Ich wußte, daß du selber nicht fragen würdest, und so habe ich jeden Tag Erkundigungen eingeholt. Die Wachen am Fluß haben Befehl, die Trompete zu blasen, sobald sie die Söhne Israels sehen. Die Diener des Wesirs sollen nämlich zur Feier seiner Rückkehr ein großes Festmahl richten, und je eher sie wissen, daß er kommt, um so besser.«

»Die Diener des Wesirs?« Jendayis Gedanken hielten abrupt an. »Ja, sind die etwa hier am Fluß geblieben?«

»Natürlich.« Kesi blieb stehen. »Sie sind ja keine Hebräer. Der Wesir hat sie angewiesen, hierzubleiben.«

»Dann gibt es hier ja vielleicht jemand, der etwas über ihn weiß.« Jendayis Hand ging an ihre Kehle, der unerwartete Lichtblick ließ ihre Gedanken springen. »Bisher habe ich es nicht gewagt, mich über ihn zu erkundigen, aber wenn wir vorsichtig sind, können die Diener des Wesirs mich vielleicht beruhigen.«

»Gute Idee!« lachte Kesi. »Und ich dachte allmählich schon, du bist aus Stein. Ein junger Mann schwört, um deine Hand anzuhalten, und du sagst nichts, fragst nichts, bist gerade so ruhig und gelassen, als ob er gesagt hätte, daß es Zeit zum Essen ist ...«

»Red nicht so viel.« Jendayi packte die Hand ihrer Magd fester. »Bring mich zum Zelt des Wesirs.«

»Mit dem größten Vergnügen.« Kesi begann, Jendayi mitzuziehen.

Sie gingen eine kurze Strecke. Jendayi folgte Kesi willig, vage in die Richtung von Stimmen nickend, die Grüße riefen. Sie lächelte, bis ihre Wangen sich steif anfühlten, und hob ihre Sandalen in kleinen, trippelnden Schritten, so wie ihr enganliegendes Kleid es zuließ.

»Hier ist das Lager des Wesirs.« Kesi drehte sich so rasch um, daß Jendayi stolperte und ihre Sandalen sich mit Sand füllten. »Fast alle seine Diener sind hiergeblieben, während die Söhne Israels zum Grab gezogen sind. Vielleicht kann einer deine Frage beantworten. Ich kann keine Männer sehen, nur eine Handvoll Frauen. Sollen wir reingehen und sie ansprechen?«

»Sehen sie vertrauenswürdig aus?« flüsterte Jendayi unsicher. »Ich will nicht, daß sie ihrem Herrn irgendwelchen Klatsch zutragen.«

»Die eine sieht alt, aber freundlich aus«, antwortete Kesi. »Die kann bestimmt ihren Mund halten. Aber keine Bange, Ephraims Versprechen erwähnen wir sowieso mit keiner Silbe.«

Jendayi, immer noch unsicher, wollte am liebsten wieder zurück, aber Kesi zog sie weiter. Das harmonische Gemurmel von Frauenstimmen verstummte, als die beiden in den kühlen Schatten eines Zeltes traten. Jendayi hatte den Eindruck, daß die plötzliche Stille vor Erwartung knisterte. Wenn nur die Unsterblichkeit nicht so wichtig gewesen wäre! Sie war bisher ganz gut ohne Liebe ausgekommen in diesem Leben, und sie konnte auch im Jenseits darauf verzichten. Aber die gierigen Zähne Ammits ...

Sie trat nach vorne. Trotz ihres Schleiers fühlte sie sich extrem gehemmt.

»Langes Leben und Friede sei Euch«, sagte Kesi zur Begrüßung. Sagte sie es zu der alten Frau?

Jendayi hob überrascht ihr Gesicht, als sie hörte, wie die Dienerin den Gruß in einem angenehmen, fließenden Tonfall erwiderte. Sie hatte die Stimme einer alten Hexe erwartet.

Kesi kam ohne Umschweife zur Sache. »Meine Herrin hier, die Harfenistin des Pharao, gehörte früher einmal zum Haus Zafenat-Paneachs. Sie war damals nur ein Kind, aber einmal konnte sie mit dem Sohn des Wesirs sprechen, und ...«

»Mit welchem Sohn?« unterbrach sie die Dienerin, ein neugieriger Funke in der Stimme. »Der Herr hat zwei feine Söhne, die beide ihren Vater zu dem Begräbnis begleitet haben.«

Jendayi nahm all ihren Mut zusammen. »Der Jüngere.«

»Ah, Ephraim.« Der Ton, in dem die Frau es sagte, war mild, ja lächelnd. »Ephraim, unser Charmeur. Der größte Überredungskünstler, den ich kenne.«

»Ihr sprecht, als ob Ihr ihn gut kennt«, sagte Jendayi.

»Das tue ich auch«, antwortete die Dienerin. »Ich kannte Ephraim und Manasse schon, als sie kleine Kinder waren. Ich war Küchensklavin im Haus des Wesirs, bis Zafenat-Paneach mir erlaubte, Tarik, den Hauptmann der Wache, zu heiraten.«

Ein subtiler Biß schob sich in die melodische Stimme der Frau. »Aber wie kommt es, daß sich eine Sklavin des Pharao für den jüngeren Sohn des Wesirs interessiert?«

Jendayi wurde es plötzlich kalt. Wie konnte sie ihr Interesse an Ephraim erklären, ohne ihr Geheimnis zu verraten?

Kesi rettete sie. »*Ich* wollte mich über ihn erkundigen«, sagte die Magd, ihre Stimme sicher und selbstbewußt. »Ich bin mein ganzes Leben schon im Haus des Pharao und konnte nicht glauben, daß ein Edelmann sich herabläßt, mit einer Sklavin zu reden. Aber Jendayi behauptet, daß das in Zafenat-Paneachs Haus anders ist. Sie sagt, daß dort Herren und Diener oft miteinander reden.«

»Das stimmt.« Der Argwohn in der Stimme der Frau war wieder verschwunden. »Im Haus des Wesirs geht es anders zu.«

»Und dieser Ephraim, der mit Jendayi gesprochen hat, ist er ein Mann seines Wortes?«

Kesi war entschieden zu forsch. Jendayi hatte Lust, ihr Einhalt zu gebieten, aber ihre Neugierde, was die Frau antworten würde, war stärker.

»Ephraim ist ein ehrenwerter junger Mann und schlägt seinem Vater nach«, antwortete die Dienerin. »Er ist der geborene Führer und kann besser mit Menschen umgehen als sein älterer Bruder. Er ist voller Energie und zieht die Menschen an wie der Honig die Bienen. Sein Name bedeutet ›doppelt fruchtbar‹. Manchmal frage ich mich, ob er nicht auch doppelt gesegnet ist, noch mehr als Manasse.«

Die Stimme der Frau wurde leiser und verschwörerisch-geheimnisvoll. »Es heißt, daß Israel den Segen seiner rechten Hand Ephraim gab, dem Zweitgeborenen, und nicht Manasse. Viele im Haus des Wesirs sehen darin ein Zeichen der Götter. Aber Ephraim scheint es nicht weiter zu beschäftigen. Und was Manasse denkt, wer will das wissen?« Jendayi hörte das leise Rascheln ihres Kleides, als sie die Achseln zuckte. »Er ist ein Mann von wenig Worten.«

»Doppelt gesegnet«, echote Jendayi nachdenklich. Was für ein schöner Ausdruck. Sie streckte ihre Hand aus und lächelte, als die Frau sie nahm. »Danke für Eure Hilfe. Mögen die Götter des Himmels und der Erde Euch segnen!«

»Ich bin schon gesegnet«, erwiderte die Frau sanft. »Von dem Gott Shaddai des Wesirs.«

Zehn

Joseph hielt die weiche Dunkelheit des Schlafes so fest wie er konnte, weigerte sich, die Augen zu öffnen. Aber die Hand, die seine Schulter schüttelte, war hartnäckig. »Herr, Ihr müßt aufwachen.« Die alterszittrige Stimme gehörte Ani, seinem Verwalter. »Eure Brüder haben sich draußen versammelt und mich gebeten, Euch eine Botschaft zu überbringen.«

Joseph schlug widerwillig seine schlafschweren Augen auf. Am vergangenen Abend waren er und seine Brüder zu den Ägyptern zurückgekehrt. Total erschöpft von den Strapazen des Begräbnisses, hatte er sich sofort in sein Zelt zurückgezogen.

»Sie sind draußen?« flüsterte er schlaftrunken. »So früh am Morgen? Was ist denn so wichtig, daß es nicht warten kann?«

»Sie haben die ganze Nacht nicht geschlafen«, murmelte Ani, während er Josephs Gewand und Sandalen holte. »Ich habe sie stundenlang reden gehört. Manchmal haben sie sich gestritten, und ein- oder zweimal habe ich Weinen gehört. Und heute morgen sind sie vor Sonnenaufgang zu mir gekommen und haben mich gebeten, Euch sofort zu wecken.«

»Na schön.« Joseph warf seine Beine von dem niedrigen Bett und schlüpfte in die weichen Ledersandalen. Er schlug seine Hände vor das Gesicht und atmete tief und lange aus, dann ließ er die Hände auf seine Knie fallen. »Ich hoffe, du weißt, was sie wollen.«

Anis Kopf schaukelte nervös, er drehte seine Hände. »Ja, Herr, ich habe ein, zwei Worte mitbekommen von dem, was sie drückt. Sie haben Angst. Sie haben plötzlich erkannt, daß ihr Vater ihr Beschützer war, und jetzt, wo er nicht mehr ist, befürchten sie, daß Ihr Euch an ihnen rächen wollt für das Böse, das sie Euch vor vielen Jahren angetan haben.«

Der Schleier vor Josephs Augen verschwand. »Sie haben Angst vor mir? Sie reden von Rache?«

»Ja, Herr.« Ani hob beruhigend seine Hände. »Ich weiß, wie unvernünftig das ist, und habe versucht, es ihnen auszureden, Euch zu wekken, aber sie wollen Euch ein Angebot machen.«

Joseph schüttelte ungläubig seinen Kopf. Ein Angebot? Was dachten sie über ihn, diese Söhne Israels, sein eigen Fleisch und Blut? Die ganzen letzten siebzehn Jahre hatte er versucht, als Bruder mit ihnen zu leben. Obwohl die Entfernung zwischen Theben und Goschen sie schon räumlich trennte, ganz zu schweigen von der Kluft zwischen diesen einfachen Hirten und dem Leben am Hof, hatte er alles getan, um für sie zu sorgen, sie zu führen, ihnen ein echter Bruder zu sein. Und jetzt zitterten sie vor ihm wie Mäuse vor der Katze und glaubten, daß nur die Angst vor Jakobs Zorn ihn daran gehindert hatte, sich an ihnen zu rächen ...

Er schluckte heftig, versuchte seine Wut und Trauer nicht zu zeigen. »Gut, hol sie hierher.« Er zeigte auf die Zeltöffnung. »Versammele ganz Israel – Jakobs Söhne und Enkel, ihre Frauen und Kinder. Ich werde zu ihnen sprechen, sobald ich angezogen bin.«

»Wollt Ihr nicht erst ihr Angebot hören?« fragte Ani, leicht seinen Kopf duckend.

»Nein. Von heute ab werde ich bestimmen, wie unsere Beziehung aussieht.« Joseph schloß seine Augen gegen die heißen Tränen der Enttäuschung. »Sag ihnen, sie sollen sich hier versammeln, und dann komm zurück und hilf mir beim Anziehen. Wenn sie nicht geschlafen haben, werden sie müde sein. Ich will sie nicht zu lange warten lassen.«

Als Joseph eine Stunde später aus seinem prächtigen Zelt herauskam, trat er seinen Brüdern in dem vollen Glanz Ägyptens entgegen. Ani hatte seine Augen nach der strengen Art eines ägyptisch Edlen geschminkt, und die kunstvollste Perücke, die er hatte, saß auf seinem Kopf. Um seinen Hals hing schwer das Gold des Preises – die Kette, die der Pharao ihm als Zeichen seiner Gunst geschenkt hatte. Er trug sein Wesirsgewand, das so weiß wie das beste Elfenbein war, und elegante Ledersandalen schmückten seine Füße. Zu beiden Seiten des Zeltes schwärmte ein kleiner Trupp bewaffneter Krieger aus, und zwei Fahnenträger postierten sich steif an seiner Seite, als Joseph auf das Podium vor dem Zelt trat und sich zu seinen Brüdern hindrehte.

Er hatte das Schauspiel bewußt inszeniert. Wenn seine Brüder trotz all seiner Gnade und Vergebung Angst vor ihm haben wollten, sollten sie sie bekommen. Wenn sie sich der ganzen Wucht der Strafe bewußt wurden, die er ihnen auferlegen *konnte*, würden sie vielleicht endlich seine Gnade schätzen.

Ruben, den die anderen zu ihrem Sprecher gewählt zu haben schienen, trat vor und warf sich vor Joseph nieder. Joseph starrte ihn durch die Maske seiner geschminkten Augen hindurch an, erschüttert, daß derselbe Bruder, der ihn an Jakobs Grab umarmt und mit ihm geweint hatte, es fertigbrache, wie ein Sklave vor ihm dazuliegen.

Der Schweiß stand auf Rubens zerfurchtem Gesicht, als er seinen Kopf hob. »Mein Herr.« Seine dunklen, von tiefen Falten gesäumten Augen schielten zu Joseph hoch. »Dein Vater, Jakob, hat mir, bevor er starb, dieses befohlen: ›So sollst du Joseph sagen: Ich bitte dich: Vergib deinen Brüdern ihre Übertretung und Sünde, denn sie haben böse an dir getan.‹«

Joseph bemühte sich, seine Miene nicht zu verändern. Für einen kurzen Augenblick kam er sich wie ein Hellseher vor. Es war ein unheimliches Gefühl. Hatte er nicht schon einmal, an einem ganz ähnlichen Tag, vor seinen Brüdern gesessen und den gestrengen Richter gespielt, während in Wirklichkeit ganz andere Gefühle sein Herz zerrissen?

»Das erstaunt mich«, sagte er endlich und sah Ruben an. »Ich war bei unserem Vater, als er starb. Ich hörte seinen Segen und wie er mir auftrug, ihn bei Lea in Kanaan zu begraben. Ich schloß ihm die Augen, als er seinen letzten Atemzug getan hatte. Aber ich kann mich nicht erinnern, daß er *dir* etwas aufgetragen hätte.«

»Er tat das, bevor du aus Theben kamst.« Juda trat nach vorne und fiel neben Ruben nieder, die Hände in den Staub gepreßt. »Und jetzt, bitte, vergib die Übertretung der Diener des Gottes deines Vaters.«

Wie ein Mann warfen sich alle anderen Brüder ebenfalls in den Staub. »Nimm uns als deine Knechte an, nur sieh nicht mit Zorn auf uns«, baten sie, gerade so wie sie es getan hatten, als sie aus Kanaan nach Theben gekommen waren und den Bruder, den sie in die Fremde verkauft hatten, nicht erkannten.

Die alten Gefühle des Verlassenseins stiegen wieder in Joseph hoch, zerrten an seinem Herz, zogen ihn hinab in den tiefen Brunnen der Erinnerungen und der alten Wunden. Kannten seine Brüder sein Herz immer noch nicht, selbst nach all diesen Jahren seiner beschützenden Fürsorge? Zweifelten sie an den Freudentränen, die er bei dem Wiedersehen mit ihnen vergossen hatte? Waren sie so blind für seine Liebe?

Nein, er konnte keinen Zorn mehr vorspielen, er liebte sie zu sehr. Mit einem erstickten Aufkeuchen riß er seinen Blick fort von dem Spektakel der Selbstdemütigung und schlug die Hände vor sein Gesicht.

»Habt keine Angst«, murmelte er hinter seinen Händen, während er um seine Fassung kämpfte. Ihre verzweifelten Bitten hörten auf, und er spürte, wie sie ihn wartend ansahen.

Er ließ langsam seine Hände sinken und sah sie durch seine Tränen hindurch an. »Bin ich Gott, daß ich euch richten sollte? Ihr plantet Böses gegen mich, aber Gott gedachte, Gutes daraus zu machen, damit dieser Tag kommen würde. Ihr lebt, ihr und eure Kinder, durch die Hand Gott Shaddais! Habt also keine Angst. Ich selber will für euch und eure Kinder sorgen. Ihr braucht euch vor nichts zu fürchten, solange ihr in Ägypten seid, denn ich will mich euer annehmen.«

Ein fast greifbarer Seufzer der Erleichterung fuhr durch die Brüder und ihre Söhne. Ein halbes Lächeln trat auf Rubens Lippen, die Mienen von Simeon und Levi wurden heller. Einer nach dem anderen erhoben sich die Brüder und drehten sich mit ausgebreiteten Armen zu ihren Familien um, die sie freudig lächelnd in Empfang nahmen. Sie hatten die ganze Nacht nicht geschlafen, hatte Ani gesagt. Sie mußten sich seit Tagen mit ihrer Angst herumgequält, sie ihren Frauen, ihren Kindern, ja ihren Dienern gesagt haben. Jetzt waren sie hocherfreut über Josephs erlösende Worte; auf den Flügeln zufriedener Erleichterung würden sie nach Ägypten fliegen.

Als Joseph ihnen hinterhersah, wie sie gingen, jeder in sein Familienzelt, fühlte er sich so einsam wie noch nie in seinem Leben.

»Willst du damit sagen, daß das falsch von mir war?«

Manasse schaute zur Seite, wieder einmal frustriert von der unerschütterlichen Logik seines Vaters. »Nein«, sagte er, »es war nicht falsch, daß du deinen Brüdern vergeben hast. Aber ich finde, du hättest ihnen nicht ein sicheres Leben in Ägypten versprechen sollen.« Er stemmte sich gegen die dynamische Vitalität, die von seinem Vater ausging wie die Strahlen von der Sonne. »*Dies* ist das Land, das Gott uns verheißen hat. Warum hast du sie nicht ermutigt, hier in Kanaan zu bleiben?«

Joseph sah auf seine Hände hinunter. »Ich gehöre zu Ägypten«, antwortete er. »Durch den Willen Gott Shaddais haben sie mich nach Ägypten verkauft, und dort kann ich nicht weg. Der Pharao verläßt sich auf mich. Es war sehr großzügig von ihm, mich auch nun nach Mamre zu lassen.«

»Du redest so, als ob du eine Marionette des Pharao bist.« Manasses Lippen preßten sich zusammen; die kühle, distanzierte Art seines Vaters ärgerte ihn. »Und dabei bist du das doch gar nicht. Amenhotep hört auf dich. Du könntest ihm mit allem kommen, und irgendwie würdest du ihn herumkriegen.« *Du könntest ihn sogar bitten, deinem Sohn eine königliche Sklavin zur Braut zu geben ...*

Joseph zuckte zusammen, als habe Manasse ihn geschlagen. »Sei froh, daß dies niemand sonst gehört hat!« schnappte er, seine Stimme wie in Seide gewickelter Stahl. »Solche Worte sind Verrat!«

»So habe ich das nicht gemeint.«

»Trotzdem ...« Joseph seufzte laut und verschränkte seine Hände. »Es gab eine Zeit, als der Pharao tatsächlich auf mich hörte, aber das war einmal.« Er sah zu Boden, seine Stimme bekam etwas Grüblerisches. »Jetzt bin ich wie der Vater eines erwachsenen Kindes. Der Pharao braucht mich, aber er mag es nicht zugeben. Gerade wie meine Brüder. Sie haben die Vergebung bekommen, die sie suchten, und jetzt werden sie zurück nach Goschen gehen und sich ihres Lebens freuen. Und mich vergessen.«

»Sie sind nicht *du*, Vater.« Manasse stolperte über den unerwarteten Sarkasmus in seiner Stimme. »Sie müssen nicht zurück nach Ägypten, sie gehören nicht dem Pharao. Sie sind die Söhne Abrahams, und Kanaan ist ihr verheißenes Land.«

Joseph sah wieder auf, seine Lippen ein irritierter Strich. »Ich weiß, wer sie sind, Manasse, ich kenne sie besser als du. Irgendwie sind sie wie Kinder. Sie zanken und streiten sich, und wenn sie könnten, würden sie sich gegenseitig auffressen. Wenn ich ihnen erlaube, in Kanaan zu bleiben, werden binnen eines Jahres ihre Söhne sich kanaanitische Frauen nehmen, und nach zwei Jahren werden sie die Götzenbilder anbeten, an denen wir vorbeigekommen sind.« Er starrte stirnrunzelnd auf den Boden. »In Ägypten kann ich auf sie aufpassen.«

Manasse beugte sich noch näher. »Wenn sie wie Kinder sind, müssen sie erwachsen werden. Siehst du denn nicht, Vater, daß es Zeit ist, sie aus dem Nest zu werfen? Sie sind jetzt in Kanaan, und du, ihr Führer, bist bei ihnen, mit zwei Abteilungen Streitwagen und hundert Kriegern, die nur auf dein Kommando warten. Du könntest im Schutz der Dunkelheit nach Hebron marschieren und die Stadt einnehmen. Danach kannst du ein Fort bauen, die hundert Männer als Garnison dort lassen und nach Ägypten zurückkehren, wenn du denn mußt. Du hast auch die Autorität, eine Eskorte für die Frauen und Kinder zu bekommen, die noch in Goschen sind.«

Von seiner Begeisterung übermannt, ging er auf ein Knie vor seinem Vater. »Ich weiß, daß du mir nicht glaubst«, sagte er, die Stimme rauh vor Frustration. »Aber Gott Shaddai *hat* zu mir gesprochen in der Nacht in Mamre. Er sagte mir, daß das Land unser ist und daß wir es in Besitz nehmen und in ihm wohnen sollen.«

Einen Augenblick musterte Joseph ihn neugierig, dann fuhr eine Wolke über seine Augen und seine Hand machte eine resignierte Geste. »Du kennst unser Volk nicht, Sohn.« Der Ton seiner Stimme war schwer und endgültig. »Ich bewundere deine Begeisterung und Geradlinigkeit, aber du sprichst, wie die jungen Leute reden. Sie sind mein Volk, ich bin für sie verantwortlich, und solange ich lebe, werde ich sie in Goschen halten. Hast du sie nicht gehört heute morgen? Ich muß weiter ihr Beschützer sein. Ich habe versprochen, für sie zu sorgen, und ich halte mein Wort.«

Wie eine alte Narbe, die schmerzt, wenn das Wetter sich ändern will, spürte Manasse wieder die Distanz zwischen sich und seinem Vater. Joseph – das war der Wesir, der Führer, das Brot des Lebens und der Erhalter Ägyptens. Und Manasse war ein ungeliebter Sohn, ein unglücklicher Träumer. Mehr nicht.

Als Manasse gegangen war, legte Joseph seinen Kopf in seine Hand und schloß die Augen. Die Gedanken schnitten wie Messer durch seinen Schädel. Er hatte Manasses Idee selbstbewußt als absurd abgetan, aber in der Stille seines leeren Zeltes erhob der Zweifel sein finsteres Haupt. Wie hatte er gerade mit solch einer Überzeugung reden können? Er wußte doch gar nicht, was Gottes Wille war. Er hatte keine Träume mehr gehabt in den letzten Jahren, nicht mehr die leise innere Stimme gehört, die ihm so vertraut geworden war. Entweder Gott Shaddai schwieg – oder er sprach jetzt zu einem anderen.

Aber konnte es sein, daß er zu Manasse sprach? Joseph hatte seine Zweifel. Manasse hatte seine Qualitäten. Joseph hatte ihn eigentlich immer mit besonderer Zuneigung betrachtet, denn er erinnerte ihn an eine jüngere Version von sich selber. Aber während Manasse der war, der die großen Gedanken und Eingebungen hatte, war Ephraim ohne Zweifel der bessere Führer. Auch Jakob hatte ihn bemerkt, diesen Unterschied zwischen Josephs Söhnen. Seine gekreuzten Segenshände hatten eine einzigartige Tiefe der Erkenntnis enthüllt.

Vielleicht kann Gott dich nicht mehr für seinen Dienst gebrauchen. Der Gedanke ließ seine rechte Schläfe pochen. Er rieb sich darüber, sein rechtes Auge begann zu tränen. Die nächste Kopfschmerzattacke, und sie würde heftig werden. Bald würde er wieder auf dem Bett liegen, speiübel und schwach, und es würde ihm peinlich sein, wenn jemand anderes als Tarik oder Ani seinen Zustand sah.

Sie hatten in den Jahren der Hungersnot begonnen, die Kopfschmerzen. Nachdem er die Seinen sicher in Goschen untergebracht hatte, hatte Joseph sich darauf konzentriert, die Macht des Pharao zu konsolidieren. Amenhotep war jung und unsicher gewesen in jenen Tagen, und Joseph hatte die Stellung des Königs gefestigt, indem er das Korn aus den Speichern gegen Silber, dann Vieh und schließlich das Land selber verkaufte. Als die Menschen nichts mehr hatten, womit sie zahlen konnten, gaben sie sich dem Pharao selber und schworen ihm ewige Treue und Dienst. Joseph verteilte die Bürger Ägyptens weise über das ganze Land, von einer Grenze zur anderen, quer durch uralte städtische und regionale Loyalitäten hindurch, bis das ganze Land und seine Menschen allein dem Pharao dienten. Nur die Priester waren verschont geblieben von Josephs durchgreifenden Reformen, und er hatte instinktiv gespürt, wie sie ihn verachteten. Er verehrte ihre Götter nicht und wäre glatt imstande gewesen, den König dazu zu bringen, El Shaddai zu verehren. Aber die Priester hatten einen unbestreitbaren Vorteil: Der Pharao regierte als der göttliche Sohn des Amun-Re, und wenn er diesem Gott abschwor, verleugnete er damit seine eigene Göttlichkeit und sein Recht auf den Thron.

Und Amenhotep mochte unerfahren sein, aber ein Narr war er nicht.

Der Schmerz war wie ein Trommelschlag hinter Josephs Augen. Er ballte die Fäuste, befahl ihm, wegzugehen. Seine Ärzte hatten alle erdenklichen Salben, Gesänge und Massagen ausprobiert, aber nichts konnte die Tortur lindern außer Dunkelheit und völliger Ruhe.

Seine Gedanken schwirrten und schleuderten. während er seine Hand an die Schläfe preßte. War es ein Fehler gewesen, sich so einzusetzen für den Pharao? War er vielleicht zu gierig gewesen, zu sehr auf eigenen Gewinn bedacht? Nein. Er hatte das Silber und das Vieh nicht für sich selbst konfisziert, sondern für Amenhotep, und seine Ländereien lieferten ein Fünftel ihres Ertrages an den Pharao ab, wie bei jedem anderen Edelmann im Reich.

Er öffnete seine Augen und kehrte in die Gegenwart zurück. Seine Villa und seine Arbeit warteten auf ihn in Theben; er sehnte sich danach, zu ihnen zurückzukehren. Und daß Gott schwieg, mußte nicht bedeuten, daß er nie mehr reden würde. Joseph hatte Gottes Schweigen schon öfter erfahren, lange Jahre hindurch, als er zu Unrecht im Gefängnis und in der Sklaverei gewesen war. Aber selbst in diesen

Prüfungszeiten hatte er gewußt, daß Gottes Hand auf ihm lag; er hatte nur zu warten, bis Gott seinen Willen offenbarte.

Und er würde auch jetzt warten. Bis Gott wieder sprach und ihm etwas anderes befahl, würde Joseph die Seinen in Ägypten halten, in der Nähe seiner beschützenden Hand. Er würde es schon merken, wenn die Zeit zum Auszug gekommen war.

Die Stimmung im Lager war entspannt an diesem Abend, als Hebräer und Ägypter die letzten Vorbereitungen für die Rückreise trafen. Jakob war gebührend beweint und lag in seinem Grab. Die Brüder hatten Josephs Vergebung erbeten und bekommen. Manasse betrachtete die Herdfeuer und die fröhliche Runde und fragte sich, warum niemand von den anderen auf die Idee kam, daß dies doch die ideale Gelegenheit war, um sich zu fragen, ob sie nicht doch in Kanaan bleiben sollten.

Vor dem Zelt seines Vaters brannte ein großes Lagerfeuer, um das sich eine große Schar Ägypter und Hebräer versammelt hatte, um Geschichten zu erzählen. Mit Jokim zu seiner Linken und dem Kronprinzen zu seiner Rechten war Ephraim der Mittelpunkt der Aufmerksamkeit und der Dolmetscher für die Runde. Manasse fiel auf, daß Joseph nicht aus seinem Zelt herausgekommen war.

Manasse suchte sich niedergeschlagen einen Platz und hockte sich hin. Er verfolgte die lebhaften Gespräche um ihn herum nur mit einem halben Ohr. Er war zu aufgewühlt, um zu reden, die Erinnerung an die Niederlage, die er bei seinem Vater erlitten hatte, noch zu frisch.

Ein Diener warf eine Schaufel Dung auf das Feuer, daß ein Funkenvulkan hochstob. Manasse starrte in die Glut. Plötzlich riß ihn ein leises, schlurfendes Geräusch aus seinem Brüten. Manasses Herz machte einen Satz, als Akil und seine Musiker in den Kreis traten.

Der Cheironom verneigte sich vor dem Kronprinzen. »Mit Eurem Verlaub, ich habe gedacht, daß etwas Musik vielleicht Euer Herz stärken wird für die Heimreise.«

»Ja, bitte«, murmelte der Prinz. Sein junges Gesicht lächelte.

»Eine exzellente Idee, Akil.« Ephraim hob grüßend die Hand. »Bitte spielt etwas Fröhliches, ein Lied des Preises.«

Die Männer öffneten eine Gasse für die Musikerinnen. Die Frauen traten schüchtern vor und setzten sich zu Füßen ihres Dirigenten in den Sand. Manasse spürte, wie sein Herz weit wurde, als Jendayi anmutig in den Schein des Feuers trat, ihre Harfe in ihren Händen.

Er hob ein Knie hoch und stützte den Arm darauf, um das liebliche Gesicht besser betrachten zu können. Egal, was geschah zwischen den Hebräern und den Ägyptern, er würde zum Pharao gehen und um sie bitten. Wenn er bis dahin seine Onkel dazu gebracht hatte, nach Kanaan zurückzugehen, würden er und Jendayi sich vielleicht in Hebron niederlassen; wenn nicht, vielleicht in Theben ...

Nein, nicht Theben. Jendayi mußte ganz frei sein vom Pharao und den Menschen, die sie versklavt hatten. Wenn er sie nicht mit nach Kanaan nehmen konnte, würde er ihr ein Heim in Goschen bieten, wo sie leben und ihre eigene Musik machen konnte und nicht die, die ein Herr ihr befahl.

Ob sie wohl wußte, daß er gerade einen der persönlichsten Kämpfe seines Lebens gekämpft und verloren hatte? Er wünschte sich, sie hätte bei ihm sein können, als er seinem Vater gegenüberstand. Mochte sie auch die Bedeutung von Gottes Verheißung an Abraham nicht verstehen – sein Verlangen, frei von Ägypten zu werden, hätte sie als Sklavin sofort verstanden. Was hätte er nicht gegeben für die Möglichkeit, frei zu ihr reden zu können! Wie er sich danach sehnte, bei ihr zu sein, die geheimen Freuden und Sorgen zu entdecken, die in ihrer lieblichen Gestalt wohnten. Aber solange sie nicht sein war, hatte er kein Recht, sie auch nur anzusprechen.

Akil begann, leise einen Takt auf seinem Knie zu schlagen, und die Frauen fingen an zu spielen. Die Oboe näselte gegen die Dunkelheit an, der zarte Saitenklang von Jendayis Harfe verschmolz mit den Schatten des Feuers, die auf den Gesichtern der Männer tanzten. Manasse achtete nicht auf die anderen und ihre halbherzigen Versuche, eine Unterhaltung mit ihm anzuknüpfen, und beobachtete Jendayi, prägte seinem Herzen ihr bezauberndes Bild ein, als sei es eine Salbe, die seine Wunde heilen konnte.

Wie rein ihr Gesicht aussah. Er würde schon noch eine Möglichkeit finden, sein Volk in das von Gott verheißene Land zu führen. Jendayi hatte bestimmt ihr Maß an Einsamkeit, Schmerz und Elend erfahren, aber sie war ihrer Begabung treu geblieben; selbst als Sklavin schien sie Erfüllung und Freude in ihr zu finden.

Und er, er würde mit Freuden seinem heiligen Ruf folgen. Mochte sein Vater ihn auch verleugnen, Ephraim ihn verspotten, die anderen ihm nicht glauben – wenn Gott Shaddai ihn wirklich berufen hatte, würde er ihn auch ausrüsten für das, was vor ihm lag.

Die Musik hörte auf, man applaudierte laut. Akil stand auf, verneigte sich und lächelte vorsichtig. »Ich weiß, daß das, was ich jetzt sagen werde, nicht häufig geschieht.« Seine Augen wanderten über den Kreis um das Feuer. »Aber Pharaos Sklavin, die gesegnetste Harfenistin unter dem Himmel, hat um die Erlaubnis gebeten, heute abend ein Sololied darbieten zu dürfen.«

»Bravo!« rief Ephraim. Sein lächelnder Mund leuchtete weiß in der Dunkelheit. »Laß sie hören, Akil!«

Andere schlossen sich dem Ruf an, verlangten im Chor, daß Jendayi sang, bis Akil in gutgespielter Kapitulation beide Hände hob und auf Jendayi zeigte. »So hört denn die hochbegnadete Harfenspielerin.«

Manasse rutschte auf seinem Platz, sein Gehirn suchte nach einer plausiblen Erklärung. Ob diese unerwartete Geste mit ihm zu tun hatte? Er wagte nicht, es zu hoffen, aber Jendayi wußte ja jetzt, daß er sie liebte. Vielleicht würde auch dieses Lied, wie das im Zelt seines Vaters, eine verschlüsselte Botschaft enthalten.

Sein Herz war ein Durcheinander aus Vorfreude und Angst, als er sich nach vorne beugte. Er sehnte sich danach, der ganzen Welt seine Liebe und seine Pläne zu verkünden, aber nur ein Narr brüstete sich öffentlich damit, daß er eine Sklavin des Pharao liebte. Es waren schon Männer wegen weit weniger kühner Äußerungen hingerichtet worden. Aber auch Jendayi mußte aufpassen; jegliche Botschaft, die sie Manasse zusang, mußte wohlverpackt sein.

Der Halbkreis der Musikerinnen öffnete sich; aller Augen richteten sich auf die junge, schlanke Gestalt der Harfenspielerin, die langsam nach vorne trat und auf den Boden sank. Ihre kunstvolle, von Goldfäden und winzigen Perlen durchwirkte Perücke fiel wie ein weicher dunkler Wasserfall über ihre Schultern, und ihr Lächeln erleuchtete ihr Gesicht von innen, wie eine in durchsichtiges Alabaster eingelassene Kerze. Sie legte ihre Harfe an ihre Schulter, und ihre langen, feinen Finger begannen die Saiten zu streicheln. Es klang wie das Murmeln eines silbrigen Baches.

»Mein geliebter Herr«, sang sie, und mehrere der Männer lächelten erwartungsvoll. Manasse fröstelte, halb vor Angst, halb vor Hoffnung, daß sie von ihm singen würde. Aber sie war diskret; der »geliebte Herr« konnte der Pharao sein, der Liebling seines ganzen Volkes, oder Manasse, der Mann, nach dem sie sich sehnte.

Ihre Stimme sang die Melodie, ihre Hände woben den Zauberteppich der Begleitung.

Von wem soll ich heute singen?
Von meinem geliebten Herrn, groß unter den Menschen.
Mein geliebter Herr, der spricht, daß andere es tun.

Manasse spürte, wie sein Gesicht rot werden wollte. Wenn sie dieses Lied für ihn gedacht hatte, hatte sie offensichtlich nichts von seinem mißlungenen Versuch gehört, seine hebräischen Verwandten dazu zu bringen, ihm zu folgen.

Von wem soll ich heute singen?
Von meinem geliebten Herrn, dem Großen Brotgeber geboren, mein geliebter Herr, der Gesegnete.
Wie ein Weinberg schenkt er Gaben seinem Volk, wie guter Wein ist süß sein Kuß auf meinen Lippen.

Trotz seiner Verlegenheit verspürte Manasse eine angenehme Wärme in seinem Herzen. *Er* war ja der Sohn des Großen Brotgebers Zafenat-Paneach. Die Männer, die sich über ihn lustig gemacht hatten, sie würden sich noch einmal erinnern an diese Abendstunde und erkennen, daß Jendayi von *ihm* gesungen hatte und nicht vom Pharao. Dann würden ihre feigen Herzen vor Neid verschrumpeln!

Von wem soll ich heute singen?
Von meinem geliebten Herrn, der sein Volk zum Ruhm führen wird,
mein geliebter Herr, der Segen der doppelten Frucht.

Manasse blinzelte schockiert, als der Kreis der Männer in ein lautes Hallo ausbrach und sich auf Ephraim stürzte, um ihm auf den Rücken zu klopfen. Jendayi schien vergessen zu haben, daß viele der Anwesenden Hebräisch konnten; wohl die Hälfte der Runde hatte ihre Anspielung verstanden. Das hebräische Wort für »doppelte Frucht« lautete *Ephraim*.

Sie hatte von einem Kuß gesungen, den Manasse ihr nie gegeben hatte – und von *dem Gesegneten*.

Ein klarer, kalter Gedanke schnitt durch den bunten Traumnebel in Manasses Kopf. Ephraim war der Gesegnete, Jakob hatte es so bestimmt. Vom ersten Wort des Liedes an hatte Jendayi von Ephraim gesungen, und nicht von Manasse!

Eine unsichtbare Klammer legte sich um Manasses Kehle. Er hatte es alles mißverstanden. Sie hatte davon gesungen, daß ihr Geliebter sie geküßt hatte, und eine solche Freiheit hatte Manasse sich nie herauszunehmen gewagt. Noch nicht einmal träumen würde er von so etwas, solange er noch nicht mit dem Pharao gesprochen hatte.

Aber Ephraim? Manasse senkte seinen Kopf. Diese Demütigung. Natürlich! Sein unverschämter Bruder hatte bestimmt schon hundert Frauen geküßt, und es war ihm egal, ob es Sklavinnen oder Prinzessinnen waren.

Manasse spürte, wie sein Schock zur Wut wurde. Er stand auf, nicht bereit, das unverschämte Grinsen seines Bruders einen Moment länger zu ertragen.

Diesmal war Ephraim zu weit gegangen! Manasse wußte, daß es seinen Bruder nach einer Heirat mit der Prinzessin Sitamun gelüstete. Aber Sitamun war in Theben geblieben, während Jendayi hier war, schutzlos und ausgeliefert.

Halb starr vor Verwirrung und Schock, drehte Manasse sich um und floh in die Dunkelheit, um allein mit seinen Gedanken zu sein.

Ein wie aus großen Tiefen kommendes warnendes Kribbeln ging durch Jendayis Kopf, als die Männer Ephraim beglückwünschten. Sie war sicher gewesen, daß er ihre verborgene Botschaft verstehen würde, aber sie hatte nicht damit gerechnet, daß noch mehr der Anwesenden erraten würden, daß sie von einem anderen geliebten Herrn als dem Pharao sang. »Bei allen Göttern, Kesi, was ist das?« flüsterte sie, während ihre Hände in die Dunkelheit hineintasteten. »Warum rufen sie Ephraims Namen?«

»Hab keine Angst, Jendayi.« Von irgendwo hinter den anderen Musikerinnen kam Kesi zu ihr. »Sie necken ihn nur, und er lacht dazu. Selbst der Kronprinz scheint beeindruckt zu sein von deinem Witz. Niemand ist böse, außer vielleicht ...«

»Was machst du da?« Akils Stimme riß in das Gespräch der Mädchen, daß Jendayi zusammenfuhr. »Dummes, unverschämtes Mädchen! Sing sofort wieder, aber diesmal über den Pharao, oder du arbeitest demnächst in einer Tempelküche! Du bist so dumm wie ein Stein und so häßlich wie ein Pavian. Spiel weiter, wenn dir dein Leben lieb ist!«

»Ich wollte doch nur ...« stotterte Jendayi. Ihre Finger suchten fieberhaft nach ihrer Harfe.

»Hier.« Kesi schob ihr das Instrument in die Arme. »Spiel, schnell. Akil hat recht. Oh, ich habe nicht nachgedacht, Herrin, das war ja ganz falsch!«

Warum? wollte Jendayi rufen. Sie hatte die einzige Sprache gewählt, die ihr möglich war; eine Sklavin konnte doch nicht offen zu einem Edelmann reden, und dann noch zu dem Sohn eines so Mächtigen wie dem Wesir. Und ihr Lied hatte doch sein Ziel erreicht, denn Ephraim hatte gelächelt ...

»Spiel!« Akils Stimme wurde hart wie Granit. »Gehorche mir, oder ich schicke dich selber zu den Tempelpriestern! Sing vom Pharao!«

Mit zitternden Fingern begann Jendayi das Lied von neuem.

Elf

Manasse schlief nicht in dieser Nacht, sondern streifte durch die Wüste, stundenlang. Mochte ruhig irgendwo ein Löwe oder Bär oder eine Schlange auf der Lauer liegen, es war ihm egal. Er dachte daran, einfach immer weiter nach Westen zu gehen, zu dem Großen Meer, und in das Wasser hineinzugehen, zu spüren, wie es ihm über die Arme stieg, über die Schultern, über seinen Kopf und sein Leben. Seine ganze Jugend hindurch hatte er sich darauf vorbereitet, einmal so wichtig zu werden wie sein Vater, und im Laufe des letzten Monats hatte sein Herz zwei konkrete Ziele ins Auge gefaßt: Kanaan und Jendayi. Aber in nur einem Tag und einer Nacht waren beide Träume zerronnen. Für was waren sie gut gewesen, die ganzen Vorbereitungsjahre?

Seine Gedanken und Gefühle waren ein einziges wüstes Knäuel. Er hatte zu denken gewagt, daß Gott Shaddai zu ihm gesprochen hatte, und sein Vater hatte diesen Traum mit ein paar wohlgesetzten Worten zerbrochen. Er hatte gedacht, daß Jendayi ihn liebte, und das Mädchen selber hatte den Gedanken mit einem einfachen Lied zerstreut. Ihr Herz brannte für den Gesegneten, den zungenfertigen Ephraim, der Frauenherzen sammelte wie andere Waffen oder Pferde und der das ihre ohne Skrupel zerbrechen würde.

»Willst du so schnell aufgeben?«

Manasse hob seinen Kopf und zuckte zurück. Der Fremde, der da neben ihm ging, war wie aus dem Nichts gekommen. Er trug ein einfaches Gewand im Stil der Hebräer und hatte einen Hirtenstab in der Hand. Sein dickes gelbbraunes Haar fiel ihm über die Schultern, und sein Schritt war so selbstbewußt-leicht, als wandere er schon eine halbe Ewigkeit durch die mondbeschienene Wüste. Seine braungesprenkelten Augen schienen zu glühen, als er seinen Kopf zu Manasse hindrehte.

Der tadelnde Ton des Mannes weckte Manasses Wut. »Wer bist du? Und warum denkst du, daß ich aufgegeben habe?«

Ein kurzes Lächeln spielte um die Lippen des Fremden. »Du willst doch zu dem Meer, oder? Komm, Manasse, du hast dein Werk gerade erst begonnen. Wenn Gott dich gerufen hat, wird er dir alles geben, was du brauchst, um zu gehorchen.«

Mehr verärgert als erschreckt, schloß Manasse seine Augen und marschierte weiter. »Ich habe es mit dem Pharao und mit meinem Vater zu tun, und das sind die einzigen beiden Männer, die ich nicht besiegen kann.«

»Bei Gott sind alle Dinge möglich.«

»Bei Gott ist alles verwirrend.« Manasse ging weiter, ohne seine Augen zu öffnen. »Wenn Gott Shaddai mein Volk zurückführen will, warum redet er dann nicht auch zu ihm? Sie sind wie störrische Schafe, und ich bin nur ein einsamer Hirte. Ich kann nicht die ganze Herde bewegen, vor allem wenn die Älteren so störrisch sind.«

»Manasse.« Es war ein herausfordernder Ton in der seidigen Stimme des Fremden. »Die Menschen, zu denen Gott steht, sind die, die klar sehen, was auf sie zukommen kann – Herrlichkeit oder Gefahr oder gar die Niederlage –, und die trotzdem im Gehorsam losziehen. Gehorche dem Willen Gottes, Manasse. Egal, was die anderen tun – gehorche.«

Manasse stolperte steif weiter, die Augen immer noch geschlossen, und nach einer Weile verklang das Geräusch der Schritte des Fremden. Als Manasse seine Augen wieder aufschlug, ging er allein in einem Meer von trockenem Sand. Von einem Ende des mondbeschienenen Horizonts bis zum anderen war keine Menschenseele zu sehen.

Sein Herz stolperte. Kein Zweifel, der Fremde war einer jener Engelboten gewesen, von denen seine Onkel gesprochen hatten. Abraham hatte gleich drei von ihnen unter der Tamariske von Mamre empfangen. Aber sein Vater hatte nie mit einem dieser Wesen gesprochen, und die Onkel auch nicht. Aber jetzt – hatte ihn, Manasse, ein Engel besucht und ihm Mut zugesprochen. Gott Shaddai hatte die Wunde in seinem Herzen gesehen und jemanden mit dem Balsam des Himmels zu ihm geschickt.

Aber Manasse hatte das dumpfe Gefühl, daß seine Verwandten ihm diese Begegnung noch weniger glauben würden als die Geschichte seines Traumes.

Er verlangsamte seinen Schritt, dachte nach über die Worte des Fremden und die Bedeutung dieses unglaublichen Besuchs, dann drehte er um, nach Osten, zurück zum Lager der Hebräer. Das erste Licht der Dämmerung kam, der Himmel wurde heller. Jendayi und Kanaan lagen vor ihm, und kampflos würde er sie beide nicht bekommen.

»Bei Gott sind alle Dinge möglich.« Manasse ließ das Gefühl der Zuversicht, das der Engel in ihm zurückgelassen hatte, auf der Zunge zergehen.

So sei es, Gott Shaddai. Ich weiß nicht, was vor mir liegt an Ruhm, Gefahr oder Niederlage, aber ich werde ihn nicht verraten, deinen Ruf nach Kanaan ... Und bitte vergiß nicht meine Liebe zu Jendayi.

Wenn Ephraim der geliebtere Sohn war, konnte Manasse sich wenigstens als der beharrlichere erweisen. Wenn er sein Volk jetzt nicht dazu bringen konnte, nach Kanaan zurückzukehren, dann eben später – vielleicht schon bald. Wenn Gott wirklich wollte, daß er dieses Unternehmen anführte, mußte er ihm zeigen, wie er es angehen sollte.

Als er nach Sonnenaufgang das Lager wieder erreichte, schien niemand auf seine blutunterlaufenen Augen und sein abgerissenes Aussehen zu achten. Sklaven und Diener liefen umher, rollten Zeltplanen und Seile zusammen, bepackten die Lasttiere. Das Lager würde viel schneller verschwinden, als sie es aufgeschlagen hatten. Keine Stunde, und sie würden Kanaan verlassen, und jeder Schritt würde sie weiter von dem Ort entfernen, wo Gott sie haben wollte.

Bald würde Manasse sein großes Rückführungswerk beginnen. Aber erst mußte er etwas anderes erledigen.

Er schob sich durch das Gewimmele vor dem Zelt seines Vaters, bis er Ephraim sah. Er klopfte ihm auf die Schulter und drehte ihn mit festem Griff zu sich um, daß der jüngere Bruder ihn überrascht ansah.

»Manasse! Wo kommst du denn her?« Wie immer glomm der Schalk in Ephraims Augen. »Du siehst ja gräßlich aus, Bruder. Hast du wieder Alpträume gehabt?«

Mehrere der umstehenden Diener begannen zu kichern, verstummten aber vor Manasses strengem Blick. Seine Augen wurden schmaler, als er sie zu Ephraim zurückwandte. »Gestern abend hat Jendayi von dir gesungen ... und von einem Kuß. Was hast *du* gemacht, Bruder?«

Die Frage schien Ephraim zu amüsieren. »Ich? Du glaubst doch nicht im Ernst, daß ich mit der kleinen Harfenistin gespielt hab?« Sein Lächeln wurde noch breiter, er zwinkerte einem der Wächter zu. »Für solche Scherze hab ich keine Zeit.« Sein Blick traf sich mit dem Manasses, und sein Lächeln hörte auf. »Und auch keine Lust.«

»Sie ist nicht jemand, der lügt. Du hast sie geküßt.«

Ephraims Mund ruckte amüsiert. Er zuckte mit den Achseln. »Kann sein. Irgendwann vielleicht, das weiß ich nicht mehr.«

»Dann erinnere dich!« Bevor er selber merkte, was geschah, trat Manasse mit einem Schritt zu ihm und preßte seine Hände auf seine Schultern. Er hatte seinen Bruder nur zur Rede stellen wollen für sein widerliches Verhalten, aber seine Finger wollten sich selbständig machen vor eifersüchtigem Zorn, wollten sich um diese freche Kehle legen, um den Atem des Lebens aus ihr herauszupressen.

Nur ein eiserner Wille hielt ihn vor dem Abgrund fest, einen Schritt entfernt von der Wut des Wahnsinns.

Mit einer geschmeidigen Bewegung hob Ephraim seine Hände vor sein Gesicht und breitete seine Arme weit aus, daß es Manasses Arme zur Seite schlug. Es war ein einfaches Verteidigungsmanöver, das Tarik den beiden Brüdern beigebracht hatte, aber die Hebräer hatten noch nie dergleichen gesehen. Jokim, der gleich hinter Ephraim stand, klappte der Mund auf vor Bewunderung.

Manasse trat zurück, weg von dem schwarzen Abgrund. Die Eifersucht hatte eine Wut in ihm entfacht, wie er sie noch nie gekannt hatte, aber seinem Bruder etwas antun – nein, es durfte nicht sein.

Ephraim trat mit vorgestreckter Brust zu ihm, so nah, daß Manasse das Öl auf seiner Haut riechen konnte. »Gut, ich habe sie einmal geküßt«, flüsterte er. Seine Augen glitzerten trotzig. »Und das scheint sie sehr beeindruckt zu haben. Aber das ist lange her, Manasse. Ich habe sie nicht berührt, ich habe auf dieser ganzen Reise noch nicht einmal mit ihr gesprochen. Beruhige dich also, du hast keinen Grund, uns hier vor den Hebräern *und* den Ägyptern lächerlich zu machen.«

»Wenn du sie je berührst« – Manasse erwiderte Ephraims Blick geradeheraus –, »wird das mehr als nur lächerlich sein.«

Ephraim machte einen halben Schritt zurück und hob seine Stimme so, daß die anderen mithören konnten. »Die Sklavin des Pharao ist ein hübsches Ding«, sagte er, Manasse mit kaltem Triumph in den Augen anblickend, »und es scheint, daß ich ihr gefalle. Wenn der Pharao mir erlaubt hat, Sitamun zu heiraten, gibt er uns die kleine Harfenistin vielleicht als nettes Hochzeitsgeschenk. Sie wäre eine klasse Konkubine.«

Die Worte ließen eine Kette reißen in Manasse. Seine Hände schossen nach vorne, wieder zu Ephraims Kehle hin. Die Menge um sie herum wurde lebendig, Männer ließen Packen Packen sein und rannten herbei, um die Brüder zu trennen. Manasse spürte, wie Hände an seine Arme, Beine, ja seine Brust gingen, aber er hatte nur einen Gedanken: es Ephraim heimzuzahlen, ihn spüren zu lassen, wie weh er ihm getan hatte.

Kräftige Arme hielten Manasse fest, zogen ihn hoch, weg von der Stelle, wo Ephraim auf dem Rücken lag, die einzige Wunde auf seinem Gesicht ein mokantes Grinsen. »Schaut mal, Freunde, was für einen Kampfgeist mein Bruder hat«, witzelte er, während er sich von hilfsbereiten Händen auf die Beine stellen ließ. »Kein Wunder, daß er will, daß wir in Kanaan bleiben. Er hat bestimmt vor, die Kanaaniter im Alleingang zu besiegen.«

Die Männer um Ephraim lachten, dann halfen sie ihm, den Sand von seinem Mantel und Schurz zu bürsten. Manasse, innerlich immer noch kochend, nickte knapp und schüttelte die Arme, die ihn festhielten, ab, eine Geste, die den anderen versicherte, daß er seinen Bruder nicht mehr angreifen würde.

Warum nur hatte El Shaddai ihn zum Führer dieses Volkes erwählt? Er drehte sich um und schaute zu Boden, um nicht in die Gesichter seiner Verwandten blicken zu müssen. Er war ein eifersüchtiger zorniger junger Mann, unfähig, die anderen zu führen oder ihnen zu befehlen. Er konnte ja noch nicht einmal seinen eigenen Gefühlen befehlen! Sein Geist war wohl willig, Gottes Ruf zu gehorchen, aber sein Herz war voll Verrat, Verzweiflung und Verwirrung.

Als die Männer, die zwischen sie gekommen waren, wieder zurück zu ihren Kamelen und Eseln gegangen waren, drehte Ephraim sich zu Manasse hin. »Es ist echt schade, daß Großvater Israel nicht diese tapfere Seite an dir gesehen hat.« Er faltete die Hände und hob die Augenbrauen. »Dann hätte er seine Arme vielleicht nicht so leicht gekreuzt.«

Der Zorn wollte wieder hochsteigen in Manasses Seele, aber bevor er reagieren konnte, war Ephraim schon fortgerannt, zu Tariks Wagen hin.

Weit hinten in der Karawane saß Jendayi in ihrem Korb, die Stirn auf die Knie gelegt. Ihr Lied war ein jämmerlicher Fehlschlag gewesen. Die Männer hatten zwar laut geklatscht und gejohlt, aber Ephraim hatte nicht reagiert. Hatte ihm das Lied gefallen? Oder hatte sie ihn nur in Verlegenheit gebracht damit? Wenn er so viel für sie fühlte, wie er gesagt hatte, mußte er doch etwas gesagt haben. Aber dann hätte sie es längst erfahren müssen ...

War er rot geworden oder stolz oder hatte er Tränen in die Augen bekommen, als die Worte aus ihrem Herzen stürzten? Sie ballte die Faust und verfluchte stumm ihre Blindheit. Mit gesunden Augen hätte sie einfach in Ephraims Richtung blinzeln können, hätte einen warnenden Blick rechtzeitig gesehen und aufhören können, bevor sie zu weit ging. Nach dem Lied war Akils Ausbruch gekommen, und sie hatte hastig versucht, durch ein Preislied auf den Pharao, ihren eigentlichen Herrn, zu retten, was zu retten war. Aber hatte sie vielleicht Ephraim so geschadet, daß es nicht wiedergutzumachen war?

Wenn sie nur zu ihm hätte gehen können! Aber selbst wenn sie nicht eine Sklavin des Pharao gewesen wäre, hätte sie kein Recht gehabt, ihn anzusprechen. Sie kannte ihn ja nicht, und seit jenem fernen Nachmittag in dem Garten hatte er nie mehr direkt zu ihr gesprochen. Sein Geruch war nicht mehr in ihrem Gedächtnis, und sie hatte sich nie die Freiheit herausgenommen, ihn zu berühren. Sie kannte nur das Gefühl seiner Lippen auf den ihren, aber diese eine Liebkosung hatte sie davon überzeugt, daß sie ihm wert war.

Sie preßte ihre Fingerspitzen auf ihre Lippen, hing den Erinnerungen nach. Wenn er sie noch liebte, würde er zu ihr kommen. Sie war eine machtlose Sklavin, sie konnte nichts tun, als Gebete zu den Göttern Ägyptens emporzuschicken ... und zu warten.

Manasse ging allein über den graubraunen Sand, wohl zwanzig Fuß seitlich der Karawane. Er tat es mit vollem Bedacht. Auf dem Kamm eines Hügels bewegte sich etwas. Er sah gerade noch, wie ein Trupp bewaffneter Kanaaniter in Deckung huschte. Den ganzen Morgen schon hatte er ihre Augen auf der Karawane gespürt. Bestimmt waren sie schon dabei, Dankopfer an ihre Götzen vorzubereiten. Heute abend würden in ganz Kanaan Männer und Frauen erleichtert aufseufzen, daß sie nicht das Land zu verteidigen brauchten, das Gott für ein anderes Volk vorgesehen hatte – und das nur, weil die Söhne Israels, mit Zafenat-Paneach, dem Hebräer mit dem ägyptischen Herzen an der Spitze, nicht genügend Mut hatten, das in Besitz zu nehmen, was nach Gottes Willen ihnen gehörte.

Und während die Kanaaniter um ihre Götzenbilder aus Holz und Stein tanzen und Göttern, die rein nichts mit ihrer scheinbaren Rettung vor den Hebräern zu tun hatten, Opfer bringen würden, würden die Hebräer ihre Reise in das Schwarze Land fortsetzen, weil ihnen die bequemen Fleischtöpfe wichtiger waren als die Früchte des Glaubens.

Jakob, Isaak und Abraham – bestimmt waren sie jetzt irgendwo und trauerten.

JENDAYI

Und Joseph blieb in Ägypten,
er und das Haus seines Vaters …

(1. Mose 50,22)

Zwölf

»Schon wieder! Beim Leben des Pharao, ich *bin* strohdumm! Warum kann ich das nicht spielen?«

Jendayi drückte frustriert beide Hände auf die vibrierenden Saiten der Harfe. Den ganzen Morgen schon versuchte sie, eine bestimmte Melodie, die ihr durch den Kopf ging, zu spielen, aber ihre Finger stockten immer wieder. Es war gerade so, als ob ihre Hände für Ephraim und nicht für den Pharao spielen wollten und ihren Dienst verweigerten, bis sie wieder im Haus des Wesirs waren.

Aber Jendayi hatte nichts von Ephraim gehört. Seit zehn Tagen schon waren sie wieder in Malkata, aber es gab keinerlei Nachrichten von dem jungen Mann, der doch versprochen hatte, für Jendayi den Zorn des Pharao zu riskieren. Hatte er sie zum Besten gehabt? Oder hatte Kesi das alles erfunden, um ein Stückchen Hoffnung in ein Leben zu bringen, das keine hatte, ja das überhaupt nie etwas Schönes haben würde?

Eine heiße Träne rollte ihre Wange hinab. Jendayi schnippte sie wütend fort und nahm wieder ihre Harfe. »Beim Leben der Merit, das hier *kannst* du«, sagte sie zu sich selber. Sie holte tief Luft und begann wieder, das Stück zu üben.

Ein leiser Schritt erklang auf der Fliese hinter ihr, aber Jendayi roch das Lilienöl, das Kesi immer benutzte, und drehte sich nicht um, sondern fuhr fort mit ihrem Spiel. Ihr Kopf nickte zu dem Rhythmus der Melodie. *Es wäre besser,* dachte sie, *wenn die Mägde öfter badeten und weniger Parfüm benutzten ...*

»Herrin, Akil läßt ausrichten, daß der Pharao für morgen ein Bankett plant.«

»So?« Jendayis Finger arbeiteten ungeduldig weiter. Für eine solche Neuigkeit brauchte sie ihr Üben nicht zu unterbrechen. »Der Pharao hat fast jeden Tag ein Bankett.«

»Aber dies ist ein ganz besonderes, und er wird bestimmt ein neues Lied von dir erwarten. Akil meint, am besten komponierst du schon mal eines – ein richtiges Preislied.«

Jendayi preßte ihre Lippen noch mehr zusammen. »Er verlangt dauernd neue Lieder. Gut, ich mache ihm eines, das er mag.« Ihre Finger fuhren über die Saiten, während ihr Kopf den schwierigen Rhythmus abzählte: *Eins-Or-si-ris, Zwei-Or-si-ris, Drei-Or-si-ris ...*

»Es werden Gäste dasein.«

»Es kommen immer Gäste.« *Vier-Or-si-ris – nein, nein!* Der Rhythmus paßte nicht, es war nicht das, was sie sich gedacht hatte.

Kesi fuhr fort, ihre Stimme wurde schmeichelnd. »Dieses Bankett, Herrin, ist zu Ehren des Wesirs. Der Pharao möchte hören, wie es auf der Begräbnisreise war. Und da die Söhne des Wesirs auch dasein werden, dachte ich, du möchtest vielleicht vorgewarnt ...«

Jendayi schlug frustriert auf die Saiten. »Was gehen mich die Söhne an?« Sie hob unwillig ihre Brauen und drehte sich in Kesis Richtung. »Ich habe umsonst gehofft, Kesi. Denke nicht, daß mein Herz jetzt gebrochen ist. Ich bin eine Sklavin und werde immer eine bleiben. Mein letztes Lied war wohl nicht nach Ephraims Geschmack, und jetzt sucht er sich eine talentiertere Harfenspielerin. Nun gut, ich bin mit meinem Los zufrieden. Gedemütigt« – sie spürte, wie die Röte in ihr Gesicht schoß – »aber zufrieden.«

»Du bist nicht gedemütigt.« Kesis Hand fiel sachte auf Jendayis Schulter. »Es hat doch niemand etwas von deinen Hoffnungen gemerkt, und nach dem Lied für Ephraim hast du gleich eines für den Kronprinzen gesungen. Die Hebräer denken bestimmt, daß du halt ein paar Loblieder auf die Söhne der Großen singen wolltest, wie das so oft geschieht.«

»Nein.« Jendayis Wut machte rasch der Angst Platz. »Mein Lied hat nicht sein Herz gewonnen. Irgendwie hat er sich sogar gegen mich gewendet. Und letzte Nacht habe ich wieder diesen Traum gehabt.«

Kesi trat noch etwas näher und glitt auf den Boden. Ihre warmen Hände nahmen Jendayis Rechte. »Doch nicht den alten Alptraum?«

»Doch.« Jendayi blinzelte und drehte sich zur Seite, damit Kesi nicht die Tränen sah, die schon wieder in ihre blinden Augen stiegen. »Anubis hat wieder mein Herz verlangt, und als ich es herausholte, hatte ich einen Stein in der Hand! Und diesmal war er noch nicht einmal glatt und schön, sondern ganz hart und rauh und häßlich. Ich konnte ihn nicht auf die Waagschale legen, weil ich wußte, daß ich die Probe wieder nicht bestehen würde, und so habe ich ihn an mich gedrückt und geschrien und bin wach geworden ...«

»Psst.« Kesis Arme legten sich um Jendayis Hals. »Laß dich nicht erschrecken von diesen Träumen. Ich weiß doch, daß du kaum etwas gegessen hast, und um deine Augen sind ganz dunkle Ringe. Vergiß die Träume, Jendayi, sieh zu, daß du dem Pharao etwas Schönes spielst.«

»Aber Anubis sagt, mein Herz ist tot!« Die Angst und die Wut waren wie ein Knoten in Jendayi. »Aber wie kann mein Herz denn leben, wenn keiner es liebt?«

»Ich liebe dich«, sagte Kesi, ihre Stimme eine Spur zu hell.

Jendayi lächelte sie müde an und schüttelte den Kopf. »Du bist meine Magd.« Sie machte sich aus der Umarmung des Mädchens frei und legte ihre Stirn auf den Griff ihrer Harfe. »Wenn der Pharao dich morgen einer seiner Frauen oder Töchter gäbe, du würdest mich mit Freuden verlassen.«

Kesi antwortete nicht, und Jendayi wußte, warum. Freundschaften unter Sklaven waren seicht und kurz, denn ein Sklave gehörte zuallererst seinem Herrn; alle anderen Bande konnten nur zu leicht wieder zerreißen.

»Manchmal bist du so dumm wie eine betrunkene Witwe.« Kesi versuchte es mit einer scherzhafteren Masche. »Natürlich bist du geliebt! Akil ist dir ganz ergeben.«

Jendayi schnaubte leise. »Wenn ich mich einmal weigerte, zu spielen, würde Akils Ergebenheit verschwinden wie ein Blatt im Sturm.«

»Und doch bist du nicht ungeliebt! Denk doch nur mal an die Menschen aus deiner Kindheit – deine Mutter zum Beispiel! Jedes Mädchen wird von seiner Mutter geliebt.«

»Meinst du?« Jendayi starrte in den dunklen Brunnen ihres Gedächtnisses hinein, weit zurück zu den Tagen, wo ihre kranken Augen noch verschwommene Bilder und Umrisse hatten sehen können. Vielleicht hatte es eine Frau gegeben, die für sie sorgte, aber jedes Bewußtsein mütterlicher Fürsorge war zusammen mit Jendayis Augenlicht verschwunden und zerronnen. Im Laufe der Jahre waren etliche Frauen durch ihr Leben gegangen. Viele von ihnen waren Musikerinnen gewesen, die der Merit, der Göttin des Gesangs, opferten. Diese Frauen, die in Jendayis Erinnerung zu einem nebelhaften Wirbel leiser Stimmen, süßer Düfte und perlender Musik verschwommen, hatten sie oft bewundert, verwöhnt, manchmal auch bestraft. Aber hatten sie sie *geliebt*? Wohl kaum.

Eine sanfte Hand, die über ihr Haar strich, ein Gutenachtkuß, eine warme, ehrliche Umarmung – sie konnte sich an nichts dergleichen erinnern. Sie wußte nicht, wann oder wo sie geboren war. Sie wußte von keinem Vater, keiner Mutter, keinen Großeltern, Onkeln, Tanten, Geschwistern oder Kusinen.

Manchmal hatte sie den Eindruck, daß sie wie ein Regentropfen in die Welt hineingefallen war, ohne jede Bedeutung, ohne Sinn.

»Jendayi, was bist du undankbar!« Kesi klang auf einmal richtig wütend. »Merit selber liebt dich! Sie hat dir mehr Talent gegeben als jeder anderen Frau. Deine Finger fliegen schneller als bei allen anderen. Manchmal wünschte ich, du könntest sehen, wie Akils Augen groß werden, wenn du eines von deinen Lieder spielst. Ich habe gesehen, wie der Pharao seinen Becher abstellte und sich nach vorne beugte, um dir beim Spielen zuzusehen! Selbst die Königin mag dich!«

Jendayi hob ihren Kopf. Ihre Finger gingen zurück zu den Saiten ihres Instruments. »Wenn Merit mich wirklich liebt, dann wird sie mich vor dem Schicksal, das im Jenseits auf mich wartet, bewahren.« Ihr Kopf ging von neuem die schwierige Stelle durch, die sie am Üben war. *Eins-Or-si-ris, Zwei-Or-si-ris, Drei-Or-si-ris, Vier...*

Und noch ein Gedanke schoß durch ihre Seele: *Hoffentlich ist Merits Liebe beständiger als die des Wesirssohnes.*

Ephraim stand vor Staunen der Mund offen, als er mit seinem Vater und Bruder den Bankettsaal des Königs betrat. Amenhotep hatte seinem Kammerherrn und Verwalter aufgetragen, ein prächtiges Fest auszurichten, das des Vaters des Wesirs würdig war, und die beiden Hofbeamten hatten keine Mühe gespart. Ephraim konnte sich nur an ein oder zwei Gelegenheiten erinnern, bei denen es ein ähnlich prächtiges Fest gegeben hatte.

Eine Abteilung der berühmten Medjay-Krieger, der nubischen Elitegarde des Königs, hatte sie in dem kleinen Hafen von Malkata in Empfang genommen und direkt zu dem Bankettsaal geführt. Andere Krieger in strahlendweißen Kurzröcken mit blankpolierten ledernen Schwertgürteln und Schärpen aus Leopardenfell standen mit steif angelegten Armen wie Statuen an den Wänden des Saales und warteten auf die Befehle des Pharao. Mehrere Adlige und Würdenträger hatten sich bereits auf den Stühlen, die über den Saal verstreut standen, niedergelassen, und ein Pygmäe mit Glöckchen an den Fußknöcheln tanzte zwischen den Gästen herum.

In der Mitte der Bankethalle stand ein ägyptischer Trommler, der einen stetigen Takt schlug. Mehrere in Reih und Glied stehende Trompeter bliesen ihre Instrumente. Ein Hornist hob sein Instrument zur Decke hoch, in dem vergeblichen Bemühen, die anderen zu übertönen. Eine Gruppe Libyer, die an ihrem prächtigen Federkopfschmuck zu erkennen waren, schlug mit ihren Rasseln einen Stakkato-Rhythmus, während in einer anderen Ecke ein Orchester aus Priesterinnen die heilige Sistra (eine Art leise Rassel) spielte. Der Raum war ein Meer von Klängen, die von den Musikern und Tänzern zu der bemalten Decke hoch und wieder herunterstiegen.

Der königliche Kammerherr führte Zafenat-Paneach und seine Söhne zu den Ehrenplätzen bei dem Podium, wo Amenhotep und Tiy sitzen würden.

Ephraim lehnte sich auf seinem Stuhl zurück und legte die Finger zusammen, während er seinen Blick durch den Raum schweifen ließ. Manasse, der kaum ein Wort gesagt hatte, seit sie an dem westlichen Flußufer angelegt hatten, saß neben ihm, seine etwas hängenden Augen auf ein Basrelief-Gemälde des Pharao an der gegenüberliegenden Wand gerichtet.

Ephraim beugte sich zu seinem Bruder hin und flüsterte: »Keine Bange, Manasse, der Pharao gibt kein Bankett ohne die kleine Harfenistin. Er wird das Beste für ganz zuletzt aufsparen.«

Manasses Lippen preßten sich ärgerlich zusammen, aber seine Antwort wurde von einer plötzlichen Trompetenfanfare abgeschnitten. Eine Gruppe Tänzerinnen, die alle die gleichen, mit hohen Salbenkegeln versehenen Perücken trugen, kam in den Raum. Sie wedelten mit Akazienzweigen, und das halb durchsichtige Material ihrer Gewänder bestärkte Ephraim in seiner Meinung, daß der König ein Kennerauge für weibliche Schönheit hatte.

Nach den Frauen kam eine Gruppe wohlrasierter und -geölter Männer, die steif und würdevoll gigantisch hohe Blumensträuße hereintrugen. Hunderte duftende Lotusblüten, Mohn- und Kornblumen waren in mehreren Etagen an lange Schilfstengel und Palmwedel gebunden, wobei die kleineren Blüten die Zwischenräume zwischen den größeren füllten. Selbst aus der Entfernung konnte Ephraim den Duft der Sträuße riechen. Die Männer verteilten sich über den Saal, bis der Duft jede Ecke erreicht hatte.

Eine erneute Fanfare. Jetzt kamen die Kinder des Pharao. Ephraim lächelte, als er sie zählte. Der Pharao mußte wirklich ein Fest der Feste geplant haben, denn Tiys Kinder waren alle dabei, obwohl selbst Joseph einmal bemerkt hatte, daß Tiys Sprößlinge so ungebärdig wie Wildpferde waren. Aber hier kamen sie also, mit sittsam gesenkten Augen und brav gefalteten Händen: die Prinzessinnen Ast, Hentmerheb, Hentaneb, Baketamun und Sitamun. Und hinter den königlichen Töchtern, in einer ureigenen Herrlichkeit, stolzierte Neferkheprure' Wa'enre', der Kronprinz und künftige Pharao.

Ephraim nickte dem Prinzen höflich zu, dann fuhr er sich über sein Kinn und suchte Sitamuns Augen. Sie hatte sich auf der gegenüberliegenden Seite des Raumes hingesetzt, aber mit etwas Glück würde sie bald neben ihm sitzen, und nicht mehr der mürrische Manasse. Die Bankette des Pharao waren von der langen Sorte, und die Gäste wechselten oft die Plätze.

Endlich sah Sitamun in seine Richtung. Ephraims Augen begegneten den ihren und hielten sie fest. Ihr Blick fuhr beifällig über sein Gesicht, und er grinste; sollte sie ruhig wissen, daß er sie beobachtete.

Ein erneuter Trompetenstoß, diesmal ohrenbetäubend, riß ihn auf seine Füße. Sämtliche Personen in dem Raum, einschließlich der königlichen Kinder, warfen sich auf dem Boden nieder. Ephraim starrte ungeduldig auf die bemalte Fliese vor seiner Nase; er wußte aus Erfahrung, daß es seine Zeit dauern würde, bis der König und die Königin das Podium mit ihren Stühlen erreicht hatten. Endlich brach die Stimme des Kammerherrn die Stille: »Erhebt Euch alle und seid gesegnet in der Gegenwart Eures Gottes und Königs, des Sohnes der Sonne, des Sohnes Amun-Res, des Gottes der Götter, Herrn der Herren, Königs der Könige und Königs der Götter!«

Die Bankettgäste erhoben sich und stellten sich neben ihre Stühle. Der Pharao stand vor ihnen, die Arme über der Brust gekreuzt, in seinen Händen der zeremonielle Krummstab und die Geißel. Er war nur fünf Fuß groß, viel kleiner als die hochgewachsenen Hebräer, aber sein schmales, schönes Gesicht paßte perfekt zu seiner Figur und verlieh ihm ein kompakt-muskulöses Aussehen. Seine mandelförmigen, von schweren Lidern gekrönten Augen sahen fast elliptisch aus unter den dicken schwarzen Schminklinien, die von den Lidern nach außen gezogen waren. König und Königin trugen kunstvolle Kragen aus blauen Glasperlen und frischen Lotusblüten, den pflanzlichen Symbolen der Wiedergeburt.

Das königliche Paar stand mit düsteren Augen, trauervoller Miene und leicht hängenden Schultern da – die traditionelle Trauerpose. Alles zur Ehre Israels.

Die Augen des Königs gingen zu seinem Wesir. »Zafenat-Paneach, du mußt mir von dem Begräbnis meines Freundes Israel, des Sohnes Isaaks, erzählen. Hattet ihr eine gute Reise? Ruht er jetzt bei seinen Vätern, wie es sein Wunsch war?«

»Ja, mein König.« Joseph trat vor, legte seine Hand in einer demütigen Geste auf seine Brust und neigte seinen Kopf vor dem Pharao. »Und wir entbieten Euch unseren Dank. Ihr habt uns großmütig mit vielem versorgt, darunter nicht zuletzt die Gegenwart Eures geliebten Sohnes. Meine Familie wird Euch ewig dankbar sein dafür. Eure Güte wird für immer im Munde der Söhne Israels sein.«

»Und so werde ich ebenso unsterblich werden wie Israel.« Ein leichtes Lächeln spielte um Amenhoteps Lippen. Er holte Luft, wie um noch mehr zu sagen, schien es sich aber anders zu überlegen. Er lächelte seine Frau an, und das königliche Paar setzte sich. Die Gäste glitten vorsichtig zurück auf ihre Stühle, während der Pharao seinen Kopf zu seinem Hausverwalter hin neigte. Der klatschte in die Hände, und der Raum füllte sich mit Dienern, die große Tabletts trugen.

Die Köstlichkeiten wurden zu dem Tanzrhythmus der Trommeln aufgetragen. Den Anfang der reichen Prozession machten Brote und süße Kuchen aller Arten und Größen – manche so groß wie ein menschlicher Kopf, andere so klein, daß fünf in eine Hand paßten. Nach dem Brot kamen Körbe mit gebratenen Zwiebeln, danach neun verschiedene Fleischsorten, darunter Rinderniere, Gans, Ente, Krickente, gebratenes Rindfleisch, getrockneter und gesalzener Fisch und gebratene Tauben. Auf einer hölzernen Schüssel, die so groß war, daß zwei Sklavenmädchen sie tragen mußten, thronten zwei große Käse. Der Sitte folgend, wurden alle Speisen zuerst dem Pharao präsentiert, der die Parade mit einer dezenten Handbewegung weiterdirigierte. Erst nachdem es dem göttlichen Pharao vorgesetzt worden war, durfte ein Gericht auf das Essenstablett gewöhnlicher Sterblicher wandern.

Ephraim nahm sich ein Gebäckstück von einem der herumgereichten Tabletts. Als er wieder hochblickte, sah er, wie Sitamun ihn quer durch den Raum beobachtete. Ihre ebenmäßig weißen Zähne waren ein angenehmer Kontrast zu ihrer Olivenhaut und der dunklen Perücke. Ihr Lächeln war wie die Sonnenstrahlen auf dem Wasser des Nils. Dann sah sie weg und murmelte ihrer Schwester etwas zu, worauf sie sich auf ihrem zierlichen Stuhl nach vorne beugte und mit anmutigen Bewegungen eine saftige Melonenscheibe, die man *sekhept* nannte, an ihre rosigen Lippen hob.

Eine warme Welle ging durch Ephraims Puls. In seinen dreiundzwanzig Jahren hatte er sich noch nie ernsthaft damit befaßt, was für eine Art Frau er einmal heiraten würde; jetzt, als er Sitamun beobachtete, schossen ungewollte Funken der Erregung durch ihn. Sie mochte ihn. Das erwartungsvolle Leuchten ihrer Augen war so deutlich wie die Sonne am Nachmittag. Und sie war eine Prinzessin! Für Ephraim, der in dem zweitmächtigsten Haus des mächtigsten Reiches der Welt aufgewachsen war, war es nur natürlich, daß sein Herz nach oben schielte, zum Haus des Pharao selber. Wenn er sich eine Frau aus dem Königshaus nahm, konnte er womöglich ein noch mächtigerer Mann werden als sein Vater. Wenn Sitamun ihn doch nicht wollte, würde er eben Hentaneb heiraten. Oder Baketamun, Ast oder Hentmerheb. Der Pharao war reich an Töchtern.

Er wollte sich gerade zu Manasse beugen und ihn fragen, welche der Prinzessinnen er für die schönste hielt, als zwischen zwei der bemalten Säulen Akil erschien. Ephraim setzte sich wieder gerade und stopfte das nächste Brotstück in den Mund, wohl wissend, daß Manasse ab jetzt für kein Gespräch mehr zu gebrauchen war. Denn hinter Akil, eine Hand auf dem Arm ihrer Magd, die andere um ihr Instrument, kam die kleine Harfenistin.

»Gnade und Wohlergehen sei dir.«

Die kehlige Stimme in seinem Ohr klang bekannt, und Ephraim drehte sich in die Richtung, überrascht, daß es Sitamun gelungen war, herbeizukommen, ohne daß er es merkte. »Gnade und Friede seien Euch«, antwortete er mit einem kurzen, halb verlegenen Lachen. »Ihr müßt mir meine Manieren vergeben, aber ich habe Euch nicht gehört, Prinzessin.«

»Ich wollte nicht, daß du mich hörst.« Sie sank auf ein niedriges Kissen neben seinem Stuhl und schlug ihre Beine unter. »Unsere Väter werden sich eine ganze Stunde lang über das Begräbnis unterhalten, und – bitte vergib mir, aber ich interessiere mich nicht für einen Mann, der in die Ewigkeit übergegangen ist.« Ihr Mund bog sich zu einem Lächeln hoch, ihre Augen tanzten. »Ich ziehe einen Mann vor, der lebendig ist.«

Ephraim, hochgeschmeichelt, beugte sich zu ihr und senkte seine Stimme. »Ich bin froh, daß Ihr zu mir gekommen seid. Ich hatte mir schon überlegt, ob ich zu Eurer Seite des Raumes gehen sollte, aber mein Vater hätte es wohl nicht recht gefunden. Er hält mich schon so für etwas vorschnell.«

»Dein Vater ist ein mächtiger Mann.« Ihre Augen fuhren unverhohlen über ihn. »Aber mein Vater ist der Pharao, und ihm macht es nichts, wenn ich an deiner Seite knie. Fast hätte ich ihn dazu überredet, mir zu erlauben, euch in die Wüste zu begleiten.« Sie hob ihre eine nackte Schulter zu einer Enttäuschungsgeste. »Aber meine Mutter hat ihn beredet, mich in Theben zu halten.«

Ephraim lachte, und sie lächelte, und einen Augenblick lang sahen sie sich einfach an. Von der anderen Seite des Saales kam Josephs

Stimme, die über El Shaddai und die Eifersucht des Allmächtigen Gottes sprach, aber Ephraims Kopf füllte sich rasch mit einer ganz anderen Eifersucht.

Bei sämtlichen Göttern, war dies die Liebe? Seine Gedanken schienen auf einer Wolke zu segeln, ein merkwürdiges Kribbeln in der Magengrube nahm ihm den Appetit. Sein Blick wanderte über Sitamuns jungen Körper, dann ging er über ihr Gesicht und suchte ihre Augen. Doch, wenn sie seine Frau wäre, er würde ihr sich und alles, was er besaß, gerne geben. Selbst von der anderen Seite des Raumes her hatte sie ihn angezogen, die Flamme in ihren Augen verzauberte ihn. Und wenn sie heirateten, wäre es eine Ehrensache, daß der Pharao dem Gemahl seiner Tochter ein hohes Amt verlieh. Vielleicht würde er Ephraim sogar zum Wesir über ganz Ägypten machen, denn Joseph wurde allmählich ja wirklich älter ...

Ohne ihren Blick von ihm zu nehmen, zeigte Sitamun mit ihrem dunklen Kopf zu dem Podium hin, wo der Pharao und sein Wesir in ihr Gespräch vertieft waren. »Dein Vater spricht wieder von seinem Gott.« Ihre intensiven schwarzen Augen wurden schärfer. »Wie denkst *du* über den Allmächtigen Gott, Ephraim?« Der sanfte Ton, in welchem sie seinen Namen aussprach, schickte einen Schauer durch seine Sinne. »Dein Vater sagt, daß er nie einen anderen Gott verehrt hat, aber er hat sich doch mit einem Eid zum Dienst meines Vaters verpflichtet, des Sohnes Amun-Res.«

»El Shaddai ist der Gott der Hebräer.« Die eine Hälfte von Ephraims Gehirn versuchte die Worte abzuwägen, während die andere vor wilder Energie summte. »Aber er heißt jeden willkommen, der zu ihm kommt. Ich habe gehört, daß die Königin Tuja Gott Shaddai verehrt. Und Thutmosis, Euer Großvater, suchte Erkenntnis und Wahrheit bei dem Gott meines Vaters.«

»Die Königinmutter ist eine alte Frau.« Zwei rosa Flecken traten auf Sitamuns Wangen, scheinbar ohne Grund. »Und Thutmosis ist seit vielen Jahren tot.«

»Tuja ist nicht älter als mein Vater.« Ephraim riß seine Augen weg von Sitamuns zartem ovalem Gesicht und schielte zu seinem Vater hin. Joseph bewegte seine Hände in energischen Gesten, während er sein Herz vor Amenhotep und Tiy ausschüttete. Die Königin sah gelangweilt aus, während der Pharao den Blick geradeaus gerichtet hielt; um seine Mundwinkel spielte ein herablassendes Lächeln.

Nein, der König würde nie Gott Shaddai verehren. Tuja und Thutmosis hatte die Unbill des Lebens zu dem Allmächtigen Gott getrieben, der ihnen helfen konnte, aber Amenhotep hatte in seinem Leben nichts als Segen gekannt. Von Kind auf in der Wahrheit unterwiesen, hatte er sie aus seinen Händen gleiten lassen und sich dafür entschieden, die Priester Ägyptens und seinen gewaltigen Hunger nach Vergnügungen zufriedenzustellen.

Der Gedanke war kaum durch Ephraims Kopf gezogen, als gleich der nächste kam. Wenn Joseph den Pharao nie dazu bringen würde, Gott Shaddai anzunehmen, dann war Zafenat-Paneach nicht der Mann, den Gott dazu benutzen konnte, eine hebräisch-ägyptische Allianz zu schmieden, die die ganze Welt segnen würde. Gott müßte sich jemand anderen aussuchen.

»Ephraim.« Sitamun legte ihre Hand über die seine; seine Haut prickelte unter der Berührung. Sie quittierte den Blick in seinen Augen, als er sich zu ihr zurückdrehte, mit einem zufriedenen Lächeln. »Sag mir, was du gerade denkst. Manchmal habe ich den Eindruck, du ziehst deine Gedanken von mir weg.«

»Nein, nie«, sagte er, ihr Lächeln mit einem noch breiteren Lächeln erwidernd. »Meine Gedanken würden am liebsten den ganzen Tag bei Euch bleiben. Sie möchten mit Euch in Eurem Garten spielen und mit Euch am Frisiertisch sitzen, während Eure Dienerinnen Malachit auf Eure wunderbaren Augen auftragen ...«

Der eine Winkel ihres Mundes ging nach unten. »Halte ein, mein Freund, oder deine Gedanken werden mir in Gemächer folgen, wo sie besser nicht hingehen. Sage mir lieber, was du gedacht hast, als du gerade meinen Vater anschautest. Dein Gesicht verschloß sich auf einmal vor mir, als ob es ein Geheimnis beherbergte.«

»Ich dachte ...« Ephraim hielt inne. »Es sind ungewöhnliche Gedanken, Ihr werdet sie vielleicht nicht schätzen.«

»Fahre fort«, drängte sie, und für einen Augenblick zog eine wehmütige Wolke über ihr Gesicht. »Ich will dich besser kennenlernen.«

»Wenn ich die Wahrheit sage und Eurem Herzen vertrauen kann ...« Er nahm ihre Hand in die seine. »Ich dachte gerade, daß Euer Vater, der König, nie der Mann sein wird, zu dem mein Vater ihn gerne machen würde. Euer Vater ist ein Mann mit vielen Göttern, während mein Vater nur einen anbetet.«

Ihre Augen wurden enttäuscht. »Das ist keine große Offenbarung.«

»Aber doch!« Er drückte ihre Hand. »Denn es zeigt, daß Gott Shaddai sein Werk nicht in dieser Generation vollenden wird. Seht Ihr nicht? Gott verhieß meinem Vorvater Abraham, daß durch seine Nachkommen die ganze Welt gesegnet würde. Und er verhieß uns auch das Land Kanaan als Wohnort für immer.«

Sitamun starrte ihn an, halb fragend, halb irritiert.

Er mußte es anders versuchen. »Überlegt doch, meine Hübscheste.« Er beugte sich noch näher zu ihr. »Welches ist das größte Königreich der Welt?«

»Ägypten.« Sie warf ihren Kopf zur Seite. »Welches sonst?«

Ephraim nickte. »Und durch Ägyptens Fülle ist bereits die ganze Welt gesegnet worden. Aber weiter: Welches Reich hat die mächtigste Armee der Welt?«

»Ägypten«, antwortete sie wieder. Ihre Lippen bogen sich argwöhnisch.

»Ihr seid nicht nur schön, sondern auch klug.« Ephraim lächelte breit und zustimmend. »Und der frühere König welchen Reiches hat einen Großteil Kanaans erobert? Und welches Reich könnte, wenn es wollte, leicht ganz Kanaan unterwerfen?«

Ihre schmalen Brauen hoben sich erfreut. »Wieder Ägypten.«

»Richtig.« Ephraim hielt einen Moment inne, um das ganze Gewicht seiner Worte in sie einsinken zu lassen. »Gott Shaddai hat versprochen, die Welt durch die Hebräer zu segnen, und was könnte ein besserer Kanal für diesen Segen sein als die Macht und Herrlichkeit Ägyptens? Gott hat den Söhnen Israels eine ewige Heimat in Kanaan verheißen, und wie könnte dies besser erreicht werden als durch die Macht des Heeres des Pharao?«

Er beugte sich so nahe zu ihr, daß er direkt in ihr Ohr flüsterte. »Aber dies wird nicht geschehen, solange mein Vater lebt, denn er ist mit den Dingen so zufrieden, wie sie sind. Und so muß wohl unser Schicksal – Eures und meines, Sitamun – noch warten. Wenn mein Vater nicht mehr Wesir ist, kann man Euren Vater vielleicht dazu bringen, zu handeln.«

Ein Klirren brach die Stille hinter ihnen, daß Ephraim herumfuhr. Hinter seinem Stuhl stand der Kronprinz. Seine schweren Augenlider waren weit offen, sein Gesicht sah aus wie das eines aufgeschreckten Rehs. Ein Diener beeilte sich, den Becher aufzuheben, den der Prinz hatte fallen lassen, und einen Augenblick lang knotete eine eisige Faust sich um Ephraims Herz. Hatte er da gerade etwas gesagt, das man als Verrat deuten konnte? Aber der überraschte Blick des Prinzen verwandelte sich in einen Ausdruck wilder Freude, als er Ephraim anlächelte.

»Die Götter haben dich mit wunderbaren Gedanken gesegnet«, flüsterte Neferkheprure' Wa'enre', sein Kopf so nah, daß nur Ephraim und Sitamun die Worte hören konnten. »Aber sage niemand sonst etwas davon. Das Schicksal eines Menschen kommt zu seiner Zeit.«

Auf der anderen Seite des Saales zupfte Jendayi pflichtschuldig ihr Instrument und versuchte, nicht an den Schmerz in ihrem Herzen zu denken. Die leise Geräuschkulisse von Lachen und Tischgesprächen füllte die Lücken zwischen den Liedern des Orchesters. Der sachte Takt von Akils Hand auf seinem Knie hielt sie in der Realität fest. Ihr Herz brannte, aber niemand sah es. Die Bankettgäste hatten kaum Notiz von den Musikerinnen genommen. Niemand hatte ein besonderes Lied gewünscht, niemand den Göttern Preis geopfert. Nach einer Stunde Essen und Trinken hatte sich die Trauerstimmung gehoben. Der Pharao schien selten gutgelaunt zu sein. Man hörte oft sein rhythmisches Lachen, und das schrille Timbre der Stimme der Königin durchzog den Raum wie der scharfe Geruch von Heilkräutern.

Aber durch diese Geräuschkulisse aus halblauten Unterhaltungen, dem Geflüstere der Sklaven und dem Klappern der Schüsseln und Schalen hindurch erkannte Jendayi die sonore Stimme des Wesirs und wußte, daß seine Söhne mit im Raum sein mußten. Der älteste Sohn war eine bloße Nummer für sie, die keinen Platz in ihrem Gedächtnis hatte, und der Jüngere, so hielt sie sich streng vor, war ein seichter Charmeur, dessen dümmliches Geflirte ihr Herz wundgerissen hatte. Sie hatte hin und her überlegt, was Ephraim alles von der Erfüllung seines Versprechens, sie zu der Seinen zu machen, hatte abhalten können, doch immer wieder war sie zu dem gleichen Ergebnis gelangt: daß Ephraim ein freier Mann war, und ein einflußreicher dazu. Wenn weder Kesi noch der Hauptmann des Wesirs gelogen hatten – und Jendayi war sicher, daß sie nicht gelogen hatten –, dann hätte Ephraim inzwischen längst den Pharao um sie bitten können. Aber das hatte er nicht getan, und dies konnte nur bedeuten, daß er keine tieferen Gefühle für sie hatte, sondern sie nur als ein kurzweiliges Spielzeug betrachtete. Er hatte sich ihre Musik angehört, diese Offenbarung ihres innersten Herzens – und sie nur gefällig und unterhaltsam gefunden.

Jendayi zupfte die Noten des Grundakkords, während die übrigen Instrumente in die Schlußkadenz einfielen. Ein beiläufiger Applaus ging durch den Saal, ohne daß das Gesumme der Gespräche aufhörte. Jendayi trat von einem Bein auf das andere. Sie wünschte sich, Akil hätte ihr erlaubt, die kleine Harfe zu nehmen, die sie bequem im Sitzen spielen konnte. Auch wenn sie die Bankettgäste nicht sehen konnte, kam sie sich im Stehen wie auf dem Präsentierteller vor.

Sah Ephraim sie gerade an? Lachte er hinter vorgehaltener Hand, während er seinem älteren Bruder erzählte, was für einen Witz er sich mit ihr geleistet hatte?

Ein Sandalenpaar klatschte über die Fliesen in ihrer Nähe, dann flüsterte ein Sklave laut etwas in Akils Ohr. Jendayi senkte ihre Augen. Hoffentlich hatte der Diener ein Tanzlied verlangt. Die Prinzessinen konnten nicht genug bekommen vom Tanzen. Vielleicht wollten sie dem König einen neuen Tanz vorführen ...

»Jendayi.« Akils Stimme schnitt wie eine Peitsche durch ihre Gedanken. »Der Pharao wünscht, daß du ein Preislied singst.«

Sie fühlte sich, als ob eine Hand sich um ihre Kehle legte. Sie konnte nicht singen – nicht, solange Ephraim zuhörte. *Zweimal* hatte sie nur für ihn gesungen, und zweimal hatte er ihr die kalte Schulter gezeigt. Noch nicht einmal für den Pharao konnte sie diese Demütigung wiederholen. Lieber würde sie sterben.

»Ich kann nicht«, flüsterte sie rauh.

Der Cheironom keuchte leise auf. »Was?«

»Ich kann nicht, Akil.« Sie klammerte sich an den Hals der Harfe, als könnte das Instrument sie beschützen.

»Du mußt, Mädchen!« Die Schärfe in seiner Stimme ließ ihren Körper noch steifer werden. »Nur der dümmste Sklave wagt es, dem Pharao nein zu sagen! Wenn du morgen früh sehen willst, wie Re über den Himmel fährt, mußt du tun, was der König verlangt!«

Sie ließ ihren Kopf sinken und wünschte sich, der Fußboden würde sie verschlingen. Etwas an ihrer Haltung mußte Akil zu denken geben, denn als er wieder sprach, war seine Stimme etwas sanfter. »Hör zu, Mädchen, dann findest du deinen Mut vielleicht wieder. Wir werden die Geschichte der Musik aufführen; das ist eines der Lieblingsstücke des Pharao. Ich werde für dich beginnen. Ich werde die Geschichte erzählen, während du die Begleitung spielst, und dann wirst du singen.«

Die anderen Frauen nahmen schweigend ihre Instrumente und verließen den Saal. Jendayi spürte den Lufthauch ihrer Gewänder. Sie war allein mit dem Cheironomen. Hin und her gerissen zwischen Rebellion und Gehorsam, richtete sie sich voll auf. Sie hörte, wie Akil in die Hände klatschte, um die Aufmerksamkeit des Publikums zu erbitten.

Die plötzliche Stille war wie ein schwarzes Loch. Sie spürte die Berührung von hundert Augenpaaren. Ihre Finger zitterten, als sie sie auf die Saiten preßte.

»O, göttlicher König, möget Ihr ewig leben«, begann Akil, zuversichtlich, daß Jendayi ihn nicht enttäuschen würde. »In den Tagen der Urzeit war es, daß Thot sah die Ordnung der Sterne und entdeckte der Töne Harmonie ...«

Ein Strom der Angst fuhr durch Jendayi, aber ihre Hände blieben auf der Harfe, schufen einen murmelnden Musikteppich zu Akils Rezitativ.

»Und Thot machte eine Leier und gab ihr drei Saiten, den Zeiten des Jahres gemäß: der Überschwemmung, dem Wiederauftauchen des Landes und der Trockenheit. Darauf erschuf er drei Töne, den hohen, mittleren und tiefen, und gab den hohen dem Sommer, den mittleren dem Frühling, aber den tiefen dem Winter.«

Jendayi versuchte, ihr Herz kalt und still zu halten, aber ihr Puls wurde unregelmäßig. Bestimmt sah er sie an. Ephraim. Jetzt, in diesem Augenblick.

»Und Thots erschaffender Geist ließ ihn machen eine größere Harfe«, fuhr Akil fort, »und Sterbliche, die der Musik Gabe hatten. Darauf erschuf er Merit, die Göttin der Melodie, und lehrte sie singen durch sterblicher Männer und Frauen Lippen. Dieses Mädchen hier vor Euch, o Pharao, Göttlicher, hat Merit begabt wie keine andere vor oder nach ihr. So hört ihr nun zu, wenn sie singt zur Freude Eures göttlichen Herzens.«

Das Hämmern in Jendayis Ohren schwoll zum Orkan, daß sie Akils Stimme nicht mehr hörte. Ihre zierlichen Hände fielen zur Seite, der Fußboden wurde ein fahrendes Schiff, nein, ihr Kopf war das Schiff. Die Harfe krachte disharmonisch dröhnend auf den Fußboden.

Die vertraute Dunkelheit vor ihren Augen wurde noch dicker, fraß alle Laute und Gerüche des Bankettsaals auf. Sie versuchte ihre bleiernen Arme zu heben, dann stieg die Schwärze hoch wie ein Bienenschwarm und stürzte sich auf sie.

Dreizehn

»Schaut Euch das an!« Ephraim beugte sich mit plötzlichem Interesse nach vorne. »Die kleine Harfenistin ist in Ohnmacht gefallen, und mein Bruder hat sich vergessen.« In dem Augenblick, wo Jendayi zu schwanken begann, war Manasse von seinem Stuhl aufgesprungen; jetzt kniete er an ihrer Seite, während der Cheironom hilflos daneben stand und die Hände rang.

»Laß die Diener das machen.« Sitamun packte Ephraims Arm. »Und bete, daß mein Vater deinem Bruder gnädig ist.«

Ephraim entwortete nicht, sondern lehnte sich zurück, für den Augenblick sprachlos vor Überraschung. Wie Manasse da zu der Sklavin hingesprungen war – es ging gegen jedes Protokoll, jede Sitte, ja gegen den gesunden Menschenverstand. Die tolldreiste Aktion hatte ihn direkt vor den Stuhl des Pharao katapultiert – ein tödliches Risiko. Jeder in Ägypten wußte, daß die an der Kopfbedeckung des Pharao angebrachte Kobra, ein Modell der Schlangengöttin Wadjet, die Macht hatte, jeden Feind, der sich dem König näherte, augenblicklich mit Feuer zu verzehren. Entweder hatte Wadjet ihre Pflicht vergessen, als Manasse ohne zu überlegen über das Podium des Pharao lief, oder die Göttin wußte, daß er kein Feind war. Welche dieser Deutungen die richtige war, würde von Amenhotep abhängen.

Ephraim hatte halb den Eindruck, daß sein Vater erblaßte, während der Pharao auf seinem Stuhl erstarrte. Der König blinzelte mit den Augen, als sei er nicht ganz sicher, daß da wirklich jemand es gewagt hatte, in sein Territorium einzudringen, dann heftete er seinen

Blick auf die zu Boden gesunkene Sklavin und den über sie gebeugten Wesirssohn.

»Es scheint, mein König«, sagte Joseph, seine Stimme plötzlich leicht zittrig, »daß mein Sohn in seinem Bemühen, Eurer Harfenistin zu helfen, seine gute Erziehung vergessen hat.«

Die dunklen Brauen des Pharao hoben sich mißbilligend. »Ich muß dir recht geben, Zafenat-Paneach.« Einen langen Augenblick sah er Manasse konsterniert an, daß Ephraim den Atem anhielt, gewiß, daß der Ärger des Königs in hellem Zorn explodieren würde. Manasse war nicht nur in die Privatsphäre des Königs eingedrungen, er kniete so neben der Sklavin, als ob er und nicht Amenhotep ihr Besitzer war. Noch ein Augenblick, und der Pharao würde, wenn Manasse nicht aufpaßte, das Licht der Liebe in seinen Augen sehen.

Manasse mochte ein romantischer Narr sein, aber Ephraim hatte noch alle fünf Sinne beisammen. Er sprang auf seine Füße. »Möget Ihr ewig leben, o herrlichster Pharao!« rief er aus und warf sich zu Boden, in die umgekehrte Richtung von der Stelle, wo Manasse sich über das Mädchen beugte.

Das Manöver glückte; der Pharao drehte sich in Ephraims Richtung. »Wer spricht jetzt?«

Ephraim hob seinen Kopf und lächelte breit und freundlich. »Ich bin Ephraim, der jüngere Sohn Zafenat-Paneachs. Ich möchte Euch, o göttlicher König, um die neuesten Nachrichten über Euren Tempel in Süd-Opet bitten. Seit unserer Reise habe ich noch keine Gelegenheit gehabt, ihn wieder in Augenschein zu nehmen.«

Der Pharao legte den Kopf zur Seite und lächelte, und Ephraim wußte, daß der Vorfall mit Manasse bald vergessen wäre. Amenhoteps Baueifer wurde nur noch von seiner Vorliebe für schöne Frauen übertroffen. Der Tempel, den er dem Amun-Re geweiht hatte, war eines seiner Lieblingsprojekte.

Amenhotep warf einen beifälligen Blick auf seinen Wesir. »Du hast einen hochintelligenten Sohn.« Seine dunklen Augen leuchteten, als er sich wieder Ephraim zuwandte. »Ich habe vor kurzem die besten Künstler damit beauftragt, die Wände mit Reliefs meiner Geburt und meiner königlichen Eltern zu schmücken«, erklärte der König, während er sich auf seinem Stuhl aufrecht setzte und seine Arme faltete.

»Sechs Statuen, so gewaltig, wie noch keine je errichtet wurden, werden den zum zweiten Pylon führenden Bereich verzieren ...«

Der König fuhr fort, ohne auf die immer schwereren Augenlider seiner Gäste zu achten, und Ephraim blieb auf den Knien, tapfer die Zähne zusammenbeißend gegen die Härte des Fußbodens. Er hielt seine Augen pflichtschuldigst auf das Gesicht des Königs geheftet, aber aus dem Augenwinkel beobachtete er, wie Manasse die Harfenistin auf seine Arme hob und hinter dem vorangehenden Cheironomen aus dem Saal und in Sicherheit brachte.

Ephraim unterdrückte ein Grinsen und hob seine Augenbrauen, als fand er die architektonischen Pläne des Königs hochinteressant. Er war etwas hart zu Manasse gewesen an jenem letzten Abend in Kanaan; vielleicht waren seine Späße etwas zu grob gewesen. Aber er hatte fest geglaubt, daß sein Bruder einen dummen Schwarm hatte und nicht wirklich liebte.

Aber vielleicht hatte er da falsch geglaubt. Und wenn er jetzt zur Strafe blaue Flecken an den Knien bekam, würde er das tapfer durchstehen.

Ein Gewirr wilder Bilder schoß durch Jendayi, dann traf das Bewußtsein sie wie ein Schlag in die Magengrube. Sie schlug um sich, spürte unbekannte Hände auf ihren Armen, dann donnerte eine männliche Stimme durch ihre Angst. »Ich tue dir nichts«, sagte der Mann, und der Druck seiner Hände wurde weniger.

Jendayi erstarrte. Wo – und bei wem – war sie? Eine nie gekannte Panik stieg in ihrer Kehle hoch.

»Du bist in Ohnmacht gefallen.« Die Stimme des Mannes klang weich und vernünftig. »Akil hat dich in meiner Obhut gelassen.« Jendayi zitterte, einigermaßen beruhigt. Akil würde sie nicht in die Gewalt eines Monsters geben. Dieser Mann mußte einer der Diener sein, oder vielleicht einer der Leibwächter des Pharao.

Dann kam plötzlich ihr Gedächtnis zurück, und sie fuhr zusammen. Was hatte sie da gerade für eine Szene gemacht? »Ist der Pharao sehr zornig?« Sie preßte ihre Hand auf ihre Stirn.

»Der Pharao ist gerade beschäftigt. Ephraim hat ihn mit einer Frage über die Arbeiten am Tempel von Opet abgelenkt. Sicher kann er sich schon nicht mehr erinnern an deinen unglücklichen Sturz.« Sie hörte ein Lächeln in der vage bekannten Stimme.

Ephraim war ihr zur Hilfe gekommen! Sie schob ihre Hand über ihre Augen, damit ja keine sentimentale Träne sich sichtbar ihre Wange hinunterstahl. Und sie hatte gedacht, daß Ephraim ein grausames Spiel mit ihr trieb! Er liebte sie also doch, sonst hätte er sie nur angegafft wie alle anderen auch. Er war mutig aufgestanden, um den Pharao von ihrer Torheit abzulenken. Aus Liebe zu ihr hatte er den Zorn des Königs riskiert!

»Geht es dir wieder besser?«

Die Stimme ihres Helfers hatte einen angenehm rauhen Ton angenommen, golden und warm wie die Sonne. Er hatte die deutliche Aussprache eines gebildeten Adligen; zweifellos war er in einem hohen Haus aufgewachsen.

»Ja, es geht wieder.« Sie drehte sich um und preßte ihre Hände auf den Boden, um sich hochzudrücken. »Es ist nur ...« Sie unterbrach sich, ihr Kopf wollte sich wieder drehen. Sie spürte die Wärme seiner Hand auf ihrer Schulter.

»Soll ich die Ärzte rufen?«

Trotz ihrer Kopfschmerzen mußte sie lachen. Was für ein Witz! Als ob die königlichen Ärzte sich um eine Sklavin kümmern würden!

Sie ließ sich von dem Unbekannten beim Aufstehen helfen. »Ich habe deine Stimme schon irgendwo gehört«, sagte sie, »aber ich glaube, ich kenne dich nicht. Aber es ist sehr nett von dir, daß du hier bei mir sitzt. Ich bin überrascht, daß Akil mich nicht einfach ins Sklavenhaus hat bringen und auf ein Bett abladen lassen.« Sie drehte ihr Gesicht in seine Richtung. »Arbeitest du im Palast des Pharao? Oder für die Königin Tiy?«

Er schwieg einen Augenblick, dann rollte sein leises Lachen durch die Luft. »Ich bin kein Diener des Pharao.« Sein Ton war halb entschuldigend.

Sie überlegte. »Dann bist du aus dem Haus des Wesirs?«

»Ja.« Seine Worte kamen abgehackt-exakt. »Ich diene dem Wesir.«

Sie holte Luft und zwang ihr Herz, langsamer zu schlagen. Wenn dieser Mann in Zafenat-Paneachs Haus lebte und arbeitete, dann wußte er vielleicht, warum Ephraim sich so schwer tat, mit dem Pharao zu reden. Vielleicht wäre er sogar bereit, ihm eine Botschaft von ihr zu überbringen ...

»Willst du mir nicht deinen Namen sagen?« Sie legte den Kopf schräg, als ob ihre blinden Augen sein Gesicht mustern konnten. »Ich könnte einen Freund im Haus des Wesirs gebrauchen.«

»Du willst mich zum Freund haben?« Seine Stimme schien eine Spur zu schwanken.

»Du scheinst der einzige zu sein.« Sie lächelte ihn trocken an. »Schau dich doch um. Siehst du andere, die mir helfen? Selbst meine Magd ist geflohen, denn sie glauben alle, daß der Zorn des Pharao jeden Augenblick losbrechen wird. Wenn Ephraim nicht gewesen wäre ...«

Die Worte wollten ihr steckenbleiben, und sie preßte ihre Finger gegen ihr Kinn, um das Zittern zu stoppen. Die Götter hatten gesprochen an diesem Abend. Sie hatten ihr gezeigt, daß sie Ephraim wert war. Ohne Zweifel wartete er ab, überdachte seine Möglichkeiten, versuchte einen unfehlbaren Plan auszudenken, mit dem er sie zurück in Zafenat-Paneachs Haus holen konnte. Menschen, die viel weniger gewagt hatten, als um eines der Besitztümer des Pharao zu bitten, waren einen Kopf kürzer gemacht worden. Nein, Ephraim hatte nur deswegen noch nicht gehandelt, weil Zafenat-Paneach ihn vor zuviel Kühnheit gewarnt hatte. Oder er versuchte, einen anderen Weg zu finden, ihr ihre Freiheit zu geben.

»Ich möchte gerne dein Freund werden, Jendayi.« Die Stimme des Fremden war wie eine Umarmung in der kühlen Luft der Vorhalle. »Du scheinst einen gebrauchen zu können.«

Sie wandte ihre Gedanken zu ihm hin. Etwas in seiner tiefen Stimme zeigte ihr, daß sie ihm vertrauen konnte. »Dann, mein Freund, da du meinen Namen schon kennst« – sie lächelte durch die Tränen in ihren Augen –, »sage mir deinen.«

Eine lange, vorsichtige Stille folgte. »Die Leute des Wesirs nennen mich mit meinem hebräischen Namen, aber du kannst mich Chenzira nennen.« Sie merkte überrascht, wie seine starke Hand die ihre hob und sanft festhielt. »Es ist ein ägyptischer Name, der bedeutet ›Auf einer Reise geboren‹. Aber das wußtest du sicher schon.«

»Nein, das wußte ich nicht.« Sie schloß die Augen und wünschte sich einen Augenblick, daß die Wärme um ihre Hand von Ephraims Hand käme. »Bist du auf einer Reise geboren?«

»Ja«, antwortete er, seine Stimme wie eine Liebkosung. »Ich glaube, schon.«

»Dann, Chenzira, wenn du wirklich mein Freund bist«, flüsterte sie, voller Sehnsucht, daß eines Tages Ephraim neben ihr sitzen und ihrem Herzen zuhören würde, »nimm dieses Geheimnis mit dir in das Haus Zafenat-Paneachs. Wenn du eine Gelegenheit hast, sprich mit Ephraim, dem Sohn des Wesirs, und biete ihm mein Leben an. Sage ihm, daß ich ihm dienen werde, wie immer ich kann, aber daß ich darauf warte, daß er mich aus dem Haus des Pharao holt.«

»Ist das Leben im Palast so schwer?« In seiner Stimme war Zweifel und noch etwas anderes – klang es wie Eifersucht?

»Chenzira«, sagte sie, sanft vorwurfsvoll. »Der Pharao ist nicht besser oder schlechter als jeder andere Herr. Aber im Haus des Wesirs hoffe ich Liebe zu finden.«

Seine Hand löste sich von der ihren, und einen langen Augenblick hörte sie nichts, noch nicht einmal das Geräusch seines Atems. Hatte sie um zuviel gebeten? Hatte er Angst, eine solch persönliche Botschaft weiterzugeben? Sie merkte, wie die Angst wiederkam. Träumte sie vielleicht noch? Würde sie gleich aufwachen und feststellen müssen, daß sie ihre innersten Geheimnisse einem Geist anvertraut hatte?

Sie streckte abrupt ihre Hand aus und fühlte die glatte Haut einer männlichen Brust unter ihren Fingerspitzen.

»Ich bin noch da.« Seine Stimme klang gepreßt, aber sanft. »Und du verlangst viel.«

»Ja, ich weiß.« Sie senkte schuldbewußt ihre Augen. »Ich weiß, daß eine Sklavin sich nicht so viel herausnehmen sollte. Aber wenn du für mich mit Ephraim redest, dann wird er nicht böse sein, da bin ich sicher. Er und ich sind ... Freunde.« Sie sah Ammits böse leuchtende Augen vor sich und fuhr rasch fort: »Ich muß seine Freundschaft behalten oder für immer sterben.«

Chenziras Hand drückte die ihre, dann ließ sie sie los. »Ich werde tun, was ich kann, um dir zu helfen, Jendayi.«

Am folgenden Morgen ging Manasse ruhelos hin und her in seinem Zimmer und dachte nach. Der vergangene Abend war Traum und Alptraum gewesen, Qual und Seligkeit. Noch nie hatte er so etwas gespürt wie den süßen Schwindel, der durch ihn schoß, als er Jendayi auf seine Arme hob, und noch nie war er so schmerzlich getroffen gewesen wie in dem Augenblick, wo sie ihm bekannte, daß sie ihr Leben geben würde, um Ephraim zu dienen.

Schon wieder hatte Ephraim, ohne sich groß zu bemühen, etwas an sich gerissen, was von Rechts wegen Manasse gehörte.

Diese Ungerechtigkeit! Manasse sank auf sein Bett und schlug sich mit der Faust an die Stirn. Hatte ein böser Priester ihn mit einem Fluch belegt? Er konnte sich niemanden vorstellen, der ihn so haßte, daß er die Macht des Bösen gegen ihn anrief, aber es mußte doch einen Grund geben für die unglaublichen Ereignisse der letzten Tage. Sein ganzes Leben lang war er beliebt, ja verwöhnt gewesen im Hause seines Vaters und in dem des Pharao. Er war intelligent und fähig – vielleicht ein bißchen zu selbstsicher in seiner Eigenschaft als der ältere Sohn des Wesirs, aber nie hatte er etwas getan, womit er die Qual verdient hatte, die jetzt sein Herz zerriß.

Er hob seinen Blick zu dem hohen, schmalen Fenster hoch, das einen Streifen Sonnenlicht in sein kleines Zimmer leitete. Selbst Gott Shaddai war gegen ihn. Erst hatte er in einem Traum zu ihm gesprochen, und dann hatte er die Herzen der Söhne Jakobs verhärtet. Und der Engelbote, wenn es denn einer gewesen war, hatte ihm versichert, daß Gott ihn zum Führer des Volkes machen würde – aber alles, was Gott getan hatte, war, ihm das Herz zu brechen!

Der Frust war wie ein Knoten in ihm. Manasse fuhr sich durch sein Haar, plötzlich unendlich müde. Warum beschäftigte er sich überhaupt so mit Kanaan und Gott Shaddai? Er hatte sich getäuscht. Er hatte einen merkwürdigen Traum und eine Halluzination gehabt, beides zweifellos Folgen der so lebendigen Geschichten seiner Onkel. Was er für Gottes Eingebung gehalten hatte, war nur das Ergebnis einer allzu lebendigen Phantasie. Wenn Gott wirklich den Söhnen Israels eine Botschaft geben wollte, mußte er zu Joseph reden oder zu einem der Onkel, aber nicht zu einem degradierten älteren Sohn, der nicht halb so viel über Abrahams Allmächtigen Gott wußte wie die anderen.

Und Jendayi ... Manasse begrub sein Gesicht in seinen Händen. Gottes grausamster Streich war, daß ein Sklavenmädchen, das keinen der Söhne Zafenat-Paneachs kannte, es sich in den Kopf gesetzt hatte, den zu lieben, der ihre Liebe am wenigsten erwidern würde. Obwohl sie am vergangenen Abend zu schüchtern und diskret gewesen war, um das Wort »Liebe« zu erwähnen, wußte er jetzt, daß ihre Zuneigung zu Ephraim mehr war als ein bloßer Schwarm. Sie war unglücklich in dem Palast des Pharao und setzte alles daran, zurück in die Villa des Wesirs zu kommen.

Und er hatte versprochen, ihr dabei zu helfen. Manasse nahm an, daß er immer noch versuchen konnte, mit seinem Vater zu reden, ob der Pharao Jendayi nicht vielleicht gegen eine andere Harfenistin tauschen würde – aber würde Ephraims Gleichgültigkeit sie nicht um so mehr quälen, wenn sie ihm jeden Tag begegnen mußte? Wenn sie in das Haus des Wesirs zurückkehrte, nur um zu erfahren, daß Ephraim sie nie geliebt hatte, hätte auch sie den Schmerz eines gebrochenen Herzens zu tragen, so wie Manasse schon jetzt.

Er lachte bitter. Vielleicht könnte er sie als der Sklave Chenzira trösten. Und wenn Gott gnädig war ...

Aber Gott war nicht gnädig. Gott war ein grausamer, mächtiger Betrüger, der dem sterblichen Menschen über war. Wer konnte hoffen, im Kampf gegen ihn zu gewinnen?

»Wenn du nur einen von ihnen dazu bewegt hättest, mir zu helfen«, flüsterte er. »Ephraim. Oder meinen Vater. Irgend jemanden. Aber du hast mich allein gelassen, und ich kann das nicht, was du von mir verlangst.«

Die Sonne stand wie ein böses grelles Auge über dem Hof. Ephraim wischte sich den Schweiß von der Schläfe. Unter Tariks wachsamem Auge senkte er das blaugraue Schwert auf die Höhe von Manasses

Brust und schaute prüfend die Klinge entlang. »Die Klinge ist gut«, sagte er. »Aber dieses Eisen ist schwer. Es wird den Arm schneller ermüden als ein Bronzeschwert.«

»Schwerer ist es schon, aber das Metall ist stark genug, um eine Bronzeklinge zu zerbrechen.« Tarik stieß sein Bronzeschwert zwischen die rastlosen Spitzen der Waffen der Brüder. »Eisen ist noch wertvoller als Silber, habe ich gehört, eine echte Kostbarkeit. Der Pharao soll einen Eisendolch neben seinem Bett liegen haben.«

Mit elegantem Schwung parierte Ephraim Tariks Klinge, täuschte nach rechts und stieß dann nach links, daß die scharfe Spitze des Schwertes leicht über den Brustkorb seines Bruders kratzte. Manasse schaute nach unten und fluchte.

Ephraim grinst. »Vernachlässige nicht deine Deckung, wenn ich bewaffnet bin, Bruder.« Er reichte das Schwert einem Diener. Schweiß und Blut von einem früheren Mißgeschick klebten an seiner eigenen Brust, und ein anderer Sklave reichte ihm ein Leinentuch. Er begann sich abzutrocknen. »Sage mir, Tarik: Welcher von uns beiden ist der bessere Fechter?«

Der Hauptmann setzte ein diplomatisches Lächeln auf. »Ihr seid beide gleich gut und gleich eigensinnig«, sagte er, während er die Hand nach Manasses Schwert ausstreckte. »Aber ihr seid noch nicht wirklich geprüft worden. Was ein Mann beim Üben macht, Herr Ephraim, ist nicht immer das, was er auf dem Schlachtfeld tut.«

Die trockene Bemerkung konnte Ephraims gute Laune nicht verderben, und er grinste Manasse an. Er wollte ihn gerade mit der nächsten Spöttelei ärgern, als ein Sklave vom Torwächterhaus zu ihnen gelaufen kam.

»Leben, Gesundheit und Wohlergehen sei Euch, meine Herren!« Der Diener verneigte sich. Sein Gesicht sah ernst aus, und als Ephraim die Papyrusrolle in seiner Hand sah, begriff er, warum: Die Rolle trug das Siegel des königlichen Hauses. Der Sklave verneigte sich erneut. »Die Botschaft ist für den Herrn Ephraim, den Sohn Zafenat-Paneachs.«

Tarik betrachtete die Rolle einen Augenblick, dann nahm er sie und reichte sie Ephraim. »Für Euch.« Sein Gesicht wurde ernst. »Ich hoffe, es ist nichts Schlimmes.«

Mit einer Lässigkeit, die nicht echt war, nahm Ephraim die Rolle entgegen und wog sie einen Augenblick in seiner Hand. Was mochte in ihr stehen? Sein Vater war gerade von Malkata zurückgekehrt und hatte nichts verlauten lassen, was mit Ephraim zu tun haben konnte. Warum dieser Brief aus dem Palast?

Er fand keine Antwort, und seine Hand zitterte leicht, als er das Siegel erbrach. Er spürte Tariks und Manasses Blick auf sich, als er die sorgfältig geschriebenen Hieroglyphen las.

»Mein Vater und ich« – er atmete kurz erleichtert aus und sah Tarik an – »sind für heute abend in den Palast in Theben eingeladen, zu einem Privatbankett, das die Königin Tiy und Sitamun geben.«

Der Hauptmann hob eine Braue. »Nur Ihr beide?«

»Ja«, antwortete Ephraim, der plötzlich begriff, was Tariks Frage meinte. Er warf einen raschen Blick auf Manasse, dessen Gesicht wie Stein geworden war. Komisch, daß die Königin nicht sie beide einlud. Aber vielleicht war dieses Bankett Sitamuns Idee gewesen, die für den ernsten Manasse nicht viel übrig hatte.

Aber das würde Manasse natürlich nicht verstehen. Ephraim versuchte, die Spannung mit einer witzigen Bemerkung zu lösen. »Wenn du, Bruder, dir nicht diesen häßlichen Bart zugelegt hättest, würde die Königin dich vielleicht mit mehr Wohlwollen betrachten. Ich weiß wirklich nicht, warum du so haarig wie ein Hirte aussehen willst ...«

»Ich sehe so aus, wie wir sind«, unterbrach ihn Manasse. »Wir sind die Nachkommen von Hirten, Ephraim, da ist nichts Unwürdiges dabei. Abraham, Isaak und Jakob hatten alle ihre Schafherden ...«

»Erspar dir's.« Ephraim drehte sich um und warf das schmutzige Tuch einem wartenden Sklaven zu, dann schnippte er mit den Fingern zu einem Mädchen mit einem Krug Wasser hin. »Du kannst ja gerne Hirte spielen, wenn dir das Spaß macht« – er bückte sich etwas, während das Mädchen schweigend Wasser über seine nackten Schultern goß –, »aber ich bin der Sohn eines Wesirs, und heute abend werde ich mit einer Königin und einer Prinzessin dinieren.« Er hielt inne, während ein anderer Sklave ihm ein frisches Tuch reichte. »Und da wird kein einziges Schaf zu sehen sein.«

Tiy saß in wohleinstudierter Lässigkeit auf ihrem Stuhl, die Hände über der Taille zusammengelegt und die Füße gekreuzt, aber ihre Gedanken rannten wie der Wind. Ihr intimes Diner, in ihren eigenen Privatgemächern im Palast in Theben, schien ein voller Erfolg zu werden. Auf dem Bankett zur Feier der Rückkehr der Hebräer aus Kanaan hatte sie sich gemerkt, was für Speisen Zafenat-Paneach besonders mochte, und eben diese Gerichte standen jetzt vor ihm: in Honig gebackene Wachteln, süße Granatäpfel, hauchfeines *Shat*-Gebäck, Lotusbrot, das auf der Zunge zerging. Der Wesir, überwältigend schön und männlich wie immer, saß zu ihrer Rechten, Ephraim und Sitamun etwas weiter weg links von ihr.

Die Unterhaltung war leicht und belanglos. Falls der Wesir oder sein Sohn sich fragten, was der Anlaß dieses Banketts war, hatten sie es jedenfalls nicht offen gesagt. Man sprach über den Tempelbau des Pharao bei Opet, über den kürzlichen Trauerzug nach Kanaan und die Schönheit des Nils beim Sonnenuntergang. Tiy versuchte, das Gespräch in etwas persönlichere Bahnen zu lenken, aber der Wesir schien nicht aus der Reserve zu locken zu sein. Ihr Lob für seine Gründlichkeit lenkte er bescheiden auf den Pharao um und murmelte etwas davon, daß seine Fähigkeiten eigentlich gar nicht von ihm selber kamen, sondern von seinem Gott. Und egal, wie nahe sie sich zu ihm beugte oder wie energisch sie versuchte, die Wand hinter diesen dunklen Augen zu durchstoßen, es hing eine Aura der Unnahbarkeit um seine majestätisch hohe Gestalt.

Da schien Sitamun mit ihrem Freier mehr Erfolg zu haben. Ephraims Charakter schien gerade so voller Sonnenschein zu sein wie seine Augen. Er war von einem übersprudelnden Selbstvertrauen. Sitamun, die viel zu oft schmollte oder einen Koller bekam, lachte herzlich in der Gegenwart des jungen Mannes. Er schien ihr gleichzeitig eine gewisse Ehrfurcht einzuflößen und sie mit seinem so unkomplizierten Charme zu verwirren. Aber das war gerade recht so; das Mädchen war hoffnungslos verwöhnt und brauchte jemand, zu dem es aufsehen konnte. Als Tiy merkte, wie Ephraims Blick an Sitamuns Lippen hing, beugte sie sich zu ihrer Tochter hin: Wie wäre es, wenn sie Ephraim einmal die königlichen Gärten zeigte?

Sitamun hob interessiert eine Augenbraue, die Idee gefiel ihr. Ephraim stand ohne Umstände auf und bot ihr seine Hand. Die galante Geste rührte Tiy. So war Amenhotep auch einmal gewesen – vor langer Zeit.

»Seid Ihr sicher, meine Königin, daß die beiden allein gehen sollten?« fragte Zafenat-Paneach, den Kopf zu dem jungen Paar drehend.

»Hier im Palast ist man nirgends allein.« Tiy sah ihn an. »Es gibt zu viele Wachen und Sklaven, Priester und königliche Verwandte. Es ist unmöglich, wirklich allein zu sein hier, aber es ist sehr wohl möglich, einsam zu sein.«

Als die beiden jungen Leute sich durch die offene Tür entfernten, klatschte Tiy in die Hände. Aus mehreren Türen gleichzeitig kamen Sklaven herbei. Tiy machte eine gelangweilte Geste zu den Tabletts mit den noch dampfenden Schüssel und Tellern hin. »Fort damit«, befahl sie. Die Sklaven begannen, alles hinauszutragen.

»Ihr seid sehr gütig, meine Königin.« Zafenat-Paneach neigte respektvoll seinen Kopf. Dann faltete er seine Hände und sah sie aus höflichen, taktvoll unneugierigen Augen an. »Eure Einladung war sehr freundlich. Ich nehme an, daß Sitamun die Idee dazu hatte?«

Tiy wartete lächelnd, bis der letzte Diener den Raum verlassen hatte. Als der Vorhang hinter ihm gefallen war, hob sie ihr Kinn und ließ das Gewicht ihrer perlenbesetzten Perücke ihren Kopf zurückziehen. »Sitamun hat gar nichts gehabt.« Sie musterte sein Gesicht ohne Eile, betrachtete jede Einzelheit. Seine Augen senkten sich unter der Macht ihres Blickes, und sie lächelte. »Hast du dich also gefragt, edler Wesir, was mich dazu getrieben hat, dich heute abend hierher zu bringen?«

Er schaute mit einem Lächeln zur Seite, das fast jungenhaft schüchtern war. War da ein Stück Weichheit in seiner granitenen Kraft? Hatte er ihre heimlichen Motive geahnt?

»Ich möchte nicht anmaßend sein.« Ein eifrig-sanfter Blick ging über sein makelloses Gesicht, als er sie wieder ansah. »Aber ich habe mich gefragt, ob Ihr Euch vielleicht etwas ... als Ehestifterin versuchen wollt.«

Sie lachte leise. Vielleicht begriff er allmählich.

»Wäre dir das unangenehm?« Sie rutschte so auf ihrem Stuhl, daß ihr ganzes Bein durch den Schlitz in ihrem engen Gewand sichtbar wurde.

Zafenat-Paneach schien es nicht zu bemerken. Sein Blick verließ ihr Gesicht nicht. »Ich würde mich freuen, wenn unsere Häuser vereinigt würden.« Ein Ausdruck träumenden Erinnerns machte sein Gesicht weicher. »Seit ich Amenhoteps Lehrer war, habe ich mich oft wie sein Vater gefühlt, und so fühle ich mich natürlich geehrt bei dem Gedanken, daß seine Tochter, die ich sehr schätze, vielleicht meinen Sohn als Ehemann in Erwägung zieht.«

Tiy holte rasch Luft und schaute zur Seite, so daß er nicht die ganze Tiefe ihrer Gefühle sehen konnte. Er sah nur das, was vor Augen lag. Er war nicht so scharfsinnig, wie sie gehofft hatte. Was war geschehen mit der so oft gerühmten Intuition und Auffassungsgabe des Wesirs? Sah er wirklich nicht, daß sie ihm viel mehr anbot als eine königliche Schwiegertochter?

Nun ja, vielleicht war es noch zu früh. Er hatte begriffen, was offen auf der Hand lag, und das mußte für jetzt reichen. Sie konnte die wachsende Beziehung zwischen Sitamun und Ephraim als Fundament nutzen und weiter darauf aufbauen. Wenn sie es richtig anstellte, würde sie Zafenat-Paneach schon noch auf ihre Seite ziehen. Und so wie einst der Verwalter Senenmut der Königin Hatschepsut geholfen hatte, als Pharaonin zu regieren, so würde Zafenat-Paneach ihr zur Seite stehen. Sie würde ihm alles versprechen, einschließlich sich selber. Doch, eines Tages würde er sehen, daß Amenhotep nicht zum König taugte und daß *sie* die eigentliche Macht hinter dem Thron war.

»Du bist weise wie immer, Zafenat-Paneach.« Sie schaute auf den Fußboden und seufzte schwer. »Und ich bin dankbar für den Einfluß, den du einst auf meinen Gatten hattest. Aber der Pharao ist nicht der Mann, den du als Jungen kanntest – doch was soll ich dir Dinge sagen, die du längst selber weißt?« Sie hielt inne und schaute zur Seite, zu den idealistischen Bildern an den Wänden des Raumes, die sie und Amenhotep darstellten, wie sie glücklich den Göttern opferten. »Der Pharao interessiert sich fast nur noch für seinen Harem und seine Bauprojekte. Früher sah er in mir die Blüte und Freude seiner Jugend, aber ...«

»Er fühlt immer noch tief für Euch, meine Königin«, unterbrach Zafenat-Paneach sie. Sie starrte ihn mit ungläubig hochgezogenen Brauen an, aber er fuhr fort. »Er vertraut Euch mehr als den meisten seiner Ratgeber.« Er lachte leise. »Ich würde sagen, er vertraut Euch fast so sehr wie mir.«

»Es stimmt, daß er mir ein paar von den zeremoniellen Dingen anvertraut hat«, sagte sie. »Deshalb wohne ich ja hier in Theben. Ich weiß es wohl zu schätzen, daß er mich mit den Statthaltern und Ratgebern sprechen läßt, die zu ihm kommen, um ihm ihre Ehrerbietung zu erweisen.«

»Da seht Ihr, wie sehr der Pharao Euch braucht.« Der Wesir breitete seine Hände aus. »Er verläßt sich auf Euch. Zweifelt also nicht an seiner Ergebenheit zu Euch, meine Königin.«

»Ich zweifele nicht an seiner Ergebenheit.« Sie wurde leiser. »Sondern an seiner Weisheit.«

Wenn dieser dünne, zarte Faden zwischen ihnen stärker werden sollte, durfte sie nicht zu schnell vorgehen. Zafenat-Paneachs Loyalität war sprichwörtlich; er würde sich jedem Vorschlag verweigern, in welchem er den Samen des Verrats roch. Aber hinter der Fassade seiner Unnahbarkeit ahnte sie seine wunde Stelle. Er hatte keine Frau mehr. Seit vielen Jahren hatte er nicht mehr den Trost der Arme einer Frau erfahren, und immer noch war er bezwingend attraktiv. Mit jedem Mal, wo sie ihn sah, wurde der Magnetismus seiner Persönlichkeit stärker – aber sie war die Frau eines anderen Mannes. Sie mußte vorsichtig vorgehen. Nur wenn sie Amenhoteps Unfähigkeit jenseits aller Zweifel bewies, konnte sie hoffen, Zafenat-Paneachs Unterstützung zu gewinnen.

»Vielleicht sollte eine Königin nicht erwarten, noch mehr an der Regierung des Reiches beteiligt zu sein«, murmelte sie. »Schließlich hat Amenhotep ja dich. Aber Weisheit kommt aus Fähigkeit und nicht aus dem Geschlecht. Und wie Hatschepsut, die für Thutmosis III. regierte, als er noch ein Kind war, habe ich eine große Fähigkeit zum Lernen.«

Zafenat-Paneach schüttelte seinen Kopf. »Ich würde nicht sagen, daß Hatschepsut regelrecht *regierte* ...«

»Dann kennst du die Geschichte des Reiches nicht so, wie es sein müßte«, erwiderte sie, plötzlich verärgert über den undurchdringbaren Gleichmut des Wesirs. »Du hast wahrscheinlich gehört, daß Hatschepsut nur Thutmosis' Regentin war, aber sie hatte sich selbst zum Pharao erklärt. Sie trug den königlichen zeremoniellen Bart und die volle königliche Haartracht. Der Hohepriester des Amun-Re stand hinter ihr, wie auch andere am königlichen Hof.«

»Aber wo«, unterbrach Zafenat-Paneach sie leise, »ist dann ihr königliches Grab? Wenn sie so geliebt war, wo sind die Schreine, die ihren Namen und ihr Andenken weitertragen?«

Tiy starrte ihn durch die plötzliche Stille an. »Versteckt, geschändet oder zerstört.« Ihre Worte kamen abgehackt. »Sie war eine mächtige Pharaonin, aber sie war nicht ohne Feinde.«

»Das ist keiner.« Das Lächeln des Wesirs schien eher höflich als freudig zu sein.

»Nun, ich danke dir, daß du meinen Sorgen zugehört hast.« Sie warf ihm ein anerkennendes Lächeln zu. Er quittierte es mit einer gerade wahrnehmbaren Entspannung seines Blicks. Im gleichen Augenblick tanzten die aufgeräumten Stimmen von Sitamun und Ephraim in den Raum, und Zafenat-Paneachs Körper wurde lockerer.

Ein andermal, dachte Tiy, während sie das markante Profil des Wesirs musterte, der die beiden jungen Leute begrüßte. *Ich werde dir zeigen, daß Amenhotep sich nicht um Ägypten schert. Ich wäre der bessere Herrscher, und du und ich, wir wären zusammen unschlagbar. Wie Hatschepsut und Senenmut könnten wir die Zügel der Macht packen und festhalten*.

Zufrieden mit dem Samen, den sie gesät hatte, erhob sie sich und wünschte ihren Gästen abrupt eine sichere und glückliche Heimreise.

Joseph saß allein unter dem kleinen Baldachin aus Ochsenleder, als sein Schiff über den dunklen Nil zurück zu seiner Villa fuhr. Er fühlte sich merkwürdig unzufrieden nach diesem Abend mit Königin Tiy und Prinzessin Sitamun, der so seltsam verlaufen war. Nicht, daß ihn die Einladung zu dem Diner überrascht hatte. Jeder, der die beiden sah, konnte sich seinen Reim auf Sitamun und Ephraim machen. Das Essen selber war ohne besondere Vorfälle verlaufen, und Ephraim war der perfekte Charmeur gewesen. Aber als Tiy die beiden jungen Leute dann in den Garten geschickt hatte – dieser plötzliche hungrige Blick in ihren Augen, er hatte ihn entnervt. Ihr Atem war schneller geworden, als sie sich zu ihm gebeugt und ihm gesagt hatte, wie unglücklich sie mit Amenhotep war. Was sollte das bedeuten? In Potifars Haus hatte er es mit einer liebestollen Frau zu tun gehabt, und das hatte ihn fast das Leben gekostet. Aber er war kein schöner Jüngling mehr, und Tiy war keine von der Sorte der einsamen Herzen. Sie konnte nicht eine Liebesnacht mit ihm wollen; wie oft hatte sie sich schon beklagt, daß Amenhotep viel zuviel Zeit auf solche Sinnenlust verwandte.

Aber was hatte sie dann heute abend zu ihm getrieben? Was lag hinter diesem Glänzen in ihren schwarzen Augen?

Er schaute auf den Fluß. Das Wasser neben dem Boot sah glatt und glasig aus in dem Mondlicht, wie angelaufenes Silber. Ephraim, der spürte, daß sein Vater allein sein wollte, stand am Bug, die Hände bequem in den Gürtel seines Schurzes gesteckt. Als er sein Gesicht hob, um den im Osten stehenden Mond zu betrachten, war sein Profil so sehr wie das seiner Mutter, daß Joseph unwillkürlich den Atem anhielt. Seit achtzehn Jahren lag Asenat jetzt in ihrem Grab, aber wenn dieser versonnene Ausdruck in Ephraims Gesicht kam, erwartete Joseph geradezu, daß er sich gleich umdrehen und mit der ruhigen Stimme seiner Mutter sprechen würde. Asenats süße Liebe – wie hatte sie Josephs schwere Last erleichtert und ihm durchgeholfen in diesen ersten turbulenten Jahren seines Wesiramtes.

Ein unvermittelter Eifersuchtsstich schoß durch sein Herz, als er den Ausdruck in Ephraims Augen erkannte. Junge, idealistische Liebe füllte seinen Blick, so wie damals bei Asenat. Josephs Herz drückte sich schmerzlich zusammen bei der Erinnerung daran, wie aus der Liebe langsam Schmerz geworden war. Das Wohl des Pharao, es war immer zuerst gekommen. Selbst in seiner Ehe hatte Joseph sein Herz nicht völlig geöffnet. Seit seiner Begegnung mit Tuja hatte er sich nie mehr ganz an die Liebe hingegeben, dieses leidenschaftlichste und unberechenbarste aller menschlichen Gefühle.

Tuja. Noch jetzt brachte ihr Name ein Lächeln auf seine Lippen. Seit Jahren hatte er nicht mehr mit ihr gesprochen, obwohl er wußte, daß sie noch in dem riesigen Palast in Theben wohnte. Als Mutter des Pharao war sie ein Juwel der Nation. Vor vielen Jahren hatte Joseph sie gebeten, seine zweite Frau zu werden, aber sie hatte weise abgelehnt. Danach war er ihr bewußt aus dem Weg gegangen, um die alten Erinnerungen und Leidenschaften nicht zu stark werden zu lassen. Um Asenats willen hatte er Tuja nie in sein Haus eingeladen, und um sich selber willen hatte er sie nie im Palast aufgesucht. Als Asenat dann gestorben war, hatte er gewartet, halb in der Hoffnung, daß Tuja ihm eine Botschaft senden würde, aber es war keine gekommen. Sie schien zufrieden mit ihrem Leben zu sein, und so ließ Joseph sie in Ruhe.

Nach den dunklen Tagen hatte er sich mit doppelter Energie in die Arbeit für den Pharao gestürzt, hatte das leere Haus gemieden, wo Asenats Lachen immer noch durch die Gänge echote und ihr Duft über den Bettüchern schwebte. Ephraim und Manasse, die Früchte ihres Leibes, waren es zufrieden gewesen, mit Ani und Tarik durch die Villa zu gehen, und die Dienerinnen wetteiferten darin, sie zu verwöhnen. Josephs Tage waren randvoll von der Arbeit für den Pharao. Er sprach Recht in der großen Halle, empfing und las Berichte aus entlegenen Provinzen und Grenzposten. Zu Josephs vielen Pflichten gehörten die Verwaltung der königlichen Paläste und die Aufsicht über die staatlichen Bauprojekte, die Streitkräfte und die Medjay-Elitegarde des Pharao. Er stellte die königlichen Kunsthandwerker ein, überwachte die königlichen Gutshöfe und Getreidespeicher, sorgte für die Verköstigung der königlichen Arbeiter und Beamten und trieb die Steuern ein. Mit Ausnahme der Priester war so gut wie jeder im ganzen Land direkt oder indirekt dem königlichen Wesir verantwortlich, und es gab Tage, wo Joseph den Eindruck hatte, daß er mit praktisch jeder Seele in ganz Ägypten gesprochen oder von ihr gehört hatte.

Es war eine aufreibende Arbeit, aber sie hatte ihren Lohn, und der größte Lohn war die Errettung des Volkes seines Vaters gewesen. Als Israel und seine Kinder nach Ägypten gekommen waren, war er Joseph gedämmert, der Sinn, der hinter all seinem Leiden, dem Schmerz und der Einsamkeit lag. Gott Shaddai hatte es alles zugelassen, um ihn stark zu machen, seinen Stolz zu zerbrechen, ihn dahin zu bringen, daß er andere führen konnte. Er hatte es gelernt, wie man Menschen führte ... und wie man vergab.

Jetzt war Israel tot und das Vergangene vergessen. Was blieb noch zu tun? Zum ersten Mal in seinem Leben fühlte Joseph sich hohl, ausgelaugt, ohne Saft und Kraft. Der Gott, der ihn durch Träume und jene leise, sanfte Stimme geführt hatte, er hatte seit Jahren nicht mehr zu ihm gesprochen. Was, wenn er nie mehr sprechen würde?

Der Bug des Schiffes senkte und hob sich vor einem plötzlichen Windstoß, daß eine kleine Fontäne hochspritzte. Joseph spürte die kühlen Tropfen auf seinem Gesicht, als er müde die Augen schloß und über sein Leben nachdachte.

Vierzehn

Ephraim begriff: Wollte er Sitamun gewinnen, würde er mehr brauchen als nur die Unterstützung seines Vaters und der Königin Tiy. Wenn es um eine königliche Hochzeit ging, wurden viele Ratgeber angehört, und dies würde bei Sitamun nicht anders sein. Ephraim würde allen im Land beweisen müssen, daß ein Sohn Israels sich souverän in der ägyptischen Gesellschaft bewegen konnte.

Und so setzte er in den Wochen nach Tiys Bankett alle Hebel in Bewegung, sich zu fast jedem Fest und gesellschaftlichem Ereignis in Theben einladen zu lassen. Die Bürger der Stadt, die eine natürliche Vorliebe für Unterhaltung, Musik und Fröhlichkeit hatten, öffneten ihm dankbar überrascht ihre Türen, hocherfreut, sich in dem Glanz des Wesirs sonnen zu können. Ephraim ließ sich nicht lumpen und erwiderte die Gastfreundschaft der Adligen und ihrer Gemahlinnen, indem er selber ein paar Bankette in seinen Räumen in der väterlichen Villa gab.

Und Ephraim tat noch mehr. Er sandte Geschenke an die Provinzstatthalter und die treuesten Berater des Königs. Und da er wußte, daß keine Verheiratung ohne die Zustimmung der Priester möglich war, entnahm er den Herden seines Vaters ein Dutzend Stück vom besten Vieh und befahl, es zum Tempel des Amun-Re zu schicken. Sein Vater wußte nichts von all diesen Aktionen, aber Ephraim war sicher, daß er ihr Ergebnis mehr als billigen würde.

Und so stand Ephraim jeden Morgen auf, salbte sich, schminkte seine Augen, zog seine Perücke, einen schmuck gefältelten Schurzrock und einen weiten Mantel an, worauf er in den feinsten Häusern der höchsten Männer des Landes tanzte und trank und mit viel Witz über die Liebe und das Leben und die Politik diskutierte. Er schrieb auch süße Billets an Sitamun, die er durch seine Sklaven direkt im Palast abliefern ließ. Und während er so sein Ziel mit beharrlicher Entschlossenheit verfolgte, merkte er, wie sein Bruder Manasse von einem Tag zum anderen melancholischer wurde.

Der Pharao, hochzufrieden, daß seine Königin sich um den Ballast des Regierungszeremoniells kümmerte, blieb mit seinem Harem in Malkata, während Tiy seine Ratgeber und Beamten bei Laune hielt. Zafenat-Paneach war gezwungen, seine kostbare Zeit zwischen Malkata und Theben aufzuteilen. Die eine Hälfte des Tages hörte er sich die hochfliegenden Pläne des stürmischen Pharao an, die andere Hälfte schlug er sich mit Steuern, Produktivität und Außenpolitik herum.

Jeden dritten Tag erstattete er im Palast von Theben Tiy Bericht – mehr aus Höflichkeit, wie Tiy argwöhnte, als aus Überzeugung, daß sie ihm wirkliche Hilfe oder Einsichten zu bieten hatte. Der Wesir war längst noch nicht da, wo sie ihn haben wollte, und jedesmal, wenn seine hochgewachsene, wohlproportionierte Gestalt in den Thronsaal trat, flatterte ihr Herz. Sie achtete sorgfältig darauf, ihr Gesicht nicht vor den neugierigen Augen ihrer Diener offenzulegen, sondern nahm einen Ton resoluter Würde an, wenn sie mit Zafenat-Paneach sprach. Unter dem Vorwand, ihn um seine Hilfe zu bitten, diktierte sie Briefe an Könige anderer Länder und arrangierte die Tributzahlungen mehrerer kleiner Stadtstaaten an dem Großen Meer.

Sie merkte, wie ihr Mund sich lächelnd bog, als der Wesir sie informierte, daß sie die erste Königin war, deren Name je auf offiziellen Dokumenten erschien. Endlich erkannte er ihre Fähigkeit! Der Brief in seiner Hand, auf den er gerade ihren Namen gesetzt hatte, war die Ankündigung der Heirat des Königs mit noch einer ausländischen Prinzessin.

»Schicke diesen Papyrus zusammen mit den anderen nach Malkata«, sagte sie Zafenat-Paneach. Sechs Schreiber saßen mit gekreuzten Beinen auf dem Boden zu ihren Füßen und schrieben jedes Wort, das sie sprach, nieder. »Und danke dem König von Mitanni für das Angebot mit seiner Tochter. Versichere ihm, daß der Pharao sie gerne als seine Braut empfangen wird, daß sie die freundlichste Aufmerksamkeit erfahren wird, und so weiter.«

Sie winkte mit der Hand, und Zafenat-Paneach nickte. Tiy legte ihre Ellbogen auf die Lehne ihres vergoldeten Throns und schob ungeduldig die Finger ineinander. »Wenn es sonst nichts mehr gibt, könnt ihr jetzt alle gehen«, sagte sie. »Bis auf den Wesir des Königs. Ich muß unter vier Augen mit dir reden, Zafenat-Paneach.«

Mehr als ein neugieriger Blick ging in ihre Richtung, als die Schreiber und Ratgeber sich erhoben und langsam aus dem Raum gingen. Sie hielt ihr Gesicht eisern im Zaum, bis nur noch der Wesir vor ihr saß. Sie atmete langsam ein, vertiefte ihr Lächeln und versuchte, den Eifer in ihrer Stimme zu zügeln. »Es ist mir ein Anliegen, mein trefflicher Wesir, eine gewisse Sache mit dir zu besprechen.«

Er neigte seinen Kopf, ohne sie anzusehen. »Ich bin Euch zu Diensten, meine Königin.«

»Es geht um deinen Titel.« Sie hob ihre Hand an ihre Wange und legte ihren Kopf darauf, in der Hoffnung, daß er seinen Blick zu ihr heben würde. »Der Titel des Wesirs wird traditionell vom König verliehen. Aber ich habe mir meine Gedanken gemacht. So wie die Situation zwischen unseren Kindern sich entwickelt – könnte der Wesirstitel nicht auch erblich werden?«

Endlich sah er auf, ehrliche Überraschung in den Augen.

»Erblich?« Sein Mund bog sich zu einem unbewußten Lächeln.

»Ja.« Sie lächelte ebenfalls, zufrieden über den ehrgeizigen Funken, den sie gerade in der Seele des Mannes entdeckt hatte. Vielleicht konnte sie doch noch die Flamme seines Interesses entzünden. »Dein Sohn Ephraim ist ein ehrenwerter junger Mann, nicht wahr? Ich höre nur Gutes über seine Großzügigkeit und Weisheit, und sicher ist er bei den besten Lehrern Ägyptens in die Schule gegangen.«

»Das ist er, meine Königin.« Die nackte Röte des Ehrgeizes trat auf die Wange des Wesirs, als er sich wieder vor ihr verneigte. »Aber mein Ältester, Manasse, soll doch ...«

Er unterbrach sich, dann hob er seine Augen, als sei er aus dem Konzept gekommen. »Mein Vater muß es geahnt haben«, murmelte er vage.

»Dein Vater?« Sie hob ihre Brauen. »Was hat dein Vater geahnt?«

»Er hat seine Arme gekreuzt.« Ein undefinierbares Gefühl leuchtete in den Augen des Wesirs auf. »Er legte seine rechte Hand auf Ephraims Kopf und sagte, daß der Jüngere größer werden würde als der Ältere.«

Tiy zwang eine distanzierte Würde in ihre Stimme. »Was dein Vater getan hat, spielt hier keine Rolle. Ich wollte dir nur sagen, was mir durch den Kopf geht. Und dich natürlich nach deiner Meinung fragen.« Sie hielt inne, und einen Moment lang bohrten ihre Augen sich in seine hagere Gestalt.« Dann wurde ihre Stimme atemlos. »Ist dies etwas, was dir gefallen würde?«

»Ja.« Er sagte es eine Spur zu rasch und verneigte sich wieder, als merke er, daß er gerade gestolpert war. »Wenn es dem Besten des Pharao dient, natürlich. Ich will nur ihm dienen.«

»Möchtest du vor allem dem Pharao dienen oder dem Königreich?« Das Blut schoß durch ihre Adern wie das Wasser des Nils zur Zeit der Überschwemmung. Sie sah ihn gerade an, versuchte nicht mehr, die Sehnsucht in ihren Augen zu verbergen.

Er wurde steifer, aber wandte seinen Blick nicht ab. »Über diesen Unterschied habe ich noch nie nachgedacht. Ägypten – ist das nicht der Pharao?«

»Meinst du?« Ihre Brauen wölbten sich fragend. »Du hast heute meinen Namen unter Pharaos Schriftstücke gesetzt. Du hast mich sein Siegel benutzen lassen, weil der Pharao mir seine Vollmacht gegeben hat. Wenn ich also dem Pharao gleich bin und der Pharao gleich Ägypten ist, dann folgt daraus doch, daß auch ich Ägypten bin.«

Seine Augen waren wie zwei Stücke schwarzes Vulkangestein. »Deine Logik scheint Sinn zu machen.«

Tiy überlegte einen Augenblick, dann schloß sie ihre Augen. »Ich freue mich, daß du dies auch so siehst.« Die Zeit war noch nicht ganz da, aber sie war nahe. »Danke für deinen Rat, Zafenat-Paneach. Du kannst gehen.«

Joseph rutschte unbehaglich hin und her in der Sänfte, die ihn durch die Straßen von Theben trug. Durch die dünnen Vorhänge kam der feine graue Staub, den die Füße der Träger aufwirbelten, und die Hitze des Nachmittags lag wie ein Bleigewicht auf seinem leinenen Obergewand.

Doch noch lastender als die Hitze war das Angebot, das die Königin ihm da gemacht hatte. Jeder Vater sah es gern, wenn sein Sohn ihm in seinen Fußtapfen folgte, und heute hatte Tiy ihm praktisch versprochen, daß Ephraim eine Prinzessin heiraten und der nächste Wesir des Königs sein würde. Aber um welchen Preis? Er hatte Tiy lange genug beobachtet, um zu wissen, daß sie keine Geschenke machte, ohne eine Gegenleistung zu erwarten. Sie opferte noch nicht einmal den Göttern, wenn sie ihre Erwartungen nicht erfüllten.

Aber es war schon interessant, daß sie Ephraim und nicht Manasse als nächsten Wesir vorgeschlagen hatte. Ihr Angebot paßte perfekt zu Israels Segen; vielleicht hatte Gott Shaddai wirklich die Zukunft enthüllt auf Jakobs Sterbelager. Doch, Gott konnte Ephraim auf die Gipfel der Macht in Ägypten erheben. Er hatte ja ein noch viel größeres Wunder getan, als er Joseph aus dem Gefängnis zum Thron des Wesirs erhoben hatte. Josephs Leben war der Beweis dafür, daß nichts zu schwer war für Gott Shaddai.

Aber dieser hungrige Blick in Tiys Augen – er gefiel ihm nicht. Dieser Vorschlag konnte nicht von Gott kommen, wenn er von einer unheiligen Allianz zwischen Joseph und der Gemahlin des Königs abhing.

Fünfzehn

Die orangerote Sonne war noch nicht hoch in den von Wolkenfetzen übersäten Himmel gestiegen, als Jokim, sein Vater und Großvater Juda an einer Anlegestelle vor Theben ausstiegen. Sie hatten den Großteil der Nacht auf dem Fluß verbracht, und ein paar Minuten lang war Jokims Gang schwankend auf der ungewohnten Festigkeit der Erde. Die festgestampften Wege von Theben schienen sich zu heben und zu senken wie das Deck der Feluke, auf der sie gefahren waren, und zum hundertsten Male mußte er denken, daß er sich nie an dieses Seefahrerleben der Ägypter gewöhnen würde.

»Gehst du zu Ephraim?« fragte sein Vater, Schela, als sie vor dem Stand eines Händlers anhielten.

»Ja«, antwortete Jokim, der seine Augen nicht wegreißen konnte von den wie bunte Schätze aufgereihten Waren. »Wir treffen uns dann morgen wieder am Hafen. Ich hoffe, du kannst gute Geschäfte machen, Vater.«

Er ging, mit einem raschen Schritt, der selbstsicherer aussah als er sich fühlte, denn Jokim sprach die ägyptische Sprache nur wenig und verstand sie noch weniger. Die Hebräer in Goschen sprachen kanaanitisch, und obwohl in den letzten Wochen eine kleine Invasion ägyptischer Ziegelarbeiter gekommen war, die seinen Verwandten beim Bau fester Häuser halfen, hatte Jokim noch nicht viel Gelegenheit gehabt, sich in dieser fremden Sprache zu üben.

Ein dicker, schlampig aussehender Händler zeigte ihm den Weg zur Villa des Wesirs, einem ausgedehnten Anwesen südlich der Stadt.

Von dem Uferweg am Fluß aus waren die gepflegten, zur Ernte reifen Felder vor den rosa verputzten hohen Mauern und die großen Weiden mit den Viehherden des Wesirs gut zu sehen, beredte Zeugen von Josephs Reichtum und Macht.

Aber am meisten faszinierte Jokim die Villa selber. Er hatte sein bisheriges Leben in Zelten aus Leinwand und Leder verbracht, und die steinerne und marmorne Schönheit des eleganten Palastes hinter den bemalten Mauern wollte ihm schier den Atem nehmen. In seiner Brust flatterte es nervös, als er sich dem Torhaus näherte; er hoffte, daß Ephraim ihm gerne seine Gastfreundschaft gewähren würde.

Und nicht nur seine Gastfreundschaft. Jokim war ein großer Auftrag anvertraut worden, und er betete zu Gott Shaddai, daß Ephraim bereit wäre, ihm zu helfen.

Manasse begrüßte Jokim mit einer herzlichen Umarmung. Nein, Ephraim war gerade nicht da. Jokim begann verlegen zu stottern, während Josephs älterer Sohn mehreren Sklaven befahl, dem Gast die Füße zu waschen und ein sauberes Gewand zu bringen und Obst und frisches Brot aufzutragen. Als sie es sich in Manasses Zimmer bequem gemacht hatten, aß Jokim ein Frühstück aus Lotusbrot, Datteln und wildem Honig, während sein Vetter ihn fragte, wie es den Onkeln in Goschen ging, jetzt, wo Jakob nicht mehr war. Nach ein paar belanglosen Sätzen fragte Manasse mit errötendem Gesicht, ob niemand davon gesprochen hatte, nach Kanaan zurückzukehren.

So taktvoll wie möglich wechselte Jokim das Thema, aber Manasses Blick wurde enttäuscht, als er die Ziegelhersteller, Steinhauer und Baumeister erwähnte, die seit der Rückkehr des Clans von dem Begräbnis nach Goschen strömten. »Die Älteren sind es satt, dauernd in Zelten zu wohnen, sie wollen etwas Dauerhafteres, Besseres. So etwas Großes wie dies hier« – Jokims Hand zeigte auf die eleganten Wände um sie herum – »wird sich natürlich keiner hinsetzen, aber ein richtiges Dach über dem Kopf, das haben sie doch verdient, meinst du nicht auch?«

»Natürlich haben sie das verdient.« Manasse beugte sich nach vorne, die Ellbogen auf die Knie gestützt. »Aber es gefällt mir nicht, wie sie da Wurzel fassen in Goschen. Das ist nicht das Land der Verheißung, Vetter, nicht der Ort, wo Gott uns haben will. Aber keiner will Gott Shaddai gehorchen.«

Jokim schluckte einen störrischen Brotbissen, der in seiner Kehle stecken geblieben war. »Ja, das hast du schon einmal gesagt.« Halb hoffte er, daß Manasse das Thema fallen lassen würde. Er hatte keine Lust, ihm zu erzählen, daß seine Rede in der Wildnis zu einem stehenden Witz unter den Onkeln geworden war: Unser Heißsporn, der ein Land erobern will, das sich besser für Kamele als für Menschen eignet.

Er langte nach einem Becher. »Versuch doch mal, sie zu verstehen. Du hast dein ganzes Leben in Pracht und Luxus verbracht, und sie in Staub und Dreck. Jetzt wollen sie halt auch einen richtigen Steinboden unter den Füßen haben. Und viele von ihnen, auch mein Vater, sagen, daß dann, wenn Gott wirklich will, daß wir in Kanaan wohnen, nichts uns daran hindern wird.«

»Ja, erwartet ihr im Ernst, daß Gott auf einer Wolke herbeigesegelt kommt und uns einszweidrei zurück in unsere Heimat bringt?« Manasses Gesicht verdunkelte sich. »Gott hat uns doch gesagt, was sein Wille ist. Er hat es Abraham gesagt und Isaak und Jakob und mir! Aber unser Volk will nicht das, was Gott will. Sie wollen es schön bequem haben im Schwarzen Land, wo ihnen die Trauben in den Mund wachsen. Sie wollen Ziegelhäuser und Marmorböden.«

Jokim nahm den nächsten Bissen von dem vorzüglichen Brot und zwang sich, ruhig zu bleiben. Man hatte ihn gewarnt, daß Manasse wie ein junger Löwe war, der nach seiner Beute brüllte – einer, der von dem Ruhm der Jagd träumte, aber nicht zu ihren Mühen bereit war.

Besser nichts mehr sagen – so lange, bis er mit Ephraim gesprochen hatte. Wenn Ephraim wirklich der Größere der beiden Brüder war, war er der richtige Mann für die Aufgabe, die vor ihnen lag.

»Jokim!« Ephraim trat in den Raum, parfürmiert und etwas schwankend, und breitete seine Arme aus. »Was für eine Überraschung!«

Manasse wollte der Magen rebellieren beim Anblick der sich umarmenden Vettern. Ephraim war schon wieder betrunken. Er hatte sich sehr verändert in den letzten Wochen. Manasse wußte nicht genau, woher seine plötzlichen Lebemann-Allüren kamen, obwohl er sich seine Gedanken machte.

»Daß du hier bist – das müssen wir feiern!« Ephraim plumpste in einen Stuhl, hing ein Bein über die eine Lehne und grinste seinen Gast an. »Wir werden dir die Stadt zeigen und dich ein bißchen ausführen. Theben ist eine tolle Stadt. Wenn du die Tempel siehst, werden dir die Augen aus dem Kopf springen! Und die Frauen – so was Apartes hast du noch nicht gesehen!«

»Ja, ein bißchen umsehen würde ich mich gerne.« Jokim lächelte, dann sah er Manasse an. Der schüttelte den Kopf; Ephraim auf einer Vergnügungstour durch die Stadt begleiten war das letzte, was er wollte.

»Laß Manasse mal.« Ephraims Grinsen wurde noch süffisanter. »Wir kriegen mehr Spaß, wenn er hierbleibt.«

»Komm doch mit, Manasse.« Jokim hatte sichtlich wenig Lust, sich allein seinem betrunkenen Vetter anzuvertrauen.

Manasse seufzte. »Na schön.« Er stand auf. »Aber nicht lange. Und wir gehen zu keiner Party von deinen Freunden.«

»Nein, mit dir bestimmt nicht.« Ephraim schloß die Augen, dann hob er die eine Hand zu einer winkenden Bewegung, als wollte er sich von seinen unsichtbaren Freunden verabschieden. »Wir nehmen unseren Vetter auf keine Feste mit, Ehrenwort.«

Manasse biß sich auf die Lippe und sah Jokim an, dann nickte er mit dem Kopf zur Tür hin. »Gehen wir.«

Die Pharaonen der 18. Dynastie hatten Theben verschwenderisch geschmückt. Die Schreine, Tempel und sonstigen Gebäude, die allein in dieser Dynastie errichtet worden waren, hatten der Stadt einen Ruhm für Jahrhunderte verschafft. Auf dem Westufer des Flusses von einer zwei Meilen langen Felsenkette flankiert, die die Hintergrundkulisse für die kleinen Täler und Ebenen mit den Grabanlagen der Totenstadt bildete, lag die Stadt der Lebenden auf dem Ostufer und war selbst in der Hitze des Nachmittags voll von pulsierendem Leben.

Ephraim und Manasse führten ihren leicht eingeschüchterten Verwandten durch das Labyrinth der Gassen und Wege im Herzen der Stadt. Dann und wann hielten sie an, um ihm eine besonders prächtige Statue, Tempel oder den Verkaufsstand eines Lieblingshändlers zu zeigen. Manasse bemerkte, daß Ephraims Schritt sicherer war als in der Villa. Gut; vielleicht hatte die Wirkung des Biers vom Morgen doch nicht so lange angehalten. Die Ägypter tranken nur Wasser, Bier oder Wein, und Ephraims lebenslustige Freunde hatten eine ausgesprochene Vorliebe für das starke schwarze Bier, das auf Festen und Einladungen wie Wasser floß. Die Ägypter duldeten Trunkenheit nicht nur, sie fanden sie geradezu schön, und oft konnte man ein beliebtes Gedicht aus der 12. Dynastie hören; die Diener boten den Gästen den Wein an und sagten: »Trink dies, bis du betrunken bist«, worauf der Gast erwiderte: »Ich werde mich gerne betrinken.«

Über drei Stunden wanderten sie durch die Stadt, Manasse der pflichtschuldige Begleiter, während Jokim zuhörte, wie Ephraim ihm ein Wunder der Architektur nach dem anderen anpries.

Gerade machte er eine weit ausholende Geste. »Es gibt Hunderte von Tempeln in Theben – wahrscheinlich mehr als in jeder anderen Stadt auf der Erde. Der Tempel des Amun-Re ist der größte in der Welt.«

»Aber man sieht keine Tempel für El Shaddai«, bemerkte Jokim.

Manasse dachte, daß die Bemerkung den Stolz seines Bruders kränken würde, aber Ephraim grinste nur. »Wozu braucht ein unsichtbarer Gott einen Tempel?« Er zuckte mit den Achseln. »Was würdest du denn da hineinstellen wollen? Nichts! Wozu braucht nichts einen Tempel?«

»Gott Shaddai ist nicht nichts«, murmelte Manasse. Auch wenn er in der letzten Zeit seine Zweifel an Gott Shaddais Weisheit hatte, Ephraims spitze Zunge ärgerte ihn.

»Ich habe nicht gesagt, daß *er* nichts ist.« Ephraim legte seine Hand auf die Brust und lächelte halb mitleidig. »Ich habe gesagt, daß in seinem *Tempel* nichts wäre.«

Die Sonne fing an zu sinken, als Manasse zum Fluß hin zeigte, um seinen Bruder und Vetter dazu zu bringen, den Heimweg anzutreten. Im Laufe der letzten Stunde hatte Jokims Zunge sich gelöst. Sein andächtig-stummes Staunen war der offenen Bewunderung für seine beiden Vettern gewichen, die sich so sicher durch die Stadt bewegten. Er war gerade dabei, ihnen zu erklären, warum sein Vater so zögerte, sich auf den Markt in Theben zu begeben, als ein Schatten über ihren Weg fiel.

Manasse schaute hoch, verärgert, daß auf einmal noch jemand da war, der ihm den Tag ruinierte. Sein Gesichtsausdruck änderte sich rasch, als er sah, wer ihnen da die Sonne wegnahm. Es war ein massiger Kerl, der trotz seiner offensichtlichen Trunkenheit noch selbstsicher und herrisch aussah. Er trug den typischen Schurz und Leopardenfellgürtel der Elitegarde des Pharao. Wahrscheinlich war er auf einen freien Tag von Malkata nach Theben gekommen, aber nach seinem sauren Gesicht zu urteilen war der Tag nicht angenehm verlaufen.

»He da, ihr Flußratten!« Der Mann zog schwankend ein blitzendes Schwert aus seiner Scheide. Sein Atem stank. »Ihr kommt nicht an mir vorbei, wenn ihr nicht meiner Schutzgöttin Treue schwört! Sie heißt Nut!«

Mit seiner freien Hand zeigte er auf eine kleine Steinstatue neben der Tür zu einer Kneipe. Manasse runzelte die Stirn. Die Statue war eine Frau, die eine Sonnenscheibe und Kuhhörner auf dem Kopf trug. Es war das Bild der Hathor, nicht der Nut, aber der Kerl war zu betrunken, um den Unterschied zu sehen.

Jokim wurde augenblicklich blaß und zog sich hinter Ephraims Rücken zurück. Manasse begriff, daß sein hebräischer Verwandter im Nachteil war, da er ja das Genuschele des Betrunkenen nicht verstehen konnte.

»Laß uns durch, Freund.« Manasse hielt seine Stimme ruhig und legte die Hände in seine Hüften. »Wir tun dir nichts, aber wir verneigen uns auch nicht vor einem Götzenbild.«

»Ihr werdet euch verneigen!« Eine Ader auf der Stirn des Soldaten schwoll an wie eine dicke schwarze Schlange. »Nut will es!«

»Aber wir nicht«, antwortete Manasse ruhig. Er schaute sich rasch um, ob eine Waffe in der Nähe war. Er hatte keinen Dolch in seinem

Gürtel, keinen Knüppel zur Hand. Selbst Jokims Hirtenstab wäre nützlich gewesen, aber er hatte ihn in der Villa gelassen.

»Kann ich helfen?« fragte Jokim leise. »Ich weiß es, wenn es brenzlig wird, und ich habe schon öfter gekämpft. Wenn der unbedingt will ...«

»Er wird uns durchlassen«, antwortete Manasse auf ägyptisch und so laut, daß der Soldat es hören konnte. »So wahr der Pharao lebt, dieser Mann hat keinen Grund, uns aufzuhalten.«

»Zum Teufel mit dem Pharao!« brüllte der Mann und fuchtelte mit seinem Schwert. Manasse warf einen kurzen Blick auf Ephraim. Der Mann war entweder verrückt oder wirklich stockbetrunken, denn niemand – schon gar nicht, wenn er zur königlichen Leibgarde gehörte – konnte den König verfluchen, ohne sein Leben zu riskieren. Wenn jemand diesen Kerl hörte ...

»Laßt mich das machen.« Ephraim trat lässig lächelnd vor und breitete seine Hände vor dem dunkelrot gefleckten Gesicht des Betrunkenen aus. »Ich verneige mich gerne vor Hathor – oder Nut, ganz wie Ihr wünscht. Ich bitte nur um etwas Platz.«

»Ephraim!« bellte Manasse.

»Sei ruhig, Manasse, ich mach das eben.« Ephraim trat einen Kieselstein aus dem Weg, dann fiel er auf seine Knie und legte sich der Länge nach in seinem weißen Schurzrock in den Staub, die Arme zu der Steinstatue ausgestreckt, das Gesicht nach unten gepreßt.

Einen Augenblick starrte Manasse ihn ungläubig an, dann sah er, daß der Gardesoldat ebenfalls starrte. Mit einer raschen Bewegung trat er vor, packte den Kerl an seinem Haarschopf, riß seinen Schädel mit einem heftigen Ruck nach unten und knallte sein Knie dagegen. Der Schlag gab dem benebelten Hirn des Soldaten den Rest. Er taumelte zurück und fiel bewußtlos auf den Weg.

»Komm!« Manasse packte Jokims Ellbogen und zog ihn mit sich. Ephraim stand auf und rannte lachend hinter ihnen her.

Am Abend, als sie mit dem Wesir und den wichtigeren Dienern seines Hauses gespeist hatten, sagte Manasse seinem Vetter, Bruder und Vater gute Nacht. Er hatte keine fünf Minuten in seinem Bett gelegen, als es an der Tür leise klopfte.

Er setzte sich auf, sofort wieder hellwach. »Ja?«

»Kann ich mal mit dir reden?« Die Worte waren hebräisch, die Stimme leise und verschwörerisch. Manasse warf die Leinendecke beiseite und ging zur Tür. In ihr stand Jokim, und in seinen Augen glühte es entschlossen. Manasse bat ihn überrascht, einzutreten, und wies ihm einen Stuhl an, während er eine Lampe anzündete.

»Was bringt dich jetzt noch zu mir?« fragte er, während er sich Jokim gegenübersetzte. »Was ist so wichtig, daß wir nicht am Nachmittag darüber sprechen konnten?«

Eine plötzliche Röte fuhr wie ein Schatten über Jokims sonnengebräuntes Gesicht. »Heute nachmittag«, sagte er einfach, und seine ernsten Augen suchten die Manasses, »habe ich etwas gesehen, womit ich nie gerechnet hätte.«

»Einen betrunkenen Narren?« Manasse lachte. »Die gibt's in Theben an jeder Straßenecke, an die bin ich gewöhnt.«

»Nein.« Jokim wischte sich ein paar Schweißtropfen von der Stirn, dann faltete er die Hände und beugte sich auf seinem Stuhl nach vorne. »Heute sah ich einen Sohn Abrahams, der sich vor einem steinernen Götzenbild verneigte, und *so etwas* hätte ich nie erwartet.«

»Ah.« Manasse ließ sich tiefer in seinen Stuhl sinken und rieb sich über den Nacken. »Richte nicht zu hart über Ephraim, Jokim. Das war ein Trick, mit dem er uns geholfen hat, diesem Kerl zu entkommen. Und es hat funktioniert! Wir haben den Burschen erledigt, und niemand ist zu Schaden gekommen. Es hätte auch anders kommen können.«

»Aber was er getan hat, hättest du niemals getan.« Jokims Augen waren scharf und taxierend. »Und ich auch nicht. Und ich hätte auch nie Gott Shaddai ›nichts‹ genannt.«

Manasse stützte seinen Kopf auf seine Hand und dachte nach. »Gut, vielleicht hätte ich mich nicht verneigt. Aber Ephraim ist kein Götzenanbeter. Und er war nicht ganz klar im Kopf heute, da kann man seine Worte nicht so ernst nehmen. Ich kann dir versichern, daß er nicht immer so leichtfertig ist.«

»Schön, bis jetzt betet er keine Götzen an. Aber wir haben da ein paar Sachen gehört. Letzte Woche erzählte ein Händler uns, daß die

Priester des Amun-Re zwölf Stück Vieh mit dem Brandzeichen des Wesirs als Opfertiere bekommen hatten. Mein Großvater Juda wollte dem Mann nicht glauben, aber er blieb bei seiner Geschichte. Mein Vater war sicher, daß die Tiere entweder gestohlen waren oder daß jemand aus der Villa sie aus Josephs Herden genommen hatte.«

»Aber wie sollte einer auf so eine Idee kommen?« Manasse sah Jokim fest an, dann stand er auf und begann durch das Zimmer zu marschieren. »Das gibt doch keinen Sinn. Mein Vater, Ephraim und ich beten allein El Shaddai an und sonst niemanden. Wir haben nie irgendwelche Opfer an einen der Tempel geschickt. Aber gut, das läßt sich nachprüfen. Wenn wirklich Vieh von uns zum Tempel des Amun-Re gebracht worden ist, muß das in der Buchhaltung des Verwalters verzeichnet sein.«

Jokim nickte, aber auf seinem Gesicht war ein fast unmerklicher bittender Ausdruck.

»Ist noch etwas?« Manasses Brauen gingen hoch.

»Ja.« Jokim sah Manasse einen Augenblick prüfend an, bevor er fortfuhr. »Ich bin heute morgen nicht ganz ehrlich zu dir gewesen. Ich sagte dir, daß unsere Alten gerne in Goschen bleiben, und das stimmt.« Ein merkwürdig erwartungsvolles Leuchten kam in seine Augen. »Aber viele von uns, meistens die Jüngeren, haben deine Worte nicht vergessen. Wir sind bereit, nach Kanaan zurückzukehren.«

Manasse schnaubte ungläubig. »Es hat doch kein Mensch auf mich gehört, da in der Wüste! Warum solltet ihr auf einmal jetzt hören?«

Jokim hielt seine Hände hoch. »Das kam damals so überraschend, und die Alten ließen uns nicht zu Wort kommen. Aber seit wir nach Ägypten zurückgekehrt sind, haben wir gesehen, wie unsere Väter unsere Lebensart gerade so leicht abgelegt haben wie ihre zerschlissenen Zelte. Sie sind alt und müde und ruhen sich auf dem Versprechen deines Vaters aus, für sie zu sorgen. Sie verlassen sich nicht mehr auf den Allmächtigen Gott, sondern auf Joseph, den allmächtigen Wesir. Und so sind wir, ihre Söhne und Enkel, zu dem Ergebnis gekommen, daß es unsere Aufgabe ist, die Rückkehr nach Kanaan anzuführen.«

Manasse spürte, wie seine Knie weich wurden. War dies der nächste grausame Scherz, oder hatte Gott endlich beschlossen, ihn für seine Aufgabe auszurüsten?

Die Erinnerung an seine eigenen Worte fuhr wie ein kalter Windstoß durch ihn. *Wenn du nur einem von ihnen das Herz angerührt hättest, mir zu helfen*, hatte er gebetet und den gerechten und heiligen Gott angeklagt. Er hatte geglaubt, ganz allein und ohne Hilfe zu sein, und die ganze Zeit war Gott bereits in den Herzen am Werk gewesen, ohne daß Manasse es merkte ...

Er sank zurück auf seinen Stuhl und sah Jokim fest an. »Ihr seid bereit, zurückzugehen? Aber jetzt haben wir nichts mehr. Davor hatten wir Streitwagen, Pferde, Krieger ...«

»Das können wir alles wieder bekommen.« Jokims Augen wurden ominös dunkler. »Wir können Pferde und Kamele kaufen, und wir haben bereits begonnen, mit einigen der Grenzwachen zu reden. Gegen eine gute Bezahlung sind sie bereit, sich uns anzuschließen und mit uns zu kämpfen.«

»Aber wir haben nichts, womit wir sie bezahlen können.«

»Wir werden die Schätze von Gerar, Gaza und Aschkelon bekommen. Sie werden für die Beute kämpfen.«

Für die Beute. Die Worte dröhnten wie ein Gong durch Manasses Kopf. Er würde reiche Beute machen in dem Kampf – Reichtümer, mit denen er einen anderen Harfenspieler kaufen konnte, einen Mann oder eine Frau, den er dem Pharao als Ersatz für Jendayi anbieten konnte. Er bräuchte nicht den Einfluß seines Vaters spielen zu lassen, müßte Jendayi auch nicht zurück in die Wesirsvilla holen; er könnte sie direkt nach Kanaan bringen, und dort könnte er sie heiraten ...

Gott Shaddai hatte ihn doch nicht ohne Hoffnung gelassen!

»Wir werden an einem sicheren Ort üben müssen«, murmelte Manasse, seine Gedanken plötzlich wieder in dem Geleise, das er vor ein paar Wochen aufgegeben hatte. »Am Rand der Wüste, bei dem Steinbruch von Tura, hat mein Vater ein Haus, das wir als Basis benutzen können. Es liegt weit ab, er hat es seit Jahren nicht mehr besucht.«

»Ich hatte gewußt, daß wir auf dich zählen können.« Ein fernes Licht funkelte in den schwarzen Tiefen von Manasses Augen. »Die anderen dachten, Ephraim wäre der Richtige, um uns zu führen, aber heute nachmittag habe ich gesehen, daß du der bist, den Gott sich bereitet hat. Du kennst die Ägypter und die Hebräer. Du kannst uns gerade Worte und einfache Antworten geben. Du, Manasse, bist der

Mann, den wir brauchen. Sage, daß du zu uns kommst und uns hilfst, und wir werden dir zurück nach Kanaan folgen.«

Manasses Entschluß, die Vergangenheit zu vergessen, zerbrach in tausend Stücke. Seine Zweifel waren mit einem Mal weg. Gott Shaddai hatte ihn doch gerufen! Hier war der nächste Beweis dafür!

Zum ersten Mal seit Wochen fühlte er sich richtig lebendig. Er stand auf und streckte Jokim seine Hand hin. »Auf seinem Sterbelager hat Israel verkündet, daß wir in das Land unserer Väter zurückkehren würden. Ich komme bald zu euch, bereite die anderen vor. Möge Gott uns vorangehen, wenn wir nach Hause ziehen!«

»Das wird er tun.« Jokim erhob sich und faßte Manasses Arm. In seiner Stimme war jubelnde Zuversicht. »Laß die anderen tun, was sie wollen, wir werden dem Willen Gott Shaddais gehorchen!«

ZAFENAT-PANEACH

»Wie lange noch seid ihr zu nachlässig,
um hinzugehen, um das Land in Besitz zu nehmen,
das der HERR, der Gott eurer Väter, euch gegeben hat?«

(Josua 18,3)

Sechzehn

Nichts unterschied den Pharao mehr von den gewöhnlichen Sterblichen als der Stein. Wie andere Pharaonen vor ihm, wußte auch Amenhotep darum, daß es die Magie des Steins war, die ihn und seinen Namen für immer leben lassen würde, und zu diesem Zweck hatte er die Steinbrüche erworben, die das Rohmaterial für seine Momumente lieferten – die Statuen, Tempel und Säulen, die seinen Namen durch die Generationen tragen würden.

Der Steinbruch Tura erhob sich hoch und erhaben hinter dem grünen Band des Nils. Aus diesen Hängen hatten die alten Pharaonen bereits den Kalkstein für die Hülle der Cheops-Pyramide gebrochen. Manasse hielt auf dem Weg, der von dem Fluß zu dem Steinbruch führte, an und schaute hinauf zu den angemeißelten Felsen. Dutzende von Sklaven waren dabei, die Quader für das neueste Bauprojekt des Pharao aus den zinnoberfarbenen Wänden zu schlagen. Ein mit Fleisch, Brot und Getränken hoch beladener Karren holperte den Weg entlang in den eigentlichen Steinbruch, und unter einem verschossenen Baldachin saßen mehrere Schreiber mit gekreuzten Beinen im Schatten, auf ihrem Schoß die Papyrusbögen, auf denen sie jeder seinen Teil der Geschäfte des Tages aufzeichneten. Das unermüdliche Tapp-tapp-tapp der Hämmer der Arbeiter hallte wie eine monotone Hintergrundmusik durch die Luft, im Rhythmus mit dem Hämmern von Manasses Herz.

In der Ferne, direkt südlich des Steinbruchs, aber von dem Fluß durch einen Felsengrat getrennt, stand ein weißgekalktes, mit Säulen versehenes Gebäude wie ein einsamer Wächter in den roten Bergen. Manasse hob seine Hand und zeigte in die Richtung.

»Du hast recht, Vetter.« Jokim kniff die Augen zusammen. »Perfekt. Ganz für sich und ruhig.«

»Mein Vater hatte hier öfter sein Quartier, wenn er größere Arbeiten im Steinbruch beaufsichtigen mußte.« Manasse senkte seinen Arm wieder. »Niemand wird sich etwas denken, wenn ich hier bin oder ein paar Freunde und Verwandte mich besuchen.«

»Aber nicht dein Bruder«, murmelte Jokim sarkastisch.

»Nein. Nicht Ephraim.« Manasse hörte, wie seine Stimme beben wollte. Bevor sie die Villa seines Vaters verlassen hatten, hatten sie Ani gefragt, ob es stimmte, daß Vieh des Wesirs in ägyptischen Tempeln gelandet war, und zu Manasses Entsetzen hatte Ani berichtet, daß Ephraim angeordnet hatte, zwei Dutzend der allerbesten Rinder den großen Tempeln von Theben und Heliopolis als Opferspende anzubieten.

Manasses Gefühle wollten Amok laufen bei dem Gedanken an Ephraims Untreue. Glaubte er nicht mehr an El Shaddai? War er so entschlossen, in Ägypten zu bleiben, daß er sich einen Haufen Götzenpriester günstig stimmen wollte?

Aber weg mit diesen trübsinnigen Gedanken! Manasse warf seinem Vetter ein düsteres Lächeln zu. »Es ist gut, daß so viele sich uns anschließen wollen. Ephraim muß sich selber entscheiden.«

Von hinten kam ein diskretes Husten. Es war Tarik. »Darf ich Euch fragen, mein Herr Manasse«, sagte er, als Manasse sich zu ihm umdrehte, »wie lange Ihr hier zu bleiben gedenkt? Euer Vater wird es wissen wollen.«

Manasse schaute wieder auf die Felsenkette, die eine solche Einsamkeit und Macht ausstrahlte. »Du brauchst meinem Vater eigentlich gar nichts zu sagen«, rief er über seine Schulter, die Augen schließend gegen das Gleißen der Sonne auf den Felswänden. »Wahrscheinlich merkt er gar nicht, daß ich weg bin.«

Doch selbst mit geschlossenen Augen spürte er Tariks Zögern. Wenn der treue Hauptmann einen Fehler hatte, dann den, daß er Manasse immer noch für einen Grünschnabel hielt, der nicht fähig war, eine Nacht ohne den Schutz seiner vier Wände zu Hause zu verbringen.

»Ihr werdet hier ganz allein sein«, sagte Tarik, wie um Manasses Vermutung zu bestätigen. »Wenn Ihr nur eine Nacht bleiben wollt, bleibe ich doch am besten bei euch. Wir können dann morgen früh mit der Feluke ...«

»Nein, Tarik, ich möchte dich nicht von deinen Pflichten abhalten.« Manasse öffnete seine Augen und drehte sich lächelnd um. »Und außerdem hast du mir ja die Kunst der Selbstverteidigung beigebracht. Ephraim und ich haben den besten Lehrer in den Vereinten Königreichen gehabt. Mach dir keine Sorgen, uns passiert schon nichts hier.«

Tarik neigte zur Antwort seinen Kopf, aber seine dunklen Augen waren immer noch unruhig. Er schaute nach unten, auf den Sand. »Manasse ... könnt Ihr mir nicht sagen, was Ihr hier draußen vorhabt? Es ist meine Pflicht und mein Vorrecht gewesen, Euch zu beschützen seit dem Tage, wo Ihr in diese Welt kamt ...«

»Und es ist mein Vorrecht gewesen, dich als meinen Lehrer zu haben.« Manasse trat zu dem Hauptmann, legte eine Hand auf seine Schulter und bückte sich leicht, um ihm ins Gesicht zu sehen. »Aber du, Tarik, hast vor allem meinem Vater Treue und Dienst geschworen, und ich bin nicht sicher, daß er das, was Jokim und ich vorhaben, verstehen wird. Wenn du also nicht weißt, was wir vorhaben, kann es deine Treue nicht in zwei Richtungen gleichzeitig ziehen.«

»Vielleicht tut es das schon.« Tariks Mund wurde fester, ein deutliches Zeichen seiner Frustration, aber er versuchte nicht, weiter zu diskutieren. Statt dessen winkte er den beiden Dienern zu, die weiter hinten auf dem Weg kamen. »Kommt!« rief er über seine Schulter, ohne seinen Blick von Manasse zu nehmen. »Bringt die Vorräte in das Haus, und dann müssen wir zurück nach Theben.«

»Danke, Tarik.« Manasse legte seine Hände auf die Hüften, während die Diener daran gingen, die Proviantkörbe und Wasserkrüge zu dem Haus zu tragen. »Ich werde deine Hilfe nicht vergessen.«

»Gewährt mir eine Bitte«, sagte der Hauptmann und hielt abrupt an. Seine Stirn runzelte sich einen Moment zögernd, dann schoß ein ganzer Schwall von Worten hervor. »Ich weiß nicht, was Ihr hier vorhabt, und werde Euch auch nicht mehr fragen, wenn Ihr es mir nicht sagen wollt, aber wenn Ihr Hilfe braucht, gibt es in Malkata einen Krieger, der dazu bereit wäre. Er heißt Abnu und ist ein alter Freund von mir. Er steht in meiner Schuld, und ich erlaube Euch hiermit, seinen Dienst in Anspruch zu nehmen.«

Manasse grinste. »Was ist er? Ein Wächter im königlichen Harem?«

Ein trockenes Lächeln zog an Tariks Mund. »Er ist ein Riese. Ein Medjay-Krieger. Manchmal kämpft er zur Unterhaltung des Pharao, aber ich habe gehört, daß ihm das langweilig wird, denn er gewinnt immer. Er ist immer für ein Abenteuer zu haben, merkt Euch also seinen Namen; Eures würde ihm bestimmt Spaß machen, glaube ich.«

»Ein Riese?« Manasse schielte den Hauptmann ungläubig an. »Tarik, bist du ganz sicher, daß du nicht betrunken bist? Wann hast du einem Riesen Gesellschaft geleistet?«

»Mein Leben begann nicht mit Euch, junger Herr.« Das Lächeln des Hauptmanns wurde etwas weicher. »Aber die Vergangenheit ist nur wichtig, wenn sie unserer Zukunft nützt. Wendet Euch an Abnu, wenn Ihr einen starken Arm braucht. Und möge der Gott Eures Vaters Euch Weisheit geben in den Tagen, die kommen.«

»Amen«, echote Jokim.

Tura lag eine volle Schiffsreise nördlich von Theben, aber nur eine Kamelstunde von Goschen und dem Lager der Hebräer. Nachdem sie ihre Sachen in dem verlassenen Haus abgeladen hatten, sagten Manasse und Jokim Tarik auf Wiedersehen, dann gingen sie in den Steinbruch, um mit dem Aufseher zu sprechen. Der alte Mann, der die Steinbrucharbeiter unter sich hatte, fiel in den Staub, als er Manasse erkannte. Manasse wurde rot. Er war dergleichen Achtungsbezeigungen von den einfacheren Menschen gewöhnt, aber in Jokims Gegenwart war ihm die Unterwürfigkeit des Aufsehers peinlich.

»Erhebe dich, Freund.« Manasse beugte sich zu dem Mann hin und streckte ihm die Hand entgegen. »Du sollst dich vor dem Wesir verneigen, aber ich bin nur sein Sohn. Doch wenn du uns einen Dienst tun willst: Mein Verwandter hier und ich brauchen jeder ein Kamel, falls du welche entbehren kannst.«

»Für Euch, Sohn des Zafenat-Paneach, können wir alles entbehren«, sagte der Mann mit einem zahnlosen Lächeln in seinem rötlichen Gesicht. Er erhob sich und schielte einen Augenblick argwöhnisch zu Jokim hin, dann hüpfte sein Kopf wie ein Korken auf dem Nil. »Zwei Kamele, jawohl. Ihr könnt meine eigenen nehmen. Schöne Tiere, sie dürften Euch gute Dienste leisten.«

»Wir werden sie nur für ein, zwei Tage brauchen«, Manasse stützte die Hände in die Hüften. »Ich möchte dir keine Unannehmlichkeiten bereiten.«

»Zwei Tage, zwei Wochen – das ist mir gleich.« Der Alte nickte wieder. »Wo muß ich schon hin? Nirgends. Nehmt sie, und auch so viele meiner Sklaven, wie Ihr braucht. Wenn Ihr wollt, habe ich auch eine Tochter ...«

»Nein, danke«, unterbrach Manasse ihn. Er sah zu dem kleinen Haus des Aufsehers hin. »Die Kamele reichen.«

Etwas später, als sie auf den mürrischen Tieren thronten, die mit langen Schritten über den schweigenden Sand trabten, überließ Manasse sich seinen Gedanken. Einsamkeit und Stille waren ein seltener Schatz in dem überfüllten Theben und besonders wertvoll für jemanden, der aus dem quirligen Haus des Wesirs kam. Hier in der Weite der Wüste konnte Manasse fast vergessen, wer und was er war. In Ägypten verneigten sich alle vor ihm, weil sie wußten, daß er der ältere Sohn des Wesirs war. Was für ein Witz! Israel, der Mann, dessen Meinung am meisten zählte, hatte in Manasse aus irgendeinem Grund nur den Zweiten gesehen, und Joseph, der das Fundament von Manasses Selbstvertrauen mit seinem eigenen Segen hätte stärken können, schien es zufrieden zu sein, weiter in den Geschäften des Pharao aufzugehen. Er verbrachte den Großteil seiner Zeit und Kraft an Amenhoteps Seite. Daß er seine Söhne kaum sah und daß seine Brüder in einem Land blieben, zu dem sie nie gehören konnten, schien ihm gerade recht zu sein.

Manasse duckte seinen Kopf gegen den heftigen Nordwind, der kleine Sandwolken hochwirbelte, die in seine Arme und Beine bissen. Gut, daß Jokim wenigstens voranritt. Wie die übrigen Hebräer, war Jokim an die Wüste gewöhnt. Manasse wußte, daß er noch viel zu lernen hatte, nicht zuletzt, was seine Kleidung betraf. Wie die meisten ägyptischen Adligen trug er nur einen Schurzrock, einen losen Mantel und einen weiten Kragen, und er wünschte sich bereits, auch solch ein langes Gewand und eine Kopfbedeckung anzuhaben wie Jokim.

Der Bart, den er sich als Symbol der Identifikation mit den Hebräern zugelegt hatte, war noch nicht voll genug, um seinen Hals vor dem Stich des Sandes zu schützen.

Wenn er seine Verwandten zurück nach Kanaan führen wollte, müßte er sich so kleiden, so reden und so denken wie sie. Sie würden einem Sohn Josephs folgen, aber nur dann, wenn er sich wie ein Hebräer verhielt und nicht wie ein Ägypter.

In Goschen angekommen, führte Jokim Manasse zum Zelt seines Vaters, dann ging er die Männer suchen, die ihn nach Theben geschickt hatten. Schelas Zelt war leer, als Manasse eintrat, und er ließ sich müde auf einen Schemel sinken und fuhr sich mit der Hand über sein Gesicht. Seine Lippen schmeckten nach Sand. Gab es einen Fingerbreit seines Körpers, der nicht von Sand bedeckt war?

Er hörte, wie die Zeltplane sich bewegte, und sah hoch. Im Eingang des Zeltes stand ein junges Mädchen, das einen Krug mit Wasser trug.

»Jokim hat gesagt, du wolltest deine Hände und dein Gesicht waschen«, sagte sie in anmutigem, fast geflüstertem Hebräisch. Sie war gertenschlank, mehr Kind als Frau, aber die elegante Rundung ihrer Wange sprach von knospender Weiblichkeit. Ihr dickes dunkles Haar fiel lang und anmutig über ihre Schultern, und die Finger, die den Krug hielten, waren zart und lang.

Sie hat Jendayis Hände, dachte Manasse. Sein Gruß blieb ihm im Hals stecken.

Das Mädchen, das sein Zögern bemerkte, hob seine Augenbrauen. Manasse merkte, wie er rot wurde, als er sich räusperte. »Ja, Waschen wäre gut.« Er stand auf.

»Nein, bleib sitzen.« Sie nickte zu dem Schemel hin, und er setzte sich wieder und hielt ihr seine Hände hin. Mit dem Vergnügen eines kleinen Kindes kippte sie den schweren Krug, daß ein Wasserschwall auf seine heißen, staubigen Hände spritzte. Das Wasser fühlte sich wunderbar kühl und reinigend an. Er sah dankbar lächelnd zu dem Mädchen hoch.

»So.« Sie setzte den Krug auf dem Boden ab und wischte sich umständlich-verlegen ihre eigenen Hände an ihrem Gewand ab. Dann lehnte sie sich an eine Zeltstange, schob die Hände hinter ihren Rükken und sah ihn sanft fragend an. »Jokim hat gesagt, du bist hier, um mit seinen Freunden zu reden.«

»Das stimmt.«

»Und ich darf nicht zuhören, hat er gesagt.«

Manasse fuhr sich mit der Hand über den Mund, um sein Lächeln zu verbergen. »Interessieren dich die Gespräche der Männer so sehr?«

Sie zog ihre Lippen zu einer runden Rosette zusammen. »Nicht immer. Aber es geschieht nicht jeden Tag, daß *du* nach Goschen kommst.«

Was für ein Gerede! War er etwa auch hier der hochverehrte »Sohn des Wesirs«?

Seine gute Laune verflog. »Ich fürchte, du wärest nur enttäuscht, wenn du uns zuhören würdest. Wir werden nicht über Dinge reden, die ein junges Mädchen interessieren. Und wenn du den Sohn des Wesirs kennenlernen willst, mußt du nach Theben gehen, da ist der bessere Sohn.«

»Ich bin kein kleines Mädchen mehr, ich bin fünfzehn.« Ihre dunklen Augen wurden trotzig. »Du bist gerade so schlimm wie Jokim; der behandelt mich auch immer wie ein Kind. Und daß du der Sohn des Wesirs bist, ist mir sowieso egal. Was bedeutet mir der Wesir von Ägypten? Nichts. Wir sind die Kinder Israels, ein eigenes Volk. Jokim sagt, wir gehen bald zurück nach Kanaan. Ich wollte nur mal den Mann sehen, der uns dabei helfen wird.«

Mit einem elastischen Hüpfer sprang sie zur Tür, doch Manasse packte ihren Arm. »Warte.« Sein Kopf wollte platzen vor Fragen. »Du kennst unseren Plan? Und du willst mit nach Kanaan?«

»Jokim erzählt mir alles.« Ihre Stimme klang ärgerlich, als sie sich aus seinem Griff freiriß. »Ich weiß genug, um den Mund zu halten. Vater will nichts davon hören, daß wir Goschen verlassen, Großvater auch nicht. Sie sind gerade fort, um sich anzuschauen, wo sie ihre Häuser bauen und ihre Tiere einpferchen werden. Meine Mutter ist bei ihnen und denkt die ganze Zeit an den Schmuck, den sie sich kaufen und die Kleider, die sie sich nähen will. Sie wollen alle hierbleiben. Aber ich nicht. Ich will zurück nach Kanaan.«

»Aber warum? Du bist doch nie dort gewesen.« Manasse staunte, wie in einer so kleinen Person solch eine Resolutheit wohnen konnte. »Du bist jung, du bist hier geboren. Wie willst du wissen, daß Kanaan dir überhaupt gefallen wird?«

Ihre Wangenknochen überzogen sich rosa. »Woher weiß der Adler, wie man fliegt?« flüsterte sie. Sie hob ihr Kinn und stellte sich auf die Zehenspitzen, bis ihre Lippen nur noch ein paar Fingerbreit von seinem Ohr waren. »Er hört die Stimme Gott Shaddais.«

Bevor Manasse reagieren konnte, hatte sie sich umgedreht und war durch die Zeltöffnung davongesprungen. Er wollte hinter ihr her, aber im gleichen Augenblick hob Jokim die Türklappe hoch und versperrte ihm den Weg. Er sah dem Mädchen hinterher, und ein trokkenes Grinsen war auf seinem Gesicht, als er sich wieder zu Manasse drehte.

»Ich sehe, du hast Atara kennengelernt.« Er seufzte theatralisch. »Es war ein schönes Stück Arbeit, sie hierzulassen, während ich nach Theben ging. Sie will unbedingt mitmachen.«

»Ist sie deine Verlobte?« fragte Manasse, während er zuschaute, wie die schlanke Gestalt sich durch eine Gruppe von Frauen schlängelte, die um ein Kochfeuer herum saßen.

»Beim Himmel, nein, und ich bedaure den Mann, der sie einmal heiraten wird. Sie ist meine Schwester – meine neugierige, freche kleine Schwester.« Er ließ seine Hand auf Manasses Schulter fallen, und als er wieder sprach, war seine Stimme leiser und eindringlicher. »Die anderen warten draußen vor dem Lager, in einem Wadi, das nicht weit entfernt von hier liegt. Hier können wir uns nicht versammeln; das würden zu viele von denen, die nicht mitwollen, merken. Wir versuchen, Frieden mit unseren Vätern zu halten, und daher sprechen wir nicht offen über unsere Pläne.«

Manasse schüttelte das Mädchen aus seinem Kopf und folgte Jokim nach draußen.

In dem ausgetrockneten Flußbett, in das Jokim ihn führte, hatten sich fast vierzig Männer versammelt. Sie saßen auf Steinen und Felsabsätzen, und Manasse sah mit Genugtuung, daß die meisten von ihnen einen entschlossenen Gesichtsausdruck hatten. Dies war die neue Generation. Die meisten waren in seinem Alter oder ein paar Jahre älter – die Enkel und Urenkel Jakobs, voller Eifer, ihren Platz in dem Land einzunehmen, das Gott seinem Volk verheißen hatte.

Jokim führte Manasse durch die wartenden Hebräer, dann eröffnete er ohne Umschweife die Versammlung. »Brüder und Verwandte, ihr erinnert euch sicher an Manasse, den Sohn Josephs. Als ich nach Theben ging, war ich sicher, daß Gott mich ausgesandt hatte, Ephraim zu euch zu holen, aber Gott hat mir gezeigt, daß *dieser* hier der Mann ist, der uns führen wird. Hört ihn an, meine Brüder, wie ihr einst seinen Vater und den Vater seines Vaters angehört habt. Denn ich bin überzeugt, daß es Gottes Wille ist, daß wir zurück nach Kanaan ziehen. Manasse hat die Stimme Gott Shaddais gehört; er ist der Mann, der uns nach Hause führen wird.«

Ohne weiteres Zeremoniell setzte Jokim sich auf einen Stein und sah zu Manasse hin, seine Augen voll aufgeregter Erwartung. Manasses Mund wurde trocken, als er in die bärtigen Gesichter blickte und daran dachte, wie er das letzte Mal vor seinen hebräischen Verwandten gestanden hatte. An jenem Morgen hatte er ihnen seinen Traum und Gottes Botschaft gesagt, und sie hatten ihn ausgelacht. Damals hatte er gedacht, daß sie ihm alle nicht glaubten – aber die Männer, die jetzt vor ihm saßen, hatten seine Gedanken und Worte im Herzen bewegt.

Er suchte nach Worten und fand keine, aber Gott hatte doch verheißen, ihm alles zu geben, was er brauchte, um zu gehorchen. *Was ich jetzt brauche, Gott Shaddai, sind Worte.*

»Liebe Verwandte«, begann er und breitete seine Hände aus, »ich stehe in der Kleidung eines Ägypters vor euch, weil dies das Land ist, wo ich geboren bin. Aber wenn wir nicht hier wegziehen, werden in ein paar Jahren alle Männer Israels so aussehen wie ich heute. Unser Volk wird die Verheißungen Gottes vergessen, ja es wird Gott selber vergessen, und das Land, das uns jetzt mit Güte und Fülle an sich bindet, wird uns mit Ketten und Peitschen binden.«

»Nein!« Ein Mann hob protestierend seine Faust. »Niemals!« rief ein anderer.

»Doch, es kann so kommen.« Manasse hob warnend seine Hand. »Mein Vater, mein Bruder und ich leben nach der Wahrheit Gott Shaddais. Es gibt keine Götzenbilder in unserem Haus. Aber alles, dem wir mehr dienen als Gott – ob es eine Sitte ist, ein Götzenbild oder ein Königreich –, wird uns bald versklaven. Wenn unsere Leute anfangen, Ägypten zu lieben und ihm zu dienen, wird es zu ihrem Gefängnis werden. Hört mich, denn ich rede Gottes Wahrheit.«

»Wie sollte so etwas geschehen?« rief ein junger Mann, das Gesicht zornig errötend. Er sprang auf und reckte seine geballten Fäuste hoch. »Die Söhne Israels sind keine Götzendiener!«

Jokim erhob sich und trat zwischen Manasse und den jungen Mann. »Dies ist Hezron, der Sohn des Perez, des Sohnes Judas.« Er drehte sich zu den anderen hin und breitete seine Arme weit aus. »Wir mögen denken, daß wir nie anders werden und nie den Gott unserer Väter verlassen werden«, rief er, »aber auch wenn wir Gott Shaddai lieben und unsere Väter uns in der Wahrheit unterwiesen haben, können wir nicht sicher sein, daß unsere Kinder nicht von dem Bösen in Ägypten angesteckt werden. Erst gestern habe ich es erlebt, wie Ephraim, der als Erbe Jakobs eigenen Söhnen gleichgerechnet ist, sich vor einem Götzenbild niederwarf. Er tat dies zwar nur zum Schein, aber wie wollen wir sicher sein, daß das, was heute im Scherz geschieht, morgen nicht im Ernst geschehen wird?«

Manasse spürte, wie seine Wangen brannten für seinen Bruder, aber die Männer wurden mit einem Mal still. Hezron setzte sich. Sie hatten verstanden, was Jokim meinte.

»Manasse ist uns und unserem Gott treu«, fuhr Jokim fort, während er seine Daumen in den gewobenen Gürtel um seine Taille schob. »Und er kennt die Ägypter. Er hat Freunde an den höchsten Stellen. Mit seiner Hilfe können wir Pferde, Streitwagen und Waffen bekommen – alles, was wir brauchen, um unser Land wieder in Besitz zu nehmen.«

»Aber schau uns doch an!« Ein schlaksiger junger Mann mit fleckigem Gesicht stand auf und breitete seine dünnen Arme aus. »Sehen wir wie eine Armee aus? Wir sind kaum vierzig, und zwischen Goschen und Hebron gibt es Tausende Kanaaniter. Selbst wenn wir die Armee des Pharao hätten ...«

»Wir können eine Armee oder jedenfalls Soldaten bekommen«, unterbrach Manasse ihn. »Die Grenzwachen sind gutausgebildete Krieger, die zum Schutz der Grenzen Ägyptens im Sold des Pharao stehen. Sie machen in jedem Krieg mit, solange sie gut bezahlt werden. Sie werden sich uns anschließen, wenn wir ihnen einen Teil der Beute garantieren.«

»Aber wir sind nicht zum Kriegführen ausgebildet.« Ein anderer junger Mann sah Manasse aus unsicheren Augen an. »Ich bin Simri, der Sohn Serachs, des Sohnes Judas, und ich verstehe nichts vom Kämpfen. Ich bin ein Ziegenhirte, aber die Ziegen grasen nahe beim Lager. Ich habe nie auch nur mit einem wilden Tier gekämpft.«

Manasse spürte, wie das Mitleid sein Herz füllte. Der Jüngling hatte die milden Augen eines Mannes, der am besten still an seinem heimischen Herd saß, bis er alt wurde und starb. Aber wenn Gott Jakob, den Betrüger, gebraucht hatte, konnte er jeden gebrauchen, der bereit war, ihm zu gehorchen.

»Simri.« Manasse machte seine Stimme weicher. »Ich werde euch alles lehren, was ihr wissen müßt. Der Hauptmann der Wache meiner Vaters hat mich im Schwertkampf und im Streitwagenfahren unterwiesen. Ich kann einen Speer mit tödlicher Genauigkeit werfen, und dir kann ich das gleiche beibringen. Habe keine Angst, Vetter. Wenn Gott für uns ist, wer kann dann gegen uns sein? Und vielleicht brauchen wir gar nicht zu töten.« Manasse faltete die Arme über seiner Brust. »Wenn wir es mutig angehen, ziehen wir als erstes direkt gegen das kleine Gerar. Die Männer von Gerar werden lieber fliehen als kämpfen. Aber wir werden die Stadt einnehmen, und die Bewohner von Gaza werden es hören. Wenn wir dann weiter nach Norden marschieren, werden die Leute von Gaza nach Aschkelon fliehen, und die Nachricht von unserer Stärke wird sich immer weiter verbreiten. Wir werden jedem, der uns anhört, sagen, daß wir in Frieden kommen und nur in unsere Heimat zurückkehren wollen.«

Schweigen. Die Männer saßen da und starrten ihn nachdenklich an.

»Wie viele dieser Krieger könnten wir für uns gewinnen?« rief Hezron schließlich.

»Hundert, vielleicht zweihundert.« Manasse breitete seine Arme aus. »Sie sind kampferprobt.«

Ein weiterer Augenblick Stille, dann klatschte Manasse zufrieden in die Hände. »Und ich habe uns einen sicheren Ort besorgt für unsere Vorbereitungen.« Er ließ seinen Blick durchdringend über seine Zuhörer streichen. »Ein Haus bei dem Steinbruch von Tura. Dort wird uns niemand sehen, und wir werden die ganze Wüste haben, um für den Kampf zu üben. Der Steinbruchaufseher wird uns alles geben, was wir brauchen, denn er will die Gunst meines Vaters nicht verlieren. Sobald wir uns dort eingerichtet haben, werden wir eine Botschaft an den Hauptmann der Grenzwachen senden. Wir dürften seine Antwort in ein paar Tagen bekommen.«

»Noch etwas!«

Manasse hob seinen Kopf. Hezron war wieder aufgestanden, sein Gesichtsaudruck war herausfordernd-entschlossen. »Wie können wir sicher sein« – Hezron drehte sich zu den anderen hin –, »daß Gott Shaddai auf unserer Seite ist? Daß wir wirklich seinem Willen folgen? Wir haben nur das Wort dieses Mannes, daß Gott dieses Unternehmen will!«

Vierzig fragende Augenpaare richteten sich auf Manasse, daß die alte Angst und Unsicherheit, die in seiner Brust schlummerte, wieder anklopfte. Aber Gott *hatte* doch direkt zu ihm gesprochen. Der Engel hatte die Botschaft bekräftigt, und Jokims Erscheinen in Theben hatte sie nochmals bestätigt.

»Hat Gott nicht unserem Vater Abraham gesagt, daß Kanaan das Land der Verheißung ist?« fragte Manasse mit ruhiger Stimme und festem Blick. »Hat er nicht Jakob geboten, ohne Furcht nach Ägypten hinabzuziehen, weil er uns dort bewahren und zu einem großen Volk machen wollte?«

»Ja«, murmelten ein Dutzend Kehlen.

»Gott *hat* uns bewahrt«, fuhr Manasse fort. »Er *hat* uns zu einem großen Volk gemacht. Und jetzt geht es nicht darum, ob Gott will, daß wir zurück nach Kanaan gehen oder nicht, sondern ob wir ihm gehorchen oder nicht. Sind wir bereit, gehorsam, diszipliniert und heilig zu sein? Sind wir bereit, in das Land zu marschieren, das Gott verheißen hat?«

»Ja!« – »Ich bin bereit!« – »Ich auch!«

»Hört ihn!« Jokim reckte seine Faust in die Luft. »Und jetzt, Freunde, geht nach Hause zu euren Familien und verabschiedet euch von ihnen. Sagt euren Vätern und Müttern lebewohl, gebt euren Schwestern den Abschiedskuß. Aber sagt niemandem, wo wir hingehen oder was wir tun. Die Alten wären nur dagegen, und die Frauen würden jammern und weinen. Aber wir lassen uns von nichts und niemand abhalten.«

»So sei es!« Die Versammlung rief es wie ein Mann.

Manasse lächelte grimmig, als der angeworbene Krieger zu Boden ging, ein roter Blutstrich auf seiner Wange. Hezron war hervorragend gewesen mit der Streitaxt, vor allem, wenn man bedachte, daß er die Waffe erst seit zwei Wochen kannte.

»Sehr gut, Hezron.« Manasse schob seine Hände hinter seinen Rücken und nickte beifällig. Der stämmige Schäfer streckte seine Hand aus, um dem Grenzsoldaten auf die Füße zu helfen. »Du hast das Prinzip begriffen.«

»Warum auch nicht?« Hezron kicherte trocken, während er seinen Widersacher hochzog. »Eine Streitaxt ist nichts weiter als ein Hirtenstab mit 'ner Klinge dran. Meine Brüder und ich haben draußen auf den Weiden schon Schlimmeres erlebt als diesen Nubier. Einmal griff mich ein Bär an, und ich hatte nichts als einen Stock, um mich zu verteidigen. Und Hamul da hinten hat mal mit dem spitzen Ende seines Stabes zwei Philister erledigt, die ihn nachts überfallen wollten.«

Manasse biß sich auf die Unterlippe, entschlossen, sich nicht zu verteidigen vor diesen Männern. Es wäre ihm im Traum nicht in den Sinn gekommen, den großen Ich-kann-alles-besser-Vetter zu spielen. Trotzdem war ihm schon mehrere Male eine aggressive Feindseligkeit entgegengeschlagen. Es war nicht einfach, Frieden zu halten unter diesen Männern, die sich routinemäßig und mit voller Absicht in eine regelrechte Kampfeswut hineinsteigerten, und nicht alle der Hebräer waren bereit, einen Führer zu akzeptieren, der so ... ägyptisch war.

Er drehte sich schnell um und ging zu Simri und Schallum, die gerade einen Ringkampf machten. Mehrere der anderen hatten sich im Schatten versammelt, und richtig, da war auch Jokim. Manasse ließ sich neben ihm nieder. Irgend jemand hatte mit dem Fuß einen nicht ganz runden Kreis in den Sand gegraben, und in diesem Kreis waren Simri und Schallum, wie zwei knurrende Tanzbären, einer den anderen beobachtend und auf seine Chance wartend.

Manasse sah ihnen einen Moment zu, dann gab er Jokim einen leichten Rippenstoß. »Es sind ein paar neue Gesichter da.« Er sah sich stirnrunzelnd um. »Wer sind diese Fremden?«

Jokim nahm seinen Blick von den Ringkämpfern und schaute in die Runde, dann lächelte er Manasse von der Seite an. »Das sind Steinbruchsklaven. Der Aufseher hat ihnen erlaubt, mit uns zu trainieren.«

»Was?« Hundert Einwände schossen in Manasses Kopf. »Aber das geht doch nicht! Was, wenn der Pharao davon hört? Oder mein Vater? Wir brauchen diese Männer nicht.«

»Wir brauchen jeden, der bereit ist, sich uns anzuschließen.« Jokim sah Manasse offen an. »Und wenn Gott uns durch die Hände dieser Ägypter helfen will, wer sind wir, daß wir ihm das verbieten wollten?«

»Wir brauchen diese Ägypter nicht!«

»Aber die Krieger haben wir doch gebraucht.«

»Das ist etwas anderes. Wenn der Kampf vorbei ist, werden sie auf ihre Posten zurückkehren.«

Jokim zuckte mit den Achseln. »Und diese Männer werden in den Steinbruch zurückkehren. Es sind Sklaven, sie haben keine Wahl. Aber der Aufseher scheint zu denken, daß er deinem Vater einen Gefallen tut, wenn er ihnen erlaubt, uns zu helfen, und so hat er sie uns angeboten. Selber braucht er sie zur Zeit nicht. Der Pharao hat seit Monaten keine Kalksteinblöcke mehr bestellt; der Aufseher sagt, zur Zeit bevorzugt er schwarzen Granit von einem Ort namens Ibhet.«

Manasse spürte, wie Beunruhigung und Wut seinen Rücken hinabkrochen. Schon wieder hatte ein jüngerer Verwandter ihm das Heft aus der Hand genommen! Ohne nachzudenken, ohne ihn zu fragen, ohne den Preis zu bedenken, den dies kosten konnte.

»Hast du dir schon überlegt, was passieren kann, wenn einer dieser Sklaven sich davonmacht?« fragte er, seine Stimme gepreßt vor unterdrückter Wut. »Wenn er sich ein Boot nimmt oder eins stiehlt und den Nil hinauffährt und jedem erzählt, was wir hier treiben? Was meinst du, was passiert, wenn mein Vater das herausfindet? Ich bin immer noch der Wesirssohn, Jokim, mein Vater hat immer noch die Macht ...«

»Die Macht wozu?« fragte Jokim. »Dich zu bestrafen? Dich auf dein Zimmer zu schicken? Du bist ein erwachsener Mann, dein Vater kann dir nichts als seinen Segen geben.« Er wandte sich wieder dem Ringkampf zu, ohne zu merken, was seine Worte gerade in Manasses Seele angerichtet hatten.

Manasse schaute zur Seite. Besser jetzt nicht antworten. Ein Tumult tobte in ihm. Verzweiflung, Wut, Ablehnung, Aggression. Jokim konnte nur deshalb so leicht dahinreden über den Segen eines Vaters, weil er sicher sein konnte, einen zu bekommen. Er war nie abgelehnt worden, er kannte nicht den sengenden Schmerz des Übergangenwerdens, während Manasse jedesmal, wenn er an Israel dachte, einen Stein durch sein Herz reißen fühlte.

Jokim sprach weiter, während er den Ringern zusah. Seine Stimme war jetzt eine Spur bitter. »Ich glaube, ich verstehe ganz gut, was du fühlst, Manasse. Aber ich bin kein Erstgeborener. Ich erwarte nicht diesen Segen und werde nicht enttäuscht sein, wenn ich ihn nicht bekomme.«

»Du weißt nicht«, antwortete Manasse, die Worte wie Galle in seinem Mund, »wie mir zumute ist.«

»Vielleicht nicht.« Jokim sah ihn an. »Aber ich bin nicht dein Gegner, ich versuche nicht, dir deinen Platz streitig zu machen. Ich muß vor meinem eigenen Gewissen geradestehen und das tun, was ich als richtig erkannt habe, und das mußt du auch. Und Tatsache ist, daß wir jeden Mann brauchen, der sich uns anschließen will. Ich und die anderen, wir sind dankbar für jeden, Hebräer oder Ägypter, der sein Leben einsetzt, um uns zu helfen.«

»Aber wenn ich euch führen soll, müßtet ihr mich wenigstens fragen.«

»Ich wollte heute abend mit dir sprechen.« Jokim drehte seinen Blick zurück zu der kleinen Arena. »Unter vier Augen. Der Aufseher ist erst vor einer Stunde wieder gegangen, und ich hatte noch keine Gelegenheit, mit dir zu reden.«

Manasse preßte die Arme übereinander. Jokim hatte ja recht. Die Entscheidung, die Dienste der Sklaven anzunehmen, war logisch, vernünftig und klug. Und wenn er nicht so krampfhaft geglaubt hätte, daß nur *er* Entscheidungen treffen konnte, hätte er sofort gesehen, wie richtig Jokims Gedankengang war. Beim Himmel, würde sein tückisches Herz jetzt so eifersüchtig auf Jokim werden, wie es schon auf Ephraim war?

Die Männer feuerten die Kämpfenden lautstark an. Manasse stützte sich auf Jokims Schultern, um aufzustehen. Er drehte sich um. »Ich bin in dem Haus, falls jemand mich braucht«, sagte er, schon im Gehen. »Aber vielleicht ist es besser, wenn mich keiner braucht.«

Siebzehn

»Hauptmann Tarik!« Ein etwas pummeliger kleiner Sklavenjunge, dessen Schurz sauberere Tage gesehen hatte, hob den Teppichvorhang vor der Tür des kleinen Hauses des Hauptmanns. »Herr Hauptmann! Der Wesir ruft Euch!«

Tarik warf seiner Frau einen bedauernden Blick zu, dann erhob er sich von seinem Stuhl und schnallte den Schwertgürtel um.

»Ist was passiert?« fragte Halima. Ihre hübsche Stirn legte sich in besorgte Falten. »So spät läßt Zafenat-Paneach dich nicht oft rufen.«

»Sicher nichts Besonderes.« Tariks Mund bog sich zärtlich, als er seine Frau ansah. »Laß die Brattaube über dem Feuer. Ich bin wieder zurück, bevor du schlafen gehst.«

Er nahm seinen Speer von der Wand, dann ging er durch das Licht der Fackeln die breiten Marmorstufen des Vorbaus der Villa hoch, durch die Eingangshalle und weiter in die große Empfangshalle des Wesirs. Zafenat-Paneach saß auf seinem vergoldeten Stuhl, immer noch jeder Zoll ein hoher Beamter, immer noch in seine Arbeit vertieft, obwohl die Sonne schon vor mehreren Stunden untergegangen war.

Vor ihm, mit einigem Abstand zwischen ihren Stühlen, saßen Ephraim und ein sehr bärtiger Mann, den Tarik als einen der älteren Brüder seines Herrn erkannte. Sein Gedächtnis ging hastig die Liste der hebräischen Namen durch. Wie hieß dieser Bruder noch?

»Tarik, du erinnerst dich an meinen Bruder Juda?«

Tarik verneigte sich, wie das Protokoll es verlangte. »Ja. Leben, Wohlergehen und Gesundheit sei Euch, mein Freund!«

Juda und Tarik lächelten sich höflich an.

»Juda ist nach Theben gekommen, um sich nach seinem Enkel zu erkundigen«, fuhr Zafenat-Paneach fort. Seine Augen bohrten sich wachsam in Tariks. »Der junge Mann heißt Jokim, du erinnerst dich sicher. Er kam vor knapp einem Monat hierher, um Manasse und Ephraim zu besuchen.«

»Natürlich, Herr.« Tarik nickte. Jokims Besuch war sogar erst zwei Wochen her, aber Zafenat-Paneach war nicht immer voll informiert über das Kommen und Gehen in seinem Haus, und Tarik fand es das beste, ihn nicht zu korrigieren.

»Wir haben uns angenehm unterhalten heute abend, aber eben hat Juda die Bitte geäußert, Jokim zu sprechen.« Der Wesir machte eine Pause. Tarik wurde auf einmal mulmig. Bei dem kranken Fußnagel des Seth, dachte Juda etwa, daß Jokim hier im Haus war?

Zafenat-Paneach, wachsam wie immer, las die Gedanken in Tariks Augen. »Jawohl, Hauptmann, mein Bruder war im guten Glauben, daß Jokim immer noch bei Manasse und Ephraim zu Besuch ist. Und ich selber habe bis zu diesem Augenblick nichts anderes geglaubt, als daß Manasse in Goschen bei seinen Verwandten war.«

Tarik sah zu Boden. Er wußte, welche Frage als nächste kommen würde, und er hatte Angst vor ihr. Er hatte seinen Herrn noch nie angelogen, war nie etwas anderes als total loyal gewesen. Er war bereit, für Zafenat-Paneach zu sterben. Und für seine Söhne, und diese Liebe hatte ihn bewogen, Manasse zu helfen ...

»Wo sind sie, Tarik?«

Tarik hob seinen Blick wieder. Aus dem Augenwinkel sah er, wie Ephraim die Hand über seinen Mund legte, wohl um ein Grinsen zu unterdrücken.

Sie ließ sich nicht für immer aufschieben, die Stunde der Wahrheit. »Ich glaube, Herr, daß Manasse und Jokim in Tura sind.«

Ephraim ließ seine Hand fallen, sein Mund klappte offen.

»Und was machen sie in Tura?«

Tarik holte tief Luft; dieser Teil würde nicht einfach werden. Er hatte Manasse versprochen, niemandem etwas zu verraten, aber er hatte auch seinem Herrn Treue geschworen. »Ich glaube«, begann er, die Worte sorgfältig wählend, »daß sie ... trainieren.«

»Für was?« Die Frage kam von Juda.

Tarik wünschte sich, er wäre weit weg in den Ställen gewesen, als der Bote des Wesirs kam. »Für mögliche Kämpfe, Herr. In Kanaan.«

Mehr konnte er nicht sagen, aber er hatte schon genug gesagt. Zafenat-Paneach und Juda sahen einander an, und Tarik sah, daß sie begriffen. Selbst er, ein Ägypter, hatte es gespürt, das Feuer von Manasses Überzeugung, daß die Hebräer ins Land ihrer Väter zurückgehen sollten. Manasse hatte behauptet, daß er seinen Auftrag direkt von Gott Shaddai erhalten hatte, und obwohl Tarik sich ein Leben ohne Zafenat-Paneach oder Theben nicht vorstellen konnte, wäre er in die Unterwelt und zurück gegangen, wenn *sein* Herr dies befohlen hätte. Wie sollte Manasse nicht seinem Gott genauso gehorchen?

»Das ist ja verrückt!« Judas knochige Hand schlug wie in einer plötzlichen Schüttelsucht gegen die Lehne seines Stuhls. »Die sind doch noch grün hinter den Ohren ...«

»Es sind Männer, Herr«, unterbrach Tarik ihn. Er wußte, daß er für die Unverschämtheit, zu sprechen, ohne gefragt worden zu sein, bestraft werden konnte, aber er redete weiter. »Legt ihnen ihre Jugend nicht zur Last. Der Sohn meines Herrn ist reif und verantwortungsbewußt. Manasse hat Mut und Format. Die Zeit würde seine Kraft nur kleiner machen, nicht größer.«

Judas Stirn zog sich zusammen. »Die Zeit würde seinen Charakter verbessern«, schnappte er, sich näher beugend. »Und seine Weisheit!«

Tarik schaute zur Seite. Ephraim sah halb benommen aus vor Überraschung. »Jokim ist in meinem Alter, Onkel«, flüsterte er, ein leichtes Zögern in der Stimme. »Er *ist* erwachsen.«

»Niemand hat das Recht, nach Lust und Laune einen Krieg zu beginnen.« Zafenat-Paneachs metallisch knappe Stimme untersagte jede weitere Diskussion. »Krieg ist etwas für Könige und Prinzen, und nicht für junge Träumer, die nichts von der Welt verstehen! Sie müssen zurück nach Hause. Sie und wer immer bei ihnen ist, sie müssen zurück zu den Ihren.«

Er klatschte heftig in die Hände, und zwei Sklaven erschienen in der Tür, als habe die Wand sie ausgespuckt. »Holt mir meinen Schreiber und einen Läufer«, befahl der Wesir. »Ich werde einen Brief schreiben, der heute abend noch flußabwärts gehen muß.« Seine Augen blitzten herrisch zu dem Hauptmann seiner Wache hin. »Tarik, laß den Bootsmann holen. Der Brief muß Manasse persönlich in Tura übergeben werden, und wenn das Boot zurückkommt, muß Manasse auf ihm sein. Nimm zwei deiner besten Wachen, damit es bestimmt geschieht.«

Eine kalte Würde ließ Zafenat-Paneachs Gesicht zu einer steinernen Maske erstarren. Nie hatte Tarik seine Augen so hart gesehen. »Hauptmann, kann ich mich darauf verlassen, daß meine Anweisungen ausgeführt werden?«

»Ja, mein Herr.« Tariks Stimme war genauso in Fetzen wie seine Nerven.

Tarik zögerte, bevor er den Bootsmann entließ. Juda hatte bereits seinen Mantel unter dem Baldachin zum Schlafen ausgebreitet, und das übliche Kontingent an Ruderern und Matrosen stand an der Reling. Es waren keine weiteren Männer nötig, obwohl Zafenat-Paneach ausdrücklich befohlen hatte, daß zwei der Wachen seinen Sohn nach Hause holen sollten.

Tariks Gehorsamsversprechen lag wie ein Stein auf seiner Seele. Kannte der Wesir seinen Sohn wirklich so wenig? Zwei bewaffnete Wachen auf dem Deck der Feluke würden Manasse nur zum Widerstand reizen. Sobald er ihre Waffen sah, würde er sich weigern, sich auch nur zu zeigen. Verletzt und wütend würde er sein, alles andere als bereit, dem Befehl seines Vaters zu gehorchen.

Tarik senkte seinen Blick, versuchte das Elend in seiner Seele zu verbergen vor dem prüfenden Blick des Bootsmanns.

»Ist das alles, Hauptmann Tarik?« fragte der Mann, während er sich mit der Hand über die Stirn wischte. »Wir können gleich ablegen, wenn niemand ...«

»Es kommt niemand mehr.« Tarik sah dem Mann fest in die Augen. »Nur deine Leute, der Bote und der Hebräer.«

Der Bootsmann klappte zur Antwort seinen Kopf nach unten, dann trat er auf die Laufplanke. Seine nackten Füße glitten ohne Laut über das verwitterte Holz.

Ein runzliger Matrose zog die Laufplanke in das Schiff, und Tarik hielt den Atem an. Das Wissen, daß er seinem Herrn nicht gehorcht hatte, kreiste wie ein Wirbelwind in ihm.

Die aufgehende Sonne verschlang den Wind, der die ganze Nacht um die abgelegene Villa geheult hatte. Manasse trat in den breiten Säulenvorbau und reckte seine Arme. Das Haus sah allmählich wie eine Kaserne aus. Wo man hinschaute, sah man schlafende Männer. Die Sklaven aus dem Steinbruch betrachteten es als große Ehre, in einem Haus des Wesirs schlafen zu dürfen, und den Hebräern war es egal, wo sie schliefen; sie träumten so oder so von den grünen Hügeln und dichten Wäldern des Jordantals.

Manasse hatte von Jendayi geträumt. Trotz ihrer Zuneigung zu Ephraim sehnte sein Herz sich immer noch nach ihr. Vielleicht würde sie ihn lieben, wenn er sich als Krieger bewiesen hatte. Aber auch wenn nicht – er würde sein Versprechen, ihre Freiheit zu erwirken, halten. Sobald sie sicher in Kanaan waren, würde er nach Ägypten zurückkehren, seinem Vater alles erklären und in den Palast des Pharao gehen, und dort, vor dem vergoldeten Thron und dem glühenden Wadjet-Auge im Kopfschmuck des Königs, würde er ihm Schafe, Ochsen und all seine Kriegsbeute anbieten. Aber er hatte den Verdacht, daß er Amenhoteps Herz eher durch Ruhmesworte als durch Geschenke erreichen konnte. Der Pharao besaß mehr als genug von den Schätzen der Welt; was ihm fehlte, war etwas ganz anderes.

Manasse wußte nicht genau, wann ihm die Wahrheit aufgegangen war, aber eines Nachmittags, als er seinen Gedanken nachhing, hatte er erkannt, daß ja er und der Pharao die gleiche Vaterfigur hatten: Zafenat-Paneach. Manasse wie Amenhotep fühlten sich klein vor Joseph – aber fühlte der Pharao sich genauso erdrückt von ihm wie Manasse sich entfremdet fühlte? Im Volk erzählte man sich, daß der Pharao Malkata gebaut hatte, um bei seinem Harem sein zu können und seine Ruhe vor Königin Tiy zu haben, aber vielleicht hatte er den Palast vor allem erbaut, um mehr Abstand zu seinem Wesir zu haben. Denn obwohl Zafenat-Paneach immer noch jeden Morgen mehrere Stunden bei dem König vorsprach, war er meistens in Theben beschäftigt, wo er die Arbeit des Pharao tat und das Lob des Pharao empfing. Und das des Volkes. Jeder liebte Zafenat-Paneach, bis auf die Priester des Amun-Re ...

Kein Wunder, daß Amenhotep nie angefangen hatte, Gott Shaddai anzubeten! So konnte er wenigstens in seiner Religion frei sein von Zafenat-Paneachs erstickendem Einfluß.

Allein mit seinen Gedanken in der Wüste, hatte Manasse begonnen, die Angst des Gott-Königs auf dem ägyptischen Thron zu verstehen. Amenhotep hatte genauso seine Ängste wie jeder andere Mensch. Es fiel ihm leichter, sich nach Malkata zurückzuziehen, als zu erleben, wie ein hellerer Stern seine Herrlichkeit überstrahlte. Wenn also der Krieg um Kanaan vorbei war, würde Manasse zum Pharao gehen, das königliche Ego mit ehrlichem Lob streicheln und ihm alles anbieten, was er im Tausch für Jendayi verlangen würde.

Die Morgendämmerung badete den Steinbruch in ihrem grauen Licht, zog neblige Schleier über die schlafenden Steine und das kleine Dorf, wo die Steinbrucharbeiter und der Aufseher wohnten. Manasse schaute in die Richtung. Schon war der erste Sklave zu sehen auf dem Pfad, der sich zwischen den Ziegelhütten schlängelte – wahrscheinlich ein eifriger Jünger des Amun-Re, der einen Blick auf den Sonnengott erhaschen wollte, wie er seine Fahrt über den Morgenhimmel begann. Oder vielleicht – Manasse mußte grinsen – wollte er sich einfach früh eines menschlichen Bedürfnisse entledigen.

Manasse gähnte zufrieden, reckte sich wieder und wollte gerade zurück in das Haus gehen, als er etwas anderes sah. Weit weg, am westlichen Flußufer, lugte hinter einem Felsvorsprung das kleine Dreieck eines Segels hervor. Besucher! Aber woher kamen sie? Und wer kam auf die Idee, durch die Nacht zu fahren, um bei Sonnenaufgang anzukommen?

Eine dunkle Vorahnung schoß durch ihn, als er zu der Felswand rannte, die sich neben dem Pfad erhob und das Haus des Wesirs teilweise verdeckte. Seine Hände und Füße fanden die von Kind auf vertrauten Stellen, wo man sich hochziehen konnte, von selber. Jetzt lag er auf dem breiten Rücken des Felsens. Er schob sich langsam nach vorne, bis er über den Rand lugen konnte.

Einen Augenblick lang Erleichterung. Die Feluke gehörte seinem Vater, denn an dem Mast flatterte energisch der rotweiße Wimpel des Wesirs. Aber ... wenn das Schiff seines Vaters hier war, dann brachte es entweder eine dringende Botschaft von Tarik, oder sein Vater wußte ... alles.

Er spürte einen plötzlichen Knoten im Magen. Doch, sein Vater mußte dahintergekommen sein. Früher oder später kam Zafenat-Paneach hinter alles. Er hätte es sich denken können, daß die Konfrontation früher oder später unausweichlich würde. Aber nicht vor den Augen seiner Männer, das würde er zu verhindern wissen!

So schnell er konnte, kletterte er von seinem Posten zurück und rannte über das Geröll des Hangs zu dem Flußpfad hinunter, um die Boten seines Vaters abzufangen, bevor sie das Haus erreichten.

Eine Stunde später saß Manasse allein auf dem Damm am Ufer des Nils, eine Papyrusrolle in der Hand. Der Bote hatte ihm die Rolle gerne sofort übergeben, da er so um so schneller nach Goschen weiterfahren konnte, aber bevor die Feluke ablegte, hatte Manasse Judas versteinertes Gesicht und blitzende Augen unter der Überdachung des Decks gesehen. Gut, daß Jokim ihm nicht zum Fluß gefolgt war.

Jetzt waren Manasses Augen auf den fernen westlichen Horizont geheftet, während sein Herz mit dem Wissen kämpfte, daß er diesmal seinem Vater nicht gehorchen und ihm nicht vertrauen durfte. Gott hatte gesprochen, und Joseph war nicht bereit gewesen, zu hören. Auch Juda nicht. Was war es nur, das ältere Männer so träge machte, den Geist Gottes zu vernehmen und ihm zu gehorchen?

»Wer war das, Manasse?«

Jokims Stimme ließ ihn zusammenfahren, aber er drehte sich nicht um. Noch ein Zweiter stand hinter ihm; dem leisen Geräusch seiner Schritte nach mußte es der schüchterne Simri sein, der mit Jokim den Berg hinuntergekommen war.

»Das Schiff hat einen Brief von meinem Vater gebracht.« Manasse stützte seine Ellbogen auf seine Knie und betrachtete müde den ewigen Fluß vor ihm. »Die Sache ist aufgeflogen, und unsere Väter – deiner und meiner, Jokim – verlangen, daß wir nach Hause kommen. Mein Vater sagt, daß dies nicht der richtige Zeitpunkt zum Kampf ist und daß nur der Pharao eine Invasion befehlen kann. Wenn das Schiff heute nachmittag von Goschen zurückkommt, soll ich gleich einsteigen und zurück nach Theben fahren.«

Jokim brummte etwas und setzte sich neben Manasse auf den Damm; Simri folgte seinem Beispiel wie ein wohlerzogener junger Hund. »Da die Feluke nach Theben zurückfahren wird, erwartet dein Vater offenbar nicht, daß ich mitkomme«, begann Jokim. »Ich bleibe also hier, und die anderen auch. Unsere Väter sind nicht der Wesir, sie haben nicht die Autorität, uns nach Hause zu beordern.«

»Du weißt aber doch, was die Alten sagen werden.« Manasse sah Jokim kritisch an. »Sie werden sagen, daß ihr Rebellen seid, und kein guter Sohn lehnt sich gegen seinen Vater auf.«

»Es sei denn, der Vater lehnt sich gegen Gott auf«, antwortete Jokim ruhig, aber betont. »Diesmal müssen wir zuerst Gott gehorchen. Ich werde nicht respektlos sein gegenüber meinem Vater, ich werde nicht mit ihm streiten oder ihn beschimpfen oder beleidigen. Aber ich glaube, daß Gott uns ruft, Manasse, und diesem Ruf werde ich nicht untreu werden, egal, wer mir Befehle schickt.«

Die unterschwellige Anklage in Jokims Stimme ließ Manasse innerlich zusammenzucken.

»Tu, was du tun mußt«, schloß Jokim und schaute auf den Fluß hinaus. »Aber jetzt, wo dein Vater weiß, wo wir sind und was wir vorhaben, ist der Boden hier zu heiß für uns. Wir werden unser Lager in die Wüste verlegen und es jeden Abend woanders aufschlagen, damit uns niemand findet. Falls du zurückkommst ...«

»*Sobald* ich zurückkomme«, unterbrach Manasse ihn. »Ich *komme* zurück. Ich gehe jetzt nach Hause, schließe Frieden mit meinen Vater und tue das Meine, damit die Sache nicht aus dem Ruder läuft. Und dann komme ich zurück. Ich wäre ein nutzloser Krieger, wenn ich meine Hand an das Schwert legte und dann auf einmal nicht mehr kämpfen wollte.«

Jokim nickte lächelnd. »Gut. Wenn du zurückkommst, frage einfach den Steinbruchaufseher, wo wir sind. Wir geben ihm Bescheid, so daß du uns finden kannst.«

Manasse nickte kurz, ohne seinen Vetter anzusehen, und nach einem Augenblick standen Jokim und Simri auf und gingen zurück, ihre Fußschritte wie ein leises Schnaufen auf dem Sand. Manasse schloß seine Augen, um den in der Sonne glitzernden Fluß nicht länger sehen zu müssen. Wie er ihn auf einmal haßte! Jetzt, in der Trokkenzeit, hatte das Wasser die Farbe des Grünspans, der auf Bronzegefäßen wuchs. Er erinnerte ihn an eine Python im Dschungel, der grüne Fluß – manchmal dünn und träge, dann angeschwollen und unruhig, aber immer in Bewegung, immer lebendig. Man konnte ihn nicht töten und ihm nicht entkommen. Er hypnotisierte die Menschen, zog sie von den Bergen und der Wüste herbei, bis sie auf dem schmalen grünen Band seiner Ufer wohnten. Wie die anderen, die aus den Wäldern und Wüsten und Steingebirgen gekommen waren, waren auch sein Vater und Abrahams Volk aus dem heiligen verheißenen Land herbeigekommen, um neben den glänzenden Fluten zu wohnen. Und der Fluß hatte sie gerettet, wie es Gottes Plan gewesen war, aber jetzt mochten sie ihn nicht mehr verlassen, waren weiter hypnotisiert von seiner Schönheit, gefangen von seinen seichten Freuden, ertranken in den Versprechungen von Reichtum und Wohlstand.

Er stand auf, groß und zornig, zerknüllte die Schriftrolle in seiner Hand und schleuderte sie mit aller Kraft in das verräterische Wasser des despotischen Flusses, dann drehte er sich um und ging den Weg hinauf, um seinen Mantel zu holen.

Wenn er dem Befehl seines Vaters nicht gehorchte, würde Zafenat-Paneach nur andere Männer schicken, um ihn und seine Leute zu suchen. Er würde also mit der Feluke mitfahren; das war er denen, die sich mit ihm und für ihn unter der sengenden Sonne abgemüht hatten, schuldig. Er würde allein am Ufer stehen, wenn das Boot kam, so daß niemand sehen konne, wie viele Männer bei ihm waren und wie sie aussahen. Er würde in das Haus seines Vaters gehen und den gehorsam zerknirschten Sohn spielen.

Aber sobald es ging, würde er zurück an die Front gehen.

Die ganze Nacht hindurch tauchten die Ruder der Feluke zu dem stetigen Rhythmus der Takttrommel in das silbrige Wasser des Flusses.

Manasse stand mit gekreuzten Armen an der Reling, dankbar, daß sein Vater keine bewaffneten Wachen mitgeschickt hatte, um ihn nach Hause zu holen. Das wäre die allerschlimmste Demütigung gewesen, eine unterschwellige Demonstration, daß der ältere Sohn des Wesirs nicht vertrauenswürdiger war als ein entlaufener Sklave oder verurteilter Verbrecher. Manasse dankte seinem Vater im Geiste für diese Geste des Vertrauens – und nahm sich vor, sie nach Kräften auszunutzen.

Die Sonne malte gerade die ersten graurosa Flecken auf die Hausdächer, als das Boot Theben erreichte. Manasse nickte dem Bootsführer, der die Laufplanke für ihn herabließ, ein knappes Dankeschön zu, dann lief er gekonnt die Planke hinunter und zu einer Gruppe von Fischern, die dabei waren, ihre Netze für die Arbeit des Tages fertig zu machen.

Seine Augen überflogen das bunte Gewühle in dem Hafen. Sicher hatte sein Vater einen Boten an den Fluß geschickt, einen Freund vielleicht, um ihn nach Hause zu begleiten und auszuhorchen, wie er diese schmachvolle Rückkehr verkraftete. Manasse mischte sich rasch unter die Fischer, leicht gebeugt, damit seine hohe Gestalt nicht so auffiel, bis er ein bekanntes Gesicht sah, das auf die Anlegestelle zulief.

Ani. Natürlich. Sein Vater hatte den alten Weisen der Villa geschickt, den geliebten Lehrer, dem Manasse seine Fragen über die Erde, den Himmel, seinen Körper, seinen Geist, ja sein Herz vorgelegt hatte. Ein kluger Schachzug von Joseph, denn Ani hätte Manasse vielleicht seine Pläne anvertraut. Aber an diesem Morgen würden Anis alte Augen ihn im Stich lassen. Während der Hausverwalter seinen Blick über die Menge der Fischer und Reisenden gleiten ließ, die den neuen Tag begrüßten, stahl Manasse sich fort, Richtung Norden.

Er würde Joseph schon noch gegenübertreten, aber noch nicht gleich. Seine Augen brannten von der schlaflosen Nacht; er war nicht in der Verfassung, mit seinem Vater zu reden. Er brauchte Ruhe und die Gesellschaft eines Freundes, nicht eines Gegners.

Seine müden Augen erblickten ein kleines Papyrusboot im Uferschilf, eines jener floßähnlichen Boote, die Kinder oft benutzten, um vom einen Ufer zum anderen zu fahren. Ohne einen Laut trat er in das Boot und ließ es durch den bloßen Schwung auf den Fluß hinaustreiben. Mit etwas Glück wäre er in ein paar Augenblicken von den Fischerbooten umgeben und könnte in dem allgemeinen Gewimmele unentdeckt nach Malkata fahren.

Wenn er Hilfe brauchte, konnte er sich an einen Riesen namens Abnu wenden, hatte Tarik gesagt.

Aber noch ein zweiter dringender Grund lag hinter seinem Wunsch, den Königspalast zu besuchen. Dort wartete Jendayi, und es war jetzt fast zwei Monate her, daß er ihr süßes Gesicht gesehen hatte.

Amenhotep hatte seinen Palast als Wohnort der Lebenden auf dem Ufer der Toten erbaut. Malkata lag gleich nördlich von Theben auf dem Westufer des Nils. Manasse wußte, daß es nicht einfach war, in den Hafen zu fahren, ohne Verdacht zu erregen, aber in den letzten Tagen hatte er überrascht festgestellt, wie viele Dinge möglich waren, wenn man nur mutig genug war, sie anzupacken.

Als die hohen Granitsäulen von Malkata aus dem smaragdgrünen Laubstreifen am Ufer emporstiegen, verließ Manasse das Gewimmele des Flusses und glitt in den Hafen hinein, tief geduckt in seinem Boot und mit den Händen paddelnd. Hohes Schilf umgab den königlichen Hafen, wie ein Pelzbesatz auf einem Mantel, und Manasse blieb in dem Schilf, bis er die Anlegestelle passiert hatte, ohne daß ihn jemand anrief. Langsam und vorsichtig paddelte er weiter durch die hohen Stengel, bis er grünes Wasser hinter ihnen schimmern sah – den geheimen Kanal. Sein Vater hatte ihn kurz erwähnt bei ihrem letzten Besuch in Malkata, aber Manasse war zu sehr in seine Träume von Jendayi versunken gewesen, um darauf zu achten, wo der Eingang zu ihm lag.

Er drehte das Boot in die Richtung des Kanals und fädelte es durch das dichtere Schilf, indem er sich mit den Händen vom einen Stengel zum nächsten zog. Dann war er hindurch, und das winzige Boot glitt in den Kanal hinein.

Einen Augenblick lang fragte Manasse sich, ob er in einer anderen Welt war. Zu seiner Linken stieg hoch und abweisend eine rosa Granitmauer hoch. Die schlammigen Ufer des Kanals waren kahl und frei von Schilf, damit ein ankommender Feind sofort entdeckt werden konnte. Die heiseren Rufe der Matrosen und Fischer auf dem Nil wurden von der hohen Schilfwand verschluckt; Manasse hörte nur das stille Schwappen des Wassers unter seinem kleinen Boot, und, von irgendwo hinter der Mauer, das Zischen eines Besens über nasse Fliesen. Zu seiner Rechten ließ die Hitze der Sonne die fernen westlichen Berge flimmern. Schwalben huschten über das Wasser, auf der Jagd nach den zwischen Sonne und Schatten tanzenden Insekten.

Er blieb vorsichtig geduckt. Von seinen Händen tropfte es in das Papayrusboot. Die Ufer glitten langsam vorbei. Dann sah er ein Tor in der Granitmauer. Zwei Wachen standen vor ihm, mit dem Rücken zu ihm. Manasse duckte sich noch tiefer, tauchte die Hände wieder in das Wasser und dirigierte das Boot zu dem Ufer hin. Er legte außer Sichtweite der Wächter an, dann tauchte er den Saum seines Gewandes in das Wasser und wischte den Dreck des letzten Tages von Händen und Gesicht. Er vermied jeden Laut. Er wußte, er war trügerisch, der Friede unter dem blendenden Glanz der Sonne auf dem stillen Wasser.

Aber Krokodile und Schlangen waren seine geringste Sorge. Die ganze Nacht hatte er nachgedacht, wie er in den Palast schlüpfen konnte. Selbst ein Edelmann durfte nicht ohne formelle Einladung nach Malkata. Wenn er die Torwächter nicht überzeugen konnte, daß jemand im Palast ihn herbeibeordert hatte, würde er einen hohen Preis für dieses Abenteuer zahlen. Er traute sich zwar zu, mit den beiden Wachen fertig zu werden, aber der Lärm würde den ganzen Palast aufwecken. Er überlegte, ob er sich über den Sklavenflügel auf das Palastgelände schleichen und sich unter die Diener mischen sollte, aber seine Jahre am Rande des inneren königlichen Kreises hatten ihn gelehrt, daß man am Hof des Pharao nur Erfolg hatte, wenn man seine Unsicherheit nicht zeigte.

Nein, er würde in den Palast marschieren, als ob er ein geladener Gast war. Falls man ihn erwischte, konnte er immer noch an die Gnade des Pharao appellieren, oder an die von Königin Tiy oder sogar von seinem Vater, dem Wesir.

Ich werde so tun, als ob ich jedes Recht habe, hierzusein. Manasse zog seinen Schurz zurecht und fuhr sich mit den nassen Fingern durch sein kurzgeschorenes Haar. Wenn er eher gewußt hätte, daß er Malkata besuchen würde, hätte er seine Perücke mitgebracht und ein Messer, um seinen heftig sprießenden Bart zu rasieren. Jetzt, in dieser unkonventionellen Aufmachung, würde er automatisch auffallen, aber er hatte keine Wahl.

Er mußte es wagen; er war zu weit gekommen, um noch umzukehren. Er hob sein Kinn und stieg die Uferböschung hoch. Die Wachen waren Nubier, zwei von den berühmten Medjay-Kriegern. Manasse kannte sie nicht, aber bestimmt hatten sie schon einmal Dienst am Haupttor gehabt. Auf jeden Fall würden sie seinen Vater kennen, und vielleicht hatten sie ihn selber schon einmal gesehen, wie er zusammen mit dem berühmten Zafenat-Paneach den Palast betreten hatte.

Die Wachen lachten gerade über einen Witz, als Manasse vor sie trat, die Beine selbstsicher gespreizt, die Hände auf den Hüften. *Sei mutig. Sage die Wahrheit, dann können sie nicht den Verdacht haben, daß du lügst.*

Er räusperte sich leise. Die Männer sahen auf. Der Größere blinzelte konsterniert.

»Leben und Frieden sei euch, meine Freunde.« Manasse schob seine Hände hinter seinen Rücken. »Beim Leben des Pharao, ich bete, daß es euch gut geht.« Er nickte lächelnd dem Größeren zu, der ganz der afrikanische Krieger war: schlank, sehnig und gestählt. »Ist das ein neuer Kragen, den du da trägst, Hauptmann? Ich kann mich nicht erinnern, ihn gesehen zu haben, als mein Vater, der Wesir, und ich vor ein paar Wochen hier zum Bankett waren.«

Die Augen des Wächters fuhren von oben nach unten über Manasse und wieder zurück, bemerkten den feinen Leinenschurz, die weichen Sandalen, die goldenen Armreife – und den Bart. Sein undurchdringlicher Blick ging zu seinem Kameraden.

»Ich weiß, daß ich etwas ramponiert aussehe« – Manasse tauschte ein Lächeln mit dem zweiten Mann aus –, »aber ich komme gerade von einem Waffentraining in der Wüste.« Er zeigte auf eine rote Narbe auf seiner Brust, dann zuckte er mit den Achseln. »Aber für zwei Medjay-Krieger ist so ein Kratzer ja nichts. Tarik, der Hauptmann der Wache meines Vaters, hat mir viel erzählt von eurer Tapferkeit im Kampf. Er sagt, es gibt keinen besseren Soldaten in der Welt als einen richtigen Medjay.«

Der Große hob sein Kinn, sein Körper wurde stramm. »Leben und Friede sei Euch, Sohn des edlen Wesirs.« Sein dunkler Kopf verneigte sich tief. »Wir wußten nicht, daß Ihr erwartet wurdet.«

Manasse hob beschwichtigend eine Hand. »Ich bin nicht gekommen, um den Pharao zu stören, sondern um mit einem königlichen Soldaten zu sprechen. Der Hauptmann der Wache meines Vaters hat ihn mir empfohlen.« Er hielt inne und machte Ephraim gewinnendstes Lächeln nach. »Könnt ihr mir sagen, wo ich einen Mann namens Abnu finde?«

Bei dem Namen des Riesen warf der kleinere Wächter einen raschen, ängstlichen Blick auf seinen Kollegen.

»Abnu kenne ich.« Der Große senkte seine Stimme. »Ich habe mich selber im Zweikampf mit ihm versucht. Nur die Gnade des Pharao hat meine elende Haut gerettet. Der Kerl hätte mich glatt mit seinem Spieß durchbohrt, wenn der König nicht gesprochen hätte.« Er sagte es leichthin, als sei es eine Ehre, mit Abnu gekämpft zu haben.

»Der Pharao muß hoch von dir denken«, murmelte Manasse.

Die eine Schulter des Wächters ging hoch. »Das glaube ich auch. Ihr findet Abnu in der Kaserne, falls er nicht gerade im Hof am Trainieren ist. Wenn Ihr ihn findet, bestellt ihm Grüße von Nebu.«

»Und wo ist diese Kaserne?« Manasse lächelte den Mann entschuldigend an. »Bisher habe ich immer nur die Gärten und das königliche Haus besucht.«

Der Wächter bückte sich, um eine Skizze in den Sand zu zeichnen. »Das hier ist der Palast des Pharao«, sagte er, während sein Zeigefinger ein Rechteck beschrieb. »Und hier sind die Gemächer der Königin, des Prinzen und der Prinzessinnen. Dahinter kommt der königliche Harem, und hinter dem Harem kommt ein weiß verputztes Gebäude, und das ist die Kaserne der Soldaten des Pharao.«

Manasse studierte die grobe Zeichnung einen Augenblick, um sie sich einzuprägen. »Hinter dem Harem?«

»Der Pharao wollte seine Soldaten zwischen seinen Schätzen und seinen Sklaven haben.« Das dunkle Gesicht des zweiten Wächters öffnete sich zu einem breiten Grinsen. »Die Sklaven wohnen hinter den Kriegern.«

Manasses Herz machte einen Freudensatz. Gott sei gepriesen! Bestimmt würde er Jendayi in dem Sklavenhaus finden. Wenn alles gutging, konnte er heute mit beiden sprechen – Jendayi und Abnu.

»Vielen Dank, meine Freunde.« Er erhob sich und ging zwischen ihren erhobenen Speeren hindurch, so gemächlich, als mache er einen Nachmittagsspaziergang. »Nebu, ich werde deine Grüße an den Riesen nicht vergessen.«

Achtzehn

Ein weiter Hof lag zwischen der Umfassungsmauer des Palastkomplexes und den einzelnen Gebäuden in ihm. Manasse ging rasch über den Sand, bis er an den prächtigen Pavillons der königlichen Familie vorbei war. Die Schatten des Morgens waren kürzer geworden und zogen sich von den offenen Flächen zwischen den einfacheren Gebäuden und den königlichen Villen zurück. Der Tag war schon halb vorbei.

Die Skizze des Wächters erwies sich als zuverlässig. Zwischen den königlichen Villen und den ausgedehnten, hochberühmten Stallungen des Pharao standen drei bescheidenere Ziegelbauten. Der dem Palast am nächsten liegende beherbergte den riesigen Harem des Pharao, der nächste seine Gardesoldaten und der dritte die Sklaven und Diener. Alles in Manasses Herz zog ihn zu dem Sklavenhaus hin, aber er wußte, daß er zuerst Abnu sprechen mußte. Ein richtiger Medjay-Krieger war gerade das, was die Männer, die in der Wüste auf ihn warteten, brauchen würden, wenn er zurückkam. Und wenn er den Soldaten bald sprechen konnte, konnte er vielleicht den Rest des Tages bei Jendayi verbringen. Der Gedanke beschleunigte seine Schritte noch mehr.

Gleich hinter der Tür der Gardekaserne saßen zwei Soldaten, zwischen ihnen, auf einem Tablett, ein Hunde-und-Schakale-Spiel. Sie blickten nur kurz auf, als Manasse hereinkam, dann kehrten ihre Augen zu dem Spiel zurück. Gut. Manasse unterdrückte einen Seufzer der Erleichterung.

»Wohlstand und Wohlergehen sei dir«, begrüßte er den einen der Spieler, während seine Augen durch das Innere des Gebäudes fuhren. Es war ein einziger großer Raum, der der Länge nach durch einen Mittelgang geteilt wurde. In schnurgeraden Reihen, so gerade wie die schmalen Kanäle, die die Felder Ägyptens bewässerten, waren über fünfzig niedrige Betten aufgestellt. Von Wandhaken über den Betten hingen Speere, Schilde, Schwerter, Bogen und Dolche herab. Auf mehreren Betten hinten in dem Raum schliefen mehrere Männer; Manasse nahm an, daß sie die Mitternachtswache gehabt hatten. Weiter vorne saßen in mehreren Gruppen mindestens ein Dutzend weitere Krieger und unterhielten sich, während sie mit Ahlen und Lederstreifen ihre Schilde ausbesserten.

Manasses Nase rümpfte sich. Die Luft roch, als sei sie schon mehrere Male eingeatmet worden, und irgend jemand hatte vergessen, die Nachttöpfe zu leeren. Der Raum sah trist und gewöhnlich aus, der berühmten Medjay-Garde des Pharao so gar nicht würdig.

»Was willst du?« fragte einer der Spieler, ohne seine Augen von dem Spielbrett zu nehmen.

»Ich suche Abnu.« Manasse kniff die Augen zusammen. Wer von diesen Nubiern kam als Riese in Frage? »Ich komme auf Empfehlung von Tarik, dem Diener Zafenat-Paneachs.«

Der Raum wurde still, als ob jedes Ohr plötzlich beschlossen hatte, zu lauschen. Kein Laut war zu hören, bis eine der Gruppen nahe der Tür in Bewegung geriet. Ein Mann, der auf dem Boden gesessen hatte, faltete seine baumdicken Beine auseinander und kam auf Manasse zu, wie ein Jäger, der eine Beute gewittert hat.

Er *war* ein Riese. Sein glänzender, geschorener Schädel streifte fast an der Decke entlang, sein durch und durch muskulöser Kämpfer-Körper strahlte Autorität aus. Sein Gesicht trug den Ausdruck eines Mannes, der sofortigen Gehorsam verlangte.

Manasse wünschte sich plötzlich, nicht gekommen zu sein. Er brauchte jemanden, der in seiner Armee *diente*, nicht einen, der befahl.

»Wer sucht Abnu?« Die rollende Stimme des Mannes zerbrach die Stille.

Manasse spürte, wie er kleiner werden wollte unter dem Blick des Riesen. Er mußte all seinen Mut zusammennehmen, um zu antworten. »Manasse, der ältere Sohn Zafenat-Paneachs.«

Der Krieger runzelte die Stirn und stemmte seine Hände in die Hüften. »Warum kommst du zu mir? Ich habe nichts zu tun mit dem Wesir des Königs, ich kämpfe für den Pharao!«

Gott Shaddai, hilf mir hier raus! Das war ein Fehler. Der Bursche wird uns nie und nimmer helfen, eher reißt er mir den Kopf ab. Manasse machte hastig einen halben Schritt zurück. »Ich glaube, ich habe mich geirrt. Bitte entschuldige mich, ich wollte dich nicht stören. Ich wollte dir nur Grüße von Tarik bringen, dem Hauptmann der Wesirswache ...«

»Tarik!« Mit der Geschwindigkeit eines Chamäleons, das seine Farbe wechselt, verwandelte sich die steinerne Miene des Mannes in ein lässiges Lächeln. »Der alte Sohn der Nut! Wie geht's ihm?«

»Danke, gut«, antwortete Manasse zögernd. Hatte der Riese doch eine sanfte Seite? Vielleicht war er doch zu gebrauchen. Manasse sah ihn mit erneutem Interesse an. »Tarik und seine Frau sind glücklich.«

Der Riese kratzte über ein paar Stoppeln an seinem Kinn, während er diese Neuigkeit verdaute, dann musterte er Manasse lange und schweigend. »War Tarik dein Lehrer?«

»Ja.« Manasse lächelte ihn halbherzig an und räusperte sich. »Vor ein paar Jahren hat er meinem Bruder und mir das Kämpfen beigebracht. Ringen und Speerwerfen und natürlich wie man mit Pfeil und Bogen und Schwert umgeht.«

Der Riese beugte sich eine winzige Spur nach vorne. Dann lächelte er wieder, aber die Wärme in seinem Blick war fast verschwunden. »Hat Tarik dir viel beigebracht?«

»Sehr viel. Er ist ein hervorragender Lehrer.«

Der Riese drehte sich unvermittelt um und riß ein Bronzeschwert von der Wand herunter. Manasse zuckte zusammen. Sollte er weglaufen? Oder dableiben und sehen, was der Kerl im Schild führte? Einen kurzen Augenblick wog Abnu das Schwert in seiner breiten Hand, dann warf er es Manasse zu. Manasses Hände gingen zu spät nach vorne, und die Klinge schepperte vor seinen Füßen auf den Boden.

»Ich hoffe, du bist beim Fechten besser auf Draht.« Abnu holte ein schwereres, eisernes Schwert von seinem Haken. Er wickelte seine dicken Finger um den Griff, dann schoß er Manasse ein hähmisches Grinsen zu. »Wir werden gleich sehen, wie gut mein Freund Tarik als Lehrer ist. Wenn er dich nicht gut unterrichtet hat, werde ich das

Haus des Wesirs besuchen und ihm Bescheid stoßen – das heißt, erst werde ich natürlich mein Beileid über deinen Tod loswerden.«

Manasses Herz war in seiner Kehle, als er sich bückte, um die Bronzeklinge aufzuheben. »Ich versichere dir, daß Tarik mich gut unterrichtet hat. Aber ich bin kein Soldat von Beruf, und mein Können ist sicher nicht so vollkommen wie deines.« Sein Magen zog sich zusammen, als er den Mann und seine Waffe ansah. »Ich habe nicht den Wunsch, mit dir zu kämpfen.«

»Du wünschst nicht zu kämpfen?« Mit drei Riesenschritten stand der Bursche so nah vor Manasse, daß dieser die Muskeln unter der Haut seines Bauches sehen konnte. »Höre mich gut an, Sohn des Wesirs, denn ich werde mich nicht wiederholen.« Die Stimme des Kriegers echote von irgendwo hoch über Manasses Kopf. »Einen Fehler hast du schon gemacht – zu glauben, daß starke Männer dumm sind. Wenn ich nicht gerade gutgelaunt wäre, hätte dich dieser Fehler schon das Leben gekostet. Aber weil ich nicht dumm bin, weiß ich dies: Wenn Tarik dich zu mir geschickt hat, will er, daß ich dir helfe, und das kann nur heißen, daß es um einen Kampf geht. Ob gegen einen Mann oder zwanzig, wird sich zeigen, aber jemand, der erwartet, daß ich für ihn zum Schwert greife, muß bereit sein, auch für mich das Schwert zu nehmen. Wenn du nicht kämpfen willst, hast du schon verloren.«

Manasse schluckte heftig und schob seine Schultern nach vorne. Obwohl die nackte Panik durch ihn schoß, war er fasziniert von der Wildheit dieses Mannes. Was für eine Waffe wäre er gegen die Kanaaniter! Allein schon seine Größe würde jedem, der gegen ihn zog, das Herz zu Wasser machen, und mit Gottes Macht hinter seiner Waffe würde das Land im nu wieder das Eigentum der Söhne Jakobs werden.

Wenn Gott mich in dieses Treffen hier geführt hat, wird er mir auch den Mut geben, es zu bestehen …

Manasses Finger klammerten sich um das kalte Kupfer in seiner Hand, seine Augen gingen langsam zu dem steinernen Gesicht des Riesen hoch. »Wenn ich eine Runde mit dir fechte« – er drehte die Klinge, bis sie nach oben auf Abnus Halsschlagader zeigte –, »wirst du mir dann meine Bitte gewähren?«

Die Augen des Riesen zuckten zu dem Schwert hin, dann starrte er wieder Manasse an. »Ich werde dich anhören«, antwortete er mit einem süffisanten Unterton, »wenn du den ersten Treffer erzielst. Aber wenn du zurückweichst, werde ich dich töten, denn ein Feigling macht seinem Lehrer Schande.«

»Ich bin kein Feigling.« Manasses Augen ließen den Riesen nicht los. »Das werde ich dir beweisen.«

Wie auf ein geheimes Signal standen die herumsitzenden Krieger auf. Dies hier versprach mehr Unterhaltung als ein Hunde-und-Schakale-Spiel.

»Ihr müßt draußen kämpfen!« rief einer der Männer. »Und macht schnell! Der Hauptmann duldet keine Unordnung in unserer Abteilung.«

»Keine Bange«, knurrte Abnu. Seine Augen fuhren wie ein Dolch über Manasse. »Das dauert nicht lange.«

Wohl darauf bedacht, seinen Gegner keine Sekunde aus den Augen zu lassen, drehte Manasse sich etwas zur Seite, damit der Riese sich an ihm vorbei durch die Tür ducken konnte. Draußen hatte sich die Sonne hinter einer dünnen Wolkenbank versteckt, so daß der Hof im Schatten lag. Manasse ging mit langsamen Schritten, die Finger um das Schwert gepreßt. Es fühlte sich schlüpfrig, kalt und fremd an, so recht dazu geeignet, sein Selbstvertrauen noch mehr zu untergraben.

Ein Dutzend Hände schoben ihn zu der Stelle hin, wo Abnu ungeduldig von einem Bein auf das andere trat. Seine langen Arme hingen leer herab, die eiserne Klinge des Schwertes steckte leicht zitternd ein paar Fuß vor ihm im Boden. Manasse stieß auch sein Schwert in den Sand und trat zurück. Der Kreis um die beiden Duellanten wurde enger.

Das Herz hämmerte Manasse in den Ohren, lauter noch als das aufgeregte Reden und Johlen der Männer. In seinen wildesten Träumen hatte er sich nicht vorgestellt, daß er kämpfen müßte, um mit diesem Mann sprechen zu können. Er war es gewohnt, daß alle Welt seinen Wünschen gehorchte, sich wenn nicht vor seinem Namen, so doch wenigstens vor dem seines Vaters verneigte und über seine Witze lachte, egal, wie schal sie waren. Ein alter Freund von Tarik? Manasse hatte einen hilfsbereiten Kumpel erwartet. Und jetzt das.

Aber waren in der letzten Zeit nicht alle seine Erwartungen untergegangen wie Kieselsteine in den Fluten des Nils?

Er flüsterte ein Gebet in den Lärm hinein: »Gott Shaddai, hilf deinem Diener jetzt!«

Sein Herausforderer packte sein Schwert und fuhr mit einem ohrenbetäubenden Schrei auf ihn los.

Jendayi hielt auf ihrem Weg von den Palastküchen inne, als sie den Tumult hörte. Rauhe Männerschreie. Sie kamen aus dem Hof. Sie holte tief Luft und tastete sich hastig zu der Wand hin, die sie zu dem Sklavenhaus führen würde, weg von diesen rohen Kriegern.

Sie machten es schon wieder, die Männer des Pharao. Wie sie ihre rohen Spiele verabscheute! Ihr Keuchen und Schreien und Fluchen verfolgte sie bis in ihre Träume. Aber dieser Kampf schien anders zu sein, denn ein metallisches Klirren schlug einen infernalischen Takt zu dem Geschreie und Gejohle. Dies war kein Ringkampf und keine Schlägerei zwischen Betrunkenen. Dies war ein Duell.

Ihre Finger fanden die Wand, aber sie blieb neben ihr stehen, halb gelähmt von ihrem Ekel vor allem, was mit Gewalt zu tun hatte. Sie hörte ein Knurren, einen heiser-höhnischen Schrei, dann ein vielstimmiges »Ah!« Dann bumste etwas schwer auf den Boden, daß der Sand unter ihr vibrierte.

Ihr Blut schoß hoch, als eine bekannte Stimme an ihr Ohr drang. »Bleib liegen, Riese, damit ich deine Wange ritzen kann«, verlangte ein Mann, heftig keuchend. »Gott Shaddai hat dich in meine Hand gegeben. Du wirst mir jetzt geben, was du versprochen hast.«

Ein Wirbelsturm aus Hoffnung und Angst raste durch Jendayis Kopf. Das war ja Chenziras Stimme! Aber wie kam er dazu, am Hof des Pharao zu kämpfen? Es sei denn, er hatte einen Streit angefangen, während sein Herr beim König war. Ihr Atem wollte ihr stocken. War womöglich gerade Ephraim im Palast?

So schnell sie konnte, ging sie in die Richtung, aus der der Lärm kam, und hob ihre blinden Augen zu der Szene des Geschehens hin. Die Stimmen hatten angefangen, den Verlierer zu bedauern; ein oder zwei der Umstehenden fluchten leise, während goldene und silberne

Armreifen den Besitzer wechselten. Jendayi trat schüchtern nach vorne. Vielleicht würde sie in dem allgemeinen Durcheinander jemanden finden, der ihr sagen konnte, wo Ephraim war.

»Schön, du glitschiger Fisch«, knurrte eine tiefe Stimme aus der Mitte des Tumults. »Ich bin dir zu Diensten – aber nicht für immer.«

»Aber du dienst doch dem Pharao.«

Ein Hoffnungsfunke schoß durch Jendayi. Es war tatsächlich Chenziras Stimme, ihre Ohren hatten sie nicht betrogen.

»Ich bin ein freier Mann, ich kann mir meinen Herrn aussuchen«, antwortete der Besiegte. Das tiefe Dröhnen seiner Stimme sträubte Jendayi die Nackenhaare. »Du hast mich ausgetrickst. Wo soll ich mich melden, und wann?«

»Übermorgen bei Sonnenuntergang, vor der Wesirsvilla. Geh nicht zum Tor, sage nicht, wer du bist.« Eine kurze Stille folgte, dann hörte Jendayi das Geräusch zweier Hände, die ineinanderschlugen. »Und ich werde Tarik für das Ausweichmanöver danken, das er mir beigebracht hat. Nur dank seiner Hilfe war ich schneller als deine Klinge.«

»Tarik ist ein besserer Lehrer, als ich dachte.« Jendayi hörte etwas wie ein Lächeln in der Stimme des offenbar etwas älteren Mannes, der sich zu entfernen begann. »Grüße ihn von mir und sag ihm, daß ich ihn bald einmal besuchen werde.«

Jendayi streckte ihre Hand aus, um sicherzugehen, daß niemand ihr im Weg stand, und trat vorsichtig näher zu Chenzira. Als sie ihn flüsternd begrüßen wollte, hörte sie, wie er überrascht aufjapste. »Jendayi!«

»Ja.« Sie konnte sich ein Lächeln nicht verkneifen. »Ich hörte deine Stimme und konnte nicht glauben, daß du es warst. Was machst du hier bei einem Zweikampf? Warum bist du überhaupt hier?«

»Ich ...« Er hielt inne, dann legten seine Finger sich sanft um die ihren. »Laß uns wohin gehen, wo wir ungestört miteinander reden können.«

»Ich kenne eine Stelle.« Sie drehte sich um, ihre Hand fest auf seiner. »Bleibe hinter mir.«

»Ich würde dich um nichts in der Welt verlieren wollen.«

Seinem aufgeregten Atmen nach sprach er die Wahrheit.

Sie führte ihn in einen kleinen Garten, der durch hohe Mauern vom Rest des Palastes abgetrennt war. Der Sicherheit nach zu schließen, mit der sie den Weg entlangging, mußte sie ihn wohl schon oft gegangen sein. Sie zögerte nicht, sondern bewegte sich mit der Geschmeidigkeit einer Katze, trotz ihrer Blindheit. Sein Herz wurde weit von Mitleid, als er ihr folgte. Er schloß seine Augen, versuchte sich in ihre Lage hineinzuversetzen, aber seine Füße wurden sofort schwer und unsicher.

Sie merkte sofort, wie er langsamer wurde. »Was ist?« fragte sie, halb vorwurfsvoll, halb schelmisch. »Mach schnell. Ich will dir eine geheime Stelle zeigen, aber du darfst niemand davon erzählen, außer vielleicht Ephraim.«

»Nein, ich sage es niemandem«, antwortete er und öffnete seine Augen. Goldene Sonnenstrahlen spielten in den Zweigen der blühenden Akazien. Es summte und surrte von Insekten in den Sträuchern. Der schmale Kiesweg bog in einem weiten Bogen durch die Blumenbeete. Plötzlich verließ Jendayi den Weg und nahm quer durch die Blumen Kurs auf die hintere Gartenmauer.

»Nein, Jendayi.« Manasse wollte stehenbleiben. »Du bist nicht mehr auf dem Weg.«

»Das kommt ganz darauf an«, flüsterte Jendayi, ein Lächeln über ihre Schulter werfend, »wohin du willst.« Etwas vor der Mauer hielt sie an und ließ seine Hand los. »Schau gut hin. Wir sind gleich da.«

Manasse trat verdutzt zurück. Sie ging weiter, schob sich geschickt durch das satte Grün direkt vor der Mauer, dann duckte sie sich plötzlich und verschwand hinter einer Gruppe blühender Bäume. Einen Augenblick sah er sie nicht mehr, dann hörte er sie flüstern. »Hier! Komm, Chenzira!«

Er zwängte sich durch den grünen Vorhang. Sie kniete direkt an der Mauer, vor einer Tür, die gerade drei Fuß hoch sein mochte. »Das ist die Fluchttür«, erklärte sie. Ihre Augen schielten vor Vergnügen. »Akil hat sie mir gezeigt, bald nachdem sie uns hierher gebracht hatten. Wenn der Palast je angegriffen wird, sollen wir durch dieses kleine Tor direkt zum Kanal gehen.«

In der Tür war ein Bronzering. Jendayis Finger fanden ihn und zogen die Tür auf. Sie schlüpfte wortlos durch die rechteckige Öffnung und verschwand. Manasse kauerte einen Augenblick vor der Öffnung, dann kroch er auf Händen und Knien hinter ihr her. Vier oder fünf Fuß weit ging es durch die Mauer, dann war er auf einmal draußen, auf einer steinigen Uferböschung. Zwanzig Fuß entfernt war der Kanal, das Wasser wie flüssiges Kupfer unter der blutroten Sonne.

Jendayi hatte sich auf einen Stein gesetzt, ihr Gesicht zur Sonne gekehrt, ihre Ellbogen in einer Pose kindlichen Staunens an ihrer Seite. »Ist es hier so schön, wie ich mir das vorstelle? Ich weiß, daß dort die Sonne ist« – sie hob ihre Hand zu der gleißenden Scheibe hin –, »und der Kanal ist vor mir. Ich komme fast jeden Abend hierhin, wenn die Sonne untergeht. Es ist hier so ruhig und friedlich, bis auf die Geräusche, die der Wind manchmal herbeiträgt. Hier kann ich ganz für mich sein. Außer jetzt, natürlich.«

»Warum kommst du hierher?« fragte Manasse, während er sich neben sie setzte. »Es ist sehr einsam hier, das Leben des Palastes ist hinter den Mauern hinter uns.«

»Mein Leben ist nicht hinter diesen Mauern. Es ist hier.« Sie preßte ihre Finger leicht auf ihr Herz, dann hob sie sie an ihre Stirn. »Und hier. Ich lebe nur in meiner Phantasie, Chenzira. Dort kann ich Musik machen, die so leicht und schnell ist, daß meine menschlichen Finger sie nicht spielen können ... und dort kann ich mit Ephraim reden.«

Manasse unterdrückte den Drang, auszuspucken, als sie schwieg. Schon wieder Ephraim! Was hatte Ephraim je getan, um die Zuneigung dieses wunderbaren Geschöpfs zu verdienen?

Ihre klare Stimme unterbrach seine Gedanken. »Willst du mir nicht sagen, was dich heute hierhergebracht hat? Ich war ja so erstaunt, als ich deine Stimme hörte – und als ich merkte, gegen wen du da gewonnen hast. Weiß dein Herr eigentlich, wie leichtsinnig du heute nachmittag dein Leben aufs Spiel gesetzt hast?«

»Nein.« Er brachte nicht mehr als ein rauhes Flüstern heraus. Er zögerte. Am liebsten hätte er ihr die ganze Wahrheit gesagt. Aber würde sie ihr Herz einem Edelmann genauso öffnen wie jemandem, den sie für einen Diener hielt?

»Ich bin hier, weil der Wesir unzufrieden mit mir ist«, sagte er schließlich. Und es stimmte ja. Er stützte die Ellbogen auf das eine Knie, plötzlich dankbar für diese Gelegenheit, seinem Herzen vor einem mitfühlenden Ohr Luft zu machen. »Und ich bin dem Schwert des Riesen des Pharao entronnen, weil Gott Shaddai mich an einen alten Ringertrick erinnert hat. Mit dem hatte Abnu nicht gerechnet, und so konnte ich ihn aus dem Gleichgewicht bringen.«

»Dann verehrst du auch diesen Gott Shaddai, wie Ephraim«, sagte sie. Sie drückte ihre Knie an ihre Brust, legte ihren Kopf darauf und drehte ihr Gesicht zu ihm hin, ein Bild sanfter Unschuld. »Als ich im Haus des Wesirs lebte, habe ich viel über diesen unsichtbaren Gott gehört.« Sie zuckte leicht mit den Schultern. »Für mich sind natürlich alle Götter unsichtbar, weil ich sie ja nicht sehen kann. Aber ich kann sie *fühlen*. In den Tempeln lassen die Priester mich die geschnitzten Gesichter der Götter betasten, und ich rieche auch den süßen Weihrauch und höre die Lobgesänge.«

»Ich kann El Shaddai auch fühlen«, antwortete Manasse. In dem Kanal war ein Ibis dabei, die seichten Stellen mit seinem gebogenen Schnabel nach Eßbarem abzusuchen. »Nicht mit meinen Händen, aber mit meinem Herzen. Ich sehe seine Hand in dem Flug eines Adlers am Himmel und in dem Reichtum eines vollbeladenen Fischerbootes auf dem Fluß.« Er drehte sich zurück und heftete seinen Blick auf Jendayis liebliches Gesicht. »Und ich sehe seine Leidenschaft in dem Blick, mit dem ein Mann die Frau ansieht, die er liebt.«

Ein scheues Lächeln spielte um ihre Mundwinkel. »Ich glaube, du hast recht, mein Freund. Ich muß dieses Gefühl erst noch entdekken. Und ich werde es entdecken, schon bald.« Ihr Ton wurde härter. »Ich muß.«

»Warum Ephraim?« Manasse konnte einen ungeduldigen Unterton nicht ganz unterdrücken. »Warum hat dein Herz sich ausgerechnet ihn erwählt? Er ist ein anmaßendes Großmaul und ein Frauenheld ...«

»Du sprichts nicht sehr respektvoll über deinen Herrn.« Ihre Stimme war merklich kühler geworden.

Manasse hatte Mühe, sich eine heftige Erwiderung zu verkneifen und seine Stimme ruhig zu halten. »Ephraim ist nicht mein Herr, sondern der Wesir. Aber ich kenne Ephraim gut, und ich muß dir sagen, Jendayi, daß du töricht bist, wenn du deine Gefühle auf ihn verschwendest. Er ist deiner nicht wert.«

Ein dunkelroter Schatten flog wie ein Fieber über ihr schönes bleiches Gesicht. »Mein nicht wert? Nein, *ich* bin *seiner* nicht wert! Denkst du etwa, daß ich ihn heiraten ... daß ich hoffe ... wie kannst du nur? So etwas würde mir nie einfallen! Ich bin doch eine Sklavin, ich möchte nur wieder das Lächeln eines Herrn haben, dem ich etwas wert bin. Dem Pharao sind alle egal. Ich bin nur eine von Tausenden, die seine Befehle ausführen. Aber Ephraim liebt mich, und wenn ich in sein Haus zurück...«

»Woher willst du wissen, daß er dich liebt?« Manasse drückte ihren Arm.

»Weil ich eine Botschaft von ihm bekommen habe.« Das Feuer verließ ihre Stimme, ihre Wange überzog sich rosa. »Vor ein paar Jahren, im Garten der Wesirsvilla, hat er mich geküßt. Obwohl er ein Edelmann ist und ich nie mehr als eine Sklavin sein werde, ist er der einzige in der Welt, der mir je solche ... Zuneigung gezeigt hat.«

»Was für eine Botschaft war das?« preßte Manasse hervor.

»Meine Magd brachte sie mir, als wir nach Kanaan unterwegs waren. Ephraim hat mir versprochen, zum Pharao zu gehen und ihn zu bitten, mich ins Haus des Wesirs zurückzuschicken.« Ihre eine Schulter hob sich halb resigniert. »Bis jetzt hat er es noch nicht getan, aber ich bin sicher, daß er nur auf die richtige Gelegenheit wartet. Vielleicht nimmt er mich zu sich, wenn er sein eigenes Haus gründet.«

Manasse lehnte sich zurück, halb betäubt vor Erstaunen. Die Botschaft, die sie da meinte, war ganz offenbar seine, aber sie hatte sie auf Ephraim bezogen. Aber er bezweifelte nicht, daß Ephraim sie wirklich geküßt hatte. Jendayi setzte ihre ganze Zukunftshoffnung auf eine einzige ungestüme Geste eines verwöhnten Stutzers, der sich nicht beherrschen konnte.

Er hatte plötzlich Lust, zu Ephraim zu gehen und ihn zu verprügeln. Für Ephraim bedeutete ein Kuß nicht mehr als eine einzelne Weintraube auf einem Obstteller, den er zum Nachtisch naschte ...

Er spürte, wie die Galle der Eifersucht in seiner Kehle brannte, und ballte die Faust. Ephraim hatte Jendayis Liebe, obwohl er sie nie gesucht hatte, und die rechte Segenshand Jakobs, die er nicht verdiente. Manasse hatte die ganzen Jahre hart gearbeitet, um seinem Vater, seinen Lehrern und Gott zu gefallen – für nichts und wieder nichts. Und Ephraim, der elende Charmeur, hatte Jakob angelächelt und Jendayi geküßt, und beide hatten sich prompt in ihn verliebt.

Küsse sie doch selber. Der Gedanke schoß plötzlich durch seinen Kopf wie ein Streitwagen, dessen Pferde durchgingen. Wenn ein Kuß Ephraim das Recht auf Jendayis Herz gegeben hatte, konnte dann nicht ein anderer Kuß, voller Zärtlichkeit und ehrlicher Liebe, ihn wieder aus diesem Herzen verdrängen? Sie war allein, dies war die Gelegenheit! Er konnte sie an sich drücken und sie den Trommelschlag seines Herzens hören lassen. Er konnte die Erinnerung an Ephraim aus ihrem Kopf reißen und ihr den kindischen Schwarm für diesen wertlosen Burschen austreiben ...

Aber wenn ein bloßer Kuß sie gewinnen konnte, war der Sieg nicht echt. Manasse hatte nicht viele Beispiele selbstloser Hingabe gesehen in seinem Leben, aber er ahnte, daß zu wahrer Liebe mehr gehörte als bloße körperliche Zuneigung. Sein Onkel Simeon und Mandisa lebten in einem inneren Gleichtakt, der fast ohne Worte auskam. Tarik und Halima hätten eher die Welt einstürzen lassen als ihre Liebe. Das Körperliche, es zog angenehm die Sinne an, wie die glatten Kalksteinplatten, die die großen Pyramiden verkleideten, aber es hatte wenig mit den soliden Blöcken zu tun, die ihr Fundament und ihren Kern bildeten.

Nein. Er würde nicht versuchen, sie auf die seichte Art zu gewinnen wie offenbar Ephraim. Er würde ihr seine Liebe demonstrieren, würde ihr Herz und ihren Sinn und ihre Seele gewinnen, indem er ihr seine Hingabe bewies. Er würde warten, bis sie ihn wählte und willig in seine Arme kam.

»Jendayi ...« Er hielt inne und versuchte den Wirbel der Gefühle zu deuten, der an seinem Herzen riß.

»Ich verstehe schon, Chenzira, du brauchst mir nichts zu sagen. Ich merke doch, daß du bedrückt bist.« Sie drehte ihr Gesicht zu dem Wasser hin. »Ich habe dich gebeten, für mich mit Ephraim zu reden, und du hast es nicht vermocht.«

»Nein, das habe ich nicht.« Er hob seine Augen zum Himmel hoch, über den die untergehende Sonne ihre glühenden Finger zu strecken begann. Jendayi konnte es nicht sehen, sie kannte nur die Dunkelheit. Sie konnte sich nicht erfreuen am Zauber dieses Anblicks. Alles, wovon sie träumen konnte, war der Sklavendienst unter einem freundlicheren Herrn – während er sich danach sehnte, sie freizumachen von ihren Fesseln, sie mit Liebe zu überschütten, sie zum Mithaupt seines eigenen Hauses zu machen. Wie konnte er sie lehren, von Höherem zu träumen? Wie konnte er jemandem, der nie Liebe gekannt hatte, zeigen, daß sie mehr war als ein kurzer Kuß?

Die Worte schossen ihm auf einmal aus dem Mund. »Jendayi, du solltest Ephraim besser vergessen.«

»Vergessen? Ihre Stimme wurde zornig. »Wie könnte ich die einzige Freundlichkeit vergessen, die ich je erlebt habe? Er ist der einzige Mensch, der je gut und barmherzig zu mir gewesen ist; allein schon dafür sollte ich ihm den Rest meines Lebens dienen! Wenn du mein Freund bist, Chenzira, wirst du für mich mit ihm reden! Erinnere ihn an sein Versprechen, sage ihm, daß ich warte.«

»Das kann ich nicht.« Er biß die Zähne zusammen, kämpfte gegen das an, was er ihr gleich sagen mußte. Sie würde sie verwunden, die Wahrheit – aber sie würde ihm und all dem, was er ihr schenken wollte, nie ihr Herz öffnen, solange sie sich einer Liebe verpflichtet fühlte, die es gar nicht gab. »Jendayi, Ephraim liebt dich nicht.«

Ihr Mund klappte auf. »Woher willst du das wissen?«

Manasse schloß seine Augen, um den Schmerz nicht sehen zu müssen, der gleich in ihre Augen treten würde. »Er hat vor, die Prinzessin Sitamun zu heiraten. Die Königin, der Pharao und der Wesir scheinen nichts dagegen zu haben. Ich schätze, in einem Jahr werden sie Mann und Frau sein.«

Sie keuchte leise auf, dann drehte sie ihr Gesicht weg. Einen ewigen Augenblick lang sagte sie nichts, dann hörte er ihre Stimme wieder, tonlos und endgültig: »Es macht nichts, er kann mich immer noch in sein Haus nehmen. Solange ich ihm ein bißchen wert bin ... ist es genug. Ich bin eine Sklavin, ich habe nie gehofft, mehr zu sein.«

Er gab ein halbersticktes Lachen von sich. »Beim Himmel, Jendayi, liebst du ihn so sehr? Wärst du dankbar für die Krumen, die von seinem Tisch fallen? Wenn du Ephraim vergessen könntest, könnte vielleicht jemand anderes in dein Leben kommen ...«

»Ob ich ihn liebe?« Sie preßte ihre Hand auf ihr Gesicht, daß ihre Stimme gedämpft durch ihre Finger kam. »Oh, Chenzira, wenn du nur wüßtest ...«

Manasse schluckte das Schluchzen, das aus seiner Kehle steigen wollte, hastig hinunter, verschränkte die Hände und sah in den Sand zu seinen Füßen. Wenn sie Ephraim wirklich so liebte, was für ein Recht hatte er dann, sie davon abzubringen? Er wollte doch, daß sie frei wurde; wie konnte er ihr da die Freiheit versagen, sich den Mann ihres Herzens auszusuchen?

»Ich muß gehen.« Er drückte sich von dem Steinblock, auf dem sie saßen, hoch. Seine Stimme wolle ihm fast versagen. »Es ist Zeit.«

»Vorhin hast du gesagt, daß der Wesir nicht mit dir zufrieden ist.« Sie nahm ihre Hände von ihrem Gesicht, und Manasse sah die silbrigen Tränen auf ihren Wangen. Aber ihr Lächeln war offen, fast mitleidig. »Warum ist er nicht mit dir zufrieden? Ist es etwas Schlimmes?«

»Sozusagen«, antwortet er, erleichtert, daß das Gespräch sich einem unverfänglicheren Thema zuwandte. »Ich war in der Wüste, bei einer Gruppe von Hebräern, die eine Invasion nach Kanaan vorbereiten, in das Land, das Gott Shaddai Israels Nachkommen verheißen hat. Jetzt, wo Jakob tot ist, haben die Söhne Israels keinen Grund mehr, in Ägypten zu bleiben.«

»Eine Invasion?« Sie zitterte etwas. »Aber warum mußt *du* in den Krieg ziehen?«

»Weil Gott mich gerufen hat«, antwortete er einfach. »Und da muß ich gehorchen. Und da der Wesir das nicht versteht, habe ich sein Haus verlassen.«

Ihre Hand flog an ihre Kehle. »Diese Hebräer ... ist Ephraim auch dabei? Ist er in Gefahr?«

»Nein«, erwiderte Manasse trocken. »Er ist in keiner Gefahr. Er ist da geblieben, wo er ist, in Theben.«

Ein zufriedener Schatten glitt über ihr Gesicht, ihre Züge entspannten sich wieder. »Aber du weißt ja, mein Freund, schwierige Sklaven werden geschlagen. Ich will nicht, daß dir etwas passiert.«

Ihre Hand fiel auf die seine, daß es seine Haut verbrennen wollte. Für einen Augenblick war der Kloß in seinem Hals zu dick zum Sprechen. »Ich würde mich geehrt fühlen, wenn du einfach manchmal an mich denkst, Jendayi«, antwortet er schließlich, während er ihr mit beiden Händen beim Aufstehen half. Er trat, weiter ihre Hände haltend, zurück, um sie in dem Gold des Sonnenuntergangs zu betrachten. Mit ihrer so zerbrechlichen Schönheit wäre sie eine willkommene Bereicherung in Ephraims Haus, falls der Pharao sie seinem zukünftigen Schwiegersohn schenken würde. Aber sie würde nicht glücklich werden als Ephraims Sklavin, denn er würde sie nicht mehr beachten als die Hauskatzen, die das Ungeziefer in der Villa dezimierten und hin und wieder dafür gestreichelt werden wollten.

Was war der Weg der Liebe? Daß er auf das hinarbeitete, was sie wollte, oder auf das, was das beste für sie war? Die Frage hämmerte durch seinen Kopf.

»Jendayi, ich muß für ein paar Tage zurück ins Haus des Wesirs, und ich werde tun, was ich kann, um dir zu helfen.« Manasses Stimme wackelte. »Aber während ich weg bin, vergiß mich nicht! Ich will, daß du dies weißt: Der Weg zu Ephraim ist nicht der beste für dich.«

»So?« Ihre zierlichen Brauen gingen hoch. »Und kennst du eine andere geheime Gartentür?«

Er ließ seine Hände fallen. »Das kommt darauf an, wohin du gehen willst.« Er drehte sich um und stieg die Uferböschung zum Kanal hinunter. Als er sich ein letztes Mal umdrehte, war sie schon wieder in der Mauer verschwunden.

Jendayi drehte sich langsam um und schlüpfte zurück durch die Mauer, überrascht von der unerklärlichen plötzlichen Leere, die sie gespürt hatte, als Chenzira wieder ging. *Sei nicht so dumm*, schimpfte sie mit sich selber. *Du fühlst dich nur deswegen so leer, weil Chenzira deine einzige Verbindung zu Ephraim ist. Du hattest dich so an die Hoffnung gewöhnt, Ephraim zu bekommen, und jetzt bist du wieder allein und hast nur das Versprechen eines Sklaven, dir zu helfen. Du bist ja selber eine Sklavin, Jendayi, du bist allein. Gewöhne dich endlich an dein Los im Leben, denn es wird sich nie ändern, wenn die Götter nicht gnädig auf dich herablächeln.*

Aber eine der Fragen, die Chenzira da gestellt hatte, ging ihr ständig durch den Sinn: *Beim Himmel, Jendayi, liebst du ihn so sehr?*

»Wenn du nur wüßtest, mein Freund«, flüsterte sie. Der kühle Atem des Gartens streichelte ihr Gesicht. »Ich weiß nicht, wie man einen Menschen liebt, aber ich muß lieben – oder auf ewig sterben.

Und Ephraim ist der, der mir das Lieben am besten beibringen kann.«

Sie schob ihren Kopf aus dem Tunnel heraus, richtete sich auf und wischte ein paar Blätter von ihrem Kleid.

Neunzehn

Akil konnte sich gerade noch hinter einem Ahorn verstecken, bevor Jendayi zurück durch die kleine Tür schlüpfte und den Staub von ihrem Kleid bürstete. Der Cheironom stand stockstill da, damit die scharfen Ohren des blinden Mädchens ihn nicht bemerkten. Er wagte erst wieder zu atmen, als sie zurück über den Gartenweg lief.

Er stützte sich kopfschüttelnd mit der einen Hand von dem Baumstamm ab. Selbst hinter den Mauern des Königspalastes brachte sie es fertig, sich in Schwierigkeiten zu bringen. Sie hatte ihm schon immer mehr Sorgen gemacht als die anderen. Kissa, die Lautenspielerin, war gerade so schön wie die Harfenistin, und die Oboenspielerin, Sakmet, flirtete andauernd mit den Wachen, aber auf Jendayi schien das Schicksal es abgesehen zu haben. Als sie noch ein Kind gewesen war, hatte ein fremder Sklavenhändler ihr Talent erkannt und versucht, sie aus Akils Zelt zu entführen. Hundert häßliche Gerüchte neidischer Zungen hatten versucht, ihren Namen zu beschmutzen, und im Haus des Wesirs hatte der jüngere Sohn ihr schönes Gesicht in seine Hände genommen.

Diese elenden Wesirssöhne – sie kamen immer dann, wenn er sie am wenigsten erwartete, und brachten seine so wohlgeordnete, präzise Palastwelt durcheinander. Heute war Sakmet zu ihm gerannt gekommen, um ihm zu melden, daß Jendayi einen Mann in den Privatgarten führte, und Akil war sofort losgezogen, um seinen Schatz zu beschützen. Seine Verärgerung war dem sprachlosen Schock gewichen, als er Manasse erkannte, den ältesten Wesirssohn, und der

Schock wurde zur Panik, als das Paar durch die geheime Tür verschwand. Akil wußte: noch vor Sonnenuntergang würde sein Kopf in einen Korb fallen, wenn Manasse Jendayi zur Flucht verhalf. Und so war er den beiden gefolgt und wie eine Schlange in das Geäst eines Ahorns gekrochen, von wo er genug von dem Gespräch am Kanalufer beobachten und mithören konnte, um zu merken, daß Jendayi nicht ihre Flucht plante. Manasse war nur gekommen, um ihr Lebewohl zu sagen, bevor er sich einer kleinen Armee anschloß, die eine Invasion nach Kanaan plante.

Der Cheironom rieb seine ausdrucksstarken Hände. Was er da gerade erfahren hatte, es war allerhand. Der Pharao würde diese Militärexpedition nicht gutheißen. Jede Aktion, die nicht vom König sanktioniert war, würde dieser als einen direkten Anschlag auf seine Autorität deuten. Ein mächtiger Löwe konnte nicht zwei Mäuler oder Köpfe haben, und so lag die militärische Macht in Ägypten allein in der Hand des Pharao.

Der Meistermusiker lächelte. Solch eine Nachricht, zur rechten Zeit an die richtige Person weitergegeben, konnte von unermeßlichem Wert sein. Aber diese Meldung, das wußte der alte Pragmatiker Akil, mußte mit der äußersten Diskretion erfolgen. Der mächtige Amenhotep würde niemals auf einen einfachen Musiker hören, aber dafür hatten sich in der Vergangenheit schon andere, begierigere Ohren zu Akil hingeneigt ...

Tiy würde ihm eine Audienz gewähren. Die Königin fragte ihn oft, was er von den Menschen dachte, die ihren Thronsaal besuchten, denn als bloßer Diener, den die Gäste glatt übersahen, war er der perfekte Beobachter. Schon mehr als einmal hatte Akils mißbilligendes Urteil die hohen Ambitionen eines pompösen Adligen, der gerade die Gemächer der Königin besucht hatte, zunichte gemacht. Tiy, die selber eine hervorragende Menschenkennerin war, vertraute ihm.

Für Nachrichten über Verratspläne würde die Königin überaus dankbar sein. Und wenn Akil die Sache so rasch und diskret anging wie schon ähnliche Geschichten in der Vergangenheit, würde Jendayi nicht mit hineingezogen werden; sie würde nie erfahren, was aus ihrem falschen Freund geworden war.

»Woher weißt du, daß dies wahr ist, Akil?« fragte Tiy, das Kinn auf ihren gepflegten Daumen gestützt. In ihren intelligenten dunklen Augen spiegelte sich das Licht der Fackeln in ihrem Gemach, daß es Akil die Sprache nehmen wollte. Egal, wie einfach ihre Herkunft war, sie war eine Göttin, sie war genauso göttlich wie der Pharao selber.

»Ich habe das Gespräch mit meinen eigenen Ohren gehört, meine Königin«, sagte er, seine Stirn demütig zu dem Marmorboden hin senkend, auf dem er sich niedergeworfen hatte. »Der Sohn des Wesirs sagte, daß er zurück in die Wüste müsse, wo die Invasionsstreitmacht ihre Übungen abhält. Da habe ich sofort ein Boot bestiegen, um Euch zu melden ...«

»Eine Streitmacht?« echote die Königin, ihre Stimme vibrierend von unterdrückter Kraft. »Das muß der Pharao erfahren.«

»Das habe ich auch gedacht, meine Königin.« Akil hob vorsichtig seine Augen zu der prächtigen Erscheinung vor ihm. »Aber wer bin ich, daß ich es ihm sage? Meine schlichten Worte wären nur ein Summen in seinem Ohr.«

»Ich werde es ihm sagen.« Tiys Perücke strich an ihren stolzen Schultern entlang, als sie sich von ihrem Stuhl erhob. Akil verneigte sich abermals; der Anblick ihrer schwungvollen königlichen Figur so dicht vor ihm war zuviel für ihn.

»Ich danke dir, Akil«, sagte sie, ihre Stimme jetzt kühl und unpersönlich. »Sprich mit niemandem sonst darüber. Ich werde mit dem Schiff, das dich zurück nach Malkata bringt, dem Pharao eine Botschaft senden. Aber ich werde ihn bitten, nichts zu unternehmen, bis ich Gelegenheit gehabt habe, der Sache selber nachzugehen. Wenn es sich wirklich so verhält, wie es scheint, muß etwas geschehen.«

Akil, sprachlos vor Bewunderung, konnte nur nicken.

»Es ist natürlich schade um den jungen Mann.« Tiys Augen, die zu hart waren, um schön zu sein, waren jetzt so glatt und ausdruckslos wie Steine. »Ich habe Manasse gemocht, er schien viel vernünftiger zu sein als sein Bruder.« Sie legte ihre Fingerspitzen zusammen. »Aber Verrat darf nicht geduldet werden, von niemandem. Wir würden jedoch eine große Ungerechtigkeit begehen, wenn wir den Sohn unseres Wesirs ohne Beweise für seine Abtrünnigkeit hinrichten würden. Wir werden ihm also Zeit geben und ihn noch etwas weitermachen lassen und sehen, ob er sich sein eigenes Grab schaufelt oder nicht.«

Was für ein Göttergeschenk diese Frau war! Was für ein Lied er schreiben würde zum Preis ihrer List!

»Aber jetzt geh.« Ihre Worte echoten von den Wänden des leeren Raumes. »Und denke daran – sage niemand etwas.«

Akil, überglücklich, daß er der Königin seines Herzens nützlich hatte sein dürfen, nickte und trat zurück.

Der tintenschwarze Himmel wurde tiefblau, dann tiefpurpurn. Die silbernen Sterne begannen sich in das Himmelsgewölbe zurückzuziehen und ließen Joseph mit seinen Gedanken allein. Er hatte sein Haus schon vor Sonnenaufgang verlassen, und dies aus mehreren Gründen. Der wichtigste war, daß er keine Konfrontation mit Manasse wünschte. Spät am vergangenen Abend war Ani gekommen und hatte gemeldet, daß der unbotmäßige Sohn endlich zurück in die Villa gekommen war. Die hochgezogenen Brauen des Alten hatte die unausgesprochene Frage buchstabiert: *Wollt Ihr ihn sprechen?* Und Joseph hatte zugeben müssen, daß er es nicht wollte.

Warum, Manasse? fragte er, während er durch die noch fast menschenleeren Straßen ging. Er verschränkte seine Hände hinter dem Rücken und hielt seine Augen auf den ebenen Weg unter seinen Füßen gerichtet. *Warum hast du dich auf diese Dummheit eingelassen, ohne mich um meine Erlaubnis, ja um meinen Rat zu fragen? Hätten wir nicht darüber sprechen können?*

Die Antworten kamen schnell und klar, noch bevor er den Hafen erreichte. Manasse hatte nicht mit ihm gesprochen, weil er genau wußte, was Joseph geantwortet hätte: *Gott ruft die Söhne Israels nicht zurück nach Kanaan. Ich habe bereits angeordnet, daß unser Volk in Goschen bleibt.* Er war ein vielbeschäftigter Mann, der ständig Entscheidungen treffen mußte. Er hatte nicht die Zeit und die Geduld für Theorien und Spekulationen. Seit über zwanzig Jahren schon hatte er keine Zeit für seine Söhne gehabt. Seine Zeit gehörte Amenhotep und Ägypten.

An seinen einsamsten Tagen, in kurzen Augenblicken des Nachdenkens zwischen den endlosen Besprechungen und Terminen, fragte Joseph sich manchmal, ob seine Last nicht zuviel war für einen Einzelnen. Aber er erfüllte seine Pflichten jetzt schon seit über siebenundzwanzig Jahren und konnte es nach wie vor mit jedem anderen im Dienst des Pharao aufnehmen. Wenn Gott Shaddai es wollte, konnte er noch weitere dreißig Jahre seinen Dienst tun. Amenhotep vertraute ihm, und solches Vertrauen war ein seltenes Geschenk.

Die Sterne waren gänzlich einem dunklen Samtblau gewichen, als seine Feluke den Palast von Malkata erreichte. Die Torwachen verneigten sich vor ihm, und Joseph schlug den vertrauten Weg durch den Gang ein, der ihn zum Schlafgemach des Pharao bringen würde.

Jeden Morgen, nachdem der göttliche Pharao von seinen Hymnen singenden Priestern geweckt, parfümiert, geschminkt und mit einem makellosen Schurz und der Krone von Ober- und Unterägypten angetan worden war, war Joseph der erste seiner Beamten, der vor ihn treten durfte. Auch heute traf er den König bei seinem Frühstück an – dem Morgenopfer der Priester. Er setzte sich in respektvoller Entfernung vor ihm hin und berichtete ihm über die Arbeit des vergangenen Tages.

Gestern also hatte Joseph mit drei Gouverneuren aus den südlichen Provinzen des Reichs gesprochen, diverse Steuer- und Ernteberichte aus sämtlichen Provinzen gelesen und die königliche Leibwache inspiziert. Er hatte einen Sondertrupp ausgeschickt, um einen Vorfall an einem der Militärstützpunkte im Nordosten des Landes zu untersuchen, und Anfragen bei Marinekommandanten von Forts entlang des Nils gemacht. Er hatte die führenden Priester der thebanischen Tempel angehört, sich von einem Assistenten, dem die Aufsicht über die wertvollen Waldbestände oblag, einen vollen Bericht geben lassen und die Nilpegelstelle in Elephantine um die neuesten Daten gebeten. Nachdem er diese Arbeiten erledigt hatte, war er zu seiner Villa zurückgekehrt, wo eine lange Schlange von Bittstellern darauf wartete, daß er sich ihre Klagen anhörte und sein Urteil sprach.

Er hielt inne. Amenhotep, der gewöhnlich während Josephs Bericht sein Frühstück einnahm, rührte heute die Köstlichkeiten, die

die Priester vor ihm aufgebaut hatten, nicht an, sondern saß stumm da und starrte seinen Wesir an wie ein Vogel die Schlange.

Er mußte wohl etwas mit dem Magen haben. Joseph fuhr fort, den Blick wieder auf den Papyrus in seiner Hand gerichtet. »Vierhundert Stück gesundes Vieh wurden von den Stadtstaaten in Syrien als Steuer eingetrieben, dazu zweihundert Scheffel Korn, dreihundert Faß Wein, zweihundert Faß Öl und zweihundert Faß Honig. Und die Prinzen von Mitanni haben fünfhundert Deben Silber geschickt, für Eure Heirat mit Astra, der Tochter eines ihrer Könige.«

Gewöhnlich reagierte der König auf die Erwähnung einer Frau mit einem beifälligen oder abwertenden Ausruf. Aber immer noch sagte Amenhotep nichts. Joseph ließ die Papyrusdokumente auf seinen Schoß sinken. Die üble Laune des Pharao hing wie eine Wolke in dem Raum. »Was fehlt Euch, mein Herr?« fragte Joseph. »Bei der Liebe, die ich zu Euch habe, und dem Vertrauen, das Ihr in mich habt, ich bitte Euch: Sagt es mir frei und offen.«

Amenhoteps Kiefer preßten sich sichtbar zusammen, seine Stimme war leise und halb spöttisch. »Gestern abend habe ich erfahren, daß dein Sohn Manasse in der Wüste östlich von Tura heimlich eine Streitmacht üben läßt.«

Joseph ganzer Körper zog sich zusammen bei Manasses Namen. Er zwang sich, tief einzuatmen. Was immer dort in der Wüste geschehen war, zählte jetzt nicht mehr, denn Manasse war wieder zu Hause, wo er hingehörte, und obwohl Joseph noch nicht mit ihm gesprochen hatte, war er sicher, daß der junge Mann nicht mehr beteiligt war an diesem Wahnsinnsplan, Kanaan zu erobern. Unter diese Eskapade von ein paar jungen hebräischen Hitzköpfen war ein Schlußstrich gezogen.

Joseph runzelte die Stirn und schüttelte den Kopf. »Es gibt keine geheimen Streitkräfte in Ägypten, mein König. Ich, Euer Wesir, müßte es wissen, wenn so etwas wahr wäre.«

»Kennst du dann jedes Geheimnis?« Amenhotep warf die Worte wie Steine, während er sich nach vorne beugte. »Sagt dein Gott dir alles, was in diesem Königreich vorgeht?«

»Nicht alles, Pharao.« Joseph legte seinen Kopf zurück, um Amenhotep besser ansehen zu können. »Aber in allen Dingen, die wichtig sind, führt er mich.«

Die Brauen des Königs zuckten leicht, er lehnte sich zurück. »Alle Dinge, die wichtig sind«, wiederholte er, während sein Finger über die geschwungenen Armlehnen seines vergoldeten Stuhls wanderten. »Ist deine Familie dann nicht wichtig? Denn ich habe aus sicherer Quelle erfahren, daß dein älterer Sohn selbst meine Medjay-Krieger für einen Einfall nach Kanaan angeworben hat. Er ist gestern gesehen worden, hier in meinem Palast, wie er die Hand meines Riesen schüttelte! Wenn die Gerüchte stimmen, hat er vor, in Länder einzufallen, die seit Thutmosis III. von Ägypten beherrscht und verteidigt werden. Wie soll ich meinen kanaanitischen Statthaltern erklären, daß *meine* Soldaten Gebiete angreifen, die unter *meinem* Schutz stehen?«

Einen Augenblick lang konnte Joseph nicht mehr denken. Eine graue Welle spülte über ihn, eine Art dunkle Vorahnung. Sein Gehirn wollte sich drehen, denn obgleich das, was der König da behauptete, undenkbar, ja verrückt war, wußte er mit jedem Schlag seines hämmernden Herzens, daß der Pharao die Wahrheit sprach. Manasse war hartnäckig; doch, er hatte seinen törichten Plan womöglich immer noch nicht aufgegeben. Aber würde er wirklich so weit gehen, daß er nach Malkata ging, um die Elitetruppe des Pharao abzuwerben?

Bitterkeit, dann Wut. Wie konnte es sein, daß ein junger Mann seinem Vater, ja dem König so in den Rücken fiel? Bewußt, geplant und in dem vollen Wissen, was für einen Schaden er dem Ruf seines Vaters zufügen würde, hatte Manasse seinen Dickkopf durchgesetzt und einen Scherbenhaufen geschaffen.

Joseph hob seinen Blick. Der Pharao saß hoch aufgerichtet auf seinem Stuhl, seine Augen große Ovale des Vorwurfs und der Zurückweisung. Zorn, Trauer, Frustation stiegen in Josephs Seele hoch. Und Scham. Wenn heute der Pharao wußte, daß er seine eigenen Söhne nicht im Zaum hatte, würde es morgen das ganze Reich wissen. Die Nachricht von dem ungeheuren Skandal wäre bis Sonnenuntergang im ganzen Palast bekannt und beim Frühstück morgen das Gesprächsthema Nummer eins in den besseren Häusern; bis zum Ende der Woche wüßte jeder Mann und jede Frau in Theben, daß Zafenat-Paneachs Sohn vor der Nase seines Vaters den Pharao erzürnt hatte ...

Beim Himmel oben, was, wenn der Pharao Joseph jetzt verwerfen würde? Er hätte jedes Recht dazu, denn Joseph hatte einen seiner Söhne etwas Abscheuliches tun lassen ...

Joseph ging auf seine Knie. Zum ersten Mal in seinem Leben hatte er das Gefühl, daß er vor seinem König zu Kreuze kroch. »Vergebt mir, mein Herr, daß ich Euch enttäuscht und als Vater versagt habe«, flüsterte er, fast erstickend an den Worten. »Und vergebt meinem Sohn, was er in seiner Torheit getan hat. Ich werde mich sofort darum kümmern und tun, was getan werden muß.«

Der Pharao schwieg lange, seine Augen eisig und undurchdringlich. Dann befahl er seinem Wesir, aufzustehen. Als Joseph wieder vor ihm stand, faltete der König seine Hände und lächelte auf jene Art, mit der man betont, daß man vorher nicht gelächelt hat. Dann sprach er, in dem Ton, in welchem ein Vater ein unartiges Kind tadelt: »Suche deinen Sohn und halte ihn zu Hause. Die Götter haben uns gesegnet, seit du und dein Volk zu uns gekommen seid. Es ist nicht unser Wunsch, daß ihr wieder geht. Wir werden auch nicht die Schande des einen Sohnes gegen den anderen wenden. Wenn dein Sohn Manasse diese törichten Kriegspläne sein läßt, wird dein Sohn Ephraim meine Tochter Sitamun heiraten. So werden unsere beiden Häuser für immer vereint werden.«

Joseph konnte nur in tiefster Demütigung nicken.

»Aber jetzt zurück zu deinem Bericht«, sagte der Pharao. Seine Hand ging in eine Schale mit saftigen Weintrauben. »Erzähle mir mehr über diese Tochter aus Mitanni.«

»Hast du denn überhaupt nicht nachgedacht, wie der Pharao diese Aktion sehen würde?« Joseph hörte die Bitterkeit in seiner Stimme, aber das war ihm egal. Manasse stand vor ihm, seine Hände offen herabhängend, die Augen geschlossen, der Kopf erhoben. Eine trotzige Erscheinung, die Josephs Herz weit vor Bewunderung hätte werden lassen können, wenn die Zeichen des Stolzes ihn nicht so sehr an sich selbst erinnert hätten.

Joseph hatte bewußt die ehrfurchteinflößende Strenge des Podiums in der großen Empfangshalle für dieses Gespräch mit seinem Sohn gewählt. In der königlichen Höhe des Saales schien Manasse doppelt allein dazustehen. Draußen warteten dreißig Personen, um vor dem Wesir zu jammern, zu klagen oder um Gerechtigkeit zu bitten, aber im Augenblick war alles, woran Joseph denken konnte, sein eigener störrischer Sohn.

Manasse sagte nichts, und Joseph ballte seine Faust, hin und her gerissen zwischen Konfrontation und Versöhnlichkeit. Wenn Manasse nur alles gestehen und sich entschuldigen würde, es wäre alles vergeben und vergessen. Man konnte Amenhotep ablenken von diesem Fehltritt, die Hochzeitspläne für Sitamun und Ephraim boten die ideale Gelegenheit dazu.

Joseph holte tief Luft und zwang sich, ruhiger zu werden. »Der Pharao hat mir versprochen, dir zu vergeben, wenn du diese törichten Pläne aufgibst.« Er packte die Armlehnen seines Stuhls. »Er hat gesagt, daß Ephraim Sitamun heiraten wird und unsere Häuser so für immer miteinander verbunden sein werden. Wenn der König mit dir zufrieden ist, wird er dir dann in ein paar Monaten vielleicht eine der jüngeren Prinzessinnen ...«

»Ich will keine Prinzessin heiraten.« Manasses Stimme klang metallisch hart in der großen Halle. Er öffnete seine Augen und begegnete Josephs Blick. Wie kalt und stolz sie waren – oh, wie gut Joseph diese Augen verstand!

Joseph zwang sich zu einem Lächeln. »Schön, wenn die königlichen Frauen dir nicht zusagen, gibt es hundert adlige Familien in Theben, die gerne ihre Töchter in Zafenat-Paneachs Haus hineinheiraten lassen.«

»Nein.« Manasses wohlgeformter Mund verzog sich finster. »Ich liebe Jendayi, die Harfenspielerin in Akils Orchester. Ich heirate sie oder keine.«

»Eine Sklavin?« Josephs Augen wurden groß vor Überraschung, dann begann er zu lachen. »Sohn, du kannst genausowenig eine Sklavin des Pharao heiraten wie ich den Lauf der Sonne umdrehen kann! Und was verzehrst du dich nach einer Sklavin, wenn du vielleicht schon morgen eine Prinzessin haben kannst? Wenn du bereit bist ...«

»Vater, für einen Mann mit so viel Verstand bist du unglaublich kurzsichtig.« Manasses entschiedenes, zuversichtliches Gesicht verspottete ihn. »Gott hat mich dazu berufen, unser Volk zurück nach Kanaan zu führen. Ich werde keine ägyptische Prinzessin heiraten und auch keine von den adligen Frauen Ägyptens. Ich liebe Jendayi.

Wenn Gott uns nach Kanaan bringen kann, kann er es auch so führen, daß sie meine Braut wird.«

Joseph hatte seine Karriere auf der Fähigkeit aufgebaut, geduldig zuzuhören und nicht vorschnell zu sprechen, aber jetzt stieg ein nackter, fremder Zorn in seine Kehle, daß es ihn fast erstickte. Noch nie hatte jemand, ob König oder einfacher Mann, Sklave oder Diener, Wächter oder Soldat, es gewagt, ihm mit so entschlossenen Worten zu widerstehen. Und dies hier war sein Sohn! Das Kind, das er in die Welt gesetzt hatte, das er ernährt hatte, für das er gebetet und sich gesorgt hatte ...

»Du wirst nicht in diesem Ton zu mir sprechen!«

In Manasses Augen glühte die Klugheit eines selbständigen Geistes. Seit wann sahen sie so erwachsen aus?

Er schob seine Hände hinter seinen Rücken und sah zu Boden. »Was für einen Ton soll ich dann wählen, Vater? Ich habe es mit einer demütigeren Stimme versucht, aber du wolltest nicht hören.«

»Ich höre auf das, was weise ist, aber du redest törichte Dinge!«

»Ich rede, was Gott mir gesagt hat.«

»Gott hat dir nichts gesagt! Er redet zu *mir*!«

Manasse blickte wieder auf, und der Ausdruck in seinen Augen ließ die Farbe in Josephs Wangen schießen.

»Kann Gott nicht auch zu mir sprechen?« Der junge Mann öffnete seine Hände und legte sie auf seine Brust. »Oder muß er immer durch den edlen Wesir des Pharao reden?«

»Natürlich kann er auch zu anderen sprechen«, sagte Joseph, irritiert von dem spöttischen Ton seines Sohnes. »Aber Gott widerspricht sich nicht, und er hat mir gesagt, daß die Hungersnot kommen und daß wir in Ägypten bewahrt werden würden ...«

»Das war vor achtzehn Jahren.« Manasses Augen wurden noch dunkler vor Erregung. »Damals hat Gott *dich* als Werkzeug benutzt, Vater, und jetzt hat der Allmächtige *mich* erwählt. Er kann auch andere erwählen. Warum willst du nicht der Wahrheit glauben?«

Joseph öffnete seinen Mund, um zu antworten, aber die Worte erstarben, bevor sie seine Zunge erreichten. Er wollte erwidern, daß *er* der Erbe von Jakobs Erstgeburtssegen und noch lange nicht tot war. Seine Brüder waren noch stark, und Ephraim hatte einen größeren Segen bekommen als Manasse. Gott Shaddai hätte hundert verdiente, gerechte Männer wählen können an Stelle von Manasse – aber hatte Joseph nicht selber erlebt, daß Gottes Wege manchmal unergründlich waren?

Aber daß Gott die Hebräer aus dem Schwarzen Land zurückrief, ohne Joseph ein Zeichen zu geben – es konnte nicht sein! Manasse irrte sich. Er war jung, und die Aussicht auf einen Krieg hatte ihn wie ein Fieber ergriffen.

»Du irrst dich«, sagte Joseph schließlich. Warum nur mußte Manasse ausgerechnet in dieser unglückseligen Sache sein Führungstalent demonstrieren? »Gott hat mir die Führung unserer Sippe übertragen. Wenn er wirklich wollte, daß wir nach Kanaan zurückkehren, hätte er es mir geoffenbart.«

Der unbeirrbare Blick auf Manasses Gesicht ging nicht weg. »Gott hat dich als Herrscher in einem fremden Land ausgesondert«, konterte er, und eine namenlose Traurigkeit schwang in seiner Stimme. »Du bist ein Hebräer, aber du bist nicht einer von ihnen, Vater. Du hast dich selbst geopfert, um dein Volk zu retten, und Gott Shaddai hat dich für deinen Gehorsam gesegnet. Aber jetzt ruft er die Söhne Israels hinaus, und er ruft sie durch mich, den geringsten deiner Söhne und Geringsten der Hebräer. Und ich werde gehorchen, und wenn es mich mein Leben kostet.«

»Das kann es gut.« Joseph machte eine Pause, in der Hoffnung, daß seine Worte durchdrangen durch den Nebel, der da den Verstand seines Sohnes gefangenhielt. »Denke nach, Manasse! Höre auf den Rat der Älteren! Kein Mann ist so alt, daß er nicht noch ein Jahr leben kann, oder so jung, daß er nicht heute sterben könnte. Du denkst vielleicht, daß deine Onkel und ich verbraucht sind und daß du unbesiegbar bist, aber Männer jeden Alters sterben im Krieg.«

Manasse zuckte mit den Achseln. »Wenn ich sterbe, sterbe ich im Gehorsam zu Gottes Willen.«

»Genug!« Joseph warf seine Hände hoch. Der Zorn wollte ihm die Stimme nehmen. »Es ist der Wunsch des Pharao, daß du mit diesem Unfug aufhörst! Sein Wort ist Gesetz! Wirst du ihm gehorchen?«

»Gottes Wort ist mächtiger als das des Pharao«, erwiderte Manasse, sein Gesicht voller Kraft. »Ich möchte den Pharao nicht verletzen, aber ich muß Gott mehr gehorchen als einem irdischen König.«

Joseph versuchte es mit einer anderen Taktik. »Du sagst, du liebst dieses Sklavenmädchen – dann gehorche dem Pharao um ihretwillen. Bleibe hier in Theben. Vergiß Kanaan, und ich will sehen, was ich tun kann, um den Pharao dazu zu bringen, die Heirat zu erlauben. Es wird nicht einfach sein, aber vielleicht ...«

Ein schmerzlicher Ausdruck ging über Manasses Gesicht, aber seine Augen blieben entschlossen. »Ich liebe Jendayi mit meinem ganzen Leben, aber selbst für sie könnte ich nicht hierbleiben, wenn Gott mich wegruft. Meine Männer verlassen sich auf mich.«

»Dann höre mich.« Joseph spürte, wie er rot wurde, als er sich langsam von seinem reichverzierten Stuhl erhob. Er fühlte sich auf einmal doppelt so alt. »Gib das auf, Manasse. Gib es auf, weil dies mein Wunsch ist, und ich bin der Vater, der dir das Leben gegeben hat. Wenn du es nicht für den Pharao tun willst oder für dieses Mädchen, das du liebst, dann tu es für mich.«

Manasses Mund ruckte, aber seine dunklen Augen blitzten warnend, während er die Hände hinter seinen Rücken faltete. »Verlang das nicht von mir, Vater.«

»Aber ich verlange es. Ich befehle dir – nein, ich bitte dich.« Joseph breitete seine Hände beschwörend aus. »Bleibe hier zu Hause bei deinem Bruder. Die anderen werden der Mühen in der Wüste müde werden und nach Goschen zurückkehren, ihre Familien vermissen sie; auch sie sind gegen dieses Abenteuer.«

»Ich kann das auch nicht für dich aufgeben, Vater. Gott hat mir befohlen, unser Volk zurückzuführen, und das werde ich tun.«

Der letzte Fetzen von Josephs Geduld zerriß. »Du bist so störrisch wie ein Kind! Du *bist* ein Kind! Gott hat nicht zu dir gesprochen.« Er funkelte Manasse mit einem Blick an, der schon manchem Mann die Knie weich gemacht hatte, aber Manasse hielt ihm unverwandt stand. Er stand schweigend in der Halle, seine Haltung fest und herausfordernd. Der Schatten seines Bartes gab ihm eine männliche Aura, die Joseph noch nie an ihm bemerkt hatte. Das Profil des jungen Mannes, es sprach von Macht und Kraft, die kein Alter kannte – beim Himmel oben, wann war aus dem Jungen dieser Mann geworden? Joseph hatte das Kind flüchtig gekannt, aber dieser Mann, er war ihm wie ein Fremder.

Er spürte die Entfernung zwischen ihnen wie eine tiefer werdende Kluft in seiner Seele. Vater und Sohn, sie waren vom gleichen Fleisch und Blut, aber jetzt fühlte er sich, als ob sein Herz aus seiner Brust herausgewandert war. In ein paar Augenblicken war es entzweigerissen, zerschnitten worden.

»Wir wollen nicht mehr darüber reden.« Joseph schaute zur Seite, während er die Worte sprach. Besser so tun, als ob er dieses Duell gewonnen hatte. Er starrte auf die bunten Gemälde an den Wänden der Halle, versuchte seine Augen zu beschäftigen, damit sie nicht dem Blick seines Sohnes begegnen mußten. »Du wirst jetzt gehen, und ich will nichts mehr von einer Rückkehr nach Kanaan hören. Wir werden eine passende ägyptische Familie finden, die eine heiratsfähige Tochter hat, die stolz darauf sein wird, zum Hause Zafenat-Paneachs zu gehören.«

»Ich bin nicht mehr stolz darauf, zu Zafenat-Paneachs Haus zu gehören.« Eine plötzliche Kälte schwang in Manasses Worten. »Und wenn ich es verlassen muß, um Gott Shaddai zu gehorchen, dann werde ich das tun.«

Joseph kam sich plötzlich schwach und schutzlos vor vor dem Zorn seines Sohnes. Er nahm dem Rest seiner Würde zusammen und trat zu seinem Stuhl zurück, während Manasse mit festen Schritten aus der Empfangshalle ging.

Der Wesir von ganz Ägypten drehte sich um und ließ sich auf den geflochtenen Sitz seines Throns sinken. Seine Arme umklammerten die vergoldeten Lehnen. Er biß sich auf die Zunge, um nicht seinen Sohn zurückzurufen und zu kapitulieren.

Manasse stand im Hof vor der Empfangshalle seines Vaters und betrachtete den westlichen Horizont, wo die letzten Strahlen der bronzenen Sonne sich an die Dächer der Stadt klammerten, als zögerten sie, das Land der Lebenden zu verlassen, um in das schwarze Nachtreich des Anubis zu gehen.

So wie er zögerte, das Haus seines Vaters zu verlassen.

Das leidenschaftliche Plädoyer seines Vaters hatte ihn nicht überrascht. Joseph war immer schon ein vehementer Verteidiger von

Amenhoteps Position und Macht gewesen. Was Manasse überrascht hatte, war die zähe Weigerung seines Vaters, sich auch nur einen Augenblick zu fragen, ob Gott nicht auch zu geringeren Menschen sprechen konnte als zu ihm, dem großen Wesir. Wie konnte ein so weiser Mann blind für die Wahrheit sein? Warum konnte er, und sei es nur für einen Augenblick, sein Denken nicht für die Möglichkeit öffnen, daß Gott etwas Neues vorhatte?

Was hielt einen Vater davon ab, an seinen Sohn zu glauben?

Manasse stieß seine Hände in den Gürtel seines Gewands, lehnte sich an eine Wand und gab sich den vertrauten Geräuschen und Bildern der väterlichen Villa hin. Solange er sich erinnern konnte, summte der Komplex Tag und Nacht vor Geschäftigkeit. Als Junge hatte er in diesem bunten Kaleidoskop gespielt und sich im Traum nicht vorstellen können, daß es auch Häuser gab, die keine fremden Könige, schönen Frauen und Pharaonensöhne als Besucher empfingen. Sein Leben war so voll gewesen von Haupt- und Staatsaktionen und Festen, daß er fast ein Mann geworden war, bevor er erkannte, daß er zwar jede erdenkliche Bequemlichkeit und Unterhaltung hatte, aber daß andere Kinder *Eltern* hatten.

Seine Mutter war gestorben, als er und Ephraim noch jung waren, und sein Vater war nie dagewesen. Ani, Tarik, Halima und Dutzende andere Diener waren stets in der Nähe gewesen, um die beiden Jungen zu lehren, zu erziehen und mit Pflastern und Salben zu versorgen, wenn ihr Spiel zu wild gewesen war. Doch, Manasse konnte sich an die eine oder andere Gelegenheit erinnern, wo er und Ephraim mit ihren Eltern gefrühstückt hatten, aber selbst da hatte Joseph sie schon bald mit einem Kuß entlassen und zum Spielen hinausgeschickt.

Er hat mich immer fortgeschickt. Und jetzt gehe ich selber.

Die Schatten der Nacht waren gefallen. Bald wäre Abnu draußen vor dem Tor, bereit, sein Versprechen zu erfüllen. Manasse richtete sich auf, hob sein Kinn und ging rasch in sein Zimmer, um seine Sachen zu holen.

Als Medjay war Abnu ein Mann seines Wortes, und so war Manasse nicht überrascht, als er durch das Tor der Villa trat und den Riesen unter einer hohen Palme stehen sah. Über den Schultern des Kriegers hing ein dunkelroter Mantel. Ein fein gefältelter Schurz hob seine athletische Gestalt und die Muskeln an seinen Armen und Beinen noch mehr hervor. Seine Füße steckten in roten Ledersandalen mit langen, nach oben gebogenen Zehenstücken – eine Fußbekleidung, die allein den hochgeschätzten Nubiern vorbehalten war. Als Manasse herbeikam, wirbelte der Krieger herum und salutierte stramm. Seine dunkelrotbraune Haut glänzte in dem milchigen Licht des Mondes.

»Friede und Wohlergehen sei dir, mein Freund.« Manasse warf dem Mann ein dankbares Lächeln zu. »Bist du bereit, aufzubrechen?«

»Ein Medjay ist immer zum Abenteuer bereit«, antwortete Abnu. Seine tiefe Stimme war wie ein leises Donnergrollen in der Nacht. Seine langen Finger packten den mit einer eisernen Spitze versehenen Speer in seiner Hand fester. »Geh voran, du Trickster, bis ich deiner müde werde.«

Manasse streckte seine Hand zum Fluß hin aus. Sie gingen schweigend los. Bittersüße Erinnerungen stiegen in Manasse hoch. Auf diesen Wegen hatten er und Ephraim oft miteinander gespielt. Ani hatte sie zum Fischen mitgenommen, und Tarik war immer als offizieller Begleiter zugegen gewesen, wenn sie am Ufer standen und beim Ab- oder Anlegen der prächtigen Barke ihres Vaters zuschauen durften.

Manasses Kehle wollte sich zusammenziehen. Er hatte keine Lust, sein Zuhause unter der Wolke des väterlichen Mißfallens zu verlassen, aber was hatte er für eine Wahl? Zu bleiben bedeutete, die Stimme Gott Shaddais zu verleugnen.

Das kleine Boot, das Manasse gewählt hatte, wartete an der Anlegestelle. Er hatte bewußt ein Boot gewählt, das klein genug war, um durch das Uferschilf zu schlüpfen, das den Eingang zu dem Kanal hinter Malkata verdeckte, und er seufzte erleichtert auf, als Abnu nicht murrte, als sich zeigte, daß er und Manasse die einzigen Ruderer an Bord waren.

Sie stiegen in das Boot. Manasse bat Abnu um Verständnis dafür, daß sie zuerst einen Zwischenhalt in Malkata einlegen mußten. »Dort wartet eine Dame, der ich auf Wiedersehen sagen muß«, erklärte er, während das Boot aus dem stillen Wasser der Lagune in den Fluß hinausglitt.

»Du bringst mich doch wohl nicht zurück zum Palast?« knurrte Abnu, dessen Knie in dem kleinen Boot fast sein Kinn streiften. »Da komme ich doch gerade her! Und wenn der Pharao schon gehört hat, daß ich weg bin, befiehlt er meinen Medjay-Brüdern womöglich, mich anzuflehen, zu bleiben.« Er hob seine Brauen. »Hörst du, was ich sage?«

»Ich höre.« Manasse warf ein Grinsen über seine Schulter. »Und es scheint, daß der Pharao schon Gerüchte gehört hat. Aber ich habe nicht vor, in den Palast hineinzugehen. Wenn du still bist, wird alles gutgehen.«

Der über den nachtschwarzen Himmel segelnde Mond warf sein schmales Silberband über den Fluß, während die Ufer im Schatten schliefen. Manasse, seinem Orientierungsinstinkt vertrauend, lenkte das Boot in den Hafen vor den glänzenden Mauern des Palastes, dann ließ er es das hohe Schilf entlangtreiben, bis er hinter seinem dichten Vorhang einen Wasserschimmer erspähte.

Der königliche Hafen schlief. Die Boote des Pharao tanzten gemächlich auf den sanften Wellen. Während Abnu leise die Schilfstengel verfluchte, die in seine Arme bissen, manövrierte Manasse das Boot in den verborgenen Kanal hinein und begann, ihm zu folgen. Die einzigen Geräusche waren das leise Klatschen der Ruder und das Summen der nächtlichen Insekten.

Ein dünnes Lichtrechteck kam von dem Tor, wo Manasse den beiden Wächtern gegenübergetreten war; jetzt waren sie nirgends zu sehen. »Faule Hunde!« knurrte Abnu. »Wenn die in meiner Abteilung wären, ich würde ihnen die Ohren abschneiden! Die Nasenspitzen würde ich ihnen abschneiden, weil sie ihren Posten verlassen haben ...«

»Dann ist es ja gut für sie, daß du jetzt bei mir bist«, sagte Manasse, während er das winzige Boot an dem Tor vorbeischießen ließ. Er mußte schnell sein, die Wachen konnten jeden Augenblick wiederkommen. Aber obwohl er ein Murmeln von männlichen Stimmen hörte, ließen die Wachen sich nicht blicken. Das Boot glitt jetzt auf den

Uferdamm vor dem geheimen Garten zu. Er wußte nicht, ob Jendayi dort war, aber er hatte jede Hoffnung, daß sie kommen würde.

»Was sollen wir hier?« Abnu sah sich mißtrauisch um. »Es reicht gerade, daß ich dir dienen muß, aber wenn du was Krummes ...«

Da! Die kleine Tür war kaum zu sehen in der Mauer. »Wenn dein Herz so weich ist wie deine Glieder stark sind«, unterbrach Manasse ihn, erleichtert ausatmend, »dann ist dies hier vielleicht die lohnendste Schuld, die du je abbezahlt hast.« Mit einem letzten festen Ruderschlag schob er den Bug des Bootes in den dicken Uferschlamm, dann sprang er die Böschung hoch. Der sandig trockene Boden an ihrem oberen Ende schrie nach dem Wasser der nächsten Überschwemmung. In ein paar Monaten wäre der Fluß wieder voll ... und, so hoffte Manasse, auch sein Herz.

»Was machen wir hier?« kam Abnus ärgerliche Flüsterstimme von dem Kanal.

»Warten.« Manasse ließ sich auf einen Stein sinken.

»Auf was?«

»Auf eine Frau. Du hast dich schon verabschiedet, jetzt bin ich an der Reihe.«

»Bei dem stinkenden Wachs in Seths Ohr ...« Abnu faltete seine langen Arme und Beine auseinander und versuchte sich hinzulegen. In seiner vollen Länge ausgestreckt, war er fast länger als das Boot. »Ich habe mich zum Kämpfen gemeldet, und jetzt soll ich mir das Geturtele eines Liebespaares anhören.«

»Ich kann nur hoffen, daß sie kommt.« Manasse heftete seine Augen auf die kleine Tür in der Mauer. »Schlaf eine Runde, Abnu, ich wecke dich dann.«

Er hockte sich hin, entschlossen, bis kurz vor Sonnenaufgang zu warten, falls das nötig war. Solange es noch dunkel war, würde sein Vater annehmen, daß er in seinem Zimmer war und schlief. Der Morgen wäre halb vorbei, bevor die Diener seine Abwesenheit bemerken würden, doch dann würde bald das ganze Haus wissen, daß Manasse seinen Kopf durchgesetzt und die Villa verlassen hatte. Auch Tarik würde es hören, und Ani, und es würde ihren Herzen wehtun. Sie würden traurig sein über die Entfremdung zwischen ihrem Herrn und seinem Sohn. Aber ihr Trauern würde zu spät kommen; sie hätten schon vor Jahren damit anfangen sollen.

Die Erde sprach mit hundert Stimmen zu ihm. Das Wasser des Kanals schlürfte unter dem sachte schaukelnden Boot. Durch die Zweige eines Baumes, die über die Gartenmauer ragten, sickerte die Milch des Mondes und malte bizarre silbrige Hieroglyphen auf den Boden zu Manasses Füßen. Manasse betrachtete den Zittertanz der Schatten. Was wollten sie ihm sagen? Versprachen sie ihm Sieg oder Niederlage?

Ein plötzlicher dumpfer Laut durchbrach die Stille. Die winzige Fluchttür in der Mauer, über die die Zweige ihre Tanzschatten warfen, öffnete sich mit leisem Knarren. Manasse hielt den Atem an; jetzt nur kein Geräusch, das Jendayi erschrecken würde! Leise wie eine Katze kroch er näher zu der Mauer hin.

Das Haar, dann der Kopf, dann die Schultern der jungen Harfenspielerin schoben sich durch die Türöffnung, vorsichtig, wie ein witterndes Tier. Manasse stand wie angewurzelt da, sein Herz jubelnd über Jendayis Schönheit und Mut.

»Trickster!« kam Abnus Stimme aus dem Boot. »Kommt die Dame oder nicht?«

Wie der Kopf einer Schildkröte in den Panzer zurückhuscht, verschwand Jendayis Kopf wieder in der Tür. Manasse sprang nach vorne. »Jendayi!« rief er in lautem Flüsterton. Hoffentlich war sie nicht schon zurück durch den halben Garten gerannt. »Ich bin's, dein Freund. Du brauchst keine Angst zu haben!«

Ein Augenblick nichts, dann knarrte die Tür wieder auf. Jendayis Kopf, auf dem ein wunderbarer Blumenkranz lag, erschien wieder und kam hoch. »Chenzira?« fragte sie in die Finsternis hinein, die Arme und Schultern fluchtbereit gespannt.

»Ja. Hab keine Angst.« Er glitt an ihre Seite. »Du hast gesagt, daß du oft hierherkommst, und ich wollte dich noch einmal sehen, bevor ich gehe.«

»Willst du immer noch fort?« Sie gab ihm ihre Hände. Er half ihr aus dem Tunnel heraus, und sie stand vor ihm, ihre Augen zwei bodenlose Brunnen.

Manasse suchte nach Worten. Wie immer fühlte er sich verwirrt in ihrer Gegenwart. Und jetzt das Gefühl ihrer Hände zwischen den seinen. »Ja. Ich verlasse das Haus des Wesirs, und ich glaube, ich komme nie mehr zurück. Aber ich möchte nicht gehen, ohne dir alles erklärt zu haben. Ich möchte ganz offen zu dir sein, Jendayi.«

»Hast du mit Ephraim gesprochen?« Ihre Hände wollten nach oben, wie zwei angebundene Vögel, aber er hielt sie fest. Er versuchte, sein Herz gegen den Stachel von Ephraims Namen zu stählen.

»Ich habe ihn nicht viel gesehen die letzten beiden Tage«, sagte er wahrheitsgemäß. »Er ist die meiste Zeit im Palast des Pharao in Theben, wo die Prinzessin Sitamun mit ihrer Mutter ist. Ephraim tut sein Bestes, die Prinzessin gut zu unterhalten.«

Jendayis Miene wurde dunkler. Manasse hielt ihre Hände weiter fest. »Jendayi! Laß dein Herz nicht verzagt sein ...«

»Es ist lieb, daß du so an mich denkst.« Sie machte sich los und machte ein paar tastende Schritte zu dem schwarzen Wasser hin. »Aber du solltest dir nicht soviel Sorgen machen. Was tut es, wenn Ephraim eine andere heiratet? Solange ich ihm so viel wert bin, daß er den Pharao um mich bittet, ist meine Zukunft gesichert.«

Manasse spürte, wie der Abgrund zwischen ihnen sich wie eine alte Wunde öffnete. »Warum ist dir Ephraim so wichtig?« stotterte er. Mochte Abnu ruhig alles mithören. »Was gibt ihm das Recht auf dein Herz? Ein einziger Kuß? Ein Kuß ist nur ein äußerliches Zeichen, und manchmal steckt nichts dahinter. Die Menschen küssen sich andauernd.«

Er ging zu ihr und erwartete nichts anderes, als daß sie den Mann, den sie liebte, heftig verteidigen würde. Aber nein, aus ihren grauen Augen quollen Tränen. »Nicht mich«, flüsterte sie, und ihr Schluchzen zerriß ihm das Herz. »Mich küßt keiner. Aus meinem ganzen Leben kann ich mich nur an einen einzigen Kuß erinnern, und das war Ephraim.«

Manasse atmete heftig ein. »Sonst keiner?« Seine Stimme begann zu zittern. »Noch nicht einmal deine Mutter, eine Freundin, eine Schwester ...«

»Ich habe keine Mutter – ich kann mich jedenfalls an keine erinnern.« Tränen glänzten auf ihrem herzförmigen Gesicht. »Auch keine Freunde, keine Schwestern, nichts. Akil hat mir eine Magd gegeben, aber Kesi dient mir nur, weil sie Prügel bekäme, wenn sie es nicht täte.«

»Aber dein Herr«, sagte Manasse, obwohl etwas in ihm zurückzuckte vor dem Gedanken daran, daß der alte Cheironom seine schrumpeligen Lippen auf Jendayis süßes Gesicht drückte. »Er hat dir doch bestimmt etwas Liebe gezeigt.«

»Akil ist ein harter Herr.« Sie wischte sich über ihre nassen Wangen. »Ihm geht es nur darum, daß der Pharao mit ihm zufrieden ist.« Sie schnüffelte, ihre tränennassen Hände fuhren in einer Geste zarter Hilflosigkeit über den Halsausschnitt ihres Kleides. »Aber Ephraim hat mich einmal geküßt, und das heißt, daß er mich lieben muß. Und wenn mein Herz nicht lieben lernt, werde ich tausend Tode sterben, das Ungeheuer in der Unterwelt wird mich auffressen. Ich träume dauernd davon!«

»Jendayi, höre mich an.« Manasse trat mit einem raschen Schritt neben sie. Sie versteifte sich, aber er nahm sie in die Arme und hielt sie sanft fest. »Mein liebes kleines Mädchen«, sagte er, während seine eine Hand über ihre Wange strich. »Du *bist* geliebt. Vergiß Ephraim, er liebt eine andere. Liebe mich, denn ich liebe dich, Jendayi. Ich würde mein Leben vor dem Pharao riskieren, um deine Freiheit zu gewinnen.«

Sie wurde noch steifer in seinen Armen, daß er einen Augenblick lang das Gefühl hatte, eine Statue aus dem zerbrechlichsten Glas zu halten.

»Du liebst mich?« Trotz ihrer Traurigkeit wurde ihre Stimme eine Spur ungeduldig. »Chenzira, ich bitte nicht um Mitleid.«

»Das ist kein Mitleid! Ich liebe dich. Ich liebe dich seit dem Tag, als ich dich das erste Mal sah.«

»Zwei Monate schon?« Sie legte fest ihre beiden Hände auf seine Brust und drückte ihn fort. »Deine Freundlichkeit rührt mich, Chenzira, aber du gehörst dem Wesir und ich dem König. Wir können beide nichts an unserem Schicksal ändern.« Ihr artiges Lächeln verblaßte. »Ephraim hat mir einmal ausrichten lassen, daß er bereit sei, den Pharao um mich zu bitten, aber statt dessen hat er ihn also um die Hand seiner Tochter gebeten.«

»Das war nicht Ephraim!« Manasse ballte frustriert seine Faust und holte tief Luft. Wenn Gott ihm je eine Gelegenheit schenken würde, ihr die Wahrheit zu sagen, dann jetzt. »Die Botschaft von

Ephraim kam doch, als du in Kanaan warst, nachdem du für die Gäste des Wesirs gespielt hattest, nicht wahr?«

Ihre Augenbrauen gingen erstaunt nach oben. »Ja, das stimmt. – Aber warum bin ich jetzt überrascht? Natürlich weißt du das; da du zum Haus des Wesirs gehörst, warst du sicher auch mit in Kanaan.«

Seine Lippen zitterten von dem Bedürfnis, zu lachen. »Jawohl, ich war da. Und die Botschaft, die du damals bekamst, war von mir.«

»Aber Kesi hat doch gesagt, daß sie mit dem Hauptmann der Wesirswache gesprochen hatte.«

»Das hat sie auch.« Manasses Stimme war fest. »Ich habe die Botschaft an dich geschickt, aber ich habe sie nicht selber übermittelt. Jendayi, ich bin nicht ein Diener des Wesirs, ich bin sein älterer Sohn, Manasse, und du mußt mir glauben, wenn ich dir sage, daß ich dich seit Jahren liebe.«

Sie wich von ihm zurück, ohne ein Wort, eine Hand auf ihren Lippen. Die alte Maske der Unnahbarkeit senkte sich wieder wie ein Schatten auf ihr Gesicht. Sie war dabei, sich in sich selber zurückzuziehen, eine verschreckte Sklavin, die vor einem Edelmann wegrannte. Falls er sie nicht einholen konnte ...

Er sprach schnell weiter. »Ich habe dir gesagt, daß mein Name Chenzira ist, weil ich dachte, wenn du die Wahrheit kennst, würdest du dich mir nicht anvertrauen.«

»Da hattet Ihr recht.« Sie wandte sich ab, zum Kanal hin, ihr Kopf gesenkt. »Es ist nicht recht, daß eine Sklavin ihr Herz einem – Herrn öffnet. Ihr habt mich angelogen.«

Er schob sich näher zu ihr, bis er ihr bekümmertes Gesicht sehen konnte. »Ich bin nicht dein Feind, Jendayi. Ich würde dir nie etwas zuleide tun.«

Sie hob etwas ihr Kinn, aber hielt ihren Blick auf das Wasser gerichtet, als ob sie eine verborgene Welt in dem Kanal sehen konnte. Einen kurzen Augenblick schien ihr Gesicht sich zu öffnen, und Manasse sah ein Feuerwerk der Gefühle: Verwirrung, ein kurzes Angstflackern, tiefe, reißende Qual. Dann war die alte Maske der Distanz wieder da.

»Ihr seid der Sohn des Wesirs.« Sie schlug die Arme um sich, als ob sie in einem kalten Windstoß stand. »Wie Ephraim, werdet auch Ihr eine Adlige heiraten, ob Ihr das wollt oder nicht. Diese Eure *Liebe* ist nicht echt, sondern nur ein Kindertraum. Ich werde nicht dieses Leben und das ewige für die Herzenslaunen eines Edelmanns opfern. Eigentlich dürfte ich gar nicht mit Euch reden ...«

»Ich bin nicht mehr der Sohn des Wesirs«, sagte er ruhig. Er trat näher zu ihr, als ob ihr das helfen könnte, seine Worte zu verstehen. »Ich habe heute abend das Haus meines Vaters mit allem, was darin ist, verlassen. Mein Vater wird mich verstoßen, wenn er es nicht schon getan hat. Ich habe keine Familie mehr, keinen Besitz, keine Beziehungen. Ich bin heute abend zu dir gekommen, um dir die Wahrheit zu sagen und dir meine Liebe anzubieten. Ich muß jetzt in den Krieg ziehen, aber wenn Gott Shaddai mich zurückbringt, werde ich vor den Pharao treten und ihm einen Teil meiner Kriegsbeute als Brautpreis hinlegen. Ich werde dich aus der Hand des Pharao erlösen, Jendayi, dafür wird mein Gott sorgen. Du wirst die Freiheit bekommen, selber deinen Weg zu wählen.«

»Ihr erwartet viel von Eurem Gott«, flüsterte sie leise.

»Mein Gott hilft gerne.« Manasse trat zwischen sie und den Kanal. Er streckte seine Hände vorsichtig aus, legte sie auf ihre Arme und zog sie an sich. Sie wehrte sich nicht, aber ließ sich auch nicht fallen. Ihre eine Hand ging nach vorne, um sich von seiner Brust abzustützen.

Die leichte Berührung öffnete einen Brunnen der Gefühle, daß Manasse schwindlig werden wollte. »Ich werde für dich zurückkommen.« Sein Puls begann zu stolpern und zu rasen, als er ihr Atmen gegen seine Haut spürte. »So wahr der Pharao lebt und Gott Shaddai regiert, ich komme wieder.«

Ihr Gesicht hob sich zu dem seinen, und er sah, wie unter der unnahbaren Lieblichkeit etwas floß und sich bewegte, als ob eine verborgene Quelle aufbrechen wollte.

»Chenzira – Manasse, das ist hoffnungslos.« Ihre Stimme klang ungläubig-resigniert. »Ich habe meine Zukunft gesehen. Für mich gibt es keine Liebe – nicht hier, nirgendwo.«

»Doch.« Manasse zog sie noch fester an sich. »Gib mir eine Chance, Jendayi. Nur eine, mehr verlange ich nicht.«

»Und wenn Ihr nicht wiederkommt?« Ihr Kinn zitterte, und sie senkte ihren Kopf. Ihre dicken dunklen Wimpern waren wie ein Rahmen über ihren Wangen. »Wenn ich Euch vertraue und an Euch glaube und Ihr kommt nicht zurück, was soll ich dann machen?«

Manasse drückte ihren Kopf an seine Schulter, nicht sicher, wie er antworten sollte. »Ich komme zurück«, sagte er schließlich und ließ ihren Kopf los, damit er ihr süßes Gesicht ein letztes Mal betrachten konnte. »Und wenn du mir vertraust, wird dein Herz anfangen zu leben. Mach dich frei von deinem bösen Traum, Jendayi. Glaube an mich ... und an meinen Allmächtigen Gott.«

Ihr Körper blieb traurig gebeugt, aber ihr Mundwinkel hob sich zu einem halben Lächeln. »Ihr klingt so zuversichtlich, daß ich Euch fast glauben könnte«, flüsterte sie, dann glitt sie aus seinen Armen.

Und während oben in dem tiefen Schwarzblau des Himmels einer nach dem anderen die Sterne hervorsprangen, sah Manasse ihr hinterher, wie sie zurück in den Palastgarten schlüpfte, und mußte denken, daß nichts auf der ganzen Erde atemberaubender war als die schlichte Anmut seiner geliebten Jendayi.

Zwanzig

Akil runzelte die Stirn, als die Musikerinnen ihr letztes Lied für das Bankett des Pharao beendeten. Ein Glück, daß der König es nicht merkte, daß die Oboe und die Harfe in den letzten Takten des Preislieds an die Hathor andauernd aus dem Takt gerieten. Aber mehrere der Gäste hatten unbewußt das Gesicht verzogen bei den schrägen Tönen.

Jetzt trat eine Akrobatinnentruppe auf, die zu dem Takt ihres eigenen Trommlers zu hüpfen, zu kreisen und zu tanzen begann. Akil nickte seinen Schützlingen zu – das Signal, daß sie den Bankettsaal verlassen durften. Er richtete seinen Blick auf Jendayi, die gerade ihre Harfe hochhob. An den letzten Abenden war immer eine Falte zwischen ihren Augenbrauen zu sehen gewesen, und er fragte sich erneut, ob sie vielleicht eine Botschaft vom Sohn des Wesirs bekommen hatte. Die Gerüchteküche in Theben brodelte, seit bei einer kürzlichen Feierlichkeit im Palast Zafenat-Paneach und Ephraim ohne Manasse erschienen waren. Der Pharao war sehr verstimmt gewesen, aber Tiy hatte Akil einen beruhigenden Blick zugeworfen, und er hatte gewußt: Sie hatte die Situation unter Kontrolle.

Aber vielleicht hatte Jendayi Informationen, die selbst die Königin nicht besaß? Wenn Akil diese Informationen an Tiys Ohr tragen konnte, würde er noch mehr in ihrer Hochachtung steigen. Vielleicht würde sie ihn sogar mit einer goldenen Kette oder mit einer Zimmerflucht im Palast belohnen ...

Die Flötistin und Oboistin trippelten aus dem Raum. Jetzt ging auch Jendayi mit ihrer Magd. Akil folgte ihnen in den Flur und tippte Kesi auf den Arm. Er legte seinen Finger auf seinen Mund und zog sie rasch in eine Nische.

Er setzte sein wärmstes Lächeln auf. »Was fehlt deiner Herrin? Sie ist nicht mehr die Alte in den letzten Tagen. Heute war ihr Spiel viel schwächer als sonst.«

»Ich ... ich weiß nicht.« Kesi zog an ihrem Kleid. Sie erblaßte unter seinem forschenden Blick. »Ich habe nichts getan, was ihr mißfällt, bestimmt nicht. Bitte, Herr, schickt mich nicht fort ...«

»Psst, Mädchen.« Er zwang ein neues Lächeln hervor und lockerte seinen Griff um ihren Arm. »Jendayi hat doch etwas. Ich kenne sie zu gut, um das nicht zu merken. Du mußt herausfinden, was es ist.«

»Herr, sie spricht nicht viel mit mir. Sie vertraut selten jemandem etwas an.«

»Dann ändere das!« Sein Atem brannte in seiner Kehle. Waren alle Sklavinnen so dumm wie diese hier? Aber er durfte jetzt nicht aus der Haut fahren, oder sie würde wie ein zwitschernder Vogel fortfliegen und die Harfenistin warnen. Er holte tief Luft und lächelte erneut. »Rede heute abend mit ihr und vertraue ihr etwas über dich an. Wenn du ihr ein Geheimnis verrätst, wird sie dir auch eins sagen; so sind die Frauen.«

»Ich glaube nicht, daß das klappen wird, Herr.« Die großen Augen des Mädchens sahen ihn zweifelnd an. »In der letzten Zeit läßt sie fast gar nichts über sich heraus. Ich weiß nie, was sie denkt.«

»Dann finde es heraus! Er lächelte nicht mehr. »Finde es heraus, oder ich schicke dich zum Aufseher, daß er dir Gehorsam einprügelt. Muß ich noch mehr sagen?«

»Nein, Herr Akil.« Ein weinerlicher Schatten kam auf ihre Augen. »Ich will es versuchen.«

»Versuche es nicht.« Akil ließ ihren Arm los. »Tue es.«

Einundzwanzig

Ein Sonnenfinger kam von einem der Oberlichter im Gemach des Pharao herunter und ließ den Staub in der Luft tanzen. Joseph fühlte sich sternenweit entfernt von der Segenslitanei der Priester, die vor dem König standen. Er betrachtete den tanzenden Staub und dachte über die Lage in seinem Haus nach.

Seit zwei Wochen schon schwieg Joseph vor seinen Dienern beharrlich über Manasses trotzigen Fortgang, und niemand wagte es, das Thema vor ihm zu erwähnen. Ani, der es sich zur Aufgabe gemacht hatte, alles und jeden in der Villa des Wesirs zu kennen, war stiller als sonst, sein Gesicht länger, sein Schritt langsamer. Und Tarik, dieser mitreißendste aller Krieger, hatte beim morgendlichen Appell seiner Männer eine Stimme, die so tonlos war, als ob er gerade tagelang durch die Wüste gewandert war.

Aber – so redete Joseph sich ein – seine Diener waren halt erschöpft von der Extraarbeit, die die Siedlung in Goschen ihnen machte. Die Söhne Israels waren dabei, sich richtige Häuser zu bauen, und Ani half ihnen bei der Einstellung der nötigen Ziegelhersteller und bei der Beschaffung von Bauholz aus dem Libanon. Und Tarik oblag zur Zeit nicht nur die Sicherheit des Hauses des Wesirs, sondern auch die der Karawanen, die von Theben nach Goschen und zurück zogen.

Joseph ging seiner Arbeit nach so gut es ging, wohl wissend, daß das Problem mit Manasse eine Gewitterwolke über seinem Haupt war, die früher oder später zerreißen mußte. Eine Woche nach Manasses Fortgang hatte Joseph Späher ausgeschickt, um Genaueres über Größe und Bewegungen der hebräischen Armee in Erfahrung zu bringen. Aber obwohl Tariks Männer das ganze Gebiet zwischen Tura und Goschen durchkämmt hatten, hatten sie keine Spur von Manasses Soldaten gefunden. Der Pharao hatte noch nicht nachgefragt, aber wenn die Phantomarmee noch existierte, würde er bald von ihr hören. Joseph war sicher, daß sein störrischer Sohn die Truppe gut versteckt hatte.

Bei seinem letzten Besuch hatte Juda berichtet, daß mittlerweile hundertfünfzig junge Männer aus dem hebräischen Lager vermißt wurden. Selbst einige der jüngeren Frauen dachten laut darüber nach, ob eine Rückkehr nach Kanaan nicht das beste für die Sippe war. »Aber wir, deine Brüder«, hatte Juda rasch hinzugefügt, »glauben an deine Führung, edler Wesir. Wenn du willst, daß wir hierbleiben, dann bleiben wir. Wir haben dir vor vielen Jahren deine Ruhmesträume weggerissen, aber Gott Shaddai – sein Name sei gepriesen – hat sie dir zurückgegeben. Wer sind wir, daß wir an dir zweifeln sollten? Und außerdem sind wir hier zufrieden und es geht uns gut. Du, edler Joseph, hast uns großzügig mit allem versorgt. Wir brauchen uns nicht zu fürchten vor Trockenheit, Mißernte und Krankheit, und wenn ein Unglück käme, so wüßten wir, daß der Wesir Zafenat-Paneach da ist, um uns zu helfen.«

Jetzt, als Joseph im Gemach des Pharao saß und den Loblitaneien der Priester zuhörte, fragte er sich, ob er seine Brüder nicht verwöhnt hatte. Er liebte sie und wollte sie entschädigen für die vielen Jahre, die sie fern von ihm gewesen waren. Und er wußte, daß Gott ihn nach Ägypten geführt hatte, um für sie zu sorgen. In einem Punkt hatte Manasse recht: Gott hatte Joseph herausgerufen. Ägypten war untrennbar mit seinem Leben verwoben. Er konnte sich so wenig von dem Palast am Nil freimachen wie er seine Seele von seinem Geist trennen konnte.

Aber eine Wolke des Zweifels hing über ihm. Vor Jahren, als er in Potifars Haus diente, war der Stolz seine größte Schwäche gewesen. Hatte das raffinierteste und giftigste aller Übel sich vielleicht zurück in seine Seele geschlichen, jetzt, wo er am wenigsten damit rechnete?

Die Priester beendeten ihr Preislied auf den Gottkönig, und der Pharao streckte wortlos seinen Krummstab aus, zum Segen über seine treuen Diener. Mit einer wahrhaft königlichen Bewegung erhob er sich und nahm den Stab und die Geißel von seiner Brust. Der Krummstab, ein Symbol seiner Pflicht, dem Volk ein Hirte zu sein, stach Joseph heute weniger ins Auge als die Geißel, ein Abbild des *Ladanisterion*, einer Art Peitsche, mit der man Ladanum erntete, ein aromatisches Strauchgewürz. Während er aufstand und hinter dem König aus dem Schlafgemach ging, fragte Joseph sich, ob der Pharao vielleicht ihn mit der Peitsche bearbeitet hatte. Seit dem Tag, wo Amenhotep ihn wegen Manasses Rebellion zur Rede gestellt hatte, fühlte er sich wie zerschlagen.

Als sie die königlichen Priester hinter sich gelassen hatten, beschleunigte Joseph seinen Schritt, bis er neben dem Pharao ging. »Heute wartet eine große Menschenmenge auf Euren Richterspruch«, bemerkte er wie nebenbei, um die Laune des Königs zu testen. »Sie sind draußen im Hof.«

»Ja.« Amenhoteps Augen schienen die Fliesen auf dem Fußboden zu studieren. »Und ich weiß nicht, warum sie bis hierher nach Malkata kommen. Warum gehen sie nicht einfach zu dir? Warum müssen sie mir meine Zeit stehlen?«

Joseph legte seine Hände zusammen und suchte nach einer taktvollen Antwort. Wenn der Pharao jünger gewesen wäre, hätte er ihn daran erinnert, daß die Königskrone nicht nur Vorrechte, sondern auch Pflichten mit sich brachte. Aber die Charakterschmiedezeiten, sie waren vorbei; Amenhoteps Temperament und Persönlichkeit waren, im Guten wie im Bösen, fertig.

»Die Männer, die auf Euch warten, sind Adlige, die eine Audienz mit ihrem König wohlverdient haben.« Joseph seufzte leise. »Ich habe im letzten Monat über hunderte von Fällen in Theben Recht gesprochen, aber diese Männer dienen Euch mit ihrem Leben; sie haben wichtige Ämter im Reich inne ...«

»Sie wissen doch, daß ich ganz deine Meinung teile«, unterbrach ihn der Pharao. Ein kurzes Lächeln huschte über seine olivenfarbene Haut. »Du bist mein Lehrer, meine rechte Hand. Wie könnte ich nicht deiner Meinung sein?«

Joseph lächelte dankbar zurück. Der Pharao in entspannter Vorfreude auf seinen Harem – dies war die Gelegenheit, das kitzlige Thema zur Sprache zu bringen.

Joseph senkte seinen Kopf eine Spur. »Mein König, ich habe über etwas sehr Wichtiges nachgedacht und würde gerne Eure Meinung dazu hören.«

Amenhotep blieb stehen. »Du suchst meine Meinung?« Die Andeutung eines amüsierten Lächelns ging über sein Gesicht. »Dann muß es wirklich etwas sein, das dir Sorgen macht, denn du kennst dich in allem aus, außer dem einen Thema, wo ich der Experte bin ...«

»Es hat nichts mit Frauen zu tun.« Joseph hob seinen Finger.

Der Pharao lachte leise und kehlig. Er kreuzte seine Arme. »Also sprich. Was ist es?«

»Es geht um mein Volk, die Hebräer.« Josephs Blick glitt über das Gesicht des Königs. »Ihr habt gesagt, daß Ihr dagegen seid, daß sie mit Waffengewalt in ihre Heimat in Kanaan zurückkehren, und in diesen Worten habt Ihr erneut Eure Weisheit enthüllt. Aber wenn meine Brüder und ihre Familien in Frieden nach Kanaan zurück könnten, würdet Ihr sie dann ziehen lassen?«

Amenhoteps Augen wurden besorgt größer. »Warum wollen sie gehen? Gefällt es ihnen hier nicht? Habe ich ihnen nicht alles gegeben, was sie brauchen?«

»Doch, mein König. Ihr seid mehr als großzügig gewesen, und es geht ihnen gut.« Joseph lächelte höflich. »Aber dies ist nicht ihr Land, sondern Eures. Und einige von den Jüngeren sind Hitzköpfe, die die alten Geschichten hören und von Ruhm und Ehre träumen. Ihre Herzen wünschen sich, in ihrem eigenen verheißenen Land wohnen zu können.«

»Dann mußt du sie daran erinnern, daß der Ruhm in Ägypten liegt.« Der Pharao nickte eifrig. »Kein König ist größer gewesen als ich. Keiner hat weniger Kriege geführt oder mehr Zufriedenheit in seinem Volk gesehen. Niemand ist verhungert unter meiner Herrschaft, das Land hat Nahrung die Fülle hervorgebracht. Die Tempel, die ich erbaut habe, werden Ewigkeiten überdauern.«

»Ja, aber die Jüngeren ...« Joseph unterbrach sich; er merkte, daß der König schon nicht mehr zuhörte. Der Pharao stand stumm da, seine ins Nirgendwo starrenden Augen die eines verwirrten und verängstigten Kindes. Joseph spürte, wie sein Herz sich schuldbewußt zusammenzog. Er hatte versucht, diesen vaterlosen Jungen auf den Thron vorzubereiten, aber vielleicht würde er nie damit zu Ende kommen.

»Du bist mein Lebenslehrer gewesen, Zafenat-Paneach.« Ein unbehaglicher Blick zuckte über Amenhoteps Gesicht. »Mein Vater und meine Mutter haben dich beide geliebt. Wie kannst du daran denken, mich zu verlassen?«

»Ich könnte keinen Augenblick daran denken«, antwortete Joseph schnell. Er verneigte sich leicht, um zu unterstreichen, wie ernst es ihm war. »Ich werde Euch nicht verlassen, solange ich lebe, Ihr habt meinen Eid dafür.«

Der Pharao antwortete nichts, aber der zufriedene Ausdruck, der auf sein Gesicht kam, sagte mehr als viele Worte. Er ging weiter, leise den Sprechgesang der Priester summend. Und Joseph wußte: Er würde das Schwarze Land nicht verlassen, solange er lebte. Gott Shaddai sprach oft auf wunderbare Weise. Joseph selber hatte seine Stimme in Träumen und Visionen vernommen. Warum sollte Gott nicht auch durch die Stimme eines Königs sprechen können?

Das Gespräch mit Amenhotep hatte Josephs Selbstvertrauen wiederhergestellt, und sein Herz war leichter, als er in die Gemächer der Köngin in dem Palast in Theben trat. Als er aus Malkata zurückkam, hatte er eine dringende Botschaft von Tiy vorgefunden; sie würde auf den Wesir warten, hatte der Bote gesagt, egal, wie spät die Stunde wäre.

Wahrscheinlich bildet sie sich ein, daß einer der ausländischen Kuriere sie beleidigt hat, dachte Joseph, als er die Marmorstufen zu dem Säulenvorbau vor Tiys Gemächern hinaufstieg. *Seit Amenhotep sie in Theben allein läßt, scheint sie zu denken, daß alle Männer ihr etwas wollen.*

Ein Wächter führte ihn zu dem Privatgemach der Königin. Zwei Sklavinnen zogen ihm den staubigen Reisemantel und die Sandalen aus und ließen ihn auf einem bequemen Stuhl Platz nehmen, die Füße in einer Schüssel mit Wasser. Er schloß die Augen und ließ seinen

Kopf auf das luxuriöse Kissen sinken. Der Tag war lang und heiß gewesen, die Arbeit schal und monoton. Er hoffte, daß die Königin nichts Dringendes von ihm wollte.

Eine andere Sklavin trocknete seine Füße und bat ihn, sich auf eine mit Kissen versehene Couch zu legen. Joseph tat es. Er legte seine Hand über seine müden Augen und sog den Lotus- und Weihrauchduft in dem Zimmer ein. Die Königin war bekannt für ihre Verspätungen; es konnte gut sein, daß sie ihn eine Stunde oder noch länger warten lassen würde.

Er hatte gerade seine Augen geschlossen und war eingenickt, als eine Hand sich sachte auf seine Haut legte. Seine Augen sprangen auf. Tiy saß neben ihm auf der Liege; die Hand, die auf seiner Brust lag, war ihre linke. Ob sie spürte, wie sein Puls unbehaglich schneller wurde?

»Meine Königin«, flüsterte er. Er wagte es kaum, sich zu bewegen.

»Mein Wesir«, antwortete sie, ihre Stimme kaum ein Schnurren in der Stille des Raumes. Der schwere Duft ihres Parfüms sprang ihn an. Auf ihren Augenlidern glänzte grünes Malachit. Es erinnerte Joseph daran, wie er erst an diesem Morgen dem Pharao im Scherz gesagt hatte, daß die meisten Frauen älter waren als ihr Make-up.

Er schaute hastig nach links und rechts. Die Diener waren verschwunden. Keine Wächter, keine Zofen, keine Töchter waren zu sehen. Sie waren ganz allein.

»Entschuldigt mich.« Er hob seinen Kopf, um aufzustehen. »Es war ungehörig von mir, einzuschlafen.«

Ihre Hand hielt ihn auf der Liege. »Ich verstehe dich und vergebe dir sowohl deine Müdigkeit als auch deine bedauerliche Unhöflichkeit. Ich weiß, daß du den größeren Teil des Tages in Malkata verbracht hast.« Sie hob ihre eine Hand und sah auf ihre mit Henna gefärbten Fingernägel. »Und wie geht es dem Harem meines Mannes?«

»Es geht allen in Malkata gut.« Er ließ seinen Kopf wieder sinken; er hatte keine Lust, die Königin unnötig zu verärgern.

»Auch das weiß ich.« Sie schoß die ganze Wucht ihres Lächelns auf ihn ab. »Es gibt wenig an dir, das ich nicht wüßte, Zafenat-Paneach, den die Hebräer Joseph nennen.«

Die Erwähnung seines alten Namens sandte ein Warnsignal durch seinen Körper, und sein Gesicht brannte, als er sich an eine andere

Frau erinnerte, in einem anderen Haus und an einem anderen Tag. In einem Zimmer, das ganz ähnlich aussah wie dieses hier, hatte Sagira, die Frau des Potifar, ihn abgepaßt, und auch sie hatte sein Leben in ihren Händen gehabt. Gott hatte ihn damals bewahrt, obwohl er einen hohen Preis für seinen Widerstand bezahlt hatte. Aber Tiy war nicht Sagira; sie war kein Bündel roher Leidenschaften, sondern eine intelligente, pragmatische Frau. Mit ihr könnte man vernünftig reden.

»Meine Königin«, sagte er fest. »Vergebt mir, wenn ich mehr sage, als mir zusteht. Aber ich muß Euch bitten, Euch das, was Ihr, wenn meine Augen mich nicht täuschen, vorzuhaben scheint, noch einmal gut zu überlegen.«

Tiys Unterlippe schob sich wie schmollend nach vorne. »Oh, Zafenat-Paneach, der alte Spaßverderber! Mein Mann hat einen ganzen Harem voller Frauen. Warum soll die Königin nicht der Liebe pflegen, wo sie sie findet?«

»Weil die Königin weise ist«, erwiderte Joseph. Er nahm mutig die Hand, die so zäh an seiner Brust klebte, hielt sie kurz wie grüßend hoch und ließ sie in Tiys Schoß fallen, während er sich aufsetzte. »Ihr wollt dies nicht wirklich tun. Ihr würdet mich später nur hassen. Und solch eine Tat tun hieße das Vertrauen mißbrauchen, das der König in uns beide hat.«

Sie machte keine Anstalten, ihn wieder zu berühren, aber in den Tiefen ihrer Augen blieb eine Einladung. »Denke gut nach, mein Wesir. Du hast keine Frau, die den Geruch einer anderen auf deiner Haut riechen würde, und ich bin ganz allein hier. Niemand würde es je erfahren. Wir könnten uns bis zum Morgengrauen der Liebe ...«

»Gott Shaddai würde es erfahren«, unterbrach Joseph sie. Er rutschte von ihr weg. »Und ich glaube, auch die, die mich gut kennen. Die Augen eines Gerechten, meine Königin, schauen offen, und wenn er plötzlich eine Mauer hinter ihnen baut, werden die Menschen, die ihn kennen, sich ihre Gedanken machen. Mein Hauptmann, mein Verwalter – sie würden es merken.«

»Ich bin überrascht, daß du nicht auch deine Söhne erwähnst.« Tiys Augenbrauen gingen hoch. »Vor allem den älteren, Manasse. Oder kennen deine Söhne dich nicht so gut wie dein Hauptmann und dein Hausverwalter?«

Joseph errötete, unfähig, seine Verlegenheit zu verbergen. Wieviel wußte sie über die Sache mit Manasse? Sie konnte überall ihre Spione haben, selbst in seinem Haus.

»Meine Leute kennen mich.« Er ignorierte ihre Frage und stellte seine Füße auf den Fußboden. »Wenn Ihr nichts anderes mit mir zu besprechen hattet, meine Königin, kehre ich jetzt besser in meine Villa zurück. Ich hoffe, Ihr seht die Weisheit in meiner Entscheidung.«

Sie rutschte etwas zur Seite, um ihn besser sehen zu können. »Ich nehme an, du hast recht, wie immer, edler Zafenat-Paneach. Ich habe dir die Gelegenheit geboten, eine Ungerechtigkeit der Geschichte zu korrigieren, und du hast sie gut genutzt. Heute kannst du die Frau, die du verschmäht hast, in voller Kleidung und Würde verlassen, nicht so wie damals, als du nackt in den Stall ranntest.«

Er war dankbar für das Schummerlicht in dem Zimmer, das seine Demütigung halb verbarg. Tiys unverschämten Sätze, so wahr sie sein mochten, paßten nicht zu der Würde ihres Amtes. Obwohl ihr Atem nicht nach Bier roch, benahm sie sich wie eine Betrunkene. Morgen würde sie sich daran erinnern – und sich schämen.

»Ich wünsche Euch eine gute Nacht, meine Königin.« Er neigte seinen Kopf.

»Warte.« Ihre Finger schlossen sich wie ein Eisen um sein Handgelenk. »Ich habe dich nicht hierhergerufen, um dich zu verführen, edelster Wesir, sondern um mit dir über eine Angelegenheit zu sprechen, die das Wohl des Reiches betrifft.«

»Und das ist?«

Ihr Lächeln war flach. »Amenhotep. Ich liebe ihn, Zafenat-Paneach, aber obgleich er es anders sieht, ist er nicht der größte Pharao, den Ägypten je gekannt hat. Ich wäre ein besserer.«

Joseph sah auf, stumm vor Erstaunen.

»Ja.« Sie starrte ihn an, ihr Blick tödlich konzentriert. »Du weißt, daß ich die Wahrheit spreche. Amenhotep vergeudet seine Zeit und Energie auf seine Frauen und seine Monumente, anstatt die Grenzen Ägyptens auszudehnen.«

»Auszudehnen?« Joseph preßte seine Hand an seine Stirn und versuchte, Ordnung in das Chaos seiner Gedanken zu bringen.

»Erst diese Woche habe ich Gerüchte über Unruhen in Hatti und Mitanni gehört«, fuhr sie fort, ihre Stimme halb Samt, halb Stahl.

»Mit Truppen aus unseren Provinzen könnten wir eine Invasionsstreitmacht aussenden und diese unbotmäßigen Könige unterwerfen. Der Pharao redet ständig von dem großen Krieger Thutmosis, aber er unternimmt nichts, um seinen eigenen Ruhm noch größer zu machen. Dabei wäre es durchaus möglich. So wie Hatschepsut einen Marionetten-Pharao auf den Thron setzte, während sie mit ihrem Wesir regierte, so könnten auch du und ich besser regieren als Amenhotep.«

»Wollt Ihr etwa vorschlagen, daß wir ...« Das Wort *Mord* wollte nicht über seine Lippen.

»Natürlich nicht.« Tiys Körper bog sich zurück; sie runzelte die Stirne, als habe er gerade eine große Geschmacklosigkeit gesagt. »Ich liebe meinen Ehemann. Ich würde noch nicht einmal so weit gehen wie Hatschepsut, die am Ende den Thron, die Krone und die königlichen Insignien allein für sich in Anspruch nahm. Ich könnte im Stillen regieren und Amenhotep seinen Bewunderern überlassen. Zafenat-Paneach, gemeinsam können wir es schaffen. Wenn du deinen Namen neben den meinen setzt, werden wir unseren Statthaltern in einem Brief kund und zu wissen geben, daß wir ab jetzt alle innen- und außenpolitischen Angelegenheiten von dem Palast in Theben aus in die Hände nehmen werden. Wenn der Pharao dies schließlich merkt, wird er zuerst nicht erfreut sein, aber dann wird er erkennen, daß wir zu seinem eigenen Besten gehandelt haben. Er wird der König für das Herz des Volkes sein, während wir die Macht Ägyptens auf ganz Kanaan, Hatti und Mitanni ausdehnen.«

Die Macht in ihren Augen packte etwas in Joseph, und einen Augenblick lang gefiel ihr Plan ihm. Doch, Amenhotep *war* innerlich schwach. Doch, er verbrachte zu viel Zeit mit Vergnügungen und seichter Unterhaltung, und Tiy war immer schon realistischer und tatkräftiger gewesen als er. Wer konnte sagen, daß nicht Gott Joseph für eben diese Stunde und zu diesem Zweck in die Thronsäle Ägyptens gerufen hatte? Wenn die Soldaten des Reiches nach Kanaan einmarschierten, um die feindlichen Königreiche dort zu unterwerfen, könnten die Söhne Israels sich das beste Land aussuchen, während er, Zafenat-Paneach, alles tat, damit es ihnen gutging ...

Er schaute zur Seite, um seine Gedanken zu sammeln, und seine grandiosen Träume wichen zurück vor der Stimme des gesunden

Menschenverstandes. Was die Königin da vorhatte, war ein Verrat, der hundertmal schlimmer war als sämtliche Pläne Manasses. Die Priester würden ihre Worte für töricht jenseits aller Vernunft erklären. Sie war kein Gottkönig; der Gottkönig war Amenhotep. Sie war noch nicht einmal die Erbin der Dynastie; eine von Amenhoteps Schwestern hatte ihn geheiratet, um ihm seinen Platz in der königlichen Linie zu sichern. Und Joseph hatte Amenhotep, dem Sohn der Tuja, Dienst und Treue geschworen, und nicht Tiy.

Er schoß ihr einen heftigen Blick zu. »Meine Königin – das könnt Ihr nicht tun. Für so etwas werde ich niemals meine Zustimmung geben. Der Pharao ist der von Gott eingesetzte König, und Ihr seid seine Königin. Seid sein Helfer, und nicht sein Feind.«

Einen Augenblick lang sah sie ihn an, wilde Entschlossenheit in den Augen. Dann schien sie schwankend zu werden, ihr Blick ging nach unten.

Josephs Rücken wurde würdevoll gerade. Er war zuversichtlich, einen ketzerischen, gefährlichen Gedanken gebändigt zu haben. »Habt Ihr zu sonst jemandem über dieses gesprochen?«

Tiy schüttelte ihren Kopf.

»Gut.« Joseph legte seine Hände auf seine Knie, dann erhob er sich. »Ich werde dem Pharao nichts sagen. Ich denke, es ist das beste, wenn wir all das, was heute hier geschehen ist, vergessen. Amenhotep ist ein guter König, zufrieden mit seinem Reich und seinem Volk. Gott hat sein Land reich gesegnet, die Menschen in ihm leben in Glück und Wohlstand. Kann ein König mehr verlangen?«

»Nein«, flüsterte sie mit schmerzlichem Gesichtsausdruck.

»Meine Königin, Ihr habt recht.« Er ging zur Tür und schlüpfte in die Dunkelheit hinaus, bevor sie noch etwas sagen konnte.

Seit dem so unangenehmen Gespräch mit Zafenat-Paneach sprangen angenehm originelle Gedanken durch Tiys Kopf, wie lose Marmorstücke, wenn der Hammer aufs Geratewohl auf den Stein geschlagen hat.

Wieder hatte der Wesir seine unerschütterliche Standhaftigkeit bewiesen. Aber Tiy war nicht Sagira, Potifars dumme Gans, die ihre

Rache mit einem einzigen wilden Schlag gesucht hatte. Nein, sie war klüger und viel besonnener, und sie kannte den Wesir gut genug, um zu wissen, daß Todesdrohungen seinen verfluchten Gleichmut kaum erschüttern konnten. Sklaverei, Gefängnis, Armut und den frühen Tod seiner Frau – alles hatte er überstanden. Wie konnte man einen Mann noch brechen?

Sie legte sich auf ihrem Bett auf die Seite und stützte den Kopf in die Hand. Nein, sie würde nichts erreichen, wenn sie Zafenat-Paneach ins Gefängnis werfen oder hinrichten ließ. Der stolze Wesir des Pharao achtete den Reichtum, den er angehäuft hatte, und seine schöne Villa am Nil für nichts. Anders als andere ungewöhnlich schöne Männer verbrachte er sehr wenig Zeit bei den königlichen Schneidern und Juwelieren. Und obwohl er seine Söhne und Diener liebte, war seine Leidenschaft für den Pharao stärker als alles andere.

Der Vater des Pharao. Der Ratgeber, dem der König am meisten vertraut – mehr noch als seiner Königlichen Gattin.

In diesem Titel lag der Schlüssel zur Vernichtung des Wesirs!

Die vergoldete Spitze von Tiys Fingernagel fuhr über das Muster ihres Bettuches aus feinstem Leinen, ihre Lippen bogen sich zu einem Lächeln. Der arme Zafenat-Paneach – fast bedauerte sie ihn. Sie hatte sich alle Mühe geben müssen, gebührend zerknirscht auszusehen, als er sie verschmäht hatte; was hatte ihre Zunge gebrannt, ihm glühenden Zorn in sein scheinheiliges Gesicht zu schleudern! Daß er ihre Liebe nicht wollte, hätte sie vielleicht noch übersehen können, aber daß er sich weigerte, ihr auf dem Weg zur Macht zu helfen, war unverzeihlich. Sie wußte: Wenn er in seiner maßlosen Loyalität sich je dazu hinreißen ließ, dem König das Angebot, das sie ihm da gemacht hatte, weiterzusagen, sie würde selber die Ausgestoßene werden, für immer entfernt von der Quelle und Mitte aller Macht.

Folglich mußte Zafenat-Paneach weg.

Sie drehte sich auf ihren Bauch und stützte ihren Kopf in die Hände. Gleich morgen würde sie ein Boot nach Malkata nehmen und mit ihrem Gemahl sprechen. Sie würde nicht so dumm und durchsichtig vorgehen wie das berüchtigte Weib des Potifar, aber sie würde den Wesir vernichten.

»Du siehst also, wie es sich verhält.« Tiy sah Amenhotep forschend an. Sie war vor Sonnenaufgang aufgestanden und auf ihrer vergoldeten Barke nach Malkata gefahren. Jetzt saß sie mit ihrem Mann zusammen, in seinem Schlafgemach. Sie waren allein, ohne lästige Priester und Diener.

»Ja.« Amenhotep sah sie einen Augenblick nachdenklich an. »Aber ich werde Zafenat-Paneach vermissen. Er ist seit der Zeit meines Vaters der Wesir gewesen! Meine Mutter verehrt ihn ...«

»Königin Tuja hat nichts mit deinen Regierungsgeschäften zu tun.« Tiy beugte sich nach vorne und legte ihre Hand auf seinen Arm. »Aber der Wesir hat alles mit Ägypten zu tun, und hier liegt das Problem. Die Pflichten des Wesirs sind zuviel für einen Mann, der schon mehr als doppelt so viele Jahre gelebt hat wie dein Vater. Ägypten ist ein Doppelreich. Ernenne also für jede der beiden Hälften je einen neuen, jüngeren Mann. Der eine soll von Memphis aus Unterägypten verwalten, der andere von Theben aus Oberägypten. Und anstatt dir jeden Morgen deine Zeit zu stehlen, sollen sie mir an jedem neuen Mond berichten.«

Und ich werde sie beide manipulieren.

Amenhotep strich sich über sein Kinn. »Was du sagst, könnte weise sein.« Er wurde leiser. »Vor jedem anderen würde ich es nicht zugeben, aber ich habe mich oft wie ein Kind gefühlt, das einen übermächtigen Vater nicht abschütteln kann. Aber was sollen wir dann mit Zafenat-Paneach machen?«

»Hast du noch nie die dunklen Ringe unter seinen Augen gesehen?« Tiy legte ihre Hand zärtlich auf die seine. »Ich glaube, er sehnt sich danach, sich endlich ausruhen zu können, und wahrlich, das hat er verdient. Er hat eine große Villa, einen guten Ruf als ehrenwerter Mann und zwei feine Söhne. Gönne ihm seine wohlverdiente Ruhe, mein Gatte. Rufe ihn nicht mehr zu dir, frage ihn nicht mehr nach seinem Rat. Laß ihn in Frieden sein Volk, sein Heim und seine Söhne genießen. Ich glaube, das wäre alles, worum er bitten würde, wenn er jetzt hier sein könnte.«

»Gut.« Amenhotep legte seinen Kopf schräg und lächelte warm. »So soll es geschehen.«

»Wirst du es ihm heute morgen vor dem versammelten Hof in Malkata sagen?« Sie hielt den Atem an, hoffte, daß er anbeißen würde. Nichts würde sie glücklicher machen, als zuzuschauen, wie Zafenat-Paneach vor dem Pharao, dem er mit seinem ganzen Leben gedient hatte, gedemütigt wurde.

Aber dazu war Amenhotep zu feige. »Nein, ich werde ihm einen Boten schicken.« Er klatschte laut in die Hände. »Hole einen Schreiber!« befahl er dem Kammerherrn, der in der Tür erschien. »Und einen Läufer! Ich habe eine dringende Botschaft, die sofort meinem Wesir überbracht werden muß!«

Die unsicheren Augen des Pharao suchten wieder die ihren. »Soll ich ihn nicht wenigstens fragen, wen ich als die beiden neuen Wesire wählen soll? Zafenat-Paneach ist ein guter Menschenkenner.«

»Nicht so gut, wie du denkst.« Sie lächelte ihn vorsichtig an. »Er ist alt. Laß ihn gleich heute mit dem Ausruhen anfangen. Der ehrenwerte, edle Zafenat-Paneach hat seinem König gut gedient, aber er soll den Palast von Malkata nicht mehr betreten. Er soll nicht mehr vor dem Pharao stehen und ihm über die Probleme eines ganzen Königreichs berichten müssen.«

Der Pharao nickte langsam. Wenn nur ihre Kinder ebenso folgsam wären!

»Im Namen meines Vaters Amun-Re, ich werde ein Lied zu seiner Ehre in Auftrag geben.« Amenhotep schnaubte zufrieden und klatschte erneut in seine Hände. »Hol mir Akil!« rief er dem Kammerherrn zu, als er seinen vom Laufen roten Kopf durch die Türvorhänge steckte. »Mach schnell, verliere keine Zeit!«

Tiy lehnte sich auf ihrem Stuhl zurück und legte ihre Hände vor ihrem Kinn zusammen, hochzufrieden mit dem Beginn ihrer Rache.

TIY

Der HERR ist langsam zum Zorn und groß an Kraft.
Doch keinesfalls läßt der HERR ungestraft.
Im Sturmwind und im Unwetter ist sein Weg,
und Gewölk ist der Staub seiner Füße.
Gut ist der HERR.
Er ist ein Zufluchtsort am Tag der Bedrängnis;
und er kennt die, die sich bei ihm bergen.

(Nahum 1,3.7)

Zweiundzwanzig

Joseph ließ die Papyrusrolle auf seinen Schoß sinken und starrte mit leeren Augen auf das geöffnete Siegel des Pharao. *Entlassen*, stand in dem Schriftstück. Ohne ein Wort der Vorwarnung oder auch nur eine Andeutung von Mißfallen.

Oder war das alles nur ein Fehler? Er las die Botschaft hastig noch einmal, suchte nach Wortkombinationen, die seine müden Augen verwechselt haben konnten, nach einem Schlüsselausdruck, der ihm beim ersten Lesen entgangen war. Doch die Botschaft war ebenso klar wie brutal:

> Der Horus, der Lebende der Geborenen, die beiden Herrinnen, die Lebenden der Geborenen, der König Ober- und Unterägyptens, Amen-ho-tep, Sohn des Amun-Re, Pharao, der in alle Ewigkeit Lebende!
>
> Erlaß des Königs an den Wesir Zafenat-Paneach:
>
> Leben, Gesundheit und Wohlergehen Dir, Hoher Wesir von ganz Ägypten, Zafenat-Paneach. Siehe, Dein König und Pharao, Amenhotep III., verfügt, daß von diesem Tage und von nun an, beginnend mit dem Aufgehen des Segels der Sonnenbarke des Amun-Re, zwei Wesire Meinen göttlichen Thron überall in dem Doppelreich Ägyptens vertreten werden. Denn Du hast heute angefangen, alt zu werden, und wirst bald Deine Manneskräfte verlieren. Gedenke des Tages Deines Begräbnisses, wo Du in die andere Welt, die hochgeehrte, übergehen

wirst! Denn Dir wird einst eine Nacht des Balsams und des Umwickelns durch die Hände Tayits, der Göttin des Webens, verordnet werden. Da wird man Dich auf eine Bahre legen, und Ochsen werden Dich ziehen und Sänger vor Dir herschreiten, und an der Tür Deines Grabes wird man die Trauertänze aufführen.

Bis zu jenem Tag werden zwei jüngere Männer, Söhne Deiner Unterweisung, an Deiner Stelle als Wesire ernannt werden. Dieses geschieht, auf daß Du Deine wohlverdiente Ruhe bekommen mögest und den Ehrenplatz einnehmen kannst, solange noch Leben durch Dein Herz strömt. Der König sendet Dir Seinen Dank, Seine treue Liebe und Seine Würdigung Deines großen Dienstes für die beiden Königreiche. Wir werden ruhig schlafen, in dem Wissen, daß Dein Gott Deinen Eingang und Ausgang erhalten und bewahren wird, wie Er es vom Beginn Deiner Tage auf Erden und in den beiden Reichen getan hat.

Du hast angefangen, alt zu werden. Was sollten diese Worte bedeuten? Joseph hatte weder seine Geistesgegenwart noch die Schärfe seines Verstandes verloren. Sein Haar – oder das, was unter der schweren Perükke von ihm übriggeblieben war – hatte silberne Streifen bekommen, aber dies war kein Zeichen von Altersschwäche, sondern von Weisheit und Erfahrung. Und das Geflecht der Fältchen, die ihm um Augen und Mund liefen, hatte seine Sorge um Amenhotep, seine Liebe und väterliche Leitung gegraben.

Alt! Die Jungen brauchten Männer, die älter waren, Männer, die sich weigerten, jämmerliche Imitationen jüngerer Rivalen zu werden. Was bildete Amenhotep sich ein?

Joseph ballte seine Fäuste gegen den Eisklumpen, der in seinem Magen wuchs. Dann erinnerte er sich plötzlich, daß er ja nicht allein war. Der Bote des Königs stand wartend vor ihm, dazu Ani, den dieser dringende Brief des Pharao aus seinen Pflichten herausgerissen hatte. Der Verwalter wartete schweigend. Sein Gesicht war ruhig, aber seine hellen Vogelaugen lasen sie deutlich, die Not und den Ernst auf dem Gesicht seines Herrn.

»Der Pharao ...«, begann Joseph. Wie brüchig seine Stimme auf einmal klang. »Der Pharao wird sehr bald einen neuen Wesir einsetzen – nein, zwei. Es scheint, daß meine Zeit als Diener des Königs zu Ende ist. Er sendet mir seine besten Wünsche. Eines Tages vielleicht ...«

Die Verzweiflung stieg in seine Kehle und nahm ihm die Stimme. *Du hast angefangen, alt zu werden.* Natürlich wurde er alt! Er hatte sein Leben im Dienst von Amenhoteps Vater verbracht, dann im Dienst des jetzigen Pharao. Er hatte seine eigenen Träume beiseite gelegt, seine Villa in Anis Hände gegeben und seine Kinder in die Tariks und diverser Dienstmädchen. War *dies* also der Lohn für soviel Aufopferung? Eine einfache Papyrusrolle mit ein paar höflichen Floskeln, und er war fortgeworfen wie die Essenreste von gestern.

Oh, die Undankbarkeit und Rücksichtslosigkeit der Jungen! Amenhoteps Vater hätte sich nie so ungehörig benommen, und Königin Tuja, die Königsmutter, wäre außer sich vor Zorn, wenn sie erfuhr, daß ihr Sohn den Wesir derart arrogant behandelt hatte. Joseph hatte nichts getan, womit er es verdient hatte, wie ein abgetragenes Kleidungsstück abgelegt zu werden. Er war zwar älter als die meisten anderen königlichen Ratgeber, aber er besaß die Gesundheit und Langlebigkeit Jakobs. Mit dem Segen Gott Shaddais würde er es ohne Zweifel noch erleben, wie Amenhotep selber ins Grab gelegt wurde – aber dieser Grünschnabel von König hatte den Nerv, ja die Unverschämtheit, seinen eigenen Mentor und Lehrer, Berater und geistigen Vater in die Ecke abzuschieben ...

In einer Geste der Wut, die lauter sprach als viele Worte, zerknüllte Joseph die königliche Botschaft. Das schlechte Gewissen folgte sofort. Er war doch immer noch ein Untertan des Pharao. Selbst bei seinen Ratgebern hatte Amenhotep kaum Verständnis für abweichende Meinungen, und gegenüber dem gewöhnlichen Bürger – und dies war Joseph jetzt – war seine Toleranz gleich Null.

Der stets weise Ani erfaßte die Situation sofort. Als Joseph seinen Blick auf den Boden senkte, hörte er, wie Ani dem Diener des Pharao befahl, zu gehen. Der Körper des Boten bog sich, um sich vor dem Wesir niederzuwerfen. Mitten in der Bewegung hielt er inne, sein Kopf überzog sich heftig rot, als er ihn vor Zafenat-Paneach, jetzt nur noch adliger *Bürger*, verneigte. Er drehte sich um und floh aus dem Raum.

Gott meiner Väter, hilf mir. Joseph strich den Papyrus auf dem Leinen seines Wesirsgewandes wieder glatt. Wie konnte er diesen Zorn vor Gott rechtfertigen? So plötzlich wie Gott Shaddai ihn aus dem Gefängnis zum Thron erhoben hatte, hatte er ihn in der Vergangenheit auch stürzen lassen. Aber so schwer diese Prüfungen gewesen waren, er hatte wenigstens ihren Grund verstanden. Er hatte bewußt den Neid seiner Brüder herausgefordert, bis sie ihn schließlich nach Ägypten verkauften. Er hatte sich nicht zeitig genug gegen die Umgarnungsversuche einer mächtigen Frau gewehrt und sich so selber ins Gefängnis gebracht. Damals hatte er sie übersehen, die schwarzen Gewitterwolken am Horizont. Aber in den letzten Jahren war der Horizont seines Lebens so klar wie die helle Sonne gewesen.

Oder doch nicht? War er zu sehr mit der Arbeit des Pharao beschäftigt gewesen, um nach oben zu schauen?

Er blickte auf, aber der Raum verschwamm vor seinen Augen. Durch einen Tränennebel hindurch sah er Ani, der stumm dastand, die Hände vor seinem Bauch gefaltet, der Kopf gramgebeugt.

Mit einem Stein in seiner Brust begegnete Joseph dem Blick seines Verwalters. »Ich möchte jetzt gerne allein sein«, sagte er. Seine Hände gingen an die Halt gebenden Armlehnen seines vergoldeten Throns, von dem aus er das Schwarze Land fast dreißig Jahre lang regiert hatte. Er schien das einzig Feste im Treibsand seiner Welt zu sein, dieser Stuhl, aber auch er war *alt.*

Joseph setzte sich auf den Stuhl. Zum ersten Mal in seinem Leben fragte er sich, ob er mehr Gestern als Morgen hatte. War Gott fertig mit ihm? War dieser Papyrus die Hand des Allmächtigen, die Joseph aus dem Werk, das für die Ewigkeit zählte, herausnahm? Hatte er vielleicht Fehler gemacht? Der Stolz war schon immer seine größte Schwäche gewesen. Aber er hatte versucht, sein Bestes zu geben für Amenhotep, hatte den Pharao und sein Haus demütig noch über sein eigenes Haus gesetzt. Er hatte persönlich den jungen Prinzen erzogen, während seine eigenen Söhne den geduldigen Ani als Lehrer hatten. Stundenlang hatte er sich die Probleme des jungen Königs angehört, während seine Frau allein in ihren Zimmern saß und sich in ihren Minderwertigkeitsgefühlen verzehrte, die ihr schließlich das Leben kosten sollten.

Wie viele Freuden hatte er nicht geopfert, und alles für den Pharao! Alles hatte er auf den Altar der Pflicht gelegt. Und jetzt war das Werk, das Gott ihm gegeben hatte, vorbei. Zu Ende. Weg.

Ani lächelte ihn mit zusammengepreßten Lippen an, ein trauriges Eingeständnis der schrecklichen Wahrheit.

Joseph ließ seinen Kopf in seine Hände sinken und knetete seine Schläfen. Erinnerungen. Dieses Elend. Einen langen Augenblick sagte Ani nichts, und dies war auch nicht nötig; die beiden Männer waren so lange schon Herr und Diener, daß sie einander völlig verstanden. Der alte Verwalter breitete seine Hände aus. »Wenn Ihr wirklich allein sein wollt«, sagte er, die Augen feucht vor Mitleid, »dann gehe ich jetzt.«

Die Doppeltür flog auf, und Tarik stürzte herein. Er warf sich eilig auf dem Fußboden nieder. »Edelster Wesir«, begann er ohne Umschweife, »meine Späher sind soeben zurückgekehrt. Sie haben Manasse und seine Männer in der Wüste ausfindig gemacht. Bis morgen abend könnte ich eine Abteilung ...«

Der Blick des Hauptmanns begegnete dem Josephs, und er unterbrach sich; der Überschwang wich aus seinen Augen. Einen Augenblick lang verlor er den Faden und sah hilfesuchend Ani an, dann fragte er: »Soll ich losziehen und Manasse nach Hause holen?«

Joseph hörte ihn wie aus einer unwirklichen Ferne. »Mach mit den jungen Männern, was du willst«, murmelte er, während er sich von seinem bedeutungslos gewordenen vergoldeten Stuhl erhob. »Mir ist es egal.«

Tiy kehrte nicht sofort nach Theben zurück, sondern blieb in dem rosa Granitpalast von Malkata und beorderte ihre persönlichen Diener und ihre Clique aus Theben herbei. Und so stand der Kammerherr des Pharao aufgeregt in ihren Gemächern und bellte seine Befehle, während ein ganzer Schwarm von Sklaven frisches Wasser in die Handbecken füllte, das Bettzeug lüftete und die hohen Weihrauchständer anzündete.

Eingehüllt in einen Kokon der Gleichgültigkeit, marschierte Tiy durch das geschäftige Treiben und zählte ungeduldig die Stunden, bis sie den Mann zu einem Gespräch rufen lassen konnte, der vielleicht mehr über den Palast des Pharao wußte als der Pharao selber – Akil. Sie wußte, daß Amenhotep den Morgen mit dem Musiker verbracht hatte, um den Musengott zu besänftigen, der die Idee eines Preisliedes auf Joseph in sein von Vergnügungen benebeltes Gehirn gelegt hatte, aber inzwischen war der Tag halb vorbei, und der Pharao würde bald sein Diner verlangen. Sie schickte abrupt einen Sklaven los, um den Musiker zu holen, dann entließ sie den Kammerherrn und seine Diener und setzte sich, um zu warten.

Akil war gewaltig in Tiys Achtung gestiegen, seit er ihr von dem heimlichen Treffen zwischen dem Sohn des Wesirs und der kleinen Harfenistin berichtet hatte. Ein steifer, fast blutloser Typ und womöglich noch cleverer als sie selber, war er ein wertvoller Verbündeter, denn der Pharao vergaß leicht, daß seine Musiker Ohren zum Hören und Zungen zum Reden hatten. Und Akil verehrte sie – das wußte sie, seit der Cheironom bis nach Theben gereist war, um *ihr*, und nicht Amenhotep, die Nachricht von Manasses Verrat zu bringen.

Jetzt, wo Zafenat-Paneach ausgeschaltet war, konnte Akil ihr Auge und Ohr sein. Wenn er ihr gut diente, würde sie ihn ähnlich erhöhen, wie Hatschepsut ihren Verwalter Senenmut erhöht hatte.

Sie lächelte, als der kunstvoll verzierte Vorhang sich teilte und der Cheironom eintrat und sich prompt zu Boden warf. »Stehe auf, Akil.« Sie wies mit einer indolenten Geste auf einen Stuhl. »Wir beide sind gerade allein, vergessen wir die Formalitäten. Setze dich, während wir miteinander reden. Aber du mußt mir schwören, daß das, was ich dir jetzt sagen werde, nie über deine Lippen gehen wird.«

»Ihr könnt mir die Zunge abschneiden, wenn ich mich vergesse.« Er erhob sich, trat mit abrupten Schritten zu ihr, setzte sich auf den Stuhl und legte seine Hände auf seine Knie. Aus alter Gewohnheit neigte er seinen Kopf nach unten, aber hielt seine olivenschwarzen Augen auf die ihren gerichtet. »Wie kann ich Euch dienen, o Mutter Ägyptens?«

Ihr Lächeln war fest und geschäftsmäßig. »Du hast sicher schon gehört, daß der Pharao demnächst zwei neue Wesire ernennen wird.«

»So?« Eine seiner makellos gezupften Brauen ging nach oben. »Es steht mir nicht zu, den göttlichen Pharao etwas zu fragen, aber ich habe mir meine Gedanken gemacht, warum er so plötzlich ein Preislied auf unseren edlen Zafenat-Paneach haben wollte.«

Tiy schnaubte leise. »Komm, Akil, mit mir kannst du offen reden. Ich weiß doch, daß du den Wesir noch nie gemocht hast; ich habe es in deinen Augen gelesen.«

Der Cheironom hob achselzuckend seine Schultern, seine Miene wurde höflich-verlegen. »Die Königin kennt mich zu gut, und ich kann nicht verbergen, was mein Herz mir sagt. Der Wesir ist ein Opportunist. Kann jemand leugnen, daß alles, was er für Ägypten getan hat, letztlich nur diesem Pöbel zugute gekommen ist, der jetzt in Goschen lebt?«

»Du hast meine Sorge erraten.« Tiy beugte sich nach vorne. »Seit du mir von der hebräischen Rebellenarmee erzählt hast, habe ich schlaflose Nächte. Ich habe Angst um unser Volk, und besonders um meine Tochter. Die Söhne Zafenat-Paneachs sind wie ihr Vater – attraktiv und charismatisch. Und gefährlich. Aber meine Tochter Sitamun hat ihr Herz an Ephraim verloren, und mehrere der Medjay-Krieger des Pharao haben sich von Manasses List und Schmeichelei einfangen lassen.«

»Die Hebräer sind stark.« Akil nickte, dann hob er seine bleichen Hände. »Aber nicht so stark wie das Haus des Pharao.«

»Das wird sich noch zeigen.« Tiy stützte ihr Kinn auf ihre Hand. »Ich bin sehr besorgt. Der Pharao vergnügt sich mit seinem Harem, und mein Sohn – nun, der Wille des Kronprinzen ist nicht so stark, wie er sein sollte. Er ist zu romantisch und verbringt zu viel Zeit bei den Aton-Priestern.« Sie lachte nervös. »Wenn der Pharao andere Söhne hätte, würde ich ihm vielleicht erlauben, Priester zu werden. Aber außer Neferkheprure' Wa'enre' hat mein Leib nur Töchter geboren.«

Akil legte seine Hände zusammen. »Es ist höchst unglücklich, aber da Eure Töchter Erbinnen in der königlichen Linie des Pharao sind, könnte eine Ehe zwischen Sitamun und dem Sohn des Wesirs dazu führen, daß ein Hebräer auf den hohen Thron Ägyptens kommt. Doch das habt Ihr sicher längst bedacht und ...«

»Natürlich«, schnappte sie. Sie lehnte sich stirnrunzelnd in ihrem Stuhl zurück, erschrocken, daß ein bloßer Diener so genau ihre tiefsten Ängste beschrieben hatte. Sie war die Große Gattin, die Höchste der Königinnen, und daher würde Sitamun als ihre älteste Tochter die Thronlinie weiterführen. Wenn dem Kronprinzen etwas zustieß, würde Sitamuns Ehemann oder Kind den ägyptischen Thron erben.

Zafenat-Paneachs Enkel als Pharao? Der bloße Gedanke schmeckte ihr wie bittere Galle.

Sie preßte ihre Hände auf ihre Lippen und dachte nach. Sie hatte die Idee einer königlichen Heirat mit Ephraim ins Gespräch gebracht und sogar Manasses idiotischen Flirt mit einer Sklavin ermutigt, um Einfluß auf die Wesirssöhne zu bekommen, aber diese hatten es offenbar nicht vermocht, Zafenat-Paneach für sie einzunehmen. Der Vater schien wenig auf die Meinungen seiner Söhne zu geben, und nach dem zu urteilen, was Manasse in der nördlichen Wüste trieb, kümmerten die Überzeugungen des Vaters zumindest den einen der Söhne überhaupt nicht.

Sie blickte an Akils leichenhellen Augen vorbei und spielte stumm mit einer Flechte ihrer Perücke. Eine Idee begann Gestalt anzunehmen in ihrem Gehirn, ein Gedanke, den Sitamun zunächst nicht mögen würde, aber die Priester und das Volk sehr wohl. Und früher oder später würde auch die verwöhnte Sitamun einsehen, wie weise der Plan war, wenn man nur die Vorteile genügend betonte. Ephraim würde toben, aber wen störte das? Wenn er sich danebenbenahm, würde er dem Pharao nur noch einen Grund liefern, Zafenat-Paneach und seine lästigen Söhne vom Hof zu verbannen. Die drei Hebräer hatten schon zur Genüge bewiesen, was für eine Gefahr für das Wohl des Reiches sie waren.

»Akil.« Sie drehte sich zu ihm hin. »Würdest du alles für mich tun?«

»Alles, meine Königin.« Seine Augen glänzten.

»Dann wirst du mein Spion im Hause Zafenat-Paneachs sein.« Sie sah den Musiker fest an. »Da du schon einmal dort gewohnt hast, bist du der perfekte Mann dafür. Du und deine Frauen, euer ganzes Orchester wird in das Haus Zafenat-Paneachs zurückkehren. In den Annalen wird stehen, daß ihr ein Geschenk des Pharao an seinen ehemaligen Wesir seid, zur Anerkennung für seine Mühen und seine Treue.«

Sie hörte, wie er heftig einatmete. »Ihr wollt, daß ich Euch verlasse?« Er lächelte unsicher. »Aber der Pharao ...«

»Der Pharao kann sich jeden Musiker holen, den er will.« Es entging Tiy nicht, das grelle Licht der Zuneigung und der Enttäuschung in den tiefliegenden Augen des Cheironomen. Sie beugte sich nach vorne und legte beruhigend ihre Hand auf seinen Arm. »Tu dies für mich, Akil, und alles wird gut werden. Geh in Zafenat-Paneachs Villa, werde ein Teil seines Hauses. Finde eine schwache Stelle, die ich ausnutzen kann. Und dann gib mir Bescheid, und ich werde dich zurück in den Palast des Pharao holen und mit Segen überschütten. Du wirst es nicht bereuen, daß du Malkata verlassen hast.«

Er lächelte erleichtert. »Wie Ihr wünscht, meine Königin. Mein einziger Wunsch ist, Euch zu dienen.«

Mit umständlicher Würde erhob er sich von seinem Stuhl und verneigte sich bis zum Boden.

»Steh auf und geh.« Tiy legte ihren Kopf zur Seite, während sie ihn beobachtete. Seine Augen hoben sich nicht, als er sich umdrehte, um hinauszugehen. Sie biß sich auf den Daumennagel und hoffte, daß sie dem richtigen Mann vertraut hatte.

»*Wer* geht *wohin*?« Jendayi hob ihren Kopf von ihrem Bett hoch. Hatte sie da gerade richtig gehört? Sie hatte ein Schläfchen gemacht, ein kleiner Luxus an diesem heißen Nachmittag, als Kesi in das Sklavenhaus gerannt gekommen war und etwas von einem Umzug in eine Villa geplappert hatte.

»Wach auf!« Kesis Stimme sprudelte über vor Aufregung. Jendayi hörte, wie sie hastig Kleider aus ihren Körben zog und auf ein leeres Bett warf. »Wir sollen sofort packen. Der Herr hat gesagt, daß wir noch vor Sonnenuntergang Malkata verlassen. Kannst du dir das vorstellen? Ab morgen wohnen wir bei dem Wesir!«

Dem Wesir? Jendayi ließ ihren Kopf zurück auf ihre Arme fallen, überzeugt, daß das hier nur ein Traum war. Dann kamen Kissa und Sakmet in das Zimmer gerannt, schnatternd wie zwei aufgeregte Affen, und Jendayi hob ihren Kopf wieder und spitzte ihre Ohren.

»Kann eine von euch mir bitte sagen, was los ist?« Sie setzte sich auf. Sie spürte das Leinen ihrer Bettücher unter sich und den Atem des Windes durch die offene Tür. Nein, dies war kein Traum.

»Der Kammerherr des Pharao sagt, daß Zafenat-Paneach sich zur Ruhe gesetzt hat«, erklärte Kesi. »Morgen wird der Pharao zwei neue Wesire ernennen, einen für Oberägypten und einen für Unterägypten. Und zum Zeichen seiner Dankbarkeit für die vielen Jahre treuen Dienstes schickt er Akil und sein Orchester zum Haus des Wesirs zurück.« Ihre Stimme quietschte vor Begeisterung. »Das sind *wir*, Jendayi!«

Jendayi japste nach Luft. Konnte das wirklich wahr sein? Zafenat-Paneach war der eine und einzige Wesir gewesen, solange sie sich zurückerinnern konnte und noch davor. Im Volk erzählte man sich, daß er den jungen Pharao auf den Knien geschaukelt hatte. Auf mindestens hundert Häusern und Getreidespeichern in Theben prangten Bilder des Wesirs, denn die Menschen des Schwarzen Landes verehrten ihn als den Geber aller Gaben und das Brot des Lebens. Zafenat-Paneach war eine Legende in Fleisch und Blut, ein Gesegneter der Götter. Einige der einfacheren Leute behaupteten, daß der Geist eines Gottes auf ihm ruhte.

Und jetzt sollte er nicht mehr der Wesir sein? Die Sonne hörte doch auch nicht auf zu scheinen, und der Fluß konnte nicht sein Wasser zurückhalten. Und erst vor zwei Tagen hatten sie auf einem Bankett für den König und seinen Wesir musiziert, und die Stimmen der beiden Männer hatten nach Eintracht und gegenseitiger Hochachtung geklungen. Es war weder natürlich noch logisch, daß der Pharao so plötzlich den Ruhestand seines Wesirs angeordnet hatte.

Aber der Pharao konnte von stärkeren Stimmen beeinflußt werden.

Kesis breite Hand fiel auf Jendayis Schulter. »Wach auf, kleine Schwester«, flüsterte sie. Ihr Atem roch nach schalem Bier. »Hast du nicht gehört? Wir gehen zum Haus des Wesirs! Heute abend wirst du unter dem gleichen Dach schlafen wie dein geliebter Ephraim!«

Aber Manasse wird nicht dort sein. Aus irgendeinem unerklärlichen Grund schoß dieser Gedanke wie ein häßliches Omen durch Jendayis Kopf. Sie hob verwirrt den Kopf zu ihrer Magd hoch. »Dann ist das ... eine gute Nachricht?«

»Natürlich!« Kesi setzte sich neben sie und packte ihren Arm. Ihre Hand fühlte sich heiß an. »Erinnerst du dich noch, wie Ephraim dich im Garten seines Vaters geküßt hat? Vielleicht haben die Götter deine

Gebete erhört, und du wirst wieder in diesem Haus wohnen und er wird dich wieder küssen. Bestimmt wird seine Liebe jetzt voll aufblühen! Jetzt braucht er nicht mehr den Pharao um dich zu bitten! Er braucht nur noch die Erlaubnis seines Vaters, um dich zu seiner Konkubine zu machen, und die wird ihm der Wesir bestimmt nicht versagen. Die Götter haben über dir gelächelt, meine Dame.«

»Ephraim wird die Prinzessin Sitamun heiraten«, sagte Jendayi tonlos. Sie verstand selber nicht, warum dieses so gänzlich unerwartete Wunder sie nicht mehr begeisterte. Seit Monaten hatte sie um genau solch eine Wendung der Dinge gebetet, aber jetzt kam ihr das Haus des Wesirs so merkwürdig leer und unvollständig vor.

Kesi tippte auf Jendayis Wange. »Das sind doch alles nur Gerüchte.« Ihre Stimme wurde neckend. »Akil sagt, daß die Prinzessin bald heiraten wird, aber nicht den Sohn des Wesirs. Er hat bereits angefangen, ein Lied für die Hochzeit zu schreiben.«

»Ephraim heiratet nicht?« Jendayi drehte ihr Gesicht zu Kesi hin und packte ihren Arm.

»Akil sagt, daß Ephraim keine der Töchter des Pharao heiraten wird.« Kesi strich beruhigend über die Hand ihrer Herrin. »Und Akil irrt sich nie.«

Jendayi wandte ihr Gesicht ab. Über diese neue Entwicklung mußte sie nachdenken. Was Manasse gesagt hatte, stimmte also gar nicht. Er hatte nur versucht, sie dazu zu bringen, Ephraim zu vergessen. Er hatte sie mit seinem Namen angelogen, und jetzt auch mit Ephraims angeblicher Heirat. War es vielleicht *alles* erlogen, was er gesagt hatte?

Kesi sprang auf, um mit ihrem Packen fortzufahren. Jendayi saß reglos wie ein Stein da, ihr Kopf voller Zweifel. Warum hatte Manasse ihr weismachen wollen, daß Ephraim sie nicht liebte? Haßte er sie so sehr, daß er ihr das Herz brechen wollte? Sicher nicht. Sie war doch nur eine Sklavin, die ihm nichts bedeutete. Aber wenn er sie nicht haßte, warum versuchte er dann ...

Dann kam es ihr, so plötzlich, daß ihre Hand an ihren Mund fuhr. Natürlich! *Manasse haßte Ephraim.* Zweimal schon hatte sie eine deutliche Bitterkeit in seiner Stimme gehört, als er über seinen Bruder sprach – einmal, als er bemerkte, daß Ephraim nicht zu ihm in die Wüste kommen würde, und das zweite Mal, als er ihn einen arroganten Schnösel und Frauenheld genannt hatte. Und dann diese Gerüchte, die sie über die Reise nach Kanaan gehört hatte – Geschichten von einer Rivalität zwischen den beiden Brüdern, irgend etwas über ein Familienerbe, das eigentlich Manasse gehörte und statt dessen an den geliebteren Ephraim gegangen war ...

Natürlich! Manasse war eifersüchtig auf seinen Bruder, genügend verbittert, um die zarte Pflanze der Liebe in ihrem Herzen ersticken zu wollen, und rücksichtslos genug, um in eben dem Augenblick, wo er selber in Schimpf und Schande das Haus seines Vaters verließ, das Glück seines Bruders zu zerstören. Manasse fühlte nichts für sie; seine stümperhaften Versuche, ihr Herz zu gewinnen, waren nichts als eine List gewesen, ein Teil eines bösen Plans, Ephraims Versuch, sie vom Pharao zurückzuholen, zu sabotieren.

Wie ein Grashalm zwischen den Steinen der Wüste sproß plötzlich neue Hoffnung in ihrer Brust. Ob nun durch irgendeine Zauberei oder die Hilfe der Götter, Ephraim hatte gewonnen! Manasse war besiegt, und Ephraim hatte diese Rückkehr in das Haus des Wesirs eingefädelt. Es war er, und nicht Manasse, gewesen, der ihr jene Botschaft in Kanaan geschickt hatte, und jetzt war er im Haus seines Vaters und wartete darauf, die Liebe, die sein Kuß vor so vielen Jahren begonnen hatte, endgültig zu besiegeln.

Einen Augenblick saß sie in seliger Überraschungsfreude da, dann erhob sie sich und langte nach ihrer Harfe, die an der Wand hing. Sollte Akil seine Lieder zum Preis der Prinzessin und ihres zukünftigen Gatten schreiben, sie würde selber ein Lied komponieren – ein Werk, wie sie noch nie eines geschaffen hatte. Es würde voll sein von Hoffnung und Liebe und der Süße eines erfüllten Traumes. Und wenn Ephraim es hörte, würde er wissen, daß sie zu ihm nach Hause gekommen war.

Die Nacht hatte ihre schwarzen Schwingen über Malkata gebreitet, als Tiys Medjay-Spion aus der Wesirsvilla eintraf. Sie empfing ihn in ihrem Privatgemach, begierig, das Neueste aus Zafenat-Paneachs Haus zu erfahren. Zu ihrer Überraschung konnte der Spion ihr nichts über die Reaktion des Wesirs auf seine Entlassung berichten, doch dafür hatte er andere Nachrichten.

»Wir haben das Lager der Rebellen gefunden, östlich von Tura«, berichtete der Mann. Er machte eine Pause, um sich den Schweiß von seiner Stirn zu wischen. »Sie kampieren jeden Abend woanders, und jetzt sind sie in das Gebiet gerade östlich des Steinbruchs des Pharao zurückgekommen. Der Hauptmann der Wesirswache glaubt, daß Zafenat-Paneach uns morgen dorthin schicken wird, um sie zu packen, und ...«

»Das glaube ich nicht«, unterbrach ihn Tiy. Sie legte ihr Kinn in die Hand und lächelte den Medjay versonnen an. »Vergiß nicht, daß du mir unterstehst, und nicht dem Wesir.«

»Jawohl, meine Königin.« Hätte Tiy nicht gewußt, daß er so hart wie Granit war, sie hätte geglaubt, daß er errötete, denn auf seinen Wangen erschienen zwei dunkle Flecken.

Sollte er ruhig einen kleinen Schock kriegen. »Und außerdem hat der Wesir ab heute nicht mehr das Recht, jemanden im Namen des Königs festnehmen zu lassen.« Ihre langen Finger bogen sich um die Lehne ihres Stuhles. »Ich bezweifle, ob er zur Zeit in der Verfassung ist, überhaupt etwas zu tun.«

Der Nubier runzelte die Stirn, sichtlich verwirrt. Tiy schnippte den beiden Sklaven, die ihr mit Straußenfedern Kühlung zuwedelten, mit ihren Fingern zu. Sie drehten sich auf der Stelle um und verschwanden lautlos wie zwei Schatten. Tiy stützte ihr Kinn wieder auf die Hand und betrachtete den Krieger. Mit seinen kantigen Zügen, wie eine Statue, die nicht ganz fertig geworden war, war er nicht der schönste unter den Männern, die sie gesehen hatte, aber seine Bewegungen sprachen von rastloser Energie, und die in dem weichen Fakkellicht glänzenden Schultern und Arme versprachen Festigkeit und Kraft. Seine Beine waren so braun und stämmig wie Zedern, sein Gesicht, das so graniten aussah wie seine Augen, hatte ein sinnliches Etwas.

Ihre Augen rissen über seinen Körper. Sie sah, wie er sie mit dem mißtrauischen Blick eines ungezähmten Tieres ansah, und lächelte. Dieser hier war nicht immun gegen ihre Reize.

Sie legte ihre Hände über ihrer Taille zusammen. »Bist du also der berüchtigte Hondo?«

Seine Augen blieben tödlich ruhig. »Ja, meine Königin.«

»Sogar dein Name bedeutet Krieg.« Sie beobachtete ihn durch ihre halbgeschlossenen Lider. Er musterte sie mit leicht hochgezogenen Brauen, und sie wußte, daß er die Erregung, die durch ihr Blut zu strömen begann, fühlte. Dieser Mann war kein Zafenat-Paneach; er würde alles tun, um ihr zu gefallen.

Sie starrte ihn an, bis seine Brauen ein stummes Fragezeichen wurden, dann sprach sie wieder. »Hondo, ich muß dich in mein Vertrauen ziehen. Kannst du ein Geheimnis für dich behalten?«

Die Furchen neben seinem Mund vertieften sich zu einem selbstgefälligen Lächeln. »Vollkommen, meine Königin.«

»Gut.« Sie erhob sich mit einer anmutigen Bewegung und trat zu ihm. Joseph hatte sie verschmäht, und ein paar Zimmer entfernt verlustierte der Pharao sich mit seinem Harem. »Ich brauche einen zuverlässigen Krieger, jemanden, der diskret sein kann. Am allermeisten« – sie trat noch näher, bis ihr Atem über sein Gesicht fächelte – »brauche ich einen Mann, der bereit ist, für mich zu sterben.«

Sein Körper versteifte sich, aber wurde gleich lockerer, als sie ihren Finger hob und mit ihm den Schatten auf seiner Oberlippe entlangfuhr. »Natürlich brauchst du nicht zu sterben«, fuhr sie fort. Sie sah zufrieden, wie das Licht der Begierde in seinen schwarzen Augen zu lodern begann. »Ich verlange nur, daß du grundsätzlich dazu bereit wärst.«

»Ich fürchte den Tod nicht, denn ein Mann kann ewig leben in der Gunst seiner Königin«, flüsterte er. Seine warme Hand preßte sich auf ihre Schulter.

»Du bist mutig.« Sie hob ihre Hand und führte sie an seine mahagonifarbene Wange. »Für die Freiheit, die du dir gerade herausgenommen hast, als du mich berührtest, könnte ich dein Leben verlangen.«

»Aber das werdet Ihr nicht tun.«

»Nein.« Sie betrachtete ihn mit einem lauernden Lächeln. »Du, Hondo, wirst nicht sterben, weil du mich berührt hast, und auch für nichts anderes von dem, was dein Herz heute abend begehrt. Aber wenn du das, was ich dir über Manasse, den älteren Sohn Zafenat-Paneachs, sage, nicht genau ausführst, wirst du unfehlbar auf Befehl des Pharao sterben.« Ihre Hand packte die seine und führte sie an ihre Lippen. »Einen überaus schmerzlichen und grausamen Tod«, flüsterte sie mit atemloser Stimme, während sie nacheinander seine Fingerspitzen sachte küßte. Sie legte ihren Kopf schräg und lächelte ihn aus verschleierten Augen an. »Verstehst du mich, Hondo?«

Er hatte keine Geduld für lange Überlegungen. »Ich verstehe«, murmelte er in dem Augenblick, bevor sein Mund sich über ihren preßte.

Dreiundzwanzig

Ephraim lief zügig durch die Villa, auf der Suche nach seinem Vater. Ein voller Monat war vergangen, seit der Pharao so unerwartet seinen Wesir entlassen hatte, aber Ephraim hatte in diesem Monat nicht mehr von seinem Vater gesehen als in den Jahren, wo Joseph ständig zum Pharao gerufen worden war. Früher hatte sein Vater seine Tage und Nächte mit Arbeit ausgefüllt; jetzt füllte er sie offenbar mit Selbstmitleid und Grübeln aus.

Wenn ich daran denke, wie ich mir immer wünschte, daß mein Vater eines Tages nicht mehr der Wesir wäre! Und jetzt? Ist sein Leben wie ein leeres Loch ...

Ani hatte gesagt, daß Zafenat-Paneach bestimmt im Garten war. Die große, von hohen Mauern umgebene Anlage war eines der wenigen Plätzchen in der Villa, die Ephraims Vater noch ein Stückchen Freude brachten. Die pompöse Empfangshalle war wie ein stummes Spottlied auf den ehemaligen Wesir, und Josephs Privatgemächer, so geräumig sie waren, mußten ihm wie ein halbes Verlies erscheinen nach dem riesigen Palast des Pharao. In den Stuben der Diener, im Stall oder der Küche hatte ein Hausherr nichts zu suchen, und so hatte Joseph angefangen, seine Zuflucht im Garten zu suchen. Dort, unter den Mandragoren, Akazien und Lotusblüten, träumte er wahrscheinlich davon, daß er eines Tages doch noch als Gleicher neben dem Pharao unter der Sonne stehen würde.

Aber das Trauern hatte lange genug gedauert. Ephraim war entschlossen, seinen Vater aus seiner schwarzen Wolke herauszuziehen.

Er wußte immer noch nicht genau, was zwischen dem Pharao und Joseph vorgegangen war, aber dafür wußte er, daß die beiden jüngeren Männer, die die Nachfolge des Wesirs angetreten hatten, bereits die ersten Anzeichen von Streß zeigten. Obgleich sie beide klug und fähig waren, war die Aufgabe, je die Hälfte von Josephs früherer Arbeitslast zu tragen, sichtlich zu viel für sie. Wohl ein Dutzend seiner adligen Freunde hatten Ephraim zugeraunt, daß Amenhotep bereits Bedenken bezüglich der Fähigkeit seiner neuen Wesire geäußert hatte. Aber ein guter Teil der Regierungsverantwortung war in Tiys höchst kompetente Hände übergegangen, und solange sie nicht über ihre zusätzlichen Pflichten klagte, würde das Zwei-Wesire-System wohl bleiben.

Die Vormittagssonne malte alles im Garten golden, und Ephraims Herz hob sich, als er den gepflasterten Gartenweg entlangging und den Sklaven zunickte, die die hohen Schadufs zur Bewässerung der Pflanzen bedienten. Da war sein Vater auch schon – in dem Pavillon am hinteren Ende des Gartens. Ephraim ging rasch dorthin. Er hatte eine Idee, die sein Vater sicher gut finden würde, einen Plan, die besten ägyptischen Künstler und Baumeister zu vereinigen, um ein Handelszentrum in Goschen zu bauen – eine Vorzeigestadt, die der Pionier für andere, ähnliche sein würde. Wenn Josef auf das Projekt anbiß, würde es seine Tage ausfüllen, ihn auf andere Gedanken bringen und sowohl den Pharao wie Josephs hebräische Brüder erfreuen.

Falls er hörte, wie Ephraim kam, ließ Joseph es sich nicht anmerken. Er saß reglos auf seinem Stuhl, die Ellbogen auf die Knie gestützt, die Augen zu Schlitzen auseinandergezogen, als konzentriere er sich auf eine ferne Vision, irgendwo in der Vergangenheit oder Zukunft, die ihm zu entgleiten drohte. Eine Aura der Melancholie lag um seine feingeschnittenen Gesichtszüge, und einen Augenblick lang verlangsamte Ephraim seinen Schritt und spürte wieder die ehrfürchtige Scheu, die jeder Begegnung des Knaben mit dem mächtigen Vater innegewohnt hatte.

Aber er war kein Kind mehr. Die Zeiten hatten sich geändert; jetzt war *er* der Stärkere. Hatte Jakob es nicht vorhergesagt? Der alte Patriarch mußte geahnt haben, daß Joseph bald seine Macht verlieren und Manasse sich in Träumen von Schlachten, Ruhm und Ehre verrennen würde. Der Führerstab war in Ephraims Hand übergegangen.

»Vater«, rief er, die Stille brechend. Er stellte den einen Fuß auf die unterste Stufe des Pavillons und beugte sich nach vorne, dem alten Ritual gehorsam, das ihn und Manasse begleitet hatte, seit sie aus den Windeln heraus gewesen waren.

Die Augen seines Vaters schlossen sich rasch, als müßten sie ein Geheimnis verstecken, dann drehte er sich zu seinem Sohn hin und musterte ihn mit einem kühl taxierenden Blick. »Verneigst du dich nicht mehr vor deinem Vater, Ephraim? Oder bist du jetzt auch einer von den Tausenden, die mich nicht mehr achten?«

Sein alter Vater – immer noch der große Versorger und Gunstgewährer und Richter, der Mann, der den Willen Gottes und des Pharao las.

Ephraim neigte tief seinen Kopf, aber fiel nicht auf den Boden nieder. Dann sah er seinen Vater warm lächelnd an. »Ich werde dich immer als meinen Vater achten.« Er machte einen halben Schritt nach vorne. »Und ich muß mit dir reden.« Er räusperte sich und versuchte, seine Stimme unbeschwert zu machen. »Du bist mir in den letzten Wochen aus dem Weg gegangen, aber ich finde, wir sollten über die Entscheidung des Pharao sprechen.«

»Ich möchte nicht über dieses Thema reden.« Josephs Blick ging zurück in die Ferne.

»Warum willst du nicht darüber reden, wenn ganz Theben weiß, was geschehen ist? Das ist nicht etwas, das man verstecken kann, Vater. Aber die Sache mit den beiden neuen Wesiren auch nicht. Sie haben beide schon den Zorn des Königs kennengelernt. Der Pharao kann sie nicht ausstehen, und die Statthalter der Provinzen beschweren sich, daß diese Männer ihre Arbeit nicht im Griff haben – die ganzen Feinheiten der Besteuerung, des Tempelbesitzes, der Grenzsteinrituale nach der Überschwemmung ...«

»Dann wird der Pharao sich andere suchen.«

»Kann sein.« Ephraim hob seine Augenbrauen. Sein Vater hörte ihm immer noch zu. Gut. Ihr Verhältnis war nie herzlich zu nennen gewesen, aber im letzten Monat hatte Josephs Distanziertheit sogar Ani und Tarik erfaßt, seine beiden treuesten Diener. Die beiden Männer waren ihm eher alte Kameraden als Diener, aber Josephs Schmerz hatte gleichsam die Tür zu ihnen zugeschlagen.

Ephraim beschloß, keine Umschweife zu machen. »Vater, ich kann dir helfen. Ich habe eine Idee – eine Handelsstadt in Goschen. Dazu brauchen wir dein Wissen und deine Beziehungen zu dem Gouverneur und den Händlern dort. Es wird ein gutes Projekt werden, das dir bestimmt gefällt. Auch der Pharao wird erfreut sein. Und später, wenn Sitamun und ich verheiratet sind, werde ich meinen Einfluß beim Pharao nutzen und ihn dazu bringen, das, was da zwischen euch gekommen ist, zu vergeben.«

»Es war nichts zwischen mir und dem Pharao.« Josephs Stimme war vorwurfsvoll. »Nie und nimmer. Wenn du etwas anderes gehört hast, hast du Lügen gehört.«

»Meinst du?« Ephraim spürte, wie ihm die Kontrolle über das Gespräch entglitt und der verächtliche Ton seines Vaters ihn selber zynisch werden ließ. »Natürlich hatte der Pharao nie ein Problem mit dir, deshalb hat er dich ja fristlos entlassen und deine Pflichten zwei Nichtskönnern übertragen.«

Joseph antwortete nicht, und Ephraims Verärgerung wurde zur Wut. Würde sein Vater nie begreifen, daß seine Söhne ihm helfen konnten? Wie arrogant und alleskönnerisch er war! Konnte er nicht zugeben, daß er den Pharao enttäuscht hatte? Es kam oft vor, daß ein Ratgeber nicht die Meinung des Königs teilte, und wenn die Konfrontation nicht zu heftig war, wurde er nach einer Entschuldigung und einem rituellen Preisopfer für den Gottkönig zurück an den Hof gerufen. Warum konnte Joseph nicht zugeben, daß er auch nur ein Mensch war?

»Allmählich kann ich fast verstehen, warum Manasse dieses Haus verlassen hat.«

Joseph sah auf, seine schwarzen Augen wie Nägel. »So, du verstehst das? Dann erkläre es mir, denn ich weiß nicht, warum mein älterer Sohn sich so auflehnt. Er sagt, daß er Gott gehorchen muß, und so ist er seinem Vater ungehorsam und bricht das Gesetz des Pharao. Und ich, der ich ständig versucht habe, zu gehorchen, ich bin derjenige, der bestraft wird.« Er sah zur Seite. Seine Hand ging leicht zitternd nach vorne, um einen Schmetterling von der Lehne eines leeren Stuhls zu wischen. »Als ich jung war, sagten sie mir, daß ich aufwachsen und ein Mann werden sollte. Jetzt bin ich erwachsen und alt und werde wie ein Kind behandelt, sogar von meinem eigenen Sohn.«

»Vater, ich will nur dein Bestes.«

»Dann geh.« Josephs Augen begegneten wieder Ephraims, und es war eine merkwürdige, tiefe Sehnsucht in ihnen. »Du bist nicht so alt wie ich, Ephraim, aber ich war einmal so jung wie du. Du kannst nicht wissen, was am besten für mich ist. Das weiß nur Gott ... wenn er uns nicht verlassen hat.«

Ephraim trat zurück, erschüttert von der Offenheit seines Vaters. Ob er als Joseph der Hebräer oder als Zafenat-Paneach der Ägypter gesprochen hatte, was sein Vater sagte, war immer so gewiß gewesen wie der Sonnenaufgang oder wie die Kraft, die hochgeworfene Gegenstände zurück auf die Erde holte. Die Unsicherheit, die jetzt in seiner Stimme und auf seinem Gesicht lag, sie erschütterte Ephraim bis ins Mark.

Ohne ein weiteres Wort schlüpfte er aus dem Pavillon und ging durch den Garten zurück.

Jendayi setzte sich auf den Schemel an der Wand und strich sanft über die Saiten ihrer Harfe, um zu prüfen, ob sie sie gerade richtig gestimmt hatte. Die eine Saite klang etwas grell, aber mit einem Fingerdruck würde sie die Tonhöhe korrigieren können. Die Bankettgäste würden eine kleine Dissonanz sehr wahrscheinlich nicht bemerken, aber für Jendayis Ohr hatte alles perfekt zu sein – vor allem, wenn Ephraim zugegen war.

Das Mittagessen war Jendayis Lieblingsstunde in der Villa des Wesirs. Mit großer Regelmäßigkeit wurde das Orchester in den großen Saal beordert, wo die Düfte der verschiedenen Speisen sich zu einer wahren Geruchssinfonie vermischten. Während ihre Finger, dem stundenlangen Üben gehorsam, wie von selber über die Saiten gingen, suchten ihre Ohren den weichen Baritonklang von Ephraims Stimme.

Auch heute fand sie ihn wieder. Im Laufe des letzten Monats hatte sie sich die Stimmen der meisten regelmäßigen Gäste bei Zafenat-Paneachs Mittagsbankett eingeprägt. Sie staunte insgeheim, daß nur so wenige den hochgeschätzten Edelmann, der solch ein berühmter Wesir gewesen war, besuchten. Sie erinnerte sich noch gut, wie sie als

Kind über die Menschenmengen gestaunt hatte, die zu dem Wesir kamen. Jeden Tag hatten neue Stimmen, fremde Akzente und musikalische Sprachen aus allen Enden der Welt durch den Bankettsaal geechot. Jetzt hörte sie meist nur die Stimmen von vier Männern: von Tarik, dem Hauptmann der Wache, Ani, dem alten Verwalter, Zafenat-Paneach selber und Ephraim.

Solange Ephraim da war, ignorierte sie die anderen drei mehr oder weniger. Viel sprechen taten sie sowieso nicht, während Ephraim die Unterhaltung beherrschte und ihr Leben gab. Sein glänzender Witz, das reiche Timbre seines Lachens, das subtile Crescendo seiner Stimme, wenn er im Gespräch mit dem Hausverwalter oder dem Hauptmann etwas unterstreichen wollte – sie bemerkte es alles. Und obwohl sie ihn nicht sehen konnte, war sie doch sicher: In den Augenblicken der gespannten Stille, wenn nur ihre Harfe sprach, sah er sie an – und erinnerte sich.

Ihre Erinnerung an Ephraims Kuß war stärker als die an Manasse an dem Ufer des Kanals. Der ältere Sohn war verschwunden wie ein Traum in der Morgenröte. Niemand im Haus des Wesirs sprach auch nur von ihm. Jendayi konnte nicht herausfinden, warum sein Name aus allen Gesprächen verschwunden war, aber die vier Männer sprachen über vieles, doch nie über Manasses Vergangenheit, Gegenwart oder Zukunft.

Einmal hatte sie Kesi gefragt, ob sie es nicht auch merkwürdig fand, daß die Hausbewohner so taten, als habe Manasse nie existiert. Die Magd hatte nur gelacht. »Irgendwann verläßt ein Mann halt sein Elternhaus und lebt sein eigenes Leben. Du hörst das Gras wachsen, Jendayi.«

Aber Jendayi konnte mit anderen als den körperlichen Augen sehen, und ihre Seele spürte sie deutlich, die dicke Wolke der Mißbilligung, die gewisse Pausen in den Gesprächen füllte, das plötzliche Verstummen des Lachens, die Lücken in den Fragen von Freunden und Verwandten – lauter leere Flecken, wo Manasses Name hätte stehen sollen.

Aber vielleicht verdiente er es, daß alle ihn ignorierten. Schließlich hatte er sie, Jendayi, angelogen, und wenn der edle Zafenat-Paneach ihn verstoßen hatte, mußte er in üble Machenschaften verwikkelt sein.

Aber obwohl sie immer noch böse auf ihn war wegen der Lügen, die er ihr erzählt hatte, preßte ein anderer Teil von Jendayis Herz sich schmerzlich zusammen, wenn das so beredte Schweigen der anderen über ihn Erinnerungstüren öffnete, die sie fest zu schließen versucht hatte. Wie konnte der Wesir so tun, als gäbe es Manasse nicht mehr? Wie konnte ein Vater sein Kind so ganz vergessen? Hatte *ihre* Mutter, wer immer sie war, vielleicht auch alle Gedanken an die Tochter, die sie in die Welt gebracht und dann verlassen hatte, ausgelöscht? Hatte sie aufgehört, im Tempel Opfer für Jendayis Gesundheit und Wohlergehen darzubringen oder eine Lampe zu ihrem Geburtstag anzuzünden? Träumte *sie* vielleicht auch davon, wie sie in der Halle der beiden Wahrheiten stand und lebendig aufgefressen wurde, weil sie nicht geliebt hatte?

Jendayis Atem kam stoßweise vor hilfloser Wut. Dann hörte sie das irritierte Schnippen von Akils Fingern, das ihr anzeigte, daß sie zu schnell spielte. Sie sog tief die Luft ein, zwang sich, langsamer zu werden, und befahl ihren Fingern, sich von ihren Gefühlen zu lösen. So wie sie ihrem Herzen befohlen hatte, nicht mehr an Ephraim zu denken.

Ephraim hatte versprochen, sie aus dem Haus des Pharao herauszuholen, und er hatte sein Versprechen gehalten. Aber seitdem war jetzt ein Monat vergangen, und er hatte nicht mit ihr gesprochen oder ihre Gegenwart gesucht. Sie ging oft allein mit ihrer Harfe in den Garten, in der Hoffnung, daß er sie dort suchen würde, aber er tat es nicht; und obgleich Jendayi jeden Tag in ihrer blinden Dunkelheit seiner Stimme folgte, war sie nicht näher daran, geliebt zu sein, als im Palast des Pharao, ja sie mußte den Stachel der Eifersucht ertragen, denn die übrigen Sklavinnen ergingen sich pausenlos über Ephraims Charme und Witz, sein schönes Gesicht und seine männliche Figur. Sie kicherten wie Schulmädchen, wenn er vorbeikam, während Jendayi still dasaß und auf ein Wort der Bestätigung wartete, daß er für sie gehandelt hatte – aus Liebe.

Aber in den verlegenen Pausen und gedämpften Unterhaltungen in der Villa glaubte sie einen möglichen Grund dafür zu entdecken, daß Ephraim nicht zu ihr kam: Zafenat-Paneachs Haus trauerte. Niemand brauchte ihr zu sagen, daß der frühere Wesir sich nicht mit seinem Sturz abgefunden hatte, denn oft war die Atmosphäre in der Villa so schwer und trostlos wie ein Grab. Und solange der Vater wahre Qualen durchmachte, konnte sein Sohn wohl schlecht Liebesschwüre abgeben.

Und so mußte sie wohl weiter warten, obwohl ihr das jedes Gramm Geduld, das sie besaß, abverlangte. Seit der Rückkehr in das Haus des Wesirs waren ihre Alpträume noch schlimmer geworden. Jede Nacht träumte sie jetzt davon, wie sie vor der Waage der Wahrheit stand und zuschaute, wie ihr granitenes Herz wie ein Stein vor der Feder der Ma'at sank.

Erst in der letzten Nacht hatten die Ebenholzaugen des Schakalgottes wieder ihr Feuer gesprüht. »An dir ist Fleisch und Blut vergeudet!« hatte Anubis' Stimme wie ein Zyklon durch die Halle der beiden Wahrheiten gekreischt. »Wozu haben wir dir das Leben gegeben? Du bist nichts, du hast nichts geliebt, du hast nichts getan als das Geschenk der Götter zu vergeuden!«

»Was wolltet ihr denn, das ich tun sollte?« hatte sie geweint. »Wie soll ich denn als Sklavin Liebe finden? Ihr könntet mir genausogut befehlen, die Wellen des Nils zu zählen, es ist unmöglich!«

Anubis hatte sich nicht verteidigt, er war schließlich ein Gott; und auch Thot hatte mit keinem Wort geantwortet. Während Jendayis Füße panisch den verräterischen Boden unter ihr befühlten, war Ammit unerbittlich auf sie zugekrochen, sein Krokodilhaupt tückisch glänzend, die Löwentatzen dick und schwer auf dem blanken Boden. Sie hatte ihre Hände vor die Augen geworfen und sich ihre Blindheit zurückgewünscht, und ein durchdringender Schrei hatte in ihren Ohren gegellt ...

Ihr eigener Schrei. Kesi hatte sie wachgerüttelt und aus dem furchtbaren Traum herausgeholt.

Und jetzt, hier in dem Duft des Bankettsaals, umgeben von dem gesegneten Klang sterblicher Stimmen, streichelte Jendayi die vertrauten Saiten ihres Instruments und flehte sie an, die geheime Sprache ihrer Seele zu sprechen, zarte Töne, die Ephraim an ihre Seite rufen würden. Und mehr als einmal, als sie so gut spielte wie fast noch nie, spürte sie, wie eine Röte sich über ihre Wangen stahl – und sie wußte, daß er sie beobachtete.

Während die anderen Musikerinnen den heißen Nachmittag schlafend oder mit belanglosen Gesprächen verbrachten, zog Jendayi die Einsamkeit des ummauerten Gartens vor. Zafenat-Paneach war gerne in dem Garten, aber in der Hitze des Tages mied er ihn, so daß sie keine Angst haben mußte, ihn zu stören. Wenn die wohlgesättigten Mittagessensgäste sich zu ihrer Arbeit oder in ihre Zimmer zurückzogen, nahm sie also ihre Harfe und ließ Kesi allein, um in den Garten zu gehen.

Eine der Dienerinnen hatte ihr die Anlage des Gartens beschrieben, so daß sie wußte, daß der Teich hinter dem Säulenvorbau lag, und hinter dem Teich der Pavillon des Herrn. Um den Teich herum, so hatte die Dienerin ihr erzählt, wuchsen Dattel- und Dumpalmen und Papyrusstauden, Feigenbäume und Sykomoren. In Pflanzgefäßen am Rande des Wassers blühte ein Meer von Blumen: rote Mohn- und blaue Kornblumen, purpurrote Iris, weiße Lilien und gelbe Chrysanthemen.

Jendayi roch den beißenden Duft der Chrysanthemen, als ihre Sandalen über die Fliesen des Gartenwegs klapperten. Die Dienerin hatte nicht erwähnt, daß auf dem Teich ein Meer blauer Lotusblüten schwamm, aber dieses Meer begrüßte sie selber mit seinem Duft. Der Lotus, das traditionelle ägyptische Symbol der Wiedergeburt und Schönheit, war die Lieblingsblume der Königinmutter. Jedesmal, wenn das Orchester für Königin Tuja gespielt hatte, schien der süße Duft der Blumen Jendayi noch tagelang zu begleiten.

Ihre suchenden Füße fanden den Pavillon. Sie stieg vorsichtig die Stufen hoch und ertastete die Armlehnen eines Stuhles. Sie setzte sich und hielt inne, um zu lauschen. Sie hörte das Klatschen von Wasser, aber dieses Geräusch kam von den Sklaven, die die durstigen Pflanzen wässerten. Bis auf die Diener war sie allein.

Süße Stille. Sie nickte sich selber zu, zog die Harfe an ihre Brust und begann eine Melodie zu spielen, die ihr während des Essens in den Sinn gekommen war. Zwei phantasievolle Melodien hatten dauernd durch ihren Kopf gespielt, und etwas in Jendayi wußte, daß sie zusammen gespielt werden wollten – so, daß die eine die andere ergänzte, der eine Rhythmus ein dynamischer Kontrast zu seinem Begleiter war. *Wie du und Ephraim*, sprach eine leise Stimme in ihrem Kopf. *Er wird dich das Lieben lehren, und du ihn ... ja, was?*

Ihre Hand rutschte ab, und sie runzelte die Stirn und ballte ihre störrischen Finger zusammen. Sie wollten nicht mitmachen, ihre Hände, bei dem zweistimmigen Spiel. Als Kind hatte sie ihn gut beherrscht, den alten Trick, daß man sich gleichzeitig auf den Kopf klopfte und den Bauch rieb, aber der einen Hand zu befehlen, eine sanfte Weise zu spielen, während die andere eine prägnante, helle Gegenmelodie zupfte, schien gerade so unmöglich zu sein, wie sich mit dem Ellbogen am Ohr zu kratzen.

»Warum so nachdenklich, Mädchen?«

Jendayi zuckte zusammen. Vor lauter Konzentration hatte sie nicht gehört, wie der alte Hausverwalter kam. Aber obwohl er sie überrascht hatte, hatte sie keine Angst. Seine Stimme war, wie immer, sanft und fürsorglich.

»Oh, entschuldigt, Herr.« Sie senkte ihren Kopf. Sie versuchte aufzustehen, um sich ordentlich zu verneigen, aber die Harfe stand im Weg.

»Laß nur.« Der Alte ließ sich auf einen leeren Stuhl neben ihr sinken. Er klang müde. »Dein Lied gerade war wunderbar. Warum runzelst du so die Stirn?«

»Es ist nicht so, wie ich es haben will.« Sie schlug frustriert ihre Hand auf die Saiten. »Ich höre die Melodie in meinem Kopf und weiß, wie sie klingen sollte, aber meine Finger gehorchen nicht. Wenn ich sie in meinem Kopf erschaffen kann, muß ich sie doch auch spielen können.«

»Die Götter haben uns auch erschaffen, aber sie können uns nicht immer dazu bringen, ihren Willen auszuführen«, antwortete Ani, seine Stimme erstaunlich mitfühlend und warm. »Aber sie haben dir eine große Gabe gegeben. In meinen müden Kopf will keine Musik mehr – aber deine bezaubernden Weisen, die kommen hinein.«

Der Verwalter verstummte, und Jendayi spürte, wie ihr höfliches Lächeln verblaßte. Er war bestimmt nicht zu ihr gekommen, um mit ihr über Musik zu reden; das war Akils Gebiet – ja, *sie* war Akils Gebiet und hatte mit dem Verwalter nur indirekt etwas zu tun. Warum also war er gekommen?

Sie suchte nach Geräuschen, die ihr einen Hinweis geben konnten, aber sie hörte nichts als ferne Fußschritte hinter den hohen Gartenmauern und das leise Schwappen der Bewässerungseimer, die das stille Wasser des Teiches schöpften.

Dann brach Anis rauhes Flüstern die Stille zwischen ihnen. »Ich dachte, du wolltest vielleicht einmal über den Sohn meines Herrn reden.«

»Ephraim?« Plötzliche Angst. Hatte Anis legendärer sechster Sinn ihr Geheimnis entdeckt? Hatte sie in einem unbedachten Augenblick ihr Gesicht zuviel von ihrem Herzen verraten lassen? Hatten die anderen vielleicht gesehen, wie ihre Augen schmachtend zu Ephraim hingegangen waren, und wissende Blicke ausgetauscht? Lachte vielleicht das ganze Haus über sie? Als Blinde bekam sie sie ja nicht mit, die tausend Arten, auf die die Menschen mit Blicken, Gesten, Mienenspiel miteinander kommunizierten ...

»Warum sollte ich mit dir über Ephraim reden wollen?« Der Ton des Alten war neutral, aber in Jendayis Kopf meldete sich eine warnende Stimme. War dies ein Test?

»Nun, er ist doch der einzige Sohn hier in der Villa«, erwiderte sie vorsichtig. Ihr Herz begann zu rasen. »Und nach dem, was ich gehört habe, ist er der einzige Sohn, der noch lebt.«

»Pah! Du und ich, wir wissen doch genau, daß der ältere Sohn des Wesirs lebt. Wenn er es nicht täte, würde der Wesir nicht so tun, als sei er nicht da, denn man kann nicht etwas verleugnen, das es gar nicht gibt.« Sie hörte, wie der Alte aufseufzte. »Der Schmerz hängt wie ein Eisengewicht an meinem Herzen, denn Manasse ist so viele Jahre lang wie mein eigener Sohn gewesen. Wie oft hat er mir sein Herz geöffnet – öfter als seinem eigenen Vater! Der Wesir ist ja immer mit den Angelegenheiten des Pharao beschäftigt gewesen.«

Wie gequält seine Stimme klang! »Ich verstehe nicht«, sagte sie, »was das mit mir zu tun haben soll.«

»Nicht?« Er gluckste trocken. »Manasse hat mir von seiner ... *Freundschaft* mit dir erzählt.« Eine ironische Schärfe kam in seine Stimme. »Und auch, daß du dir einbildest, Ephraim zu lieben – wegen eines Kusses vor vielen Jahren.«

Ihre Wangen brannten. »Das habe ich ihm im Vertrauen erzählt. Er hätte es Euch nicht sagen dürfen.«

»Ich bin sein Freund.« Der Alte fuhr so unbekümmert fort, als spreche er über die letzte Ernte und nicht über den Zwiespalt in Jendayis Herz. »Ich kenne ihn besser als sonst jemand in diesem Haus. Und da er dich für seine Freundin hält, dachte ich, daß ich dir vielleicht helfen kann.«

»Wie das?« Ein hilflos-zorniges Lachen kam in ihre Stimme. Manasse hatte sie gebeten, an ihn und seinen Gott zu glauben, und dann hatte sie entdeckt, daß er der schlimmste Lügner auf Erden war. Was konnte der Hausverwalter an dieser Wahrheit ändern?

Sie versuchte, ihre Stimme respektvoll zu halten. »Ihr seid ein alter Mann, und Ihr liebt Manasse, aber Ihr könnt ihn nicht zurückholen und Ihr konntet ihn nicht davon abbringen, zu gehen. Wie wollt Ihr mir da helfen können?«

»Ich möchte gerne, daß dein Herz nicht noch blinder ist als deine Augen.« Ein warnender Unterton kroch in seine Stimme. »Wenn du Ephraim wirklich liebst, werde ich dein Herz wohl kaum umstimmen können. Ich liebe ihn selber. Aber da ich beiden Söhnen Zafenat-Paneachs wie ein Vater gewesen bin, kenne ich ihre Herzen. Ephraim wird dich nicht glücklich machen, kleine Harfenistin, egal, was dein Herz dir sagt.«

»Doch!« stieß sie hervor, sich selber vergessend. »Er liebt mich, und er kann mir zeigen, wie man liebt.«

»Oh, mein Kind.« Die Hand des Alten legte sich auf ihren Kopf, daß sie an sich halten mußte, ihn nicht wegzurucken. »Vielleicht lebst du in einer anderen Welt. Du hörst Dinge, die ich nicht hören kann. Aber du bist allein dort. Wenn du Liebe finden willst, mußt du herauskommen aus deiner Welt und sie so entschlossen suchen, wie Isis den Sarg ihres geliebten Osiris suchte.«

Sie wollte aufschreien: *Wie soll ich das denn machen?* Aber ihr Herz hielt sie zurück. Sie stemmte sich wortlos gegen seine Hand, und nach einem Augenblick ging sie zurück nach oben und die Sandalen des Alten schlurften langsam über die Marmorfliesen des Gartenwegs davon.

Ja, wie konnte sie Liebe finden? Sie war so hilflos wie eine Pflanze ohne Wasser. Sie besaß nichts, noch nicht einmal ihre Freiheit. Ihr ganzer Körper bebte, als die Schleusen ihrer Seele sich öffneten und die Tränen kamen. *An dir ist Fleisch und Blut vergeudet!* hatte Anubis gesagt. Jede Nacht verdammten die Götter sie, sagten ihren Untergang voraus, und Jendayi konnte nichts tun, als ihrem Urteil zuzustimmen.

Ani ging langsam über den Gartenweg, die Augen abwesend auf seine Sandalen gerichtet, seine Gedanken weit weg. Es war dumm von Manasse gewesen, sein Herz an ein so treuloses junges Ding zu verlieren, aber die Liebe war oft so wild wie ein angeketteter Tiger und so unerwartet wie ein Dieb in der Nacht.

Trotz seines alten Vorsatzes, die Vergangenheit hinter sich zu lassen, wanderten Anis Gedanken unerbittlich in die Jahre seiner Jugend zurück. Lange bevor er in Zafenat-Paneachs Villa gekommen war, hatte er sich in eine junge Sklavin, Saliha, verliebt. Schlank und schön und voll Anmut, hatte sie auf den ersten Blick sein Herz gestohlen. Mehrere Wochen hatten sie gemeinsam ihre Arbeit getan und ihre schüchterne Liebe mit zärtlichen Worten und hintergründigen Blicken gepflegt – bis ihr Herr Saliha in sein Zimmer befahl. Sie hatte sich gewehrt, und in seiner Wut hatte er mit dem Dolch ihr Gesicht für immer verunstaltet. Mit gebrochenem Herzen mußte Ani mit ansehen, wie der Hausverwalter Saliha als beschädigte Ware aus dem Haus entfernte und auf einer Sklavenauktion verkaufte.

Ani hatte nie mehr etwas von Saliha gehört oder gesehen, aber noch stiegen sie in stillen Stunden hoch, die bittersüßen Erinnerungen an das Mädchen, mit dem er nur ein liebes Wort hier, ein heimliches Lächeln dort ausgetauscht hatte, und einmal eine zärtliche Berührung ihrer Hände. Und durch den Nebel der Erinnerung nagte ein furchtbarer Gedanke an ihm: War er damals schuld gewesen an ihrem Elend? Hatte sie sich wegen ihm, Ani, geweigert, ihrem Herrn zu Gefallen zu sein?

Viele schlaflose Nächte, nachdem Saliha verkauft worden war, war er zu dem Ergebnis gekommen, daß ein Sklave sich nicht auf das Risiko der Liebe einlassen durfte. Und weil Ephraim wie Manasse ihm am Herzen lagen, wollte er nicht, daß einer von ihnen der kleinen Harfenistin weh tat und in die Schuld fiel, die er selber die ganzen Jahre mit sich herumgetragen hatte.

Der scharfe Geruch von brennendem Holz ließ ihn seinen Kopf heben. Brennholz war kostbar, und der Geruch brennenden Holzes bedeutete gewöhnlich, daß ein ungeschickter Küchensklave allzu unvorsichtig mit heißem Fett gewesen war. Ani blieb stehen. Nanu, der Brandgeruch kam nicht von der Küche, sondern von dem großen Hof im vorderen Teil des Anwesens.

Ani begann zu rennen. Tariks Männer hatten die Situation bestimmt schon unter Kontrolle, aber eine kleine Standpauke war trotzdem angebracht. Das Haus konnte es sich nicht leisten, in diesen Zeiten so verschwenderisch mit Brennholz umzugehen ...

Er lief um die Ecke zu dem Hof – und blieb wie angewurzelt stehen. Nein, dieses Feuer war kein Unfall, und noch nie im Leben hatte Ani eine solche Szene gesehen wie die, die jetzt seine müden Augen begrüßte.

In der Mitte des großen Hofs stand Zafenat-Paneach, vor einem hüfthoch aufgeschichteten Haufen Brennholz. Gierige orangerote Flammenzungen leckten an dem Holz entlang, bis sie hoch in die flimmernde Luft schossen. Hinter dem Herrn standen die Männer von der Wesirswache, ihre Augen in schweigendem Staunen aufgerissen. An der einen Seite wartete eine kleine Schlange Sklaven; ihre Schurze waren blutverfleckt, ihre Muskeln schwollen unter dem Gewicht großer Schüsseln und Tabletts.

Ani konnte nur mit Mühe einen Überraschungsausruf unterdrücken, als er sich näherschob und sah, daß das, was die Diener da trugen, die Teile eines geschlachteten Stiers waren. Die letzte Schüssel – es war ein ekliger Anblick – war bis zum Rand mit dem Blut des Tieres gefüllt.

Er schlug geistesgegenwärtig die Hände vor den Mund, um nicht laut loszuschreien. Hatte sein Herr seinen Verstand verloren? Im ägyptischen Apis-Kult verehrte man den Stier, gewiß, aber mit Anstand und Würde und nach dem vorgeschriebenen Ritual – nicht mitten in einem Hof und schon gar nicht in der größten Hitze des Tages. Die heiligen Stiere – also die mit einem weißen Halbmond an der Flanke oder einem schwarzen Knoten unter der Zunge – galten als von Rindern geborene Nachkommen des Ptah, die für den Dienst im Tempel bestimmt waren. Die Ptah-Priester pflegten die Tiere fünfundzwanzig Jahre lang, worauf sie sie in aller Stille ertränkten und anschließend einbalsamierten.

Die nackte Panik wollte in Ani hochsteigen, als er das blutige Spektakel anstarrte. So etwas – es wäre einem Priester des Ptah nie und nimmer in den Sinn gekommen! Und Zafenat-Paneach, der doch den unsichtbaren und allmächtigen Gott der Hebräer verehrte, hatte nie von Ptah gesprochen oder den Apis-Stier in Memphis verehrt, ja der Wesir hatte noch nie einen der ägyptischen Tempel betreten. So weit Anis alter Kopf zurückdenken konnte, hatte Zafenat-Paneach niemals ein Opfer dargebracht, und dann noch solch ein grausiges.

»Was sollen wir machen?«

Die Worte kamen von Tarik. Ani schaute ihn an. Das gebräunte Gesicht des Hauptmanns war gerade so überrascht wie sein eigenes.

»Hat er euch vorher nichts gesagt?« flüsterte Ani, während er verstohlen abermals zu seinem Herrn hinsah. »Hat es keinerlei Anzeichen gegeben?«

Tariks Kinn ging in die Richtung des Wesirs. »Heute morgen wollte er einen Stier haben, ein fehlerfreies Tier«, antwortete er. Er faltete die Hände hinter seinem Rücken. »Darauf befahl er den Küchensklaven, das Tier ganz zu schlachten und nichts davon für das Mittagessen oder für sie selber zu behalten. Selbst das Blut mußten sie auffangen.«

»Ja, ich habe es gesehen.«

»Nun?« Tariks Braue ging hoch. »Hast du so etwas schon mal erlebt? Du bist ein weiser und gelehrter Mann, du müßtest doch wissen, was er da macht.«

»Vielleicht ist das ein hebräischer Brauch, aber ich kenne ihn nicht«, flüsterte Ani.

Jetzt trat Zafenat-Paneach etwas zurück von dem Feuer und hob beide Hände. Eine gespannte Stille legte sich über den Hof; selbst die Vögel, die auf den Umfassungsmauern des Anwesens nisteten, verstummten. Zafenat-Paneach schloß seine Augen und hob sein Gesicht zu dem blauen Himmelsgewölbe hoch. »El Shaddai, Gott Abrahams, Isaaks und Jakobs«, betete er. Seine Stimme wollte ihm fast brechen. »Ich bitte Dich, vergib die Sünden dieses Hauses, die Sünden meiner Söhne. Denn Du hast Deinen Segen von uns genommen, und ohne Dich sind wir verloren.«

Ani suchte fieberhaft nach der Bedeutung hinter den Worten. Zafenat-Paneach war der weiseste Mann im Reich, der Geist eines Gottes ruhte auf ihm – so sagten alle Leute. Wie konnte er da glauben, daß sein Gott ihn verlassen hatte?

Zafenat-Paneach senkte seine Hände und öffnete seine Augen wieder. Dann nahm er zwei große Stücke von dem rohen Fleisch aus der Schüssel des ersten Sklaven und warf sie in die Flammen. »Ohne Blut gibt es keine Vergebung der Sünden.« Er hielt seinen Blick auf die Flammen gerichtet, während seine Hände erneut in die Schüssel griffen und weitere Stücke von dem Fleisch in das zischende Inferno warfen. »Und so, wie ich befohlen habe, den ganzen Stier vor Dir zu opfern, ohne etwas zurückzuhalten, so soll mein ganzes Haus Dir und Deinem Dienst geweiht sein, o Gott Shaddai.«

Einer nach dem anderen traten die Diener vor, und Zafenat-Paneach nahm ihnen ihre Last ab und warf sie auf den Feueraltar. Der Geruch von verbranntem Fleisch und Fett schwängerte die Luft mehr und mehr. Schließlich trat der letzte Sklave vor, der die Schüssel mit dem Blut trug. Zafenat-Paneach nahm sie ihm ab und hielt sie einen Augenblick mit beiden Händen hoch über seinem Kopf, dann ging er um das Feuer herum und spritzte das Blut auf die untersten Schichten des Brennholzes.

Als der letzte Tropfen vergossen war, faltete der Herr seine blutbefleckten Hände vor seinem eben noch so makellosen Gewand und neigte seinen Kopf. »Wir haben dieses Opfer so dargebracht, wie einst Noah und Abraham und Jakob«, sagte er einfach. »Möge Gott denen in meinem Hause, die gesündigt haben, vergeben.« Nach einem Augenblick der Stille hob er seinen Kopf wieder, und sein intensiver Blick ging über die Versammlung, bis er Ani und Tarik fand. »Sorgt dafür, daß niemand das Opfer stört«, sagte er, während er zu ihnen trat. »Kein Stück davon darf gegessen werden, es muß alles vom Feuer verzehrt werden.«

»Jawohl, mein Herr.« Tarik hob salutierend seinen Arm.

Zafenat-Paneach nickte und ging. Die Menge öffnete ihm bereitwillig eine Gasse. Ani sah ihm hinterher. Die bohrende Angst in seinem Kopf wollte nicht aufhören.

Drei Tage krochen dahin, während Joseph auf eine Nachricht wartete, daß Manasse seine Torheit eingesehen hatte und zurückkam. Er hatte sein Opfer in der vollen Erwartung dargebracht, daß Gott ein solch öffentliches, demütiges Bekenntnis annehmen würde, aber es gab keinerlei Anzeichen, daß sich etwas geändert hatte im Herzen seines Sohnes.

Warum nur? Joseph winkte die Sklaven mit ihren Weinkrügen und dampfenden Lotusbroten fort. Er hatte die Köstlichkeiten auf dem Tablett vor ihm nicht angerührt. Sein Appetit war seit Tagen verschwunden; er wollte nur noch eines – daß man ihn in Ruhe ließ.

Die Entlassung durch den Pharao war ein furchtbarer Schlag gewesen, aber inzwischen war Joseph sicher, daß diese Krise Gottes Ruf an ihn war, sein Haus in Ordnung zu bringen. Ephraim hatte den Finger auf etwas gelegt, das Joseph in seiner Aufregung übersehen hatte: Doch, es gab ein Problem zwischen ihm und Amenhotep, und dieses Problem war Manasse. Daß der Pharao ihn so schändlich entlassen hatte, war ein direktes Ergebnis von Manasses Rebellion, und sobald Manasse seinen Fehler einsah, würde alles wieder gut werden. Und so hatte Joseph sich gedemütigt und ein Opfer nach der Art seiner Vorväter dargebracht. Er hatte zweifellos sein Haus und halb Theben damit schockiert, aber es war alle Gerüchte und hochgezogenen Augenbrauen der Welt wert, wenn Gott nur Manasse zur Umkehr brachte und nach Hause schickte ...

Tariks Stimme riß Joseph aus seinem Grübeln. »Heil der Mutter Ägyptens!« rief der Hauptmann, die Stimme halb heiser vor Dringlichkeit und Überraschung. »Die Höchsterwählte Herrin, die Güte des Nils, der Ursprung des Göttlichen Königs wünscht eine Audienz mit Euch, o Zafenat-Paneach!«

Tuja! Joseph sog in sprachlosem Erstaunen die Luft ein und drehte sich zu dem Säulengang hin, wo Tarik sich flach auf den Boden niedergeworfen hatte. Zwei der Palastwachen standen hinter ihm, einander gegenüber, und zwischen ihnen die zierliche Gestalt von Amenhoteps Mutter, Königin Tuja.

Einen Augenblick lang waren Josephs Sinne zu benommen, um sie zu registrieren. Nach der Heirat des Sohnes hatte die Königinmutter sich völlig zurückgezogen, ihre enorme Popularität freiwillig aufgebend, damit ihr Sohn und seine Gattin den ersten Platz in der Hingabe des Volkes einnehmen konnten. Sie verließ nur selten ihre Gemächer im Palast in Theben und war nie auf den Straßen der Stadt zu sehen. Aber jetzt stand sie hier, ihre hellen Augen fest auf Josephs Gesicht gerichtet, mit einem Blick, der ihm den Atem nahm.

Joseph erinnerte sich abrupt an die Hofetikette. Er riß seinen Blick von dem ihren los, erhob sich von seinem Stuhl und glitt auf den Boden. Eine Welle der Verzweiflung krachte über ihn, als er die Hitze der sonnenwarmen Fliesen an seinen Händen und seiner Stirn spürte. Beim Himmel oben, was hatte sie gehört? Sie mußte im Glauben sein, daß er dem Tode oder dem Wahnsinn nahe war, wenn sie so zu ihm kam.

»Steh auf, Zafenat-Paneach.« Ein unendliches Erbarmen klang in ihrer Stimme, daß es Josephs Seele zusammenziehen wollte. Mitleid! Er hatte von keinem Mann Mitleid akzeptiert. Er würde es auch nicht von einer Frau annehmen, auch nicht von der, die er einst geliebt hatte.

Er erhob sich wieder und starrte sie steinern-stumm an. Sie trug eine volle Kurzperücke – eine überraschend jugendliche Tracht für eine Frau über fünfzig; ihre graziöse Figur war zu voller Weiblichkeit gereift. Eine unaussprechliche Zartheit und Kraft mischten sich auf ihrem feinen, blassen Gesicht mit den Pastellippen. Es war eine gelassene Eleganz in dem feinen Geädere ihrer Altersfalten. Die Zeit hatte ihre lebendige Schönheit nicht weniger gemacht.

»Laßt uns bitte allein«, sagte sie zu dem einen der Wächter. Die beiden Männer traten sofort aus dem Schatten des Säulengangs in das Haus. Tarik zögerte einen Augenblick, dann folgte er ihnen. Die Sklaven mit den Frühstückstabletts huschten wie aufgeschreckte Mäuse davon.

Joseph suchte nach Worten und fand keine. Tuja las die Überraschung auf seinem Gesicht. Sie lächelte und trat auf den Gartenweg. »Ich fürchte, ich komme vielleicht etwas überraschend.« Sie faltete ruhig ihre Hände, während sie den Weg entlangglitt. »Vielleicht hätte ich mich lieber vorher anmelden sollen.«

»Mein Haus steht dir jederzeit offen.« Joseph neigte seinen Kopf.

»Ich schätze dein Willkommen«, antwortete sie. Sie trat mit der fließenden Anmut eines Rehs näher. »Obwohl ich nicht sicher bin, ob du dich freust, mich zu sehen.«

Sie hatten den Pavillon erreicht. Joseph zeigte zögernd auf den leeren Stuhl an seiner Seite. »Ich bin hocherfreut über deinen Besuch.«

»Lügner«, flüsterte sie, während sie auf den mit Schnitzereien verzierten Stuhl glitt. Sie lehnte sich zurück, daß ihre schwere Perücke nach hinten fiel und ihr Kinn nach oben zog. »Du konntest noch nie lügen, Joseph. Deshalb hat Thutmosis dich so geschätzt.« Ihr einer Mundwinkel ging halb nach unten. »Schade nur, daß Amenhotep dich nicht genauso schätzt. Er ist ein guter König, aber er ist nicht so wie sein Vater war.«

Joseph setzte sich auf die Kante seines Stuhles. »Bist du deshalb gekommen? Um mir das zu sagen, was wir beide über den Pharao wissen?«

»Nein.« Sie kreuzte ihre Beine und beugte sich nach vorne, den einen Ellbogen auf die Stuhllehne gestützt. »Du warst an meiner Seite, als Thutmosis in das Jenseits ging, aber ich konnte nicht bei dir sein, als deine Frau starb. Du warst damals in der Mitte des öffentlichen Lebens, und ich konnte nicht die Gerüchte ...«

»Du brauchst nichts zu erklären.« Joseph unterbrach sie mit einer Handgeste. »Ich weiß, wie gefährlich der Palastklatsch sein kann.«

»Natürlich.« Sie nickte fast unmerklich. »Aber ich glaubte ehrlich, daß du mich auch nicht brauchtest. Du hattest ja deine Söhne, um dich zu trösten, und du hattest Gott Shaddai. Aber jetzt, Joseph, trauerst du wieder, und ich weiß nicht, ob du deine Söhne und deinen Gott hast.«

Die leisen Worte trafen ihn wie eine Geißel, und Josephs Kinn wurde hart, als er antwortete: »Wie meinst du das? Nur der eine Sohn hat mein Haus verlassen, und Gott Shaddai verläßt mich nie!«

Tujas Gesicht wurde leer, und Joseph spürte eine plötzliche eisige Stille um sie. Er hatte ihr weh getan. Es war ihm egal. Wie eine schimpfende Mutter war sie aus ihrem Palast herausgekommen, um ihn zu tadeln und zu trösten, wo er weder Trost noch Tadel gebrauchen konnte.

»Gott hat dich nicht verlassen«, fuhr sie mit erstickter Stimme fort. Ihre Augen gingen zu den Lotusblüten auf dem Spiegel des Teiches hin. »Aber könnte es sein, daß du ihn verlassen hast? Du bist nicht du selber, Joseph. Ich habe nie diesen Blick auf deinem Gesicht gesehen, diesen Zorn in deinen Augen. Als ich von Manasse hörte und von deinem Opfer, habe ich gedacht, daß du dich vielleicht so einsam fühlst wie ich oft ...«

Ein trauriges Gewicht lag auf ihrem eleganten Gesicht, und Joseph schauderte innerlich bei dem Gedanken daran, daß er daran schuld war. Er schüttelte traurig seinen Kopf. »Es tut mir leid, Tuja, wenn ich dir weh getan habe. Manasse hat uns allen sehr weh getan, aber ich glaube, Gott wird ihn nach Hause bringen. Und wenn er wieder da ist, wird alles wieder so werden, wie Gott es will.«

»Wie Gott es will – oder wie du es willst?« Tujas dunkle Augen flossen über vor Leben, Schmerz und unerschütterlicher Wärme. »Denke nach, Joseph, bevor du deinen eigenen Worten glaubst. Und du sollst wissen, daß ich nicht aufhören werde, für dich zu beten.«

Sie erhob sich, um mit königlicher Würde zurück zu dem Haus zu gehen und Joseph mit seinen Gedanken allein zu lassen.

Vierundzwanzig

Die Wüstensonne stand stolz in dem weißblauen Himmel und schüttete ihre Hitze über Mensch und Tier aus. Ephraim schob die Zügel seines Kamels von der verschwitzten linken Hand in die rechte. Er und ein Leibwächter waren mit einem der Boote seines Vaters von Theben nach Tura gefahren, wo sie die beiden mürrischen Kamele an Land geführt hatten und zu Manasses Rebellenlager aufgebrochen waren. Laut Tariks letztem Bericht lag es irgendwo in der Wüste hinter den spitzigen Bergen. Ephraim vermutete, daß er seinen Bruder und seine Vettern bei einer Oase, fünf Meilen südlich des Hauses seines Vaters beim Steinbruch von Tura, antreffen würde.

Es war ohne jeden Zweifel Manasse, der für die Katastrophen der letzten Wochen verantwortlich war, und Ephraim war entschlossen, ihn zur Rede zu stellen und die Sache ein für alle Mal zu erledigen. Warum war Joseph denn vom Pharao entlassen worden? Weil Manasse so trotzig an seinen Kriegsspielen festhielt. Und damit nicht genug: Jetzt, wo Zafenat-Paneach nicht mehr Wesir war, war Sitamuns Hand für Ephraim in unerreichbare Fernen gerückt. Noch hatte niemand offiziell erklärt, daß eine Heirat zwischen ihr und Ephraim nicht mehr in Frage kam, aber Ephraim wußte, daß sie undenkbar war, solange Manasse sich gegen den Willen des Pharao stellte. Aber sobald der Abtrünnige wieder zurück nach Theben kam und sich beim Pharao entschuldigte, konnte alles wieder gut werden. Einen eisernen Willen hatte der König nur, wo es um seine Denkmäler und Frauen ging; in allem, was weniger wichtig war, konnte man ihn dahin bringen, wo man ihn haben wollte.

Der schaukelnde Gang des Kamels machte Ephraims Muskeln zu Pudding. Er rutschte zum hundertsten Male auf seinem Sattel und überlegte weiter. Manasse *mußte* zur Vernunft kommen; das Schicksal Ägyptens und der Söhne Israels hing an seiner Entscheidung. Die Zukunft hatte begonnen, so Gestalt anzunehmen, wie Ephraim es vorhergesehen hatte: Sein Vater war ins zweite Glied zurückgetreten, und das Ruder lag in seiner, Ephraims, Hand, gerade so wie Jakob es vorhergesagt hatte. Natürlich hatte er nicht ahnen können, wie rasch es abwärts gehen würde mit seinem Vater – und wie für alle Augen sichtbar. Vor vier Tagen hatte Joseph dem ganzen Haus demonstriert, wie sehr die Realität ihm am entgleiten war. Am hellichten Tage hatte er angeordnet, einen vollkommen gesunden Stier zu schlachten, und darauf ein Opfer veranstaltet, das den Himmel über Theben schwarz gefärbt und die streunenden Hunde und Katzen der halben Stadt angelockt hatte.

Ephraim war auf einer Feier gewesen während dieses unerhörten Vorfalls, aber Ani, Tarik und viele andere Diener hatten ihn besorgt beiseite genommen, als er zurückkam. Bevor der Tag zu Ende war, hatten die geringeren Sklaven die Geschichte an den Brunnen, auf den Märkten und Straßen zum besten gegeben. Bald würde ganz Theben, ja ganz Ägypten wissen, daß der Verstand des mächtigen Zafenat-Paneach zerbrochen war, und alle würden den göttlichen Pharao für seine Weisheit preisen, die solches Unglück vorausgesehen hatte.

Und es war alles Manasses Schuld.

Ephraim trieb sein Kamel an. Er holte tief Luft und befahl seinen aufgewühlten Nerven, sich zu beruhigen. Er war nicht ausgezogen, um mit seinem Bruder zu streiten, sondern um vernünftig mit ihm zu reden, so daß er einsah, was er mit seinen törichten Aktionen angerichtet hatte. Vielleicht würde die Nachricht von der Rückkehr der kleinen Harfenistin in die Villa Manasse zur Rückkehr bewegen. Oder die von dem blutigen Opferspektakel. Manasse hielt sich für den großen Befreier der Hebräer, aber er leistete ihrer Sache und ihrem Ruf einen schlimmen Dienst, wenn er seinen Vater zu solch veralteten Opferriten trieb.

Und die Kriegspläne. Er mußte sie ihm ausreden. Die Gerüchteküche kochte, der Pharao war unglücklich und die Familie am zerbrechen.

»Da, Herr!« Der Wächter hinter ihm zeigte nach vorne. Direkt über dem sterilen Gold des nächsten Dünenkamms bewegte sich etwas. Die Zelte waren so getarnt, daß sie mit dem Sand verschwammen, aber die hitzeflimmernde Silhouette der Männer war nicht zu übersehen.

Ephraim stieß seine Füße in die Flanken seines Kamels. »Dann mal los.«

»Du hast Glück gehabt, daß meine Männer dich nicht getötet haben.« Manasse marschierte hin und her vor dem Zelteingang, die Hände trotzig in die Hüften gestemmt. »Wenn du unbedingt kommen mußt, mußt du mir vorher Bescheid geben.«

Ephraim schluckte die Erwiderung, die ihm auf der Zunge lag, heftig hinunter. *Ich bin gekommen, um Frieden zu machen und nicht Krieg.* Er verschränkte die Arme auf seiner Brust und sah seinen Bruder an. »Es war einfacher, gleich selber zu kommen, und mein Anliegen duldet keinen Aufschub.«

»Dein Anliegen?« Manasse hielt abrupt an, sein Blick wurde ironisch. »Was für ein neues Anliegen kannst du haben, daß du mir in die Wüste hinterherrennst? Es hat sich nichts geändert. Ich will Gottes Ruf gehorchen, und dir paßt das nicht.«

»Du lehnst dich gegen den Pharao auf und brichst unserem Vater das Herz. Er ist nicht mehr er selber ...«

»Ja, das habe ich gehört.« Manasse wurde leiser, ein Muskel an seinem Kinn zuckte.

»Dann komm endlich nach Hause!« Ephraim breitete beschwörend seine Hände aus. »Der Weg zu Frieden und Wohlstand geht über Ägypten, verstehst du das immer noch nicht? Wir können hier in Frieden leben, die Ägypter lassen uns in Ruhe. Wir können voneinander lernen, und eines Tages werden wir so sein wie sie, und ...«

»Das ist ja das Problem! Siehst du das nicht?« Manasses Augen blitzten zornig. »Du bist blind für die Wahrheit, Ephraim, und unser

Vater auch. Gott Shaddai hat uns während der Hungersnot hierhergeführt, damit wir nicht umkommen – sicher. Aber doch auch, um uns als sein Eigentumsvolk zu bewahren! Er hat uns aus der Mitte der kanaanitischen Götzendiener gerissen ...«

»Sind die Ägypter etwa keine Götzendiener?« Ephraim ballte frustriert die Fäuste.

»Nicht in Goschen«, konterte Manasse. »Unser Volk wohnt dort für sich – das heißt, es wohnte für sich, bis wir anfingen, Häuser aus Ziegeln zu bauen und Städte zu planen. Wenn wir hierbleiben, ist es nur eine Frage der Zeit, bis wir die Götter der Ägypter übernehmen. Heute bauen unsere Onkel sich Ziegelhäuser, morgen werden sie Tempel und Schreine aus Ziegeln bauen! Wir müssen hier weg, bevor wir vor den Götzenbildern niederfallen und Gott Shaddai vergessen!«

Ephraim schüttelte lächelnd den Kopf. »Gut gesprochen, Manasse, aber du vergißt, daß du selber ein Sohn Ägyptens und nicht Goschens bist. Ob dir das nun paßt oder nicht. Du hast den Gott unseres Vaters nicht verlassen. Und warum sollte Gott Shaddai dir den Auftrag geben, die Söhne Israels zu führen? Er hat unseren Vater erwählt, um sie in Sicherheit zu bringen, und solange unser Vater lebt, gehören sie zu Ägypten.«

»Für einen Ägypter klingst du verdächtig wie die Hebräer in Goschen.« Manasse hob theatralisch zitierend seine Stimme: »Solange Joseph lebt, bleiben wir hier, wo das Gras grün ist und der Fluß unsere Felder segnet.« Er hielt inne, seine Hände fuhren über sein langes Haar. »Solange es ihnen hier gut geht, ziehen sie nie mehr weg. Wenn Vater gestorben ist, werden sie sich an einen anderen hängen – vielleicht an dich. Und nach dir werden sie wieder jemand anderen finden. Bald werden sie vergessen haben, warum sie hiergeblieben sind, und sich nur noch an ihren verdammten Wohlstand klammern ...«

»Sie werden *mächtig* werden, wenn wir Frieden schließen«, unterbrach Ephraim ihn. »Und wenn du diesen Unfug sein läßt und nach Theben zurückkommst, kann ich Sitamun heiraten und ...«

»Du wirst nie Sitamun heiraten.« Manasse holte rauh Luft und hob warnend seinen Finger. »Nie, und wenn ich auf den Knien zum Pharao kriechen würde. Siehst du denn nicht, wie Königin Tiy uns fürchtet? Sie zittert, wenn sie in Vaters Gegenwart ist. Sie weiß genau, daß ein mächtigerer Gott als Amun-Re uns gesegnet hat. Sie wird es nie zulassen, daß ein Hebräer in die Königsfamilie hineinheiratet, denn die Menschen verehren Zafenat-Paneach. Wenn sie jemals der Dynastie Amenhoteps überdrüssig würden, würden sie sich womöglich einen Pharao wünschen, der aus Vaters Nachkommen kommt, das weiß Tiy genau.«

Ephraim schnaubte ungläubig. »Du träumst schon wieder, Bruder.«

»Nein.« Manasse kreuzte seine Arme, sein Kopf ging nach vorne. »Den Ägyptern ist egal, wer über sie herrscht, solange sie zu essen haben und nicht zu viele Steuern zahlen. Als in der 15. Dynastie die Hyksos das Land überrannten, hat das Volk sie mit offenen Armen empfangen. Solange der Fluß ihre Felder bewässerte und ihnen gute Ernten schenkte, nahmen sie die ausländischen Könige als den Willen der Götter hin.«

Ephraim schwieg. Er wußte nicht, wie er antworten sollte. Wieder einmal hatte Manasse seine Argumente gut vorbereitet. Aber *eine* Wahrheit konnte er doch wohl nicht bestreiten.

»Vater will, daß du nach Hause kommst.« Ephraim öffnete seine Hände zu einer triumphierenden Geste. »Und weil ein guter Sohn seinen Vater ehrt, mußt du ihm gehorchen. Komm nach Hause.«

Manasse sah ihn abweisend an. »Ich tue mein Bestes, meinen Vater zu ehren.« Er drehte sich zu dem offenen Eingang seines Zeltes hin und legte die Hände auf die Hüften. »Ich ehre ihn, indem ich seinem Gott nachfolge. Gott Shaddai hat mich dazu berufen, das Werk, das er mit Joseph begonnen hat, fortzuführen.«

Ich ehre ihn, indem ich seinem Gott nachfolge. Die Worte ließen Ephraims Gedanken anhalten. Konnte es sein ...? Er zeigte abrupt auf die Schilde, Speere und Streitäxte, die in einem wirren Haufen auf dem Boden des Zeltes lagen. »Dann soll all das hier nur beweisen, daß du ein würdiger Sohn bist? Du willst gar nicht Kanaan erobern! Die armen Hebräer da draußen in der Hitze sind dir egal!«

»Gott hat mich berufen!«

»Nein!« Ephraim trat näher. »Du hast immer schon versucht, dich selber zu beweisen. Du warst immer derjenige, der zeigen mußte, daß er mehr gelernt hatte als ich, daß er den Speer weiter werfen konnte, daß ...«

»Du irrst dich, Bruder.« Manasses Stimme wurde härter.

»Das glaube ich nicht.« Ephraim strich über die Stoppeln an seinem Kinn. »Allmählich sehe ich klarer. Jakob hat mir den Segen seiner rechten Hand gegeben, und jetzt bildest du dir ein, daß du dich über jeden Zweifel beweisen mußt. Warum sonst behauptest du, die Stimme Gottes gehört zu haben? Dein Traum und deine heilige Berufung kommen überhaupt nicht von Gott, sondern von deiner elenden Eifersucht!«

»Das ... stimmt ... nicht.« Manasses Stimme war heiser und unsicher, und Ephraim wußte, daß seine Worte seinem Bruder ins Herz getroffen hatten. Es würde nichts bringen, wenn er jetzt noch mehr drängte; er würde Manasse höchstens in eine Wut hineintreiben, die für sie beide gefährlich wäre.

»Der Krieg verlangt einem Mann einen hohen Preis ab«, flüsterte Ephraim, während er die eine Hand auf die Schulter seines Bruders legte. Manasse zuckte zusammen unter der Berührung, aber er schüttelte sie nicht ab. »Überlege es dir gut, bevor du dein Leben riskierst, Bruder. Du denkst vielleicht, daß du Vaters Achtung gewinnst, aber was nützt dir das, wenn du dabei dein Leben verlierst? Die kleine Harfenspielerin wird bittere Tränen weinen, wenn du nicht zurück nach Theben kommst – und dabei ist sie jetzt wieder in der Villa unseres Vaters.«

Er sah, wie eine Mischung aus Erstaunen und Angst auf das Gesicht seines Bruders trat. Dann verließ er das Zelt und bestieg sein Kamel für den langen Ritt zurück zum Fluß.

Manasse, wieder allein in seinem Zelt, schlug mit der Hand auf seine Stirn und verfluchte Ephraims Besuch. Ausgerechnet jetzt! Er mußte ein Schlich des Teufels sein, dieser Besuch, denn für den nächsten Tag war der erste Einfall in Feindesland geplant. Der Trupp war mittlerweile auf vierhundert Männer angewachsen – zweihundert ägyptische Krieger und ebensoviele Hebräer. Jeder Mann hatte seine eigenen Motive, warum er sich ihnen angeschlossen hatte, aber die meisten suchten Gold, Ehre oder Gott.

Er trat aus dem Zelt hinaus. Aller Augen waren auf ihn gerichtet, voll ungeduldiger Erwartung. Im Gürtel jedes der Krieger steckte ein wohlpoliertes und geschliffenes Schwert. Mit eiserner Willenskraft zwang Manasse sich, seine Fassung zu bewahren und die Grüße der Männer mit einem entschlossenen Nicken zu erwidern. Er durfte sich nicht von Ephraim oder seinem Vater aus der Bahn werfen lassen! Wenn der nächste Sonnenaufgang sein Gold über die Wüste warf, wären er und seine Männer nicht mehr Söhne und Brüder, sondern Krieger mit einer göttlichen Mission, die für Gott und sein Volk in den Kampf zogen.

Er stieg auf einen glatten Felsblock in der Mitte des Lagers. »Söhne Israels und unsere ägyptischen Waffengenossen! Morgen ist der große Tag! Bei Sonnenaufgang werden wir nach Kanaan marschieren! Wir werden bei Gerar kämpfen und anfangen, unsere Heimat wieder in Besitz zu nehmen!«

»Hört ihn!« schrie Jokim. Er rannte an Manasses Seite, andere kamen aus ihren Zelten heraus. Die Männer, die um die Kochfeuer herum saßen, standen auf und falteten ihre Arme, um zuzuhören, wie Jokim fortfuhr: »Die Söhne Israels wissen, wo ihre wahre Heimat ist! Das Heimatland der Hebräer ist Kanaan, das Land, das Gott Shaddai Abraham, Isaak und Jakob verheißen hat!«

Die Hebräer stießen Jubelrufe aus. Die Ägypter und die nubischen Krieger sahen verdutzt aus. Manasse merkte es und lächelte. »Seid unbesorgt, meine Kriegerfreunde«, sagte er, während sein Blick zu Abnu ging. Der Riese allein war von unschätzbarem Wert für sie; der bloße Anblick seiner Kraft hatte so manches verunsicherte Herz beruhigt. »Wenn wir morgen angreifen, werden die Männer von Gerar fliehen wie vor einem Bären, der aus dem Wald hervorbricht! Sie werden mit der Nachricht von unserer Stärke nach Gaza laufen, und die Leute von Gaza werden nach Aschkelon und Aschdod laufen, bis ganz Kanaan weiß, daß wir zurückkommen in das Land, das Gott Abraham und seinen Nachkommen verheißen hat. Und ihr ...« Seine Hand zeigte auf mehrere Soldaten, die in seiner Nähe standen. »Weil eure tapferen Herzen nicht gezögert haben, uns bei unserem Kampf zu helfen, werdet ihr die ersten sein, wenn es an die Verteilung der Beute und der Gefangenen geht. Die Güter von Gaza, Aschkelon und Aschdod sollen euer sein. Wenn ihr heimkehrt, werdet ihr eure Frauen und Konkubinen reich beschenken können, und alle, die euch sehen, werden staunen über die Schätze, dir ihr durch euren Mut gewonnen habt.«

Die Ägypter lachten und schlugen einander auf den Rücken. Selbst über die reservierten Gesichter von Abnu und seinen Medjaykameraden ging ein breites Grinsen. Manasse war überrascht, ja fast erschrocken gewesen, daß so viele Nubier Theben verlassen hatten, um sich ihnen anzuschließen, denn eine solche Ausdünnung der königlichen Truppen konnte den Befehlshabern nicht verborgen bleiben. Aber wenn der König nicht imstande war, seine Krieger zu halten, hatte er sie nicht verdient. Solange Amenhotep in seinem Lustpalast in Malkata blieb, waren die tapferen Medjay so unruhig wie Bullen im Stall. Sie lebten für den Krieg und betrachteten dieses Abenteuer wahrscheinlich als willkommene Abwechslung, um nicht aus der Übung zu kommen.

Manasse machte eine Pause, bis die anderen sich beruhigt hatten, dann fuhr er fort: »Wenn der Kampf dann gewonnen ist, werden wir alle wissen, daß wir die Stimme Gott Shaddais gehört und ihr gehorcht haben. Es ist sein Wille, daß wir heilig sind, und wir haben uns rein gehalten, während wir uns auf den Kampf vorbereitet haben. Keine Frauen, keine Götzenbilder und kein Diebstahl waren erlaubt in diesem Lager.«

Laute Beifallsrufe. Selbst die heidnischen Nubier nickten ernst.

Manasse sprach weiter. »Es ist Gottes Wille, daß wir uns jeglicher Obrigkeit unterwerfen, es sei denn, sie stellt sich gegen Gottes Stimme. Wir haben den harmlosen Bewohnern der Wüste nichts getan. Wir haben niemand bestohlen – weder den Beduinen in seinem Zelt noch die Tempelpriester, die die Opfergaben an den Flußschreinen einsammeln.«

Ein erneutes donnerndes Hurra.

»Aber obwohl der Pharao und sein Wesir von uns verlangt haben, unseren heiligen Feldzug aufzugeben, ist es manchmal Gottes Wille, daß wir leiden.« Stille, dann unwilliges Gemurmele. Manasses Blick wurde weicher, er sah Simri an, den sanften jungen Mann, der als Jokims Schüler gelernt hatte, wie man einen Speer warf und mit der Streitaxt kämpfte. »Wenn wir Gott und nicht Menschen gehorchen, müssen wir einen Preis dafür zahlen. Es kann sein, daß morgen etliche von uns verwundet werden. Es kann geschehen, daß einige ihr Leben auf den Feldern von Gerar lassen oder später in den Straßen von Aschkelon oder Aschdod. Aber Gott ist treu. Er wird unser Leiden belohnen und unsere Frauen und Kinder in ein grünes Land bringen, in welchem Milch und Honig fließt. Dies ist der unwandelbare, unerschütterliche Wille Gottes, und alle Menschen, ob Hebräer oder Nubier oder Ägypter, werden gesegnet werden, wenn sie Gott Shaddai ehren, den Heiligen Israels.«

Die Jubelrufe begannen unter den Hebräern, dann kamen sie aus jeder Kehle, stiegen in mächtigen Wellen hoch und höher, bis die Dünen von ihnen widerhallten. Manasse hob seine Hände in einer Siegesgeste zum Himmel hoch, dann begann er zu tanzen, und seine Männer tanzten mit. Er drehte sich erst langsam, dann steigerte er das Tempo, immer mehr. Er wollte sich müde tanzen; er wußte: der Schlaf würde nicht leicht kommen in der nächsten Nacht.

Mit wachsamen Augen sah Hondo den Tanzenden zu. Sollten sie ruhig jubeln und singen und schreien und ihre kostbare Kraft vergeuden. Sie würden nicht lange genug leben, um sie zurückzubekommen.

Er und die zwanzig Männer, die er rekrutiert hatte, lebten jetzt seit über einem Monat unter den Rebellen, und obwohl Hondo sich für sich hielt, immer auf Abstand zu Abnu und den Hebräern, hatte niemand Verdacht geschöpft. Da er ein Medjay war, mußte er ja wohl loyal zu Abnu sein. Die dummen Hebräer waren nicht auf den Gedanken gekommen, daß er im Dienste des Pharao stehen könnte – oder seiner Königin.

Seine Brauen zogen sich verächtlich zusammen, als Zafenat-Paneachs Sohn an ihm vorbeikam, halb verzückt und außer Atem. Komisch, daß der junge Dummkopf das Gesicht und den Namen Hondos, eines der geschicktesten Mordspezialisten in der gesamten ägyptischen Armee, nicht kannte. Zafenat-Paneach konnte er nicht unbekannt sein, aber offensichtlich hatte der Wesir es nie für nötig befunden, mit seinen Söhnen über die Geheimwaffe des Königs zu sprechen.

Er musterte Manasse mit einem finsteren Lächeln. Eigentlich schade, solch einen stattlichen, begeisterten jungen Mann niederzumachen. Warum hatte er sich in dieses verrückte Abenteuer gestürzt, anstatt ruhig zu Hause zu bleiben wie sein abgesetzter Vater?

Manasses Tanz hatte die anderen wie ein Fieber angesteckt. Die Männer um Hondo herum stießen gegen ihn, klopften ihm auf die Schulter, schoben ihn in den brodelnden Kreis hinein, der sich um den stummen Takt des Krieges drehte. Hondo schluckte sein Lächeln hinunter, warf seine Arme um die Schulter seiner Kameraden und schloß sich dem wilden Reigen an.

Lange nach Sonnenuntergang kam endlich der Schlaf zu Manasse, und er träumte.

Er war wieder ein Kind und stand in dem Raum, wo seine Mutter und sein Vater oft ihr Frühstück eingenommen hatten. »Kommt her, meine Jungen«, rief Joseph, die Stimme wie aus geisterhafter Ferne, und Manasse rannte zu ihm, kletterte auf seinen Schoß und bedeckte sein Gesicht mit Küssen.

Asenat, ihre Mutter, wies sie zurecht: »Ihr müßt euch immer zuerst auf den Boden neigen, bevor ihr vor den Wesir des Pharao tretet.«

Manasse sah seinen Vater an, auf eine Widerrede hoffend, doch Joseph tätschelte ihm nur den Kopf, sein Blick schien in eine unbekannte Ferne zu gehen. »Geht jetzt mit Ani, meine Söhne, und lernt eure Lektionen, damit ich stolz auf euch sein kann.« Und Manasse war bereit, seinen Vater stolz zu machen, aber sein Herz war schwer dabei, denn er wußte: Jetzt würde er seinen Vater erst wieder am nächsten Morgen sehen.

»Vater«, murmelte er durch die Arme des Schlafes hindurch. Seine Hand ging nach vorne und schloß sich um leere Luft, dann strich sein Arm am Heft seines Schwertes entlang. Der kalte Kuß des Metalls weckte ihn auf.

Er war ja kein Kind mehr, sondern ein Mann, der sich anschickte, in den Kampf zu ziehen.

Dann zerriß ein Schrei die Nacht, und der Schrei kam aus keinem Traum.

Manasse kämpfte mit den Spinnweben des Schlafes und tastete nach seinem Schwert, dann setzte er sich auf und schielte in die Dunkelheit hinein. Ein Augenblick Panik: Wo waren die anderen Zelte und die Feuer? Dann erinnerte er sich, daß Jokim ja darauf bestanden hatte, daß sie sich von den anderen trennten, um mehr Muße zum Nachdenken zu haben so nahe vor dem Kampf. Doch jetzt, ganz allein hinter einer Düne, fühlte Manasse sich gefährlich isoliert.

»Manasse!« Jokim hockte neben ihm in dem blassen Licht des Mondes, sein Schwert in der Hand, sein Gesicht hart und weiß. »Sie greifen uns an!«

»Wer?« Manasse packte seine Waffe und duckte sich neben Jokim. Sein Atem wollte ihm in der Kehle steckenbleiben. »Was ist da draußen los?«

»Keine Ahnung.« Jokim preßte sich flach auf die Düne, die sie von dem Lager trennte.

Gemeinsam robbten sie den Sand hoch, bis sie über den Kamm der Düne sehen konnten. Wortlos lauschten sie auf die Geräusche, die die Nacht ihnen entgegentrug. Rufe, Schreie, Todesschreie. Ein eisiger Schauer begann über Manasses Rücken zu kriechen.

»Da greifen welche an«, murmelte Jokim wieder, als sei dies eine große Entdeckung. »Aber wer?«

»Das ist jetzt egal.« Manasse bückte sich nach seinem Schild und schob seinen Arm durch die Schlaufe, dann sah er seinen Vetter an. »Unser erster Kampf beginnt jetzt. Bist du bereit?«

Jokim blinzelte verwirrt, dann ging sein Kinn nach vorne. »Ja.« Er bückte sich nach seinem eigenen Schild und schnallte ihn wie Manasse um seinen Arm, dann nickte er ernst.

»Wir gehen am besten zusammen«, sagte Manasse. »Zu zweit schaffen wir mehr.«

»Oder geben ein größeres Ziel ab.« Jokim lächelte Manasse grimmig an, als sie die Deckung der Düne verließen.

Als sie das Lager erreichten, war schon alles vorbei. Hatte der Sand die Angreifer ausgespuckt und wieder verschluckt? Wären die Blutlachen nicht gewesen, man hätte denken können, daß die um die Feuer liegenden Männer schliefen, so friedlich sahen sie aus mit ihren über der Brust gefalteten oder unter den Bart geschobenen Händen. Ihren ersten Opfern hatten die Angreifer mit einem schnellen Schnitt den Hals durchgeschnitten, aber andere aus Manasses Armee lagen mit dem Gesicht nach unten da, ihre Hände nach Schwertern ausgestreckt, die hastige Füße weggetreten hatten, ihre nackten Rücken mit Streitäxten geöffnet.

Der Blutgeruch und die schwarze Angst der Nacht wollten sich wie eine erstickende Decke um Manasse legen. Er begann zu zittern, wilde Bilder stiegen in ihm hoch. Wer hatte das getan? Und so plötzlich, ohne jede Vorwarnung? Wer immer die Feinde gewesen waren, jetzt waren sie geflohen – entweder um sich zu verstecken oder um die Überlebenden, die ihr Heil in der Dunkelheit gesucht hatten, zu verfolgen.

»Jokim.« Manasse drehte sich vorsichtig zu seinem Vetter um. »Wußtest du ... hattest du irgendeinen Verdacht, daß so etwas kommen könnte? Warum hast du so darauf bestanden, daß wir heute nacht nicht in meinem Zelt schlafen?«

Jokim öffnete entsetzt seinen Mund. »Glaubst du etwa, ich habe etwas damit zu tun? Beim Namen Gott Shaddais, ich schwöre dir ...«

»Schwöre nicht bei seinem Namen«, murmelte Manasse, während er sich wieder zurückdrehte. Die Silhouette seines Zeltes, am Rande des Lagers, war ein schwarzer Scherenschnitt vor dem Silberlicht des Mondes auf dem Sand. »Wenigstens war mein Zelt leer. Ein Feind wird ja zuerst dort ...«

»Nein!« Jokims Hand preßte sich um sein Schwert. »Simri! Ich habe ihn doch gebeten, dort zu schlafen, wegen der Waffen!«

Manasse schoß nach vorne, im Zickzack zwischen den Leichen auf dem Boden hindurch, bis er das Zelt erreichte. Die Klappe, die als Tür diente, war von oben nach unten aufgeschnitten, eine tintige Lache markierte die Stelle, wo Simri lag.

»Mein Gott, was hab ich getan?« Jokim schob Manasse zur Seite und fiel neben dem Toten auf die Knie. »Er ist doch kein Krieger, ich hätte ihn nie hier reinlassen dürfen. Was soll ich jetzt seinem Vater sagen? Und seiner Mutter?«

Jokim nahm aufweinend eine Handvoll von dem Sand und streute ihn sich über den Kopf, während Manasse zurücktrat, um die Szene genauer zu betrachten. Simri war nicht im Schlaf getötet worden, denn sein Körper lag in einem unnatürlichen Winkel, das eine Bein unter den Bauch gezogen. An dem Schwert, das ein paar Fingerbreit neben seiner Hand lag, war Blut.

»Schau hier.« Manasse zeigte auf eine Erhebung weiter innen im Zelt. Jokim hörte auf mit seiner Totenklage und drehte sich um.

Manasse hob eine Öllampe auf und zündete sie an. Er hielt sie hoch und trat zu dem Stapel der Schilde und Waffen. Auf dem Boden davor lag ein ägyptischer Krieger, seine Augen glasig vom Tod, der Mund zu einem ewigen Krampf geronnen.

»Den kenne ich.« Jokims Stimme füllte sich mit neuer Trauer. »Das war einer von den Neuen, ein Medjay. Auch unsere Freunde sterben für unser Volk.«

Manasse antwortete nicht, sondern ließ Jokim in dem Zelt und begann, wieder durch das Lager zu gehen, um Überlebende zu suchen. Aber das fahle Rot der Lagerfeuer zeigte nur den Tod. Aus einer Streitmacht von vierhundert Mann war eine Totenarmee aus fast zweihundert Leichen geworden.

Die Müdigkeit und die Verzweiflung schlugen wie Wellen über ihm zusammen. Er hockte sich neben die Asche der Feuer. Die Nacht schien finsterer geworden zu sein, die Welt bedrohlicher. Wenn Gott ihn dazu berufen hatte, Kanaan für die Hebräer zurückzugewinnen, warum hatte er dann das hier zugelassen – just in dem Augenblick, wo sie gehorchen und in den Kampf ziehen wollten?

»Waren das vielleicht die Männer von Gerar?« Jokims Stimme riß ihn aus seinen Gedanken. »Spione? Vielleicht haben sie Wind von unseren Plänen bekommen.«

»Der Feind ist nicht aus Gerar gekommen«, antwortete Manasse tonlos. Er schaute über den Sand zu der Leiche eines gerade fünfzehnjährigen Jungen hin, eines der Enkel Judas. »Die haben keinerlei Lärm gemacht, sie hatten keine Fackeln dabei und sie haben keine Tierspuren im Sand hinterlassen. Das waren Meuchelmörder, die aufgestanden sind und ihre schlafenden Nachbarn getötet haben.«

Jokim kniete sich neben Manasse; er zitterte, als ob ihm kalt war. »Ja, waren dann die Hälfte von uns etwa Verräter?« Seine Stimme sank zu einem Flüstern, als schäme er sich, von so etwas zu reden. »Waren es die Nubier?«

»Nein.« Manasse rang darum, seine Stimme ruhig zu halten. Sein Daumen ruckte über seine Schulter. »Da, gleich hinter mir, liegt einer von Abnus Männern. Er scheint als einer der ersten gefallen zu sein; er lächelt, als ob er noch schläft.«

Jokims Kopf ging nach unten. Einen Augenblick war er wie erstarrt. »Dann die Ägypter?«

»Nein.« Manasse schüttelte seinen Kopf. »Hier liegen gerade so viele tote Ägypter wie Hebräer.«

»Aber es kann doch keine Verschwörung unter den Männern gegeben haben.« Jokim ging in die Hocke. »Du hast sie doch heute abend erlebt, sie waren ein Herz und eine Seele und voll bereit zum Kampf. Sie waren alle bereit, zu kämpfen und zu sterben.«

»Einige von ihnen waren bereit, zu kämpfen, aber nicht für uns.« Manasse stand auf, wischte den Sand von den Knien und nahm sein Schwert. »Hast du dir das in meinem Zelt mal genauer angesehen? Bevor Simri starb, hat er den Medjay getötet, der neben ihm liegt.«

»Den Medjay?« Jokim runzelte die Stirn. »Aber Abnus Männer ...«

»Nicht alle Medjay sind Abnus Männer«, antwortete Manasse. »Die meisten haben dem Pharao Treue geschworen. Ich glaube, daß die Männer, die sich heute nacht gegen uns erhoben haben, vom Pharao geschickt worden sind, um uns zu vernichten, bevor wir nach Kanaan ziehen konnten.«

Jokims Mund preßte sich noch eine Idee mehr zusammen. »Aber wenn das so ist, warum sind wir dann noch am Leben?«

»Weil wir von den anderen getrennt geschlafen haben«, antwortete Manasse. Er trat von dem Feuer zurück. »Die sind noch nicht fertig mit uns. Aber Gott Shaddai auch nicht.«

Als sie ganz sicher waren, daß der Feind sich im Schutz der Dunkelheit davongemacht hatte, verließen Manasse und Jokim das Lager. Sie gingen langsam, in die Schatten geduckt, die weiten, offenen

Mondlichtflecken, wo ein lautloser Speer sie leicht finden konnte, vermeidend. Dann und wann kamen Geräusche aus den Dünen. Ein- oder zweimal zerriß ein scharfer Schrei die Stille. Manasse hatte keine Zweifel, daß die Wachen des Pharao die Hügel nach Überlebenden durchkämmten.

Nach einer Zeit, die endlos schien, kam der erste Schimmer der Dämmerung am östlichen Horizont. Manasse und Jokim hielten ihn in ihrem Rücken und gingen stetig auf den Fluß zu. Sobald sie ihn erreichten, konnten sie sich entweder ein Boot suchen oder ein vorbeifahrendes Schiff bitten, sie mitzunehmen. Sie würden einen Tag brauchen, um zum Fluß zu kommen – falls sie nicht in der Wüste dem Feind begegneten. Zwei Tage, und sie wären zurück in der Zivilisation, wo man nicht so leicht Mördern in die Hände fiel.

Das Morgenglühen wurde breiter und heller, bis schließlich die Sonne rot und groß über die Dünen quoll. Manasse spürte, wie seine Angst kleiner wurde, je höher die Sonne stieg. Als der Horizont blau vor ihnen leuchtete, hatte er wieder das Gefühl, jedem Feind gegenübertreten zu können.

Sie sprachen wenig während der langen Wanderung. Sie merkten, wie die Sonne ihre Haut und Lippen auszutrocknen begann, aber sie trauten sich beide nicht, ihren Hunger und Durst und die Müdigkeit zu erwähnen. Jedes Eingeständnis der Schwäche wäre einer Kapitulation gleichgekommen. Manasse hatte seine Pläne nach dieser Schreckensnacht fürs erste zurückgestellt. Der Feind hatte ihm seine Träume zerstört – für diesmal. Sobald er die am Leben geblieben Kämpfer neu formiert hatte, würde er eine neue Invasion nach Kanaan vorbereiten, und wenn er es diesmal von Edom oder Moab aus tun mußte.

Wenn es denn Überlebende gab. Die Schuld bäumte sich wie eine Lawine über Manasse, als Simris helles Gesicht mit den tiefen Augen vor seinem Gedächtnis aufstieg. Wäre er nicht gewesen, der junge Mann wäre nicht in die Wüste gegangen. Ohne Manasses Traum hätte keiner der Hebräer seine Familie verlassen. Jetzt würden seine Verwandten ihn schief ansehen. Mütter würden weinen, wenn sie Manasses Namen hörten, Väter den Tag seiner Geburt verfluchen. Selbst die Ägypter würden ihn als Paria betrachten, als Ausgestoßenen, als jungen Narren, der frech gegen seinen Vater rebelliert und vierhundert Mann in einen elenden Tod in der Wüste geführt hatte.

Der Tod auf dem Schlachtfeld war ehrenhaft. Der Tod im Schlaf, neben dem Lagerfeuer, war es nicht. Es würde keine Begräbnisse oder Grabmäler geben für die toten ägyptischen Krieger. Einige der reicheren Familien würden wohl Suchtrupps ausschicken, um die sterblichen Überreste ihrer Söhne nach Hause zu holen, aber die armen Familien hätten diese Möglichkeit nicht, und die Wüstensonne würde die Leichname austrocknen und sie einem elenden, sandigen Jenseits überlassen, ohne jede Vorbereitung auf die Ewigkeit ...

Manasse schluckte heftig. Er wollte jeden Augenblick der letzten vierundzwanzig Stunden vergessen. Was für ein grausamer Scherz war es, den Gottes Wille ihm da gespielt hatte! Er hatte getan, was er irgend konnte, um Gott Shaddai zu gefallen – und war besiegt worden. Wie konnte Gott so etwas zulassen? Wo war seine Gerechtigkeit?

Sein Gehirn sprang weg von dem unlösbaren Dilemma. Er konnte nicht über Gott nachdenken in seinem augenblicklichen Zustand. Die Gedanken wollten sich ständig verwirren.

»Endlich!« Jokim blieb aufseufzend einen Schritt vor Manasse stehen und zeigte auf den steinigen Hügelkamm, den sie gerade hochstiegen. »Ich rieche den Fluß.« In seinen Augen glomm Hoffnung auf. »Wir werden es schaffen, Vetter.«

Manasses Herz machte einen erleichterten Satz. Er schritt aus, an Jokim vorbei. Aber kaum hatte er den Kamm erreicht, als er abwehrend seinen Arm ausstreckte.

Der Fluß lief gleißend durch die Sandwüste, wie ein Band geschmolzenen Metalls. Aber in der kleinen Bucht am diesseitigen Ufer, südlich des Steinbruchs von Tura, lag ein Schiff, von dessen Mast eine Fahne mit den königlichen Insignien flatterte. Mindestens ein Dutzend Matrosen und Krieger waren auf dem Deck zu sehen, ein weiteres Dutzend stand auf dem Ufer, die Klingen ihrer Waffen grellweiß in der Sonne. Nach den Aschebergen in den tiefen Feuergruben zu urteilen, waren sie schon seit mehreren Tagen hier.

Jokims Augen weiteten sich erschreckt.

»Unsere Verräter«, flüsterte Manasse. Er ließ sich wie ein Stein auf den Boden fallen, Jokim neben ihm. Sie lugten über den Felsen zu dem Wasser hinunter. Von unten kam unbekümmertes Männerlachen. Der Duft von bratendem Fleisch stieg von dem Kochfeuer hoch.

Manasses Magen zog sich hungrig zusammen; erst jetzt merkte er richtig, daß sie ja den ganzen Tag nichts gegessen und getrunken hatten.

»Was machen wir?« flüsterte Jokim. »Wenn wir nach Norden gehen, können wir um sie herum ...«

Manasse hob seine Hand. »Nichts da. Wir machen es mit ihnen gerade so, wie sie es mit uns gemacht haben.« Seine Überraschung wurde rasch zur Wut. »Ihre schmutzige Arbeit ist doch fertig, warum sind sie noch hier? Sie warten bestimmt auf andere, die noch nicht wieder zurück sind. Wir legen uns hier auf die Lauer. Ich kenne diese Felsen und den Pfad, der zur Bucht führt. Wir werden ihn bewachen. Jeder Verräter, der an uns vorbeikommt, ist ein toter Mann. Und wenn sie heute abend immer noch da sind, schleichen wir uns an. Es sind verdammte Mörder, und unsere Rache ...«

»Ihr werdet nichts rächen.«

Manasse hob seinen Kopf; eine scharfe Spitze biß in seinen Nacken. Er schielte zu Jokim hin; auch auf seinem Nacken war eine Speerspitze.

Der Druck auf Manasses Nacken wurde etwas weniger. »Steh auf.« Er tat es, langsam, dann drehte er sich um. Hinter ihnen stand ein halbes Dutzend Männer in den Schurzröcken und Leopardenfellen der Medjay. Ihre Augen glänzten bluthungrig.

In der Mitte stand ein großer, kräftiger, dunkler Mann. Er kam Manasse vage bekannt vor. Sein Kinn war wie ein Stück Granit vorgeschoben. Er faltete seine Arme und lächelte dünn. »Welch eine Ehre, dir von Angesicht zu Angesicht zu begegnen, Manasse, Sohn des Zafenat-Paneach. Es ist noch keine Stunde her, daß ich meine Männer nach dir fragte, und hören mußte, daß keiner sich daran erinnern konnte, dich getötet zu haben.«

»Gott Shaddai hat mich bewahrt, und er wird mich weiter bewahren.« Manasse schielte zu dem Mann hin, und dann erinnerte er sich. Diese Stimme, dieses Gesicht. Der Barbar damals in der Gasse von Theben. Nur daß er jetzt nicht betrunken war.

»Du bist Hondo.« Jokim spuckte die Worte. »Ich erinnere mich an dich. Du bist in Kadesch-Barnea zu uns gestoßen.«

Der Krieger grinste. »Richtig. Auf direkten Befehl von Königin Tiy haben meine Männer und ich uns eurem Jammerhaufen angeschlossen.« Sei Blick schnellte zurück zu Manasse. »Und ich habe fest vor, meiner schönen Königin deinen Kopf als Geschenk zu bringen. Obwohl ich persönlich glaube, daß das Enthaupten eine zu milde Strafe für Verräter ist.«

»*Du* bist der Verräter!« Manasse riß seine Arme von den beiden Männern weg, die ihn fesseln wollten. »Du hast mit uns trainiert, geschlafen und gegessen, und dann bist du in der Nacht aufgestanden, um deine eigenen Kameraden umzubringen!«

»Du bist nicht mein Kamerad, *Hebräer.*« Eisige Verachtung blitzte in Hondos Augen auf, sein Körper zitterte von unterdrückter Wut. Er zeigte mit dem Daumen auf einen schmalen Pfad. »Bringt sie zum Fluß.« Er leckte sich über seine dünnen Lippen. »Wir werden ein bißchen Spaß mit ihnen haben, während wir auf die anderen warten.«

Fünfundzwanzig

Mit den Spitzen ihrer Speere und einem gelegentlichen Schwertstich trieben die Krieger Manasse und Jokim den schmalen Pfad zum Fluß hinunter. Sie waren außer Atem und bluteten, als sie das improvisierte Lager am Wasser erreichten, wo ein großer Trupp Männer sie mit den weit aufgerissenen Augen siegreicher Feigheit anstarrte. Hondo bellte einen Befehl, und bereitwillige Hände zerrten die Hebräer in das seichte Wasser des von der Trockenheit geschrumpften Flusses und banden sie fest an Anlegepfähle an.

Das Wasser war knietief. Manasse fragte sich, ob Hondo tatsächlich vorhatte, seinen Kopf zurück nach Theben zu bringen, oder sie einfach als Krokodilfutter im Fluß lassen würde. Hondo war jeder Grausamkeit fähig; seine bisherigen Aktionen hatten zur Genüge gezeigt, daß er ein Mann ohne Gewissen war, der nur einen Befehl kannte: die Hebräer zu stoppen. Manasse blinzelte zum Himmel hoch. Jetzt, wo Zafenat-Paneach nicht mehr der Wesir des Pharao war, brauchte Hondo noch nicht einmal den Zorn des zweithöchsten Thrones im Land zu fürchten.

Jokim übergoß die Ägypter mit einem stetigen Strom von Flüchen und Beschimpfungen. Sie kümmerten sich nicht darum, sondern setzten sich um ihr Feuer. Ihre blutverkrusteten Hände hoben die gebratenen Fleischstücke hoch und winkten mit ihnen den hungrigen Gefangenen zu.

»Hunde- und Schakalsöhne!« schrie Jokim, mit aller Gewalt gegen seine Fesseln pressend. »Wenn der Pharao das hier befohlen hat, ist er der Sohn eines Wasserbüffels! Ein Fluch auf alle eure Götzen! Eure Weiber und Mütter sollen Hunde zur Welt bringen, eure Töchter sollen ...«

Einer der Krieger, der Jokims Tirade satt war, hatte seinen Bogen gespannt. Der Pfeil traf Jokim voll in den Schenkel, daß es ihn an den Pfosten nagelte. Jokim schrie auf, dann biß er die Zähne zusammen und schaute hilflos zu Manasse hin, während seine Hände vergeblich versuchten, den Pfeil zu erreichen.

Schwere Schweißtropfen traten auf seine Stirn. »Ich bin ein toter Mann, Vetter«, flüsterte er.

»Das bist du nicht. Sprich nicht von Niederlage.«

»Doch. Wir sind im Wasser, und das Blut – da, es schießt schon heraus, und die Schmerzen ...« Er schloß die Augen, sein Gesicht verzerrte sich.

»Jokim, hör zu. Wir werden nicht sterben, nicht durch die Hand dieser Männer.«

»Die anderen sind auch gestorben. Warum soll es uns besser gehen?«

»Das weiß ich nicht«, sagte Manasse. »Ich weiß eigentlich gar nichts.« Ein kalter Kloß wuchs in seinem Magen, als er Jokim ansah, und er wandte sich ab. Was konnte er denn überhaupt noch sagen? Wann hatte er je behauptet, alle Antworten zu haben?

Jokims Stimme war nur noch ein Krächzen. »Du hast gesagt, daß Gott uns manchmal ins Leiden führt.«

»Ja.« Manasse sah zu dem Ufer hin, als ob von dort ein Wunder kommen könnte. »Manchmal tut er das.«

Nein, es war keine Rettung in Sicht. Und während Hondo und seine Männer aßen und tranken und hin und wieder zu den Gefangenen wateten, um sie zu schlagen oder anzuspucken, verging der Nachmittag mit unendlicher Langsamkeit.

Als der westliche Himmel rot zu werden begann, trat Hondo in die Mitte des Lagers und hob seine massigen Arme. »Wir vermissen noch fünf Männer«, sagte er. Er musterte die anderen mit zusammengekniffenen Augen, als versteckten sich die Fehlenden unter ihnen. »Es ist ihnen wohl was passiert. Also beladen wir das Schiff, damit wir bei Sonnenuntergang losfahren können.«

Manasse öffnete mühsam seine geschwollenen Augen. Einer der Krieger hatte ihn mindestens ein dutzendmal ins Gesicht geschlagen, und er war sicher, daß ein anderer ihm mehrere Rippen gebrochen hatte. Eine ganze Stunde lang hatten zwei der Männer Jokim und Manasse als Zielscheiben im Bogenschießen benutzt. Eine Wolke von Pfeilen war ihnen um die Ohren geflogen, doch zum Glück waren die Medjay so betrunken, daß sie ihre Bogen nicht gerade halten konnten. Ein Pfeil hatte Manasses Arm gestreift, ein anderer Jokims bereits durchbohrtes Bein getroffen. Aber sie lebten noch.

Manasse schaute zu Jokim hin. Das Blut von einer Stirnwunde hatte sein Gesicht zu einer schmierigen Teufelsmaske gemacht. Er hing schief in den Seilen, die ihn festhielten, stark geschwächt von dem Blutverlust an seinen Beinwunden. Manasse sah in das rötlich gefärbte Wasser hinunter und runzelte die Stirn. Der Lärm der Männer am Ufer schien die Krokodile bisher in Schach gehalten zu haben, aber Blut zog die Tiere unwiderstehlich an, und wenn es erst einmal dunkel war, würden sie dreister werden. Manasse begann zu hoffen, daß Hondo doch nur die Häupter seiner Gefangenen mit nach Theben nehmen würde. Eine rasche Enthauptung wäre erträglicher als nach und nach von miteinander um die besten Stücke kämpfenden Bestien zerrissen zu werden.

Hondos Krieger, Matrosen und Sklaven begannen, die Waffen und den Proviant zurück auf das Schiff zu tragen. In Manasses halb benebeltem Kopf klangen ihre schweren Schritte auf der Laufplanke wie Donnerschläge.

»Gott Shaddai, vielleicht werden sie mich töten«, murmelte er, bibbernd von der Kälte des Wassers in dem abnehmenden Licht. »Aber laß deinen Willen geschehen heute.«

Seine Arme hatten längst kein Gefühl mehr unter den strammen Seilen, die um seine Handgelenke lagen. Er hatte den verschwommenen Eindruck, nur noch Kopf und Brust zu besitzen. Er war nur noch ein an einen Pfahl gebundener Rumpf, und bald würde er nur noch ein Kopf sein, ein in einen Korb gestopftes Geschenk für Königin Tiy. Würde sie seinen Vater zu der Zeremonie, bei der Hondo ihr die Trophäen, die er von den Rebellen gewonnen hatte, übergeben würde, einladen? *Ja*, murmelte eine Stimme in Manasse. Sie war eine fähige und charmante Königin, aber dicht unter der blankpolierten Oberfläche ihrer Persönlichkeit lag etwas Schwarzes, Giftiges.

»Männer Ägyptens, kommt her zu mir!« rief Hondo. Manasse hob das eine Augenlid höher. Es wurde jetzt rasch dunkler, die Sonne schien zu bluten. Als gigantischer Feuerball hing sie über dem westlichen Horizont. Der letzte Sonnenuntergang, den er sehen würde. Er schloß seine Augen wieder und wartete auf das Unvermeidliche.

Die Laufplanke donnerte von vielen Schritten, alles rannte zu Hondo und dem blutigen Schauspiel, das er versprach. Dann verstummte die Planke, und Manasse hörte wieder die Stimme des Barbaren.

»Heute werdet ihr sehen, wie Verräter enden!« Die Worte waren von einem leisen Zischen begleitet, wie von der Klinge einer Waffe. Gegen seinen Willen hoben Manasses Augenlider sich wieder. Hondo stand am Flußufer, umringt von seinen Männern, in der einen Hand eine riesige Streitaxt.

Trotz seiner Leere spürte Manasse, wie die Panik in ihm hochstieg. Er hatte nichts, um sich zu wehren: keine Waffe, keine Kraft, keinen Willen. Das Entsetzen der letzten Nacht und die Strapazen des Nachmittags, dazu sein Hunger und Durst hatten ihn gänzlich entkräftet. Und er wußte, daß Jokim noch schwächer war.

Keine Kraft mehr. Und keine Hoffnung. Er war von Gott gerufen worden und hatte versucht, die Seinen um sich zu sammeln, aber sie hatten nicht gewollt. Sie hatten das Verheißene Land besucht, hatten seine Wunder unter ihren Füßen gespürt, und dann waren sie umgekehrt, zu dem leeren Luxus Ägyptens.

Aber Gott wußte, daß er treu gewesen war. Manasse schloß seine Augen, er wurde ruhiger.

Ein lautes Platschen meldete ihm, daß Hondo in das Wasser getreten war. »Sind die Körbe fertig?« Manasse hörte das rhythmische Klatschen des Griffs der Axt gegen Hondos Handteller.

»Die schlafen ja! Weck sie auf!« rief einer der Männer. Hondo lachte. Er kam näher. Jetzt war er so nah, daß Manasse seinen ranzigen Schweiß riechen konnte. Dann spritzte Wasser in sein Gesicht.

Er streckte reflexartig seine Zunge heraus, in der Hoffnung, ein paar Tropfen aufzufangen, aber hielt seine Augen geschlossen; er war nicht sicher, ob sie den Tumult seiner Gefühle nicht zu sehr verraten würden. Hondo sollte nicht die Genugtuung bekommen, seine Angst zu sehen.

Ein zweiter Spritzer regnete über sein Gesicht, dann wurde die Stimme seines Peinigers leiser. »Mach deine Augen auf und gib ihnen, was sie wollen.« Er spritzte ein drittes Mal das Wasser hoch. »Sonst schneide ich deinem Freund die Arme ab, dann die Beine und zum Schluß den Kopf. Deine Ohren kannst du nicht zuschließen ...«

Öffne deine Augen, und du wirst meine Errettung sehen.

Die Stimme schien von den Bergen zu kommen, von der Luft, von dem Wasser um ihn herum. Sie war so klar und stark, daß Manasse nicht verstand, warum keiner der anderen sie zu hören schien. Er riß seine Augen auf.

»Jokim?« rief er. Sein verschwommener Blick erfaßte Hondos teuflisches Gesicht. Der eine Arm des Kriegers ging mit der Axt nach hinten, um für den Hieb auszuholen.

»Ich hab's gehört, Manasse.« Ein halbes Lachen schwang in Jokims Stimme.

Mitten im Ausholen wurden Hondos Augen plötzlich weit, sein eines Bein schoß in dem Wasser nach vorne. Einen endlosen Augenblick balancierte er unsicher auf dem anderen Bein, dann fiel er mit einem Aufschrei in den Fluß.

Die Männer am Ufer lachten brüllend. Daß ihr Anführer vor lauter Schwung das Gleichgewicht verloren hatte ... Aber Manasse wußte es besser. Die Haare auf seinen Armen standen hoch und sein Herz hämmerte gegen seine Rippen, als das Wasser vor seinen Füßen zu wirbeln und zu kochen begann. Hondo kam wieder hoch, seine geballten Hände leer, sein Gesicht eine Maske namenlosen Entsetzens. »Sobek!« schrie er. Dann riß ein anderer Schrei in seiner Kehle, während eine unsichtbare Macht ihn erneut unter die Wasseroberfläche riß.

Manasse preßte sich zurück gegen den Pfahl, seine Augen blinzelten im stummem Schrecken. Sobek war der ägyptische Krokodilgott. Hatte Hondo ihn gesehen – oder hatte ein Krokodil ihn überrascht und gepackt?

Die Männer am Ufer standen erstarrt, dann zeigte einer von ihnen auf das Wasser. »Krokodile!« Sein Gesicht wurde angstverzerrt. Manasses Augen folgten dem Finger des Mannes. Hinter dem Schiff schnitten aus allen Richtungen schuppige grüne Rücken durch das Wasser der Bucht. Der ganze Fluß schien nur noch aus Krokodilen zu bestehen. Wie eine Armee schossen sie herbei, genau auf die Männer am Ufer zu.

Das Wasser wurde tiefrot von Hondos Blut. Jokim schrie auf, daß es Manasse ins Mark ging. Jeder, der einige Zeit im Schwarzen Land gelebt hatte, wußte, daß es unmöglich war, den Zähnen von Krokodilen zu entrinnen, die einmal Blut gerochen hatten. Mit der Kraft der Verzweiflung zerrte Manasse an seinen Fesseln. Die Männer am Ufer begannen, zu der Laufplanke des Schiffs zu rennen.

Das war das Ende. Manasse hielt den Atem an, als nur ein paar Fuß von ihm ein besonders großes Tier auftauchte. Sein Rachen stank nach nassen Fleischresten. Manasse drehte seinen Kopf zur Seite. Nur nicht den Tod anschauen.

Er spürte den Druck des Wassers, als das Krokodil an ihm vorbeiglitt. Sein mächtiger Schwanz streifte an seinem halbbetäubten Bein entlang; das Tier schien ihn nicht zu bemerken. Ein Augenblick Übelkeit und Zittern, dann sah er wieder hin, zu Jokim. Der hing an seinem Pfahl, blutverschmiert und bleich wie der Tod, aber auch ihn griffen die Bestien nicht an. Zwei von ihnen lagen rechts von Jokim auf dem Wasser, und ein riesiges männliches Exemplar hatte seine Glotzaugen links von ihm aus dem Wasser geschoben, aber keines der Tiere griff ihn an.

Die Männer am Ufer bemerkten es nicht. Schreiend vor Angst rannten sie alle auf einmal zu dem Schiff. Die Laufplanke, plötzlich überladen, schwankte, dann kippte sie. Wohl zwanzig Männer fielen in das hüfttiefe Wasser. Ein – nein, zwei Dutzend grüne Rücken schossen in die Richtung. Manasses Haut überzog sich eiskalt, dann verdunkelte ein gnädiger Schatten von der sinkenden Sonne seinen Blick auf das Gemetzele.

Der vielfache Todeskampf im Fluß ließ das Schiff schaukeln. Die Handvoll Männer, die es an Bord geschafft hatten, lösten in aller Hast die Taue und sprangen zu den Rudern. Manasse sah, wie die Männer, die noch am Ufer waren, umdrehten, um den Hang hinaufzurennen. Schon kamen die ersten Krokodile aus dem Wasser heraus. Da – weiter oben, hinter einem Felsvorsprung erschien eine riesenhafte Gestalt. Abnu. Hinter ihm kam mindestens ein Dutzend seiner Kameraden. Hondos Genossen verloren den Rest ihrer Fassung und liefen entweder blindlings in die Speere der Nubier oder warfen sich um Gnade bettelnd auf den Boden.

Wir sind gerettet. Der Gedanke traf Manasse wie ein heller Blitz. Dann sackte sein Kopf nach vorne, und er hörte nichts mehr.

»Die müssen direkt über einer Krokodilkolonie geankert haben«, erklärte Abnu. Er und Manasse saßen vor einem Feuer, während Jokim bibbernd unter einer Decke lag, die jemand aus dem Sand gezogen hatte. Der Riese starrte auf das jetzt wieder stille Wasser. »Jetzt ist ja die Brutzeit.«

»Es war ein Wunder Gottes«, antwortete Manasse. Er hielt seine von den Fesseln zerschundenen Handgelenke zu der Wärme des Feuers hin.

Abnu sah auf den Boden hinunter, dann schüttelte er den Kopf. »Es war einfach ein Fehler. Sie hätten das Ufer auskundschaften sollen.«

»Das hatten sie doch getan! Sie waren seit mehreren Tagen hier. Wir haben kein einziges Krokodil gesehen, bis das erste Hondo packte.« Manasse hob seine Knie an seine Brust, faltete seine Arme über ihnen und lächelte den Riesen an. »Wenn es kein Wunder war, warum sind Jokim und ich dann nicht auch gefressen worden? Wir bluteten, und wir konnten ihnen unmöglich entkommen.«

Abnu schob achselzuckend seinen gewaltigen Fuß durch den Sand. »Es passieren manchmal merkwürdige Dinge. Ich habe vieles erlebt, das ich mir nicht erklären konnte.«

Manasse schwieg. Er war überzeugt, daß Gott Shaddai ein Wunder getan hatte, um ihn und Jokim zu bewahren, aber warum hatte er die anderen nicht auch bewahrt? Warum hatte er das Massaker in dem Lager zugelassen? Manasse begriff plötzlich, warum Abnu seine Schwierigkeiten hatte, die Weisheit Gott Shaddais zu sehen. Er sah sie ja selber nicht immer.

»Ich verstehe nicht alles, was Gott zuläßt.« Er sah dem Nubier voll in die nachdenklichen Augen. »Es genügt mir, zu wissen, daß er etwas mit mir vorhat. Ich weiß, daß es sein Wille ist, daß die Kinder Abrahams nach Kanaan zurückkehren, und ich weiß, daß er mich zu ihrem Führer berufen hat. Aber nur ein paar wollten sich mit mir auf den Weg machen, die meisten haben mir nicht geglaubt.« Seine Augen gingen zu dem Feuer. »Vielleicht werden sie sich nie Gottes Willen öffnen. Aber wenn sie es tun, dann wird er ihnen alles schenken, was er verheißen hat.«

»Heißt das, daß du aufgibst?« Abnu runzelte seine Stirn. »Das ist nicht die Art eines Kriegers; Tarik hätte dich besser lehren sollen.«

»Ich gebe nicht auf«, antwortete Manasse. Nein, aufgeben ging nicht. »Aber im Augenblick sind andere Dinge wichtiger. Jokims Wunden sehen schlimm aus. Er braucht einen Arzt, aber er kann unmöglich zu Fuß nach Theben.«

»Und was willst du jetzt von mir?«

Manasse dachte nach. Die Gefahr war noch nicht vorüber. Tiy wollte nach wie vor seinen Kopf, und in den Augen des Pharao war er immer noch ein flüchtiger Rebell. Wem konnte er vertrauen? Nicht seinem Vater, mit Sicherheit nicht Ephraim. Aber vielleicht ...

Er sah Abnu an. »Geh unauffällig zum Haus meines Vaters und frage am Tor nach einer Sklavin namens Jendayi. Sie ist die Harfenspielerin meines Vaters, und ihr kannst du vertrauen. Sage ihr, daß ich Jokim zum Haus meines Vaters bei Tura bringen werde; sie soll einen Arzt dorthin schicken, der vertrauenswürdig ist.«

»Ich bringe den Arzt besser gleich selber mit.« Abnus schwere Brauen gingen nach oben.

»Das hatte ich gehofft.« Manasse lächelte. Er klopfte dem Krieger auf die Schulter. »Du bist ein Gottesgeschenk, mein Freund.«

Der Riese grinste zurück, seine frühere Skepsis war verschwunden. »Wir werden sehen«, sagte er, während er langsam aufstand.

Tiys Geduld zerrann zusehends. »Und warum«, schnappte sie, »sollen die Krokodile nur euch angegriffen haben und nicht die Hebräer? Vielleicht habt ihr nur nicht genau hingesehen, vielleicht haben sie ihnen die Beine abgefressen.«

»Nein, meine Königin. Sie standen mitten unter den Bestien, als ob sie unsichtbar waren.« Der Krieger preßte seine Hände und Knie auf den Fußboden des Throngemachs, als klebe er an ihm fest. Der zitternde Narr war gleich nach dem Eintreffen der königlichen Barke in Theben vor sie gebracht worden. Sie hatte bereits vier andere Überlebende verhört. Alle hatten sie dieselbe unglaubliche Geschichte erzählt, und jeder hatte vor ihr gezittert wie eine trockene Palme im Wüstensturm.

Sie sah zur Seite und dachte nach. Wenn Manasse und sein Genosse noch lebten, wie diese unfähigen Trottel zu glauben schienen, versteckten sie sich jetzt irgendwo. Und der jüngere Mann war also verwundet und wahrscheinlich unfähig, auf seinen eigenen Beinen zu laufen. Manasse würde Proviant und sonstige Hilfe von jemandem brauchen, dem er vertrauen konnte – von jemand in Goschen oder im Haus seines Vaters. Aber wenn so viele Hebräer in der Wüste gestorben waren, dann war Manasse in Goschen jetzt ungefähr genauso willkommen wie eine Heuschreckenplage.

»Steh auf, du Tor«, befahl sie dem zitternden Mann vor ihr. »Geh sofort zu Zafenat-Paneachs Villa und frage nach Akil, dem Cheironomen. Sage ihm, daß ich dich schicke und daß ich ihm befehle, achtzugeben, ob jemand kommt, um Hilfe für den rebellischen Sohn zu holen.«

»Aber wenn keiner kommt ...«

»Es wird jemand kommen«, zischte sie. »Und dann soll Akil ihm folgen, und du wirst mich sofort benachrichtigen, damit ich ihm meine Krieger zu Hilfe schicken kann.« Sie hob ihre Hand und winkte den Mann fort. »Geh jetzt sofort, deine Aufgabe ist noch nicht zu Ende.«

Der Krieger, sichtlich erleichtert, daß sie nicht seine Hinrichtung befohlen hatte, schluckte laut, nickte und schlich wie ein Schatten aus dem Raum.

Tiy beugte sich nach vorne und stützte ihr Kinn auf ihre Fingerspitzen. Sie konnte nicht aufhören, zu staunen über das unglaubliche Geschick Zafenat-Paneachs und seiner Söhne. In den alten Zeiten hatte der Wesir die Vögel von den Bäumen herabverzaubern können, und seine Söhne schienen ganz in seinen Fußtapfen zu folgen. Zafenat-Paneach hatte stets behauptet, daß seine Fähigkeiten von dem unsichtbaren Allmächtigen Gott kamen. Tiy hielt sie für die Frucht seiner Intelligenz, seines weiten Herzens und seiner entwaffnenden Schönheit. Seine Söhne schienen eben diese Qualitäten geerbt zu haben, denn Sitamun hatte sich echt in Ephraim verliebt, und Manasse schien die Führungs- und Motivierungsgabe seines Vaters zu besitzen.

Ein plötzlicher, erschreckender Gedanke durchschoß sie. Was, wenn Zafenat-Paneachs Geschick und Talent doch von seinem Gott kam? Die Ägypter schrieben ihren Göttern alle möglichen Glücksfälle des Alltags zu, aber die Überlebenden des Massakers am Fluß schienen überzeugt zu sein, inmitten des Angriffs der Krokodile ein echtes Wunder gesehen zu haben. Was, wenn dieser unsichtbare Gott tatsächlich solch eine Macht hatte? Was, wenn er seine Macht gegen sie, Tiy, lenkte?

Sie sehnte sich plötzlich nach Amenhoteps Gesellschaft. Er würde ihr nicht mehr Rat und Weisheit bieten können, als sie selber hatte, aber es wäre so tröstlich, in seinen Armen zu liegen und zu spüren, wie die Last des Thrones sich von ihren Schultern hob. Aber bald würde die Sonne sich über dem nächsten königlichen Hochzeitstag neigen. Heute abend würde Amenhotep mit seiner neuesten Braut ins Bett steigen. Tiy selber hatte die Allianz mit ruhiger Diplomatie betrieben. Daß ihr Herz sich etwas zusammenzog bei dem Gedanken an die königliche Hochzeitsnacht – solche kleinen Schmerzstiche mußte man schweigend ertragen.

Tiy war die Große Gattin, die regierende Königin, und jetzt die Macht hinter dem Thron. Und mehr als alle ihre edlen Vorgängerinnen begriff sie, was dieser Titel verlangte – zum Wohle ihres Königs und ihres Reiches.

Sechsundzwanzig

Jendayi sah es nicht, wie die Sonne hinter die Berge im Westen sank, aber die Geräusche des Hauses sagten ihr, daß es Abend geworden war. Die Stimmen wurden leiser, das Gelächter weicher. Die Wachen schienen die Strenge des Tages abzulegen, denn Jendayi hörte unterdrücktes Lachen und leises Klirren, als sie ihre Schwerter, Schilde und Spieße beiseite legten. Nur vier von ihnen hatten Nachtdienst, und sie postierten sich außerhalb der Mauern der Villa, weg von dem ruhigen Treiben in ihr.

Der Wesir war in seine Gemächer geleitet worden, die für die Nacht gerichtet waren, und jetzt strömte der süße Duft von Lilienöl durch die Dunkelheit, als die Sklavinnen ihre Arme und Hälse salbten und hinausgingen, um die Männer zu bezaubern. Zafenat-Paneach war liberaler als die meisten anderen Herren; er erlaubte seinen Sklaven, zu heiraten, und schenkte ihnen zur Hochzeit oft die Freilassung. Niemand, ob Sklave oder freier Diener, konnte einen besseren Herrn finden als Zafenat-Paneach, und nur wenige waren je von sich aus aus seinem Dienst ausgeschieden.

Von allen Orten in dem großen Anwesen mochte Jendayi den Garten am meisten. Selbst er schien nachts anders zu sein. Das unermüdliche Gesumme der Insekten wurde melodischer in der Dunkelheit, und die Lotusblüten, die sich vor der aufdringlichen Helligkeit des Tages zurückgezogen hatten, öffneten weit ihre Blätter und bedufteten die Luft. Dann und wann hörte Jendayi ein leises Platschen und stellte sich vor, daß eine Kröte in den spiegelnden Teich gesprungen war.

Die Geräusche der Nacht machten ihr nie Angst, denn sie gehörten zur Dunkelheit, und die Dunkelheit war Jendayi gerade so vertraut wie die Saiten ihrer Harfe. Das Tageslicht und die Träume, so hatte sie gelernt, bargen viel mehr Furchterregendes als die Nacht.

Sie hatte sich gerade am Rand des Teiches niedergelassen, als Kesi über den gefliesten Gartenweg gerannt kam. »Komm schnell, Jendayi«, flüsterte sie, eine Spur Verwunderung in ihrer Stimme. »Am Tor ist jemand und fragt nach dir.«

Jeder Nerv in Jendayis Körper verspannte sich, als sie sich aufrichtete. Wer konnte nach ihr fragen? Sie kannte niemanden außer den Menschen dieses Hauses und des Palastes des Pharao, und es war mehr als zweifelhaft, daß jemand aus Malkata hierherkam, um sie zu sprechen. Ephraim war auf irgendeiner Einladung, wie immer – und wer sonst konnte zu ihr wollen? Oder ... war es am Ende ihre Mutter? Aber sie verwarf diesen unmöglichen Gedanken sofort.

Ihre Hand ging an ihre Kehle. »Ist es ... ein Mann oder eine Frau?«

»Das weiß ich nicht«, antwortete Kesi, die sich bereits wieder umdrehte, ungeduldig. »Der Torwächter hat mich zu dir geschickt, das ist alles. Mach lieber schnell, er mag keine nächtlichen Besucher.«

Jendayi erhob sich und lief so schnell los, wie sie konnte, die eine Hand ausgestreckt, um die Wände der vertrauten Gänge zu ertasten. Ein paar Augenblicke, und sie spürte den Sand des Hofes unter ihren Füßen. Sie hörte Stimmen und drehte sich in die Richtung, zum Tor hin.

»Ich bin Jendayi«, sagte sie in die Luft hinein.

»Du?« Der tiefe Baß schien von einem Turm herabzudröhnen. Mit einem Zittern erkannte Jendayi die Stimme wieder – es war die von dem Duell im Hof von Malkata.

Sie faltete die Hände und versuchte, ihre Stimme ruhig zu halten. »Ich bin die, die Ihr sucht. Habt Ihr eine Botschaft für mich?«

Die Stimme des Mannes wurde näher und leiser. »Ja. Manasse und Jokim sind verwundet worden. Der Kampf um Kanaan ist ... verschoben worden. Aber Manasse bittet mich, dir zu sagen, daß du einen Arzt zum Haus seines Vaters beim Steinbruch von Tura schicken mußt. Wenn keine Hilfe kommt, stirbt vielleicht jemand.«

»Manasse ist verwundet?« Eine undefinierbare Angst schoß in ihr Herz. Manasse mochte ein Lügner und Ephraims Rivale sein, aber er hatte sie in seine Arme genommen, als sie einen Freund brauchte.

»Manasse wird es gut schaffen, aber Jokim hat zwei häßliche Wunden. Kennst du einen Arzt?«

Jendayi preßte ihre Finger auf ihre Lippen. Ihr Hirn raste. Die Priester kannten sich in der Heilkunde aus, aber Zafenat-Paneach hatte keine Priester in seinem Haus. Wenn einer seiner Diener krank wurde, rief er seinen Verwalter.

»Ani«, stieß sie hervor, halb überrascht von ihrem logischen Sprung. »Er kann helfen.« Sie drehte sich zu dem Haus um, dann kam ihr noch ein Gedanke. »Ihr wartet doch, nicht wahr?«

»Ja, ich warte, Kleine. Aber mach schnell. Ein Boot wartet, wir müssen vor Tagesanbruch weg sein.«

Ani stellte keine Fragen, als Jendayi ihm sagte, daß Manasse Hilfe brauchte, und falls die Nachricht den Alten überraschte, ließ er es sich nicht anmerken. Er bat Jendayi einfach, einen Augenblick zu warten, und kurz danach kam er zurück in die Tür seines Zimmers, mit Papyrussandalen an den Füßen, die ein sachtes Schlurfgeräusch auf dem Boden machten. Jendayi hörte auch das leise Knarren von Flechtwerk und roch das bittere Aroma von Heilpflanzen. Er hatte einen Korb mit Medizin dabei. »Ich bin bereit«, sagte er und stieß sie mit seinem Ellbogen an.

Sie nahm dankbar seinen Arm, denn ihr Herz ging wie eine Trommel, und sie hatte Angst, daß sie vor lauter Eile zu schnell laufen und stolpern würde. Nach ein paar Augenblicken erreichten sie das Tor. Die Stimme des Riesen klang zufrieden, als er den Verwalter begrüßte. »Du bist vorbereitet. Das ist gut.«

»Wenn Manasse mich braucht, sollten wir schnell machen«, erwiderte Ani. Das schwere Eingangstor knarrte, ein Wächter schlug salutierend die Füße zusammen. Dann echote Ephraims Stimme durch die Stille der Nacht.

»Beim Leben des Pharao! Was bringt einen Medjay so spät am Abend zum Haus meines Vaters?«

Ani zischte eine Antwort, der Krieger sagte nichts. Jendayi spürte, wie ihre Wangen brannten. Was mußte Ephraim von ihr denken, daß sie mit diesen Männern zusammen war? Er mußte sie glatt für eine Spionin halten, wenn nicht für noch etwas Schlimmeres.

»Ani?« Ephraims Stimme wurde gespannt. »Kannst du mir sagen, warum du reisefertig bist und einen Korb mit Heilpflanzen dabeihast? Und wer ist dieses Ungetüm von Mensch?«

»Dies ist nichts, was Euch betreffen würde, mein Herr Ephraim«, sagte Ani höflich. »Und jetzt laßt uns gehen, wir haben zu tun.«

»Bei sämtlichen Göttern, es ist Manasse, nicht wahr? Was ist passiert? Er ist mein Bruder, Ani, du mußt es mir sagen! Braucht er Hilfe? Ich bin jederzeit bereit.«

»Ich weiß nicht, ob er im Augenblick Eure Gesellschaft wünscht.«

»Hör zu, Ani.« Ephraims Stimme wurde heftiger. »Wir sind vielleicht manchmal verschiedener Meinung, aber Manasse und ich werden Brüder sein, bis wir sterben. Wenn er Hilfe braucht, mußt du mir sagen, wo er ist.«

Gespannte Stille. Ani brach sie mit einem langen Seufzer. »Nun gut, wenn Ihr bei uns seid, könnt Ihr nicht zum Pharao rennen. Schön, kommt mit. Euer Bruder ist bei Jokim, und sie sind beide verwundet.«

»Wo sind sie?«

»Das«, sagte der Riese, »werden wir sehen, wenn wir dort sind. Wenn du mit willst, dann hör auf, so wichtig dreinzusehen, und komm.«

Ani begann, durch das Tor zu gehen, Jendayi, die immer noch seinen Arm gepackt hielt, hinterher. »Nein, Jendayi.« Ani zog ihre Hand von seinem Arm. »Du mußt hierbleiben.«

Sie zögerte. Ein Gedanke kreiste wie eine Melodie durch ihren Kopf, und je mehr sie ihn zu überhören versuchte, um so stärker wurde er.

»Er hat mir also doch die Wahrheit gesagt?« Sie richtete die Worte an Ani, aber ihr Gesicht ging zu Ephraim hin. »Er hat diesen Krieger gebeten, nach mir zu fragen ... weil er an mich glaubt.« Sie konnte nicht aufhören, über die Bedeutung von Manasses Botschaft nachzudenken. »Wenn er gelogen hätte, wenn er mich nur benutzt hätte, um

Ephraim zu schaden, hätte er es doch nicht gewagt, mich um Hilfe zu bitten.«

»Ich weiß nicht, von was du redest.« Ephraims Stimme war ruhig und klar. »Aber Ani hat recht, dies hier ist keine Reise für eine kleine Harfenspielerin.«

Wußte er noch nicht einmal ihren Namen? »Aber Manasse ist in Not. Ich muß mit.« Sie hob trotzig ihr Kinn. »Er hat bestimmt nichts dagegen.«

»Das wohl nicht.« Sie hörte Sympathie in Anis Stimme. »Aber dies ist eine gefährliche Reise.«

»Der alte Mann hat recht«, sagte der Riese. »Eine Barke ist uns entwischt, und die Spione haben inzwischen bestimmt Theben erreicht. Manasses Feinde sind mächtig, kleines Fräulein.«

»Mächtige Leute haben nichts mit mir zu tun«, sagte sie. Ani zog seinen Arm weg. Sie packte sein Gewand und klammerte sich daran. »Ihr müßt mich mitgehen lassen!«

»Nein.«

»So vergeuden wir nur unsere Zeit.« Jendayis Herz schlug schneller, als Ephraim ihr zu Hilfe kam. Mochte er nie das werden, was sie sich erträumt hatte – wenn er wollte, daß sie mitging, glaubte er, daß sie helfen konnte.

»Ephraim hat recht, wir haben keine Zeit für Diskussionen«, fiel der Krieger ein. »Die Sterne sind schon weitergewandert, wir müssen los.«

»Nun gut«, murmelte Ani. Jendayi spürte, wie seine Schultern resigniert erschlafften. Sie schob ihre Hand unter seinen Arm und folgte ihm durch das Tor.

»Kein Wort davon zu meinem Vater«, sagte Ephraim zu dem Wächter und dem Torhüter, als sie loszogen. »Er wird das noch schnell genug erfahren. Ihr würdet ihn nur verärgern, wenn ihr ihm meldet, daß wir fort sind. Sagt nichts.«

Die tiefe Stille, die den Worten folgte, zeigte Jendayi an, daß die Männer gehorchen würden.

Während Abnu zum Haus des Wesirs ging, um seine Botschaft zu überbringen, war einer seiner Gefährten zum Fluß gegangen, um sich nach einem brauchbaren Boot umzusehen. Nach einigem Suchen fand er eine stattliche Feluke, deren Segel noch nicht eingerollt war. Er band ein rotes Tuch als Zeichen an die Mastspitze, dann setzte er sich im Schatten der Reling hin und wartete.

Das Quartett fand das Boot rasch unter dem hellen Sternenhimmel und stieg ohne ein Wort ein. Abnu, sein nubischer Kamerad und Ephraim nahmen die Ruder und legten los. Jendayi saß hinter Ani. Der warme Nachtwind streichelte ihr Gesicht. Sie drehte sich nach links und rechts, sog die aromatischen Gerüche des Flusses ein. Das Knarren des Schiffs, das leise Flattern des Segels, das Spiel der Taue und das Klatschen der Ruder ließen es warm durch Jendayis Herz fließen. Diesmal war sie nicht unterwegs, um gesichtslosen Edelleuten und Königen vorzuspielen, sondern um einem Freund in Not zu helfen.

Sie packte Anis knochigen Arm und seufzte zufrieden. Zum ersten Mal in achtzehn Jahren hatte sie das Gefühl, etwas wirklich Sinnvolles zu tun.

Als das Schiff sich von dem Ufer entfernte, schob Akil den Zipfel seines zerschlissenen Mantels aus seinem Gesicht und hustete einmal – das vereinbarte Signal für den Krieger, der ein paar Schritte entfernt stand. Der Medjay drehte sich um und rannte los, Richtung Palast. Akil blieb am Ufer stehen und schaute sehnsüchtig zu der großen Stadt hin und zu einer Zeile armseliger Hütten, in denen er als Bettler verkleidet für ein, zwei Wochen unterschlüpfen konnte. Früher oder später würden die Wachen der Königin ihn natürlich finden, aber wenigstens würde er nicht weiter an der Aktion seiner geliebten Königin gegen den Wesirssohn beteiligt sein.

Jeder Plan, der sich gegen den ehemaligen Wesir richtete, war zum Scheitern verurteilt, das hatte Akil begriffen, nachdem der Krieger ihm zitternd erzählt hatte, was an dem Steinbruch von Tura vorgefallen war.

Ein Angstknoten zog durch seinen Magen – Angst vor dem unbekannten Gott, der es schaffte, eine halbe Kompanie Soldaten von Krokodilen zerreißen zu lassen, während ein paar Schritte entfernt zwei blutüberströmte Hebräer im Wasser standen und keinen Kratzer abbekamen.

Aber Tiys Männer würden ihn aufspüren, wenn er seinen Posten verließ. Unter Zafenat-Paneach waren die Befehlshaber der Medjay-Garde vernünftig, fast schon menschlich gewesen. Ein oder zwei Jahre Gefängnis – Schlimmeres hatte ein entlaufener Diener nicht zu befürchten gehabt. Aber jetzt kommandierte Tiy die Truppen in Theben, und diese Meisterin des Bösen würde ihn glatt in Stücke hacken und den Krokodilen vorwerfen lassen.

Akil drehte sich schaudernd zu dem Wasser um. Wo war ein Boot, in welchem er den Männern, hinter denen Tiy her war, folgen konnte? *Warum folge ich ihnen überhaupt? Der Medjay wird ihr melden, daß sie flußabwärts gefahren sind, in einer großen Feluke, die man nicht so leicht übersieht. Sie braucht mich doch gar nicht. Ich bin ein Musiker, was weiß ich vom Spionieren?*

Ein plötzliches Klatschen aus dem schwarzen Wasser ließ sein Herz anhalten. Eine dunkle Vorahnung folterte ihn einen langen Augenblick, dann drehte er sich um und ging entschlossen auf die hell erleuchteten Wirtshäuser der Stadt zu.

Sollte Tiy ihn ruhig suchen lassen. Wenn sie ihn fand, wäre er so betrunken, daß es ihm egal war.

Die Feluke glitt in den von Wellen freien Spiegel des sonnenbeschienenen Hafens hinein, der für den Transport von Steinen aus den Brüchen von Tura angelegt worden war. Ephraim sprang aus dem Boot und watete geräuschvoll ans Ufer. Er hätte es sich denken können, daß Manasse diesen Schlupfwinkel wählen würde, wo sie als Kinder einen Sommer nach dem anderen verbracht hatten. In der weißgekalkten Villa hatte man jede Menge Ruhe und Komfort. Und Schutz, denn der Aufseher des Steinbruchs diente als menschliche Alarmanlage, falls etwa ein Feind von dem Fluß herbeikam.

»Da drüben ist ein Weg, der zum Haus führt!« rief Ephraim, während er das Tau, das Abnu ihm zuwarf, auffing. Er schlang es sich um die Schultern und half, die Feluke näher an das schlammige Ufer zu ziehen. »Ich gehe schon mal vor, wir treffen uns dann.«

Ani nahm gähnend seinen Korb, während die beiden Nubier in das Wasser sprangen und ihre Muskeln streckten. Ephraim drehte sich noch einmal um und sah Jendayis schläfriges Gesicht. Er mußte denken, daß sie noch nie schöner ausgesehen hatte als jetzt.

»Paß gut auf dein Herz auf, Bruder«, murmelte er, während er den steinigen Weg hochrannte. »Ich hoffe, es ist stark genug für eine anständige Überraschung.«

»Manasse!« Ephraims Stimme hallte von den Felsen wieder, aber aus dem Haus kam keine Antwort. Die Villa hatte seit Monaten keine Diener mehr gesehen, die weiten Eingangstüren hingen schief in ihren Angeln. Aber in der Empfangshalle konnte Manasse ohnehin nicht sein, sie war viel zu offen. Er hatte sich bestimmt in eine ruhigere Ekke zurückgezogen, zum Beispiel im Sklavenhaus oder in den Ställen.

Ephraim rannte um die Ecke und den Pfad entlang, der zu dem länglichen Gesindehaus führte. »Manasse!« rief er wieder, jetzt ungeduldiger. »Wenn du hier bist, dann melde dich! Ani ist bei mir, und Abnu! Und die kleine Harfenistin, extra für dich!«

Ein heißer Wind blies seine Seufzer an ihm vorbei. Von unten kam das Knirschen der Sandalen seiner Begleiter auf dem Weg. Das Gesindehaus blieb stumm wie ein Grab.

»Wenn das ein Trick ist, laß ich dich den Kies fressen.«

Die Stimme war direkt hinter ihm. Ephraim wirbelte herum. Da stand Manasse, hinter einer kunstvoll verzierten Säule, die eigentlich in einen Garten gehörte. Jetzt trat er langsam näher.

Ephraim stand mit offenem Mund da. War es möglich, daß ein Mann sich in so kurzer Zeit so veränderte? Manasse sah zehn Jahre älter aus. Das eine Auge war fast zugeschwollen, das ganze Gesicht von grünen und blauen Flecken übersät. Der Mund, der immer so gerne gelächelt hatte, hing aufgedunsen und schief über dem dunklen Bart, und bei jedem Atemzug hörte man ein halb kollerndes, halb schleimiges Geräusch. Über den rechten Oberarm lief ein häßlicher roter Streifen, und an den Handgelenken war die Haut rot verschorft.

Der eine Mundwinkel hob sich zu einem Grinsen. »Wenn du denkst, daß ich schlimm aussehe, solltest du mal die sehen, die es nicht geschafft haben.«

»Ich hab's gehört«, sagte Ephraim, immer noch halb benommen. »Abnu hat uns alles erzählt während der Fahrt.«

Manasse nickte ernst. »Gott hat uns bewahrt, Bruder. Warum, weiß ich auch nicht. Und jetzt kann ich nur hoffen, daß du gekommen bist, um uns zu helfen.«

»Ani ist bei mir.« Ephraims Daumen zeigte nach hinten auf den Weg. »Und Jendayi. Sie wollte unbedingt mit.«

Ein Hoffnungsleuchten kam in Manasses Augen, dann lenkten ihn die Rufe der anderen ab. Da war Ani schon. Er lief so schnell ihn seine alten Beine trugen, die Hände entsetzt erhoben, als er Manasses Gesicht sah. Abnu, Jendayi und der zweite Nubier blieben respektvoll im Hintergrund, während Ani seinem zerschundenen Schützling um den Hals fiel. »Manasse, mein Junge! Was habe ich Angst gehabt, ich würde dich nie wiedersehen!« Die Tränen strömten seine runzligen Wangen herab.

Manasse gab sich einen Augenblick der Umarmung hin, dann trat er zurück. »Jokim ist drinnen, er braucht dich jetzt mehr als ich.« Er führte den Alten zu dem Hintereingang des Hauses. »Aber du wirst ihn gesund machen, das weiß ich.«

»Wenn der Gott, der dich bewahrt hat, mir Kraft gibt, will ich es versuchen«, antwortete Ani, während er Manasse in das Haus folgte. »Aber jetzt erzähle mir, wie das war mit den Krokodilen. Diese alten Ohren wollen die Wahrheit von deinen eigenen Lippen hören, Manasse.«

»Ich glaube, du hast nur *gedacht*, daß du die Stimme Gottes hörtest«, wiederholte Ephraim. Sie saßen auf dem Fußboden des großen Schlafzimmers der Villa, ein paar Schritte entfernt von dem Bett, wo Jokim lag und von Ani und Jendayi verarztet wurde. In einer Ecke neben der Tür saßen Abnu und sein Kamerad an die Wand gelehnt, die Augen unruhig geschlossen. Die übrigen Medjay-Mitstreiter hatten sich in die Wüste zerstreut, um nach weiteren Überlebenden des hebräischen Lagers zu suchen.

»Aber ich kann nicht glauben, daß du Gottes Willen gefolgt bist, als du mit einer Armee in die Wüste gezogen bist.« Ephraim suchte nach Kapitulationsanzeichen auf dem Gesicht seines Bruders. »Schau dir doch an, was du erreicht hast! Wie viele Tote sind es? Zweihundert? Mehr? Und was ist aus denen geworden, die geflohen sind? Glaubst du etwa, sie sind alle wieder bei ihren Familien? Nein! Viele unserer hebräischen Vettern werden von den Ihren verstoßen werden, weil sie sich gegen ihre Väter aufgelehnt haben. Andere sind vielleicht in der Wüste umgekommen. Manasse, du weißt nicht, was du da angerichtet hast!«

»Ich habe getan, was ich mußte.« Manasse ballte seine Fäuste. »Kannst du leugnen, daß Kanaan unser Land ist? Gott Shaddai hat es uns verheißen – uns. Warum sollen wir dann nicht sofort dorthin ziehen?«

»Gott wollte auch, daß Abraham Isaak zeugte, und er und Sara mußten viele Jahre warten, bis die Verheißung sich erfüllte«, antwortete Ephraim. »Inzwischen wurde Abraham ungeduldig und setzte mit der ägyptischen Magd Ismael in die Welt. Er wollte schneller sein als Gott und brachte damit Streit und Entzweiung in seine eigene Familie.«

Manasses Gesicht wurde überrascht. Ephraim grinste. »Ja, ich habe mich in unserer Geschichte kundig gemacht. Jetzt, wo Vater nichts mehr als Zeit hat, kann ich mich stundenlang beim Essen mit ihm unterhalten. Er hat mir viel beigebracht.«

Manasses Miene verfinsterte sich. »So, *jetzt* hat er Zeit? Für dich? Aber nach mir, seinem Erstgeborenen, hat er nicht gesucht.«

»Du wolltest dich nicht finden lassen«, antwortete Ephraim achselzuckend. Er schaute zu Jokim hinüber. Dessen Gesicht war blaß wie ein Papyrusblatt, aber sein Stöhnen hatte aufgehört. Ephraim wußte nicht, ob die plötzliche Stille seines Vetters Gutes oder Böses bedeutete.

Er wollte hinzufügen, daß Manasse sich die Zeit hätte nehmen sollen, selber seinen Vater zu suchen, aber als er sich zurückdrehte, sah er, daß Manasses Blick zu Jendayi gegangen war. Noch in ihrem blauen und geschwollenen Zustand verrieten seine Augen seine stille Leidenschaft.

Ephraim schnippte kopfschüttelnd mit den Fingern.

»Was ist?« Manasses Kopf fuhr herum.

»Geh zu ihr«, flüsterte Ephraim. »Sie ist hier und du auch. Worauf wartest du noch?«

»Nein.« Manasse sah zu Boden und fuhr mit der einen Hand über die staubigen Fliesen. »Sie liebt mich nicht, Bruder. Ich habe ihr mein Herz geöffnet, und sie ist ganz ehrlich zu mir gewesen. Sie liebt einen anderen.«

»Wen? Egal, wer er ist, er kann nicht halb so gut wie du sein.«

Manasse starrte ihn an, dann lachte er so laut, daß Ani heftig »Ruhe!« rief und einen warnenden Blick über seine Schulter schoß. »Ihr weckt ja die Toten auf mit eurem Lärm!«

Ephraim grinste seinen Bruder an. Er verstand seine Worte nicht, aber er war dankbar für das Lachen in seinen Augen. Es war ein Augenblick wie in den alten Zeiten, bevor Jakobs Segen sie auseinandergerissen hatte.

»Ich glaube, du hast recht.« Manasse betastete seinen geschwollenen Unterkiefer. »Aber sie kennt meine Gefühle. Wenn sie es sich anders überlegen sollte, weiß sie, daß ich auf sie warte.«

»Liebe ...« Ephraim spuckte das Wort wie einen Fluch aus.

»Sitamun?«

»Ja.« Ephraim blickte aufseufzend zur Seite. »Ich liebe sie. Wieviel, habe ich erst gemerkt, als die Königin mir nicht mehr erlaubte, mich mit ihr zu treffen. Nach Vaters Entlassung sind meine Einladungen in den Palast versiegt wie das Wasser in einem ausgetrockneten Wadi.«

»Das tut mir leid.«

»Es ist nicht deine Schuld, obwohl ich das erst gedacht habe.« Ephraim lachte gepreßt. »Wenn du nicht in die Wüste gezogen wärest, hätte die Königin ein anderes Haar in der Suppe gefunden – bei mir, oder bei Vater oder Ruben oder einem unserer anderen Onkel.«

»Ich weiß.«

»Aber es ist böse, daß Sitamun das ausbaden muß! Ich gebe es ja zu: Anfangs habe ich wirklich nur an den Palast und an die Macht gedacht, aber dann lernte ich sie kennen. Sie ist so hell und schön. Ich würde sie selbst dann heiraten, wenn wir anschließend in einer Fischerhütte hausen müßten.«

»Du könntest Sitamun so lange in einer Lehmhütte halten wie einen Stier über einem Melkeimer!« Manasse lachte wieder.

Ephraim grinste. »Ich fürchte, du hast recht.«

Sie saßen einen Augenblick in kameradschaftlichem Schweigen da. Dann kam von draußen das Geräusch schwerer Schritte. Die Nubier wachten abrupt auf und griffen nach ihren Schwertern. Jendayi wurde so blaß, daß sie mit der weißen Wand zu verschwimmen schien. Manasse zog ein gedrungenes Schwert aus seinem Schurz und hielt es mit seiner zerschundenen Faust fest, während er auf die Tür starrte.

»Hört mich, Söhne Zafenat-Paneachs!« rief eine Stimme von draußen. »Wir sind die Krieger der Garde des Pharao und haben dieses Haus umstellt. Es gibt keinen Ausweg und keine Hoffnung für euch, außer daß ihr uns freiwillig nach Theben folgt und vor eure Königin tretet!«

Manasse warf einen fragenden Blick zu Ephraim hin, seine Lippen preßten sich zusammen. »Dies ist mein Kampf, nicht deiner«, sagte er. »Laß mich rausgehen. Ich ergebe mich, und wenn ich fort bin, hilfst du den anderen, sich in Sicherheit zu bringen.«

»Er hat gesagt ›Söhne Zafenat-Paneachs‹.« Ephraim rutschte näher zu seinem Bruder hin. »Sie wissen, daß wir beide hier sind und daß wir gemeinsam kämpfen werden.«

»Werden wir das?« Manasses Brauen hoben sich fragend.

»Jawohl.« Ephraim zog seinen Dolch aus seinem Schurz. Es war eine Zierklinge und nicht besonders geeignet zum Kämpfen. Aber wenn seine Instinkte ihn nicht trogen, würde Manasse es nicht auf einen Kampf ankommen lassen; er würde nicht wollen, daß der Harfenspielerin womöglich etwas zustieß.

Manasse kniff die Augen zusammen, dann drehte er sich zu Jokim und Jendayi hin. Der Verwundete lag so still da, als schlummere er schon in den Armen des Todes, und das Mädchen zitterte sichtbar. Nur die Nubier und der über Jokim gebeugte Ani machten einen ungerührten Eindruck.

»Wir können keinen Kampf riskieren.« Manasse senkte seine Stimme und sein Schwert. »Sie würden die anderen töten, und ich will nicht Anis und Jendayis Blut an meinen Händen haben. Ich würde für sie beide mein Leben geben, aber ich kann nicht von ihnen verlangen, für meine Sturheit zu sterben.«

»Das ist das Weiseste, was du heute gesagt hast.« Ephraim steckte seine Klinge in ihre Scheide, ging ruhig zur Tür, öffnete sie und hob seine Hände. Draußen stand ein Dutzend Krieger mit gezogenen Schwertern. Ihre Augen glänzten mißtrauisch.

»Seid gegrüßt, ihr Männer der Königlichen Wache«, sagte Ephraim, während er in das helle Sonnenlichtrechteck blinzelte. Er mußte daran denken, daß noch vor ein paar Wochen jeder einzelne dieser Männer sein Leben für *ihn* gegeben hätte; er konnte es fast nicht glauben. »Mein Bruder und ich ergeben uns euch. Führt uns vor die Königin. Nur laßt die übrigen in diesem Haus in Frieden ziehen.«

Der Kommandant ruckte schweigend mit dem Kopf in Ephraims Richtung, und mehrere der Männer traten mit Seilen vor. Hinter sich hörte Ephraim Manasses mühsames Atmen. Sein Bruder war vor die Tür getreten.

»Machst du das für sie?« Ephraim verzog schmerzlich das Gesicht, als zwei der Männer seine Fesseln allzu stramm anzogen.

»Für sie, für Ani und für dich.« Der Schweiß trat Manasse auf die Oberlippe, als sie auch ihn fesselten.

Als die Brüder beide gefesselt waren, stieg der Kommandant die Stufen zu dem Säulenvorbau hoch und schaute in das Haus hinein. »Holt die anderen auch.« Er sprang die Stufen wieder hinunter.

»Nicht das Mädchen!« Manasse wehrte sich umsonst gegen den Griff der beiden stämmigen Gardisten, die ihn festhielten. »Mein Bruder und ich haben uns ergeben. Die anderen müßt ihr ziehen lassen!«

Der Kommandant schoß ihm ein amüsiertes Grinsen über seine Schulter zu. »Habe ich das versprochen?«

Ein Schiff transportierte die Gefangenen nach Malkata anstatt zu dem Palast in Theben, und Ephraim spürte die Übelkeit der Verzweiflung, als sie in den königlichen Hafen am Westufer des Nils einbogen. Seit mehreren Wochen hatte er nicht mehr mit Sitamun sprechen können; seine Briefe waren unbeantwortet geblieben oder ungeöffnet zurückgeschickt worden, und er bezweifelte, daß sie ihre Gemächer in Theben verlassen durfte, wenn die Königin wirklich entschlossen war, sie von ihm getrennt zu halten.

Aber tief in seinem Herzen brannte eine Hoffnungsflamme. Bestimmt würde die Liebe einen Weg finden, daß sie zusammenkommen konnten. Mit einem einzigen Wort in ihr Ohr könnte er Sitamun seiner unverbrüchlichen Hingabe und Treue versichern. Ob sie noch an ihn dachte? Bei einer so koketten Frau wie Sitamun konnte man vielleicht nie ganz sicher sein, aber vielleicht könnte er hier, in Malkata einen der Wachen oder Diener bestechen, daß er ihr eine Botschaft von ihm überbrachte.

Er betrachtete den Palasthafen und biß sich auf die Lippe. Wie er erwartet hatte, hatte die Barke der Köngin in ihm festgemacht. Von ihrem höchsten Mast flatterte herrisch ihr königliches Banner. Weiter weg, wie ein verbannter Verwandter, lag das vergoldete Schiff, von dem früher die Standarte des königlichen Wesirs geweht hatte. Das Boot seines Vaters.

Er drehte sich um, und ein neues Elend riß durch sein Herz. Der Gedanke, daß Joseph dem Prozeß und Sturz seiner Söhne beiwohnen müßte, tat ihm gerade so weh wie die Erkenntnis, daß er die Hoffnung, die Liebe seines Lebens zu heiraten, vielleicht für immer würde begraben müssen.

Siebenundzwanzig

Joseph wartete am Palasttor. Manasses Schritt verlangsamte sich, als er die hohe Gestalt und das düstere Profil seines Vaters erkannte. Selbst Ephraim schien aus dem Tritt zu kommen. Vor Manasses inneren Augen schien ein Vorhang weggezogen zu werden, und für einen Augenblick waren er und Ephraim wieder kleine Lausejungen, die von Ani oder Tarik vor den Vater geschleppt wurden, um die Folgen irgendeines dummen Streiches auszubaden. Manasses Knie schlugen gegeneinander vor Angst, und Ephraim erklärte mit zuckender Miene, daß er erst zur Toilette mußte, jetzt sofort ...

Dann war das Bild wieder weg. Wenn sie nur hätten zurückgehen können. Die Ängste der Kindheit, sie waren leere Zwischenräume auf dem Papyrus ihres Lebens, rein nichts im Vergleich zu der Verzweiflung, die jetzt an Manasses Herz riß. Nicht nur, daß er seinen Bruder mit auf die Anklagebank des Pharao gebracht hatte; auf dem Boot lag, in Abnus Obhut, Jokim, der zu schwach zum Aufstehen war.

Manasse hob seine Augen zu dem Gesicht seines Vaters. Die letzten Wochen hatten neue Falten um Josephs Augen und auf seine Stirn gegraben, einen Teil der alten Kraft weggenommen. Ein Muskel an seinem Unterkiefer zuckte, als sein Blick dem Manasses begegnete. Er sagte nichts, aber seine Augen sprachen Bände des Schmerzes.

»Zafenat-Paneach.« Einer der Wachen trat vor und neigte knapp seinen Kopf. »Eure Söhne haben den Befehl erhalten, vor dem Pharao zu erscheinen.«

»Ich weiß.«

Manasse zuckte zusammen beim Klang der Stimme seines Vaters. Fort war die frühere Macht, der Tausende gehorcht hatten. Wie leer er plötzlich klang.

Joseph befeuchtete seine trockenen Lippen. »Meine Söhne werden kommen. Aber der alte Mann und das Mädchen können den Pharao nicht interessieren. Sie sind beide meine persönlichen Diener. Laßt sie frei, damit sie in mein Haus zurückkehren können.«

Manasse sah zu Boden; er wußte die Antwort des Soldaten schon. »Das geht nicht«, schnappte er, während er sich Halt suchend auf seinen Speer stützte. »Es sind entlaufene Sklaven, sie müssen zusammen mit den beiden Übeltätern vor das Gericht.«

»Nein«, stöhnte Manasse durch seine steifen Lippen.

Der Protest war nutzlos. Die Palasttore öffneten sich, und ohne ein weiteres Wort oder eine Geste faltete Joseph seine Hände, drehte sich um und ging los, mit festen, stetigen Schritten, gekleidet in das makellose alte Wesirsgewand und die Fetzen seiner Würde.

Die Wachen, die Manasse und Ephraim begleitet hatten, banden ihnen die Hände los und fielen zurück. Sie wußten, daß die Gefangenen jetzt keinen Fluchtversuch mehr machen konnten. Ephraim ging direkt hinter Joseph, Manasse humpelte neben ihm. Hinter den Brüdern kamen zwei Wachen, die Jendayi und Ani zwischen sich führten. Bitterkeit füllte Manasses Herz. Würde sie allen seinen Lieben den Tod bringen, seine elende Starrköpfigkeit?

In der Vorhalle wartete ein ganzes Meer von Adligen, Bittstellern und königlichen Gästen aus fernen Ländern. Es teilte sich wie durch Zauberhand, als Zafenat-Paneach zu der vergoldeten Doppeltüre trat, die in den Thronsaal führte. Zwei Trompeten erschollen, ein Kammerherr verkündete die Ankunft des ehemaligen Wesirs, und die Türen öffneten sich weit. Die wartenden Bittsteller fielen wie ein Mann auf die Knie und verneigten sich bis zum Boden, um einen Strahl von der göttlichen Gegenwart des Pharao zu erhaschen. Manasse stolperte nervös nach vorne, mitten hindurch durch den Strudel der neugierigen und verwunderten Blicke, die sich auf seinen Vater richteten.

Der langgezogene Thronsaal war von reich bemalten Säulen durchzogen, die Lotusblüten auf ihren Stengeln darstellten. Oberlichtfenster ließen das Licht, aber nicht die Hitze des Tages hinein. Bei der Tür zur Vorhalle lag ein Löwe wie eine schlafende Katze auf dem Fußboden, eine Erinnerung an die zweihundertzehn Löwen, die der König in den ersten zehn Jahren seiner Herrschaft erlegt hatte. Anders als bei Amenhoteps Vorgängern waren die Wände nicht mit Darstellungen der königlichen Feldzüge bemalt, denn Amenhotep war kein Freund des Krieges. Bis auf einen kurzen nubischen Aufstand im fünften Jahr seiner Herrschaft hatten nur die besagten Löwen je die ganze tödliche Gewalt seines Zornes gespürt. Und so hatten die königlichen Künstler den Thronsaal mit Szenen aus dem Familienglück von Amenhotep und Königin Tiy geschmückt: Amenhotep und Tiy im Gespräch mit den Göttern, im Spiel mit ihren Kindern und im Garten ... Während er auf das Thronpodium am Ende des Saales zuschritt, ließ Manasse seine Augen über die Gemälde gleiten. War unter den Tänzern, Musikern und sonstigen Sklaven im Dienst der Königsfamilie, die sie darstellten, auch Jendayi? Er seufzte erleichtert auf, als er kein Bild von einer Harfenistin fand. Vielleicht – hoffentlich – hatte der Pharao das Mädchen vergessen.

So voll wie heute war der Thronsaal sicher noch nie gewesen. Auf beiden Seiten standen Männer und Frauen, still und starr wie Statuen, ihre Augen wie polierte schwarze Steine. Soldaten, Adlige, Priester und Schreiber starrten die Hebräer an, wie eine Schlange das Kaninchen. Die Muskeln in Manasses Arm krampften sich unwillkürlich zusammen, als er daran dachte, daß sie ja auch Jendayi anstarrten, die direkt hinter ihm kam, und er dankte Gott im stillen, daß sie die anklagenden Blicke nicht sehen konnte.

Endlich hatten sie das Thronpodium erreicht, wo der Pharao auf dem Rand seines mit Blattgold verzierten Stuhls saß, sein Gesicht das eines gelangweilten Kindes. Rechts von ihm saß Neferkheprure' Wa-'enre', der Kronprinz, auf dem ebenfalls vergoldeten Stuhl zu seiner Linken Königin Tiy. Hinter den beiden Thronen standen mehrere Soldaten der königlichen Leibwache mit ihren stets bereiten Speeren. Hinter den Wachen der Königin waren ihre Töchter und Zofen, hinter dem göttlichen Pharao die königlichen Ratgeber und Priester.

Manasse, der wohl schon ein dutzendmal in dem Thronsaal gestanden hatte, sah sofort, daß die Anordnung der Glieder der Königsfamilie anders war als sonst. Sitamun, die immer zusammen mit den anderen königlichen Töchtern hinter Tiy gesessen hatte, stand jetzt direkt hinter dem Thron ihres Vaters, ihre eine Hand lag steif auf seiner braunen Schulter. Was sollte dies bedeuten? Manasse schielte zu der Königin hin. Hatte sie Sitamun diesen Ehrenplatz gegeben, um Ephraim zu provozieren?

Er warf einen raschen Blick auf seinen Bruder. Doch, Ephraim schien es auch bemerkt zu haben. Seine Augenbrauen zogen sich schmerzlich zusammen, dann wurde sein Gesicht merkwürdig starr. Er schien Manasses Blick zu spüren, denn er drehte sich zu ihm und versuchte ein Lächeln; es war nicht mehr als ein Zucken.

»Sie hat es gemacht«, flüsterte er so leise, daß nur Manasse es hören konnte. »Ihre Angst vor uns ist zu stark geworden.«

»Wer hat was gemacht?« fragte Manasse.

Ephraim starrte zu der Königin hin. Seine gekräuselten Lippen verrieten halb Belustigung, halb Zorn. »Du warst ja weg, da hast du es nicht mitbekommen. Vor ein paar Tagen hat der Pharao sich die nächste königliche Braut genommen. Die Ehe wurde von der Mutter Ägyptens arrangiert, und jetzt sehe ich gerade, daß sie auch von der Brautmutter arrangiert worden ist.«

Manasse schüttelte verwirrt den Kopf. »Wo ist die Braut?« Er suchte nach einem neuen Gesicht unter den königlichen Frauen.

»Siehst du denn nicht? Tiy hat Angst, daß Amenhotep oder der Kronprinz den Thron verlieren wird, wenn eine ihrer Töchter einen Fremden heiratet. Sie hat Angst vor *uns*! Die neue Braut des Pharao ist Sitamun, seine älteste Tochter!«

Manasse wurde bleich, der Ekel wollte ihn packen. Es hatte schon immer geheißen, daß die ägyptischen Königshäuser notfalls zum Inzest griffen, um die Dynastie zu erhalten, aber solange Manasse lebte, war er noch nie Zeuge einer solchen Ehe geworden. Bis jetzt.

Er sah zu Sitamun hin, und sein Herz zog sich mitleidig zusammen. Auch wenn er diesen Tag vielleicht nicht überleben würde, er hatte wenigstens Jendayi von seiner Liebe sagen können. Aber Sitamun, die königliche Gattin, würde nie einen anderen Mann erfahren als ihren Vater. Mit sechzehn Jahren war das Leben zu Ende für sie; ihre ganze Welt würde aus dem königlichen Harem und den Palastmauern bestehen.

Die Menge im Saal hielt hörbar den Atem an, als der Pharao den zeremoniellen Krummstab und die Geißel senkte. Joseph trat auf das Signal nach vorne und warf sich vor dem König zu Boden.

»Erhebe dich, Zafenat-Paneach.« Amenhoteps Stimme klang wehmütig wie die eines Mannes, der einen alten Freund vermißt.

Joseph erhob sich und begegnete stumm dem Blick des Königs, die Hände vor der Brust gefaltet, seine Augen ein schweigender Appell. Das Gold des Preises, die goldene Kette, die die Gunst des Pharao symbolisierte, hing schwer um seinen Hals, eine sichtbare Erinnerung daran, daß er einst ein hochgeschätzter Ratgeber gewesen war.

Der König hob den Stab und die Geißel wieder, und eine schwere Stille senkte sich wie ein Mantel über die Zuschauer in dem Raum. »Ich habe nicht dir etwas vorzuwerfen, Zafenat-Paneach.« Der Pharao runzelte gequält die Stirn. »Dein ältester Sohn muß sich heute vor mir verantworten.«

Der Hohepriester des Amun-Re trat vor. »Manasse! Dein König, der Göttliche Pharao, ruft dich!«

Manasse senkte sich auf den Boden, so schnell es sein zerschundener Körper zuließ.

»Du, Manasse, Sohn des Zafenat-Paneach, bist des Verrats angeklagt«, rezitierte der Priester, während Manasse seinen Kopf und seine Schultern hob. Der Blick, der unter den halb geschlossenen Lidern Amenhoteps hervorkam, war schroff befehlend. War dies derselbe Mann, mit dem Josephs Familie so oft zu Tisch gesessen hatte? Amenhotep, der leutselige Vater und Gastgeber, er war verschwunden. In diesem Saal war er der König, der Pharao Ägyptens, und sonst nichts.

Der Priester fuhr fort, seine Papyrusrolle vorzulesen. »Du hast dich der Verschwörung zum Krieg schuldig gemacht. Du hast dich der Autorität deines Vaters, Zafenat-Paneach, des Edlen Wesirs Ägyptens, widersetzt. Du hast die Krieger des Königs aus ihrem Dienst fortgelockt. Du hast Krieg geführt und königstreuen ägyptischen Kriegern den Tod gebracht.« Der Blick des Pharao brannte durch Manasses Körper, als der Priester aufsah und seine Rede beendete: »Hast du etwas zu deiner Verteidigung vorzubringen?«

Gott, gib mir Weisheit. Manasse leckte sich über seine geschwollenen Lippen und schaute durch seine halbgeschlossenen Augenlider auf. Am liebsten wäre er aufgestanden, aber er hatte Angst, umzukippen, und so blieb er auf seinen Knien.

»Leben, Wohlstand und Gesundheit sei Euch, mächtiger Pharao!« Er merkte, wie er schwanken wollte, und legte stützend eine Hand auf Ephraims Schulter. »Wenn es dem König beliebt, so wisse er, daß ich keine Verschwörung betrieben habe, mein Volk in seine Heimat zurückzuführen, sondern daß ich dem Befehl Gott Shaddais gehorchte, des Allmächtigen Gottes Israels, dem ich mehr gehorchen muß als jedem Menschen auf Erden. Ich habe einen einzigen Medjay-Krieger um seine Hilfe gebeten; die anderen sind ihm gefolgt, weil sie sich reiche Beute erhofften. Wir haben keinen Krieg gegen Ägypten geführt, sondern ein anderer Feind erhob sich in der Nacht und metzelte meine halbe Schar nieder. Mein Gott und meine Gefährten wissen, daß ich bis zu dieser Stunde mein Schwert gegen keinen Menschen gezogen habe, noch nicht einmal, um mich zu verteidigen.«

Die bemalten Augen des Königs blieben so ausdruckslos wie die eines Habichts. Der Blick der Königin war kalt und undurchdringlich. Manasse neigte seinen Kopf. Er wußte: Sie waren noch nicht fertig mit ihm.

»Verlese die andere Anklage«, sagte Tiy. Sie hob befehlend ihren Finger zu dem Priester hoch.

Der kahlköpfige Priester holte eine andere Schriftrolle hervor und räusperte sich. »Ephraim, der jüngere Sohn Zafenat-Paneachs«, leierte er, während er einen raschen Blick auf Ephraims Gesicht warf. »Du wirst angeklagt, deinem Bruder Beihilfe zu seiner verräterischen Erhebung gegen diesen Thron geleistet zu haben. Ferner hast du dir Freiheiten mit einer Prinzessin der Königlichen Familie erlaubt ...«

Sitamun zuckte sichtbar zusammen.

»... und mit rüchsichtsloser Energie daran gearbeitet, den Thron Ägyptens für dich und deine Nachkommen an dich zu reißen.«

»Das stimmt nicht!« Ephraims Augen glühten.

Tiy beugte sich nach vorne. »Erzähltest du nicht meiner Tochter, daß Ägypten groß werden könnte unter dem Einfluß von Zafenat-Paneachs Nachkommen?« zischte sie.

»Jawohl! Aber nie habe ich ein Komplott gemacht, den Thron an mich zu reißen! Und zu meinem Bruder gegangen bin ich, um ihn zu stoppen, und nicht, um mich ihm anzuschließen!«

»Ruhe!« Der Pharao hielt seine juwelenbesetzte Hand hoch. Die Augen der beiden jungen Wesire hinter ihm klebten an jeder seiner Gesten. Sie sahen nervös aus.

Ein Murmeln und Summen, ein Unbehagen, das man mit den Händen greifen konnte, verbreitete sich durch den Raum, während der König über seinem Urteil brütete. Manasse verstand das Dilemma des Pharao. Wenn er ihn verurteilte, weil er der Stimme Gott Shaddais gehorcht hatte, konnte er den Unwillen der Priester auf sich ziehen, die ja behaupteten, daß die Götter zu den Menschen sprachen. Und Manasse hatte keinen einzigen Ägypter auch nur verwundet, seine Männer hatten an keiner Schlacht teilgenommen. Und schließlich durfte der Pharao auch nicht vergessen, daß Manasse der ältere Sohn Zafenat-Paneachs war, des Brotes des Lebens, der nach wie vor große Beliebtheit unter dem Volk genoß.

Die Anschuldigungen gegen Ephraim waren Spreu im Wind, aber sein Schicksal war fest mit dem Manasses verbunden. Durch die Ehe mit seiner eigenen Tochter hatte der Pharao die Gefahr, die Ephraims Liebe zu Sitamun bedeutete, gebannt. Und wenn der Pharao zu dem Ergebnis kam, daß Manasse keinen Verrat begangen hatte, wäre der Anklagepunkt der Verschwörung mehr als wacklig.

Aber der nächste Gedanke ließ Manasses Herz in die Tiefe sacken: Wie konnte ein Gottkönig anerkennen, daß ein mächtigerer Gott das Recht hatte, Menschen zu befehlen, der Stimme Ägyptens, der Inkarnation des Horus und des Amun-Re den Gehorsam zu verweigern? Niemals! Wenn der Pharao zugab, daß es einen mächtigeren Gott gab als ihn selber, bedeutete er den Menschen damit praktisch, daß er selber überhaupt kein Gott war, sondern nur ein aufgeblasener Mensch und Möchtegern-Gott.

Königin Tiys Stimme, samten, aber stark, brach die Stille. »Darf ich reden, mein König?« Sie neigte ihren Kopf würdevoll in Amenhoteps Richtung. »Mir scheint, daß deine Entscheidung von dem Motiv der beiden jungen Männer abhängt. Handelten die Söhne Zafenat-Paneachs aus dem ehrlichen Wunsch heraus, ihrem Gott zu folgen, oder hatten sie im Sinn, sich gegen dich zu erheben?«

»Du hast recht.« Amenhotep funkelte Manasse unter seinen geschminkten Augenlidern an.

»Und ich weiß, daß du die Wahrheit bereits erkannt hast, denn du bist Gott.« Die Stimme der Königin war so kühl und klar wie Eiswasser. »Aber wenn dieser Gott der Hebräer die Macht hat, Menschen zu befehlen, dem Pharao nicht zu gehorchen, dann offenbare er seinen Willen doch mit einem Zeichen, das jedermann sehen kann! Amun-Re fährt jeden Morgen über den Himmel, Hapi gießt ihre Flut aus, um unser Land zu segnen. Gewiß kann dieser Gott Shaddai etwas tun, um sich deinem Volk zu offenbaren.«

Manasse starrte die Königin in stummem Erstaunen an. Der Saal raunte und summte. Was für eine Verrücktheit war dies? Selbst das Gesicht des Pharao war ein Fragezeichen.

Tiy, die merkte, daß er ihr nicht folgte, fuhr fort: »Dein Hunde-und-Schakale-Spiel«. Sie sah ihn bewundernd-beruhigend an. »Die Spielfelder in unserem Garten. Laß die Brüder gegeneinander spielen. Manasse behauptet, daß er der mächtigen Stimme Gott Shaddais gehorchen mußte. Ephraim sagt, er wollte ihn stoppen. Wie könnte dieser Gott dem einen Bruder befehlen, Krieg zu führen, und dem anderen, ihn daran zu hindern? Einer von ihnen lügt. Laß sie also gegeneinander spielen. Am Ende des Spieles werden wir alle, die wir hier versammelt sind, wissen, daß der Sieger die Wahrheit gesprochen hat.«

Das Gesicht des Pharao erhellte sich. Die Idee, einen der Söhne Zafenat-Paneachs zu schonen, gefiel ihm sichtlich.

»Was soll der Sieger bekommen?« Sitamuns silbrige Stimme klang durch das Geflüstere und Getuschele in dem Saal. Manasse sah überrascht zu ihr hin. Ihre großen, reuig-sehnsuchtsvollen Augen waren auf Ephraim gerichtet, als habe sie erst jetzt erkannt, daß sie den Mann, der um sie gefreit hatte, für immer verlieren konnte.

»Der Sieger wird sein Leben bekommen.« Die Stentorstimme des Pharao dröhnte durch den Saal. »Und als zusätzlichen Preis ...« Sein Blick streifte durch den Raum, nach einem brauchbaren Schatz, den zu gewähren in seiner Macht stand. Sein Arm schoß nach vorne und zeigte an Manasse vorbei. »... soll er dieses Mädchen bekommen!«

Manasses Herz zog sich zusammen. Er wusste auch ohne hinzusehen, daß der König auf Jendayi zeigte. Niemand hatte zu behaupten gewagt, daß sie und Ani mehr waren als Sklaven, die ihrem Herrn zu gehorchen hatten – und sie hatte jahrelang dem Pharao gehört.

Amenhotep drehte sich zu Joseph hin, sein Finger zeigte weiter auf Jendayi. »Du hast hoffentlich nichts dagegen einzuwenden, Zafenat-Paneach?« Der Beginn eines Lächelns bog die Winkel seins Mundes. »Ich habe sie ja zu dir zurückgeschickt.«

Manasse preßte seine Lippen zusammen, als sein Vater langsam den Kopf schüttelte. Was hätte er auch einwenden können? Der Pharao hatte Joseph bereits sein Amt und seine Söhne weggenommen; was machte es da noch, wenn er sich auch eine blinde Harfenspielerin zurückholte?

»Dann soll es so sein.« Der Pharao senkte seinen Finger und faltete zufrieden die Hände. »Der Sieger gewinnt sein Leben und die Harfenistin, der Verlierer verliert sein Leben. Und der Gott der Hebräer wird den Verlauf des Spieles entscheiden ... das wir morgen spielen werden.«

Er lächelte, und Tiy stand auf und streckte ihre Hand aus. Der Pharao erhob sich ebenfalls, und das königliche Paar verließ den Thronraum, gefolgt von einem Schwarm von Töchtern, Priestern, Ehefrauen und Ratgebern.

Ob nun aus Mitleid oder Gehässigkeit, der Hauptmann der Garde des Pharao steckte Ephraim und Manasse in verschiedene Zellen, die durch den sandigen Hof voneinander getrennt waren. Manasse fand das Arrangement gut, denn ein schwarzes Depressionsloch hatte ihn verschlungen, als der Pharao den bizarren Wettstreit befahl. Ephraim hatte immer mehr Glück in Sport und Spiel gehabt als er, und er hätte nicht gewußt, was er mit dem Bruder reden sollte, der morgen zweifellos gewinnen würde. Die tröstlichen Worte, die er über den Hof rufen wollte, wollten nicht an dem Eifersuchtsknoten in seinem Hals vorbei.

Ist das also die Bedeutung von Großvaters Segen, dachte Manasse, während er sich auf der abgewetzten Decke ausstreckte, die ein anderer Gefangener zurückgelassen hatte. *Ephraim wird das größere Volk sein, weil er lange genug leben wird, um Söhne und Töchter zu zeugen! Während ich morgen sterben werde, und das letzte, was ich sehen werde, wird sein, wie der Pharao Jendayis Hand in die Ephraims legt.*

Sein Elend war so groß, daß sein Herz ihm weher tat als seine zerschlagenen Knochen. Er drehte sich auf die schlimmere Seite und stöhnte auf. Es war furchtbar, aber es überraschte ihn eigentlich nicht, daß sein Leben gegen das Ephraims stand; sie waren schon immer Rivalen gewesen.

Ein Viertelmond von der Farbe eines gefleckten Knochens stieg am Himmel hoch. Selbst in dieser geschmälerten Form überstrahlte sein Licht das der Sterne und erleuchtete den Gefängnishof. Durch die Gitterstäbe konnte Manasse sehen, daß Ephraims Nacht gerade so unruhig war wie die seine. Er lag steif auf einem schmalen Haufen Stroh, den jemand in seine Zelle geworfen hatte, das Gesicht zu dem schilfgedeckten Dach über seinem Kopf gewendet; seine Füße schlugen einen unhörbaren Takt.

Manasse ließ aufseufzend seinen Kopf zurück auf seine Arme sinken. Sein Vater würde auch nicht schlafen in dieser Nacht. Trotz seines eigenen Elends verspürte Manasse einen Stich des Mitleids für diesen Mann, der aus der Sklaverei zum Gipfel der Macht aufgestiegen war. Während der großen Hungersnot hatte Joseph das Leben der Welt in seinen Händen gehalten. Könige und Mächtige aus allen bekannten Ländern waren in das Schwarze Land gekommen, um Nahrung zu kaufen oder zu erbetteln, und Joseph war ein ebenso fähiger wie großzügiger Brotgeber gewesen. Die fernen Provinzen, mit denen Ägypten gewöhnlich nichts als Ärger hatte, hatten das Joch willig angenommen, und dank Josephs Klugheit hatte der Pharao jedes Stückchen des ägyptischen Bodens, bis auf den Besitz der Tempel und Priester, in seine Hand bekommen. Und Zafenat-Paneach war mit Macht, Ansehen, Reichtum, einer schönen Frau, zwei reizenden Söhnen und schließlich sogar der Wiedervereinigung mit seiner alten Familie belohnt worden.

Aber das Blatt hatte sich gewendet. Jetzt hatte Zafenat-Paneach keine Frau mehr, keine Macht und nur noch wenig Ansehen. Würde Gott ihm auch seine Söhne nehmen? Einen hatte er schon verloren. Josephs Gesicht war gefaßt gewesen während der Audienz beim Pharao, aber Manasse wußte, was er durchgemacht haben mußte an diesem Tag, wo Amenhotep, sein Ziehsohn, so öffentlich demonstrierte, daß ihm Zafenat-Paneachs Urteil so wenig wert geworden war, daß er lieber ein Spielbrett befragte als den Vater des Pharao.

Manasse schloß seine Augen und flüsterte ein Gebet: »Gott Shaddai, vergib ihm seinen Unglauben. Du hast so lange durch ihn gesprochen, daß er es nicht fassen konnte, daß du durch ... mich sprechen könntest.« Er schluckte, und eine heiße Träne lief seine verschwollene Wange hinunter. »Ich kann es selber immer noch nicht recht glauben. Du hast mich in die Wüste geführt, wo wir geschlagen worden sind. Du hast mich an den Hof des Pharao geführt, wo ich morgen wohl sterben werde, während mein Bruder leben darf. Aber ich will alles tun, was du willst. Bitte mach mich bereit.«

Tief im Palast von Malkata wälzte der Pharao sich schlaflos auf seinem königlich großen Bett. Neben ihm lag die schlafende Sitamun, ihr Schnarchen ein leiser Rhythmus in der Dunkelheit.

Der Pharao sah zu ihr hin und runzelte die Stirn. Er hätte sich nie dazu hergegeben, seine eigene Tochter zu heiraten, wenn die Königin nicht so gedrängt hätte. Er wußte, daß Tiys Ängste auf ihre bescheidene Herkunft zurückgingen, aber mit seiner Tochter schlafen – es war ungefähr so aufregend wie die Ziegel einer Pyramide zu zählen. Sobald Sitamun einen Erben geboren hatte, würde er sie in den Harem schicken und den Rest ihrer Tage in Frieden lassen.

Tiys zweiter Vorschlag, das Hunde-und-Schakale-Spiel, war ihm zuerst so recht passend erschienen, aber jetzt war er nicht mehr sicher. Sollte das Schicksal eines Menschen wirklich von der Laune der Würfel entschieden werden? Zafenat-Paneach hätte niemals eine Sache auf eine solche Weise entschieden, und das tief verletzte Gesicht des früheren Wesirs hatte dem ganzen Hof deutlich gezeigt, wie sehr der Vorschlag der Königin ihn getroffen hatte. Amenhotep wußte: Es war unklug, Zafenat-Paneach so vor den Kopf zu stoßen; das Volk verehrte ihn und seinen unsichtbaren Gott immer noch. Obwohl die wenigsten wußten, wie man diesen Gott Shaddai überhaupt anbetete, konnte Amenhotep nicht an gegen die allgemeine Meinung, daß ein unsichtbarer Gott das Schwarze Land um seines Wesirs willen gesegnet hatte.

Und diese Meinung war seit Zafenat-Paneachs Fortgang aus dem Hof eher noch stärker geworden. Die letzten Wochen hatten ein Problem nach dem anderen gebracht: Ein hartnäckiger Pilz hatte die Ernte in Opet ruiniert, bei den Steinbrüchen von Ibhet war eine reiche schwarze Granitader spurlos abgerissen und die normalerweise pflegeleichten Haremsfrauen waren zänkisch und mißgelaunt. *Vielleicht*, dachte Amenhotep, *muß ich schon bald Zafenat-Paneach zurück an den Hof holen ...*

Er würde es sich nie leisten können, offen Gott Shaddai zu verehren, aber Zafenat-Paneach war ein probater Schutzschild gewesen. Es wäre nur weise, seinem alten Freund das Wesirsamt zurückzugeben, aber solange die Sache mit Ephraim und Manasse nicht erledigt war, konnte er nichts unternehmen.

Dieses Elende Hunde-und-Schakale-Spiel! Aber es war zu spät, die beiden jungen Männer einfach zu begnadigen. Amenhotep hatte ja öffentlich erklärt, daß er und Gott Shaddai wußten, wie das Spiel ausgehen würde.

Sitamun schluchzte leise in irgendeinem Traum, und Amenhotep rollte seine Augen und kaute an seinem Daumennagel. Er mußte das Spiel spielen lassen. Einer der Söhne würde das Leben bekommen und der andere in ein frühes Grab gehen. Und nachdem er seinen einen Sohn begraben hatte, würde Zafenat-Paneach sich das Angebot des Königs, ihn wieder zum Wesir zu ernennen, anhören, Amenhotep ins Gesicht spucken und prompt für diese Unverschämtheit hingerichtet werden.

Der Pharao vergrub sein Gesicht in den Händen. Zum ersten Mal in seinem Leben schmeckte er die Niederlage.

»Psst, Mädchen, weine nicht«, flüsterte Ani durch das Geheule der anderen Sklaven im Gefängnis des Pharao hindurch. Er und Jendayi waren in dieselbe übelriechende Grube gesteckt worden – zwei Stück bewegliches Eigentum, die es nicht wert waren, mit Anstand behandelt zu werden.

Jendayi hob ihr Gesicht von dem verfilzten Stroh hoch und versuchte, ihre Tränen hinunterzuschlucken. »Ich muß aber, ich kann nicht mehr, ich weiß nicht, was ich machen soll. Das ist so furchtbar,

Ani, so ungerecht. Manasse hat doch niemand etwas getan, und Ephraim wollte nur seinem Bruder helfen.«

»Du sprichst beide Namen mit Liebe aus.« Eine kleine Spur Zynismus kroch in Anis Stimme. »Das ist praktisch, denn morgen wirst du ja Malkata als Frau des einen oder des anderen verlassen.«

»Aber ich will doch nicht, daß einer stirbt!« Ihr Weinen wurde haltlos. »Ich will doch nur, daß mich jemand liebt!«

»Jetzt weine doch nicht, liebes Mädchen.« Das Stroh raschelte, als Ani an ihre Seite kroch. Sie fühlte seine alte Hand auf ihrem Kopf, dann zog er sie an seine Schulter und nahm sie behutsam in die Arme. »Wenn du geliebt werden willst, brauchst du keine Angst zu haben. Ich glaube, du bist schon geliebt.«

»Ich weiß«, murmelte sie gebrochen. »Jetzt sehe ich es. Ich dachte die ganze Zeit, Ephraim liebt mich, und dabei war es Manasse. Er war so behutsam und wollte mir nicht weh tun ...«

»Still, Kind.«

»Ich kann nicht!« Ein bitteres Lachen sprang auf ihre Lippen. »Bis gesten abend hab ich ja gar nicht gewußt, wie blind ich war. Manasses Liebe war die ganze Zeit da, ich hätte mich nur nach ihr ausstrecken brauchen, und Ephraim hat mir nie das kleinste Zeichen gegeben, daß ich ihm etwas wert war. Oh, ich kann ihm nicht böse sein, ich habe mir ja alle Anzeichen seiner Liebe nur eingebildet ...«

Sie schloß ihre Augen und breitete ihre Hände zu einer Verzweiflungsgeste aus. »Ich hab es alles nicht gesehen! Manasse bat mich, an ihn zu glauben, und ich konnte es nicht! Ich konnte nur Ephraims Stimme hören, nur an seinen Kuß damals denken. Manasse habe ich ganz vergessen ...«

»Nein, Kind, du hast ihn nicht vergessen.« Anis Stimme war fest und überlegt. »Und als er dich rufen ließ, hast du alles riskiert, um zu ihm zu kommen. Ob du es weißt oder nicht, du hast dich schon zum Lieben entschieden.«

Jendayi hörte ihn schweigend an. Dann gab sie dem Alten einen dankbaren Kuß auf die Wange. Vielleicht hatte er recht. Sie rollte sich auf dem Stroh zusammen und nahm die Hoffnung in seinen Worten mit in die Eishöhlen ihrer einsamen Seele.

Konnte sie das – die Liebe wählen? War die Antwort auf ihren Alptraum so einfach? Das wußten nur die Götter.

Achtundzwanzig

Obwohl Erwachsene wie Kinder ihre Freude an dem Spiel »Hunde und Schakale« hatten, war die Atmosphäre alles andere als fröhlich, als am nächsten Morgen eine Abteilung der Wachen des Pharao Manasse und Ephraim in den königlichen Garten führten. Der Pharao und Königin Tiy saßen bereits auf ihren erhöhten Stühlen vor dem Teich, und hinter einer Absperrung reckten sich hunderte adlige Hälse, um dem Spektakel beizuwohnen. Am hinteren Ende des Gartens standen steif mehrere Bogenschützen, bereit, den Hinrichtungsbefehl sofort auszuführen. Abnu war nicht unter ihnen. Manasse hatte von einem der Gardisten erfahren, daß der Riese und sein loyaler Kamerad in den Palast in Theben versetzt worden waren, kurz nachdem der Verwundete in ihrer Obhut unter ungeklärten Umständen entkommen war. Der Pharao war nicht erfreut über die Medjay, aber er schätzte sie zu sehr, um sie hart zu bestrafen.

»Schau da.« Ephraim nickte in die Richtung der Bogenschützen. »Unser Pharao geht kein Risiko ein. Das Urteil wird sofort vollstreckt werden, bevor jemand protestieren kann.«

»Wer könnte denn protestieren?« Manasse rieb seine steifen Arme. »Er hat doch schon erklärt, daß Gott Shaddai diesen Wettkampf lenken wird, und so wird einer von uns beiden durch den Willen des Allmächtigen ins Jenseits befördert werden.«

»Ich habe keine Angst«, antwortete Ephraim. Er schwang die Arme vor seiner Brust hin und her, als bereite er sich auf einen Ringkampf vor. »Du denkst vielleicht, daß ich keinen Glauben an Gott habe, aber das stimmt nicht. Ich weiß, daß der Pharao in einem sogar recht hat: der Gott Abrahams, Isaaks und Jakobs wird heute seinen Willen ausführen.«

»Wenn du solchen Glauben hast, warum bist du dann nicht mit mir in die Wüste gegangen?« Manasse hob die Augenbrauen. »Wenn du an Gott glaubst, hättest du doch auch glauben müssen, daß Kanaan unsere Heimat ist; dieses Land hat er uns doch ...«

»Ich bin nicht mitgegangen, weil ich nicht wollte«, unterbrach Ephraim ihn. Er zuckte mit den Achseln, schüttelte seine Arme, legte die Hände in die Hüften und lächelte Manasse halb verschämt an. »Ich hasse die Wüste – den Sand, die Hitze, das schlechte Essen. Und ich hasse Schmerzen – die Schmerzen, die du hattest, als dir jemand das Gesicht so bearbeitet hat. Aber heute, Bruder, habe ich keine Wahl, ich muß dir folgen. Und wenn ich Schmerzen ertragen muß, dann hoffe ich, daß Gott gnädig sein und es schnell machen wird.«

»Dich werde ich nie begreifen.« Manasse starrte ratlos den Bruder an, den er mehr liebte, als er zugeben mochte. Der stets charmante Ephraim – er konnte einem seine schlimmsten Fehler mit einem Lächeln vor die Nase halten, und trotzdem mochte man ihn nicht missen.

Ephraim antwortete nicht und wandte sich ab. Manasse hob seinen Blick zum Himmel hoch. Von Norden bis Süden spannte sich ein tiefes Blau, nur im äußersten Westen war noch ein violetter Streifen – ein perfekter Tag.

Manasse ließ seine Augen langsam hin und her über die Menge gleiten, bis er Jendayi, Ani, Joseph und Tarik sah. Sie standen etwas für sich, ein Quartett des Elends und der Angst. Die Augen seines Vaters starrten groß und voll wildem Schmerz ins Leere, während Tarik Manasse fest ansah. *Konzentriere dich,* schienen seine durchdringenden Augen zu sagen, *paß auf, denk an alles, was ich dich gelehrt habe.* Jendayis blinde Augen waren weit aufgerissen, aber ein starkes, klares Licht schien aus ihnen zu strömen, als sie sich an Anis Vogelbrust drückte.

Welchen der Brüder hoffte sie wohl zu gewinnen? Egal, wer es war, sie würde einem Mann gehören, der für sie sorgen würde. Warum klammerte sie sich dann so ängstlich an Ani?

Einer der Palastwachen bedeutete Manasse, nach vorne zu treten. Einer der beiden neuen Wesire, ein beleibter Mann, der noch vor einem Monat ein Schreiber in der Abteilung für den Bau des königlichen Grabes gewesen war, stieg auf ein Podest und hob seine Hand. Das Gemurmele der Menge verstummte, und sein Blick ging zu Ephraim und Manasse. »Ihr müßt jeder einen Würfler bestimmen«, sagte er. Seine braunen Augen flackerten verschmitzt. »Wen werdet ihr wählen?«

Ephraim hob, grinsend wie in den alten Tagen, seinen Kopf und suchte die Menge ab. Manasse schüttelte ungläubig den Kopf, als er Sitamun anlächelte. »Es wäre mir eine große Ehre, wenn Königin Sitamun die Würfelsteine für mich werfen könnte.« Sein Lächeln hörte plötzlich auf, sein Blick schien sie auf ihren Platz zu nageln.

Ein Geraune ging durch den Garten, aber die neue Königin erhob sich von ihrem Stuhl und ging mit fließenden Schritten zu der Schale mit den Würfelsteinen.

»Und du?« bellte der Wesir Manasse an.

Manasse schaute erneut in die Runde. Er konnte schlecht seinen Vater bitten, und der arme Ani wäre genauso hin und her gerissen zwischen den beiden Brüdern. Aber Tarik – sein Blick begegnete dem des Hauptmanns, und er sah, wie dieser langsam nickte. Tarik war ein Krieger mit einem Herzen aus Stahl; sein Mut würde sie durch diesen Tag bringen.

»Ich wähle Tarik, den Hauptmann der Wache Zafenat-Paneachs.« Manasse richtete seinen Blick zurück auf den neuen Wesir.

Der nickte und rieb seine Hände zusammen. »Gut. Du, Manasse, wirst der Hund sein und diesen Weg nehmen.« Er zeigte auf einen Schlängelpfad, der durch die östliche Hälfte des Gartens führte. »Und du, Ephraim, wirst den anderen Weg nehmen und den Schakal machen.«

Ephraim nickte knapp, dann stellte er sich vor das erste Spielfeld. Manasse sah ihn an, und sie tauschten ein Lächeln aus, dann ging Manasse zu seinem Startfeld und drehte sich zu dem Podest hin, wo Sitamun neben einem in der Sonne glänzenden Ständer mit der Würfelschale stand.

Während Tarik sich einen Weg durch die Menge bahnte, nahm Sitamun die Würfelsteine aus der Schale heraus, lächelte Ephraim zu und warf die Steine mit einem triumphierenden Schwung.

Der Wesir beugte sich über die Schale und las das Ergebnis. »Sechs!« Das sechste Feld, auf das Ephraim sich sogleich begab, war über einen der Geheimpfade mit der unteren Hälfte des Schakal-Wegs verbunden. Kaum stand Ephraim auf dem Feld, als mehrere Trägersklaven mit einer reich verzierten Nachbildung der Sonnenbarke des Amun-Re erschienen. Sie setzten das Boot ab, Ephraim stieg ein und unter dem spärlichen Beifall der Zuschauer hoben die Sklaven die langen Tragestangen zurück auf ihre Schultern und trugen Ephraim nach vorne, zu einem Feld, das nur noch acht Felder vom Ziel entfernt war.

Manasse schaute schweigend zu. Wie lässig die adligen Zuschauer das Spiel zu nehmen schienen. Aber auch Ephraim. Er winkte noch nicht einmal, als er in dem Boot saß.

Mit festen, schnellen Schritten trat Tarik zu dem Podest, wo der Wesir die Bronzeschale mit den Würfelsteinen hielt. Er nahm sie hoch, rollte sie einen Augenblick in seiner Hand und ließ sie klappernd zurück in die Schale fallen.

»Eins!« rief der Wesir. Manasse schloß erleichtert die Augen und trat auf das erste Feld. Obwohl sein Wurf nicht halb so günstig gewesen war wie der Ephraims, hatte er wenigstens das Spiel beginnen können. Wie oft hatte er als Kind auf eine Eins oder Sechs warten und neidisch zuschauen müssen, wie Ephraim fröhlich über das Spielfeld zog.

Der Wesir präsentierte mit einer tiefen Verneigung die Würfelschale Sitamun, die mit einem sehnsuchtsvollen Blick auf Ephraim die Steine aufhob und kurz an ihre Lippen drückte. Manasse warf einen raschen Blick auf den Pharao, um zu sehen, ob er die wortlose Zwiesprache zwischen seiner Frau und dem Rebellen bemerkte, aber die Augen des Königs waren auf die Zuschauer gerichtet, und nicht auf das Spiel.

Die Menge verstummte, als Sitamun die Steine schüttelte und in die Schale fallen ließ.

»Eins!« rief der Wesir, das Gesicht rosig vor Eifer. Ein paar der Zuschauer, die spürten, daß Ephraim der königliche Favorit war, applaudierten, als er auf das nächste Feld trat.

Jetzt trat Tarik wieder vor, das Kinn hoch erhoben, als wollte er nicht zulassen, daß Manasse verlor. Er nahm die Würfelsteine energisch in die Hand, schüttelte sie und ließ sie in die Schale fallen.

»Sechs!« rief der Wesir.

Ein vielstimmiges »Ah!« erscholl, als Manasse nach vorne ging. Er hatte den Abkürzungsweg um ein Feld verpaßt, aber als er sein Endfeld erreichte, rief er aus: »Das ist ein *Anch*!« Er rief es fast fröhlich, Ephraims verrückte Unbekümmertheit war ansteckend. »Würfele noch einmal, Tarik!«

Mit einem dünnen Lächeln hielt der Wesir Tarik die Schale wieder hin. »Bitte sehr.«

Tarik nahm die Steine wieder, hielt sie einen Augenblick in beiden Händen – und dann tat er etwas, was Manasse noch nie bei ihm gesehen hatte. Wie ein Hebräer hob Tarik, der Ägypter, seine Hände hoch, das Gesicht zum Himmel gerichtet, und bewegte seine Lippen in einem stillen Gebet.

Die Brauen des Wesirs gingen erstaunt in die Höhe. »Bei der Macht der Sonnenscheibe der Hathor, was soll dies bedeuten?« Seine Stimme war sarkastisch.

Der Pharao beugte sich auf seinem Stuhl nach vorne und wartete, bis Tarik seinen Kopf wieder senkte, dann brach seine Stimme, kühl und unpersönlich, die befangene Stille. »Hauptmann, falls dies ein Protest sein soll ...«

»Es ist kein Protest, mein König.« Tarik verneigte sich höflich. »Aber da Ihr sagtet, daß heute Gott Shaddais Wille geschehen soll, dachte ich, einer von uns sollte ihn vielleicht um seinen Segen bitten.«

Der Pharao sank auf seinen Stuhl zurück, seine Hände gingen wortlos an seine Wangen. Tiy beugte sich nach vorne, ihr Gesicht sichtlich verfinstert. Manasse spürte, wie er nervös wurde. Tarik begann, die Würfelsteine zu schütteln.

»Drei!« rief der Wesir, als die Steine aufgehört hatten zu rollen. Manasse machte drei Schritte nach vorne – nur um zu merken, daß dieses Spielfeld mit einem Geheimpfad verbunden war, der ihn zurückwerfen würde. Ein alter Priester kippte den Korb neben ihm um, und zwei Kobras kamen herausgeschlängelt, um Manasse symbolisch zurückzujagen. Er sah, daß das Feld, auf dem er jetzt landete, immerhin noch ein Feld vor dem lag, von dem aus er diese Runde begonnen hatte. Er warf Tarik einen aufmunternden Blick zu.

Während zwei kahlrasierte Priester die ungefährlichen, weil zahnlosen Schlangen durch die zur Seite hüpfenden Zuschauer verfolgten, trat Sitamun vor, um wieder für Ephraim zu würfeln. Man hörte das Rollen der Würfelsteine, dann rief der Wesir: »Eins!«, und Ephraim ging weiter nach vorne.

Mit jeder Minute, die das Spiel dauerte, wurde Jendayi unruhiger. Sie hatte so wenig geschlafen in der vergangenen Nacht, daß sie ihren Alptraum von der Unterwelt nicht bekommen hatte, aber sie war voller Angst aufgewacht, ein einziges Nevenbündel aus Zweifeln und »Hätte ich nur ...«, und der Morgen hatte es nicht besser gemacht.

Ani hatte ihren Arm genommen und sie aus dem Gefängnis zum Palast geführt, aber ihre Erschöpfung ließ sie die Gerüche und Geräusche um sie herum nur undeutlich wahrnehmen und die Wirklichkeit mit ihren Alpträumen verschwimmen. Die Fliesen, auf denen sie stand, strahlten gerade so warm wie der glühende Fußboden der Halle der beiden Wahrheiten, und obwohl ihre Finger Anis vertrauten Mantel gepackt hielten, krochen die Geisterstimmen ihrer Träume durch ihre Dunkelheit. Die Rufe der Zuschauer, die Ephraim anfeuerten, verwandelten sich in das Schakalgeheule des ebenholzäugigen Anubis, und der Griffel, der irgendwo über einen Papyrus kratzte, um jede Einzelheit des Spiels aufzuzeichnen, klang wie der Götterschreiber Thot. Dieses Klappern – waren es wirklich die Würfelsteine oder nicht ihre vor Angst klappernden Zähne? Und was da in die Schale fiel, es war ihr eigenes Herz, der nutzlose, zusammengeschrumpelte Stein, der sie in den Rachen des Verschlingers der Toten schicken würde.

Du hast nicht geliebt! Ihre überscharfen Ohren hörten die Anklage des Anubis wie einen inneren Rhythmus, der nichts zu tun hatte mit der aufgeregten Menge um sie herum.

»Ich hab es doch versucht!« flüsterte sie, die Hände ringend. »Und ich will es noch einmal versuchen! Gebt mir eine Chance, und ich will den lieben, der mich zuerst geliebt hat!«

Dummes Mädchen! Die Finsternis um sie bewegte sich, verdichtete sich, wurde zu dem Schattengesicht Anubis'. Die schwarzen, schmalen Augen des Schakals sahen sie an. *Zu spät! Heute wird Manasse sterben, und du wirst verloren sein und wir müssen dich Ammit übergeben.*

»Nein«, wimmerte sie durch das Hämmern ihres Herzens hindurch. »Manasse wird nicht sterben. Ihr habt keine Macht über ihn. Und er liebt mich ...«

Er lügt.

»Nein! Er liebt mich. Ich weiß nicht, warum, aber er liebt mich.«

Er wird gleich sterben, Jendayi. Er ist schon dabei, das Spiel zu verlieren. Die Bogenschützen stehen bereit, sie werden auf Befehl des Pharao schießen. Und dann wird man dich dem geben, der dich nicht liebt.

»Nein!«

Die Zähne des Schakals schienen zu grinsen. *Aber vielleicht können du und Manasse doch noch zusammenkommen. Lauf, Jendayi, lauf zum Thron der Königin. Der Pharao hat einen Dolch in seinem Gürtel. Nimm ihn und steche mit ihm auf die Königin ein. Du wirst sie nicht treffen, keine Angst, die Wächter werden dich vorher töten. Aber du wirst in der gleichen Stunde sterben wie dein Geliebter, und ihr werdet gemeinsam ins Jenseits gehen. Wenn du wirklich liebst, dann beweise es jetzt! Dann kannst du dich vielleicht vor Ammit retten.*

Die Worte des Schakals flatterten verlockend durch ihren Kopf. Sie wußte, wo das Königliche Paar saß, denn sie hörte deutlich Tiys schrille Nasalstimme aus dem allgemeinen Stimmengewirr heraus. Anubis hatte recht; die Wachen würden sich auf sie stürzen, sobald sie das Podium erreichte, und sie hatte nichts, womit sie sich verteidigen konnte ...

Und Manasse war am Verlieren, das sagte ihr das leise Gemurmele der Menge, das auf Tariks nächsten Wurf folgte. Doch, heute würde Manasse sterben, und wenn sie wollte, konnte sie vor ihm in die Halle der beiden Wahrheiten gehen.

Sie ließ vorsichtig Anis Mantel los. Er schien es nicht zu bemerken.

Sie drehte sich in die Richtung des königlichen Pavillons. Ihre suchenden Finger fanden die Seilabsperrung. Einmal ducken, und sie hätte sie überwunden. Wenn sie schnell war, konnte sie auf den Stufen des Pavillons sein, bevor Tarik das nächste Mal gewürfelt hatte.

Ein Knoten tief in ihr bat darum, sich lösen zu dürfen. War dies nicht die Antwort, die sie suchte?

Ihre Gedanken gingen zu Manasse hin. Sein Name hallte durch die Schwärze in ihrem Kopf. Sie erinnerte sich, wie er sie in seinen starken Armen gehalten, seine Worte ihr Herz getröstet hatten. »Wenn du mir vertraust, wird dein Herz anfangen zu leben«, hatte er versprochen. »Mach dich frei von deinem bösen Traum, Jendayi. Glaube an mich ... und an meinen Allmächtigen Gott.«

Mach dich frei von deinem bösen Traum. Dein Herz wird anfangen zu leben.

Manasse würde es nicht wollen, daß sie in den Tod ging. Manasse hatte sie aufgefordert, ihren Alptraum zu besiegen, an seine Liebe zu glauben und darauf zu vertrauen, daß er zu ihr zurückkehren würde. Er hatte ihr fest versprochen, wiederzukommen, *mit der Hilfe seines Allmächtigen Gottes.*

Wenn sie ihn wirklich liebte, mußte sie ihm glauben.

Sie wandte sich zurück zu dem dunklen Bild Anubis'. »Ich werde nicht tun, was du da sagst. Manasse betet einen anderen Gott an, und wenn ich einmal tot bin, möchte ich vor ihn treten.«

Du bist auf ewig eine Närrin. Du bist wahrhaftig blind.

Die Luft trug Fetzen von Anfeuerungsrufen und Gelächter an Jendayis Ohren, das Spiel ging seinen Gang. Aber Jendayi konnte ihre inneren Augen nicht losreißen von der Fratze des Schakalgottes.

Manasses Liebe ist so unsichtbar wie der Gott, dem er dient. Hat er dich je so geküßt wie Ephraim?

»Nein«, flüsterte sie gebrochen.

Hat er dich nicht im Haus des Pharao sitzengelassen? Er ist in seinen Krieg gezogen, und es war ihm egal, was aus dir würde!

»Er ist gegangen ... um zu gehorchen. Er wollte für mich zurückkommen. Und er ist zurückgekommen.«

Ja, als Verräter. Wenn du dein Leben seinem Gott hingibst, bist du für immer verloren für uns. Du wirst nie mehr in die Halle der beiden Wahrheiten kommen, du wirst nie durch ihre Tore in die andere Welt eingehen.

All die Gebetsformeln, die Anrufungen, die auswendig gelernten Rituale – auf einmal waren sie nur noch eine Last, schwer und nutzlos. Warum sollte sie nicht ihre Unsicherheit und Falschheit drangeben und an jemanden glauben, der sie wirklich liebte?

»Geh weg von mir! Ich will nie mehr deine Gunst suchen!«

Kaum daß sie die Worte ausgesprochen hatte, strömte eine unbeschreibliche Erleichterung durch sie. Ihr war, als ob plötzlich ein warmes Licht die dunkelsten Winkel ihrer Seele ausleuchtete. Eine tiefe Zuversicht erfüllte sie, bis sie sie mit Händen greifen konnte.

»Ich werde nie mehr mein Herz auf deine Waage legen, Anubis. Ein anderer Gott soll mein Herz beurteilen – und ein anderer Mann um es anhalten.«

Die Dunkelheit vor ihren Augen wurde ein Wirbel von Schatten, und Anubis' Gestalt verschwand in tintiger Schwärze. Jendayi streckte erschrocken ihren Arm aus. Hatte die ganze Welt sich gerade aufgelöst? Aber da war Anis dünner Arm noch.

Im gleichen Augenblick ging ein Aufstöhnen durch die Zuschauermenge.

»Was ist passiert?« fragte sie. Sie hatte Angst vor der Antwort.

Ani zögerte. »Manasse hat immer mehr aufgeholt. Jetzt sind sie beide drei Felder vom *Schenu*, dem Ziel, entfernt.« Ani räusperte sich umständlich. »Sie sind beide seit mehreren Runden nicht mehr vorangekommen. Wer als erster eine Drei wirft, hat gewonnen.«

Jendayi faßte den Arm des Alten fester. Sie verstand genau, was er *nicht* gesagt hatte: Der, der keine Drei warf, würde sterben.

Neunundzwanzig

Sitamun war an der Reihe mit Würfeln, Ephraim an der Reihe mit seinem Zug. Die neueste Königin des Pharao hob lächelnd die Würfelsteine auf und blies über sie, um das Glück zu beschwören. Gelangweilt von dem schleppenden Fortgang des Spiels und nur zu bewußt, daß aller Augen auf sie gerichtet waren, nahm sie die Steine alle in die eine Hand, dann hob sie, den Hauptmann des Wesirs nachahmend, ihren Kopf und die Hände hoch, wie zu einem stillen Gebet.

Sie hörte, wie hinter ihr der Pharao leise lachte. Mehrere ihrer Dienerinnen begannen zu kichern. Sitamun ließ sich nicht stören und bewegte weiter ihre Lippen wie im Gebet. Die Würfelsteine fühlten sich spitzig an unter der zarten Haut ihrer Hand.

Jetzt begann die ganze Menge zu kichern. Sitamun blickte auf, zu dem ehemaligen Wesir ihres Vaters hin. Zafenat-Paneach stand neben seinem Verwalter und der kleinen Harfenistin, starr wie eine Statue, der Kopf geneigt, die Augen geschlossen. Seine Lippen bewegten sich nicht, aber Sitamun wußte: Er betete zu seinem Gott Shaddai.

Sie war das Spiel plötzlich satt. Ephraim war eine unwiderstehliche Abwechslung gewesen, eine angenehme Art, ihre Eltern und den prüden hebräischen Wesir zu ärgern. Aber jetzt war sie eine Königin, und kein Kind mehr...

Sie würde nie mehr ein Kind sein.

»Für Amun-Re!« rief sie bitter und senkte ihren Kopf. Sie öffnete ihre Hand, und die Steine fielen in die Würfelschale.

»Zwei!« rief der Wesir.

Ephraim, das Spiel, ihr Leben – es ödete sie alles an. Sitamun kreuzte ihre Arme und runzelte in ohnmächtiger Wut die Stirn.

Manasse bemerkte Sitamuns Unruhe. Ephraim sicher auch. Das Spiel war fast vorbei, und der Mut seines Bruders war dünn geworden. Ephraim mochte vielleicht im Prinzip bereit sein, Gottes Willen anzunehmen, aber Manasse war sicher, daß sein Bruder nicht bereit war zu sterben. Und Ephraim würde gut zu Jendayi sein, ihr vielleicht sogar ihre Freiheit schenken.

Manasse hob seinen Blick zu Tarik und sah ihn fest an. Die eine Augenbraue des Hauptmanns ging fragend nach oben, und Manasse blinzelte ihm langsam zu. Einen Augenblick runzelte Tarik in stummem Protest die Stirn. Manasse nickte leicht und neigte seinen Kopf zu der Seite hin, wo sein Vater mit Ani und Jendayi stand.

Er würde es für sie tun. Und für Ephraim, den geliebteren Sohn und Träger des größeren Segens Jakobs.

Tarik nahm die Steine in seine Hand und schüttelte sie. Manasse wußte: Diesmal würden sie nicht in der Schale landen; Tarik würde sie, Manasses Wunsch gehorsam, auf den Boden fallen lassen und so das Spiel aufgeben.

Vielleicht hatte Gott ihn in der Wüste bewahrt, damit er jetzt Ephraim retten konnte.

Tariks Granitkinn zitterte leicht. Er hielt seine Hand über die Schale, dann trat er auf das andere Bein, die Hand rutschte zur Seite. Er öffnete sie, und die Würfelsteine fielen in den Sand zu seinen Füßen.

»Nein!« Ephraims Gesicht wurde eine Maske entsetzten Protestes.

»Manasse hat das Spiel verloren, der Sieger heißt Ephraim!« rief der Wesir. Er winkte den Bogenschützen zu.

Tiys Körper versteifte sich vor Überraschung und Enttäuschung, als der Hauptmann die Würfelsteine auf den Boden fallen ließ. Hätte sie einen Augenblick eher geahnt, was er vorhatte, sie hätte ihm verboten, das Spiel auf diese Weise zu beenden. Aber wer konnte damit rechnen, daß der Hauptmann Zafenat-Paneachs älteren Sohn opfern würde?

Sie beugte sich nach vorne. Die Bogenschützen traten vor. Sie mußte die Hand vor ihre Augen halten, das Sonnenlicht war auf einmal anders, merkwürdig bleich. Die Menge wurde unruhig, es wurde plötzlich kalt, als ob ein dunkler Wind aus dem Jenseits blies. Einige schrien ängstlich auf. Dann löste sich abrupt ein gelblich wirbelnder Schlauch aus dem fahl gewordenen Himmel und wuchs mit rasenden Bewegungen zu einem drohenden Lufttrichter, der über dem Garten wirbelte und dröhnte, mit einem Geräusch wie dem Brüllen der Krokodile zur Paarungszeit.

Die Klauen des Windes rissen Perücken und Schmuck von den Köpfen. Selbst der Kopf des göttlichen Pharao war auf einmal nackt, daß einer der Priester hektisch zu Boden tauchte, um eine andere Bedeckung für das heilige Haupt zu erhaschen. Von der anderen Seite des Gartens kam ein Krachen und Knacken, und Tiy sah mit zitternd aufgerissenen Augen, wie die Bogen und Pfeile der Schützen zerbrachen. Doch schon war der Trichter bei den geliebten Akazien des Königs; sie knickten wie Zahnstocher.

Der aufgewirbelte Sand biß ihr wie eine Peitsche ins Gesicht. Sie öffnete ihren Mund, um zu schreien. Er war sofort voller Sand und Dreck. Sie wimmerte auf wie ein Kind, das seine Mutter verloren hat, warf die Arme über ihren Kopf und kauerte sich zu Boden, weg, nur weg von dem mörderischen Wirbelwind. Auch alle anderen waren auf ihre Knie gegangen. Der Sturmwirbel stand jetzt direkt über ihnen, wie ein gereizter Krieger, der bereit war, jeden auf der Stelle zu töten, der es wagen würde, aufzustehen.

Doch zwei Personen standen noch. Ob nun die Angst sie lähmte oder ihr Mut so groß war, Ephraim und Manasse standen hochaufgerichtet auf ihren vergoldeten Spielfeldern, als seien sie dort festgewachsen.

Eine neue, ungekannte Angst ließ Tiys Körper von Kopf bis Fuß erzittern, als der Lufttrichter sich auf die Brüder zubewegte, langsam, wie von einem Willen getrieben, wie ein vorfühlender Finger. Die beiden jungen Männer standen keine zehn Schritte voneinander entfernt, getrennt nur durch den Teich und das *Schenu*-Symbol. Der Rüssel des Wirbels glitt langsam näher, bis er direkt über dem Schenu stand, wie um die dort eingravierten Insignien des Pharao zu verspotten. Dann, in einer gewaltigen Explosion von tausend Lauten und Farben, wurde die wirbelnde Säule breiter, bis sie die beiden Brüder mit ihrem heißen Atem umhüllte.

Das Tosen des Windes verschluckte den Entsetzensschrei der Königin. Der Trichter hob sich, und die Felder, auf denen Ephraim und Manasse gestanden hatten, waren leer. Sie standen nicht mehr, lagen auch nicht zerschmettert auf dem Boden; das Windungeheuer hatte sie wie eine riesige Hand mitgenommen.

Der tobende Wirbel stieg höher, veränderte seine Farbe, wurde leiser, dann war er auf einmal fort, und an seiner Stelle hing eine brodelnde graue Wolke stumm und drohend und wie abwartend ein paar Schritte über der Oberfläche des Teiches. Tiy sah, wie ein paar Schritte von ihr entfernt Amenhotep seinen Kopf hob und nach oben starrte. Der neue Wesir starrte ebenfalls; sein Mund war greisenhaft aufgerissen, aus dem Winkel troff Speichel.

Der Pharao erhob sich langsam auf seine Hände und Knie. Als er sprach, war seine Stimme brüchig und schrill. »Was ... was willst du, daß ich tun soll?« fragte er die wirbelnde Wolkenbank.

Die dunkle Masse rotierte um eine unsichtbare Achse, schien dikker, greifbarer zu werden. Ein wilder Wind brüllte über den Garten, dann fielen zwei Menschengestalten aus dem schwarzen Schatten und landeten laut platschend in dem Teich. Die Wolke begann erneut, sich zu drehen, unter ihrem dunklen Dach blitzten tausend Diamantenlichter. Tiy, die immer noch auf dem Boden lag, hob ihren Kopf, ihre Ohren spitzten sich nach dem hundertstimmigen Chor, der aus der Wolke zu kommen schien, Stimmen so mächtig und warm und klar, daß sie nur aus übernatürlichen Kehlen kommen konnten. Die Melodie stieg und fiel, jubelte und sang, dann wirbelte die Wolke ein letztes Mal, stieg hoch und war weg, und der Himmel leuchtete in seinem alten Blau.

Der Schock schlug in Wellen über Tiy zusammen. Sie sah zu dem Teich hin. Ephraim und Manasse standen in ihm und wrangen lachend das Wasser aus ihren tropfenden Kleidern. Ephraim schaute sich um, auf seinem Gesicht das bekannte unwiderstehliche Schmunzeln. Selbst auf dem Gesicht des sonst so ernsten Manasse lag ein fröhliches Lächeln. Ephraims Perücke saß fest wie immer auf seinem Kopf, und keiner der beiden schien bei dem Sturz in den Teich verletzt worden zu sein, ja – Tiy wurde noch blasser – die grünen und blauen Flecken auf Manasses Gesicht waren spurlos verschwunden.

Sie griff sich mit zitternden Fingern an den Kopf. Erst jetzt merkte sie, daß ihre eigene Perücke fort war und jeder ihren geschorenen Kopf sehen konnte. Sie packte einen abgerissenen Zweig, legte ihn sich auf den Kopf und kauerte wie ein ausgeschimpfter Hund da, ein Auge vorsichtig auf den Himmel gerichtet.

Amenhotep zögerte. Einen Augenblick lang ging sein Kopf nach unten, als wolle er sich vor den Söhnen seines abgesetzten Wesirs niederwerfen, aber nach einem hastigen Blick nach oben, der ihm zeigte, daß der Wolkentrichter verschwunden war, besann er sich seiner Würde und zwang sich, aufzustehen.

Er preßte seine Zähne auf die Unterlippe und wandte sich zu dem jüngeren, umgänglicheren der beiden Söhne. »Was bedeutet dies?« fragte er. Seine Stimme war unsicher und leise.

Ephraim zuckte nonchalant mit den Achseln und stemmte die Hände in die Hüften. »Fragt meinen Vater, er wird es wissen.«

Amenhotep, sich in das Unvermeidliche ergebend, hob sein Kinn und drehte sich zu Zafenat-Paneach hin. Auch der ehemalige Wesir und seine Begleiter hatten auf dem Boden Deckung gesucht, aber ihre Kleider und Perücken waren genauso intakt wie die der Wesirssöhne.

Amenhotep spürte, wie seine Schläfen zu pochen begannen. »Ich frage dich, Zafenat-Paneach«, rief er, »was ist hier geschehen? Was bedeutet dies?«

Ein halb belustigter Blick lag auf dem Gesicht des alten Wesirs, als er sich Blätter und Sand von seinem Gewand wischte. »Es bedeutet«, antwortete er, »daß beide Spieler den Oasenteich im gleichen Augenblick erreicht haben. Gott Shaddai hat erklärt, daß sie beide gewonnen haben, mein König. Sie sind folglich beide freizusprechen.«

»Aber der Wirbelwind ...« Amenhoteps Arm ging vorsichtig zum Himmel hoch, dann an seinen pochenden Kopf. Er betrachtete den verwüsteten Garten. »Solch eine Macht!«

»Es ist schrecklich, mit dem Allmächtigen Gott zu spielen.« Zafenat-Paneach faltete seine Hände und neigte leicht seinen Kopf zu einer höflichen Respektgeste. »Ihr wolltet, daß er dieses Spiel entschied, geehrter Pharao, und das hat er getan.«

Amenhotep räusperte sich und schaute zur Seite. Er murmelte etwas und kreuzte die Arme. Seine Stirn legte sich in Falten vor dem Anblick der vielen Edelleute und Krieger, die wie verschreckte Kinder auf dem Boden lagen oder hockten. Dies hier war nicht gut. Wenn er diese Situation nicht in den Griff bekam, würde das Gerücht von dem mächtigen König Ägyptens, der vor einem einfachen Wüstensturm in die Knie gegangen war, sich wie ein Lauffeuer verbreiten.

Er warf seinem Wesir ein versöhnliches Lächeln zu, entschlossen, die Sache hinter sich zu bringen. »Dein Gott hat beide Männer für unschuldig erklärt, wie ich es voraussah. Aber was will er, daß ich mit dem versprochenen Preis mache? Der Sieger sollte die kleine Harfenistin bekommen, und sie kann doch nicht zwei Herren dienen.«

»Nein, mein König, das kann sie nicht.« Zafenat-Paneach drehte sich zu dem Mädchen hin, das still hinter ihm stand, ihr Arm durch den des alten Verwalters geschoben. »Jendayi«, sagte Zafenat-Paneach sanft, »du mußt dir jetzt deinen Herrn aussuchen. Wem möchtest du lieber dienen? Manasse oder Ephraim?«

Manasse hörte die Worte seines Vaters wie durch einen dichten Nebel. Die Ereignisse der letzten Stunde waren wie eine Herde Wildpferde über ihn hinweggegangen, und er würde Zeit brauchen, um über sie nachzudenken. Aber jetzt durfte ein paar Schritte entfernt die Liebe seines Lebens über ihre Zukunft entscheiden, und er hatte keine Gelegenheit gehabt, ihr sein Herz zu öffnen seit jenem Nachmittag in Malkata, der schon so lange zurückzuliegen schien. Bestimmt würde sie Ephraim wählen, doch bevor sie das tat, mußte er ihr sagen, ein für alle Mal, daß er sie immer lieben würde.

Er stolperte in ihre Richtung, die Augen fest auf ihr helles Gesicht gerichtet. Aber sie gab ihm nicht die Zeit, die er brauchte, denn schon ließ sie Anis Arm fahren und trat ohne Hilfe vor. »Danke, Herr.« Eine nie gekannte Entschlossenheit klang in ihrer Stimme. »Ich bin bereit, meine Wahl zu treffen.« Ihr Gesicht begann aufzuleuchten – es war der Ausdruck, den sie immer hatte, wenn sie von Ephraim sprach.

Manasse preßte die Zähne zusammen und befahl sich, die Enttäuschung tapfer zu tragen. Es war genug, daß Gott sein und Ephraims Leben bewahrt hatte. Es wäre zuviel verlangt, wenn er auch noch erwartete, daß Gott seine Liebesträume wahr werden ließ.

»Wenn Gott Shaddai es will«, flüsterte Jendayi, und ihre Stimme war wie ein warmer Wasserguß auf seinen Rücken, »möchte ich zu Manasse.«

Manasse fuhr zusammen, überrascht und plötzlich unsicherer denn je. Hatte sie da gerade *ihn* gewählt? Warum?

Er hatte keine Zeit, lange darüber nachzudenken, denn schon war Ephraim neben ihm und klopfte ihm auf den Rücken, während Joseph ihm winkte, zu ihm zu treten, um seinen Gewinn in Empfang zu nehmen.

»Ich wünsche dir alles erdenkliche Glück, Bruder«, sagte Ephraim, und sein Gesicht war wie die aufgehende Sonne. »Alles Glück der Welt.«

Und dann stand Manasse vor Jendayi, und ihre kleinen Hände lagen auf seinen Armen, und ihr Lächeln strahlte für ihn allein.

Nach einem Augenblick wandte Ephraim sich wieder ab; sein Herz war zu schwer, um das Glück seines Bruders lange anzusehen. Er sah zu dem königlichen Podium hin, und sein Blick begegnete dem Sitamuns. Ihre dunklen Augen schienen die Luft zwischen ihnen zu zerschneiden. War sie freiwillig auf das Hochzeitsbett ihres Vaters gestiegen? Hatte sie eine Wahl gehabt? Er würde es nie erfahren, denn jetzt war sie eine Königin, die Kluft zwischen ihnen war unüberbrückbar geworden. Das Mädchen, das er zu heiraten gehofft hatte, es würde nie sein werden.

Es war Zeit, der Zukunft ins Auge zu sehen.

»Großer Pharao!« Seine Stimme übertönte das verschreckte Gemurmele der Menge. »Ich bitte Euch um eine Gunst!«

»Sage deine Bitte«, antwortete der Pharao, die Arme steif auf seiner nackten Brust gefaltet. Auf dem Boden hinter ihm saß Tiy, die sich ungewöhnlich schweigsam eine Handvoll Laub auf den Kopf preßte und wie ein Kind hin und her schaukelte.

»Wenn Ihr wollt«, sagte Ephraim, während er zu Manasse zurückschaute, »so erlaubt mir und meinem Bruder, von diesem Tage an in Goschen zu wohnen. Obgleich wir als Eure treuen Diener in Theben aufgewachsen sind, wäre es vielleicht besser, wenn unsere Familien unter unserem Volk aufwachsen könnten.«

Die Augen des Pharao verengten sich nachdenklich, und Ephraim wußte, daß er viele der unausgesprochenen Gründe hinter dieser Bitte erriet. Wenn Ephraim Theben verließ, würde er nicht mehr in die Verlegenheit kommen, Sitamun zu begegnen, und sie würde bald nicht mehr an ihn denken. Und falls Manasse je wieder Lust auf eine Invasion nach Kanaan bekäme, würde er seine Armee in dem fernen Goschen trainieren, und nicht unter der Nase des Pharao.

»Deine Bitte sei dir gewährt.« Amenhotep nickte. »Du und dein Bruder, ihr dürft von nun an in Goschen wohnen, und ich wünsche euch Wohlergehen. Aber euer Vater, mein lieber Zafenat-Paneach, soll Theben nicht verlassen; ich werde ihn an meiner Seite brauchen, so lange ich lebe.«

Die Worte ließen die aufgeregte Versammlung abrupt verstummen. Tiys Gesicht erschien durch die Blätter um ihren Kopf, ihre Augenbrauen waren empört hochgezogen. Die Gesichter der beiden neuen Wesire wurden lang.

»Zafenat-Paneach ...« Der Pharao stieg von seinem Podium herab und trat zu Joseph. »... bist du bereit, in Theben zu bleiben, als mein Oberster Ratgeber? Mich verlangt nach deiner Weisheit mehr als nach der all meiner anderen Diener, mehr als nach der meiner beiden Wesire, meiner Priester oder meiner anderen Berater.« Sein Kinn ging nach vorne. »Sie steht über dem Urteil selbst meiner Großen Gattin und Königin Tiy, die von diesem Tage an in die Gemächer meines Harems verbannt sein soll, während eine neue Königin ihren Platz einnimmt. Bleibe bei mir, Zafenat-Paneach, denn du und dein Gott, ihr habt abermals gesiegt.«

Ephraim starrte den König an, festgenagelt vor Erstaunen, während sein Vater auf den Boden glitt und sich vor Amenhotep verneigte. »Wie immer, o Pharao, bin ich Euer Diener.« Joseph schaute zu dem König hoch, in seinen Augen ungeheuchelte Liebe. »Gott Shaddai hat mich berufen, Euch zu dienen. Ihr dürft meiner Hingabe gewiß sein, bis ich meinen letzten Atemzug getan habe.«

Der Pharao streckte seine Hand aus – eine unerhört intime Geste. Ephraim lächelte. Plötzliche Tränen wollten ihm in die Augen steigen, als sein Vater sich erhob, um seine Lippen auf die Hand des Königs zu drücken.

Joseph legte die Reise von Malkata nach Theben auf seinem alten Schiff zurück, von dessen Mast jetzt wieder das Banner des Pharao flatterte. Die Stille auf dem Fluß war wie eine schmeichelnde Hand. Im königlichen Hafen stieg er aus und ging geradewegs in den Palast, getrieben von einem unerklärlichen Bedürfnis, Tuja zu sprechen. »Altes Holz brennt am besten«, murmelte er, als er den Hang zu den Palasttoren emporstieg, »und alten Freunden kann man am meisten vertrauen.«

Der Palast in Theben schien merkwürdig verlassen, jetzt, wo der Pharao und die Königin beide in Malkata waren, aber die Handvoll Wachen am Tor verneigten sich vor Joseph und öffneten ohne zu zögern die große Doppeltür zu der Empfangshalle.

Neuigkeiten haben Flügel, dachte er mit einem trockenen Lächeln, als er an ihnen vorbeiging. *Wie können sie schon wissen, daß Zafenat-Paneach wieder in der Gunst des Pharao ist? Vielleicht ein Diener, oder einer der Matrosen auf dem Schiff.*

Es war Jahre her, daß er das letzte Mal durch die schmalen Flure gegangen war, die zum Haus der Frauen führten. Er war sich nicht sicher, ob er den Weg zu Tujas Gemächern auf Anhieb finden würde. Als er um eine Ecke bog, überraschte er zwei Sklavenmädchen in dem Flur. Die eine quietschte auf, die andere warf sich sofort nieder und preßte ihre Hände und Stirn auf den Boden.

»Könnt ihr mir sagen, welches die Wohnung der Königinmutter ist?« fragte er, während er seine Hände faltete.

Die Sklavin, die aufgeschrien hatte und immer noch zu erschrokken war, um sich zu verneigen, zeigte wortlos in den zur Seite abgehenden fackelerleuchteten Gang. Joseph nickte ihr dankend zu und ging.

Vor der Tür am Ende des Ganges warf eine einsame Fackel ihre tanzenden Schatten. Joseph hob vorsichtig seine Hand und klopfte an.

»Herein.«

Es war Tujas eigene Stimme, und als er eintrat, lächelte sie ihn von einer reichgeschnitzten Couch aus an. Lang ausgestreckt und lieblich, sah sie aus wie eine perfekte Lotusblüte. Ihre exotischen Augen richteten sich auf ihn; sie schienen bis auf den Grund seiner Seele zu sehen.

Sie hatte die ganze Zeit gewartet.

Sie hatte gewußt, daß er kommen würde.

Sie hatte ihn immer verstanden – besser, als er sich selber verstand.

»Tuja ...«, begann er. Er hob seine Augen zu den Schatten hoch, die an der Decke ihre Flackerspiele trieben.

»Du brauchst nichts zu erklären, Joseph.« Sie breitete ihre Arme aus, und in einer raschen Bewegung war er in ihnen, sein Kopf auf dem Kissen ihrer Weichheit, seine Arme um sie, als sei sie ein Floß und er ein ertrinkender Mann.

»Was habe ich getan?« murmelte er, während sie ihm über den Kopf strich, die Berührung ihrer Hände fast unerträglich zart. »Fast hätte ich meine Söhne verloren! Gott Shaddai hat ihr Leben gerettet, aber ich hätte vor Jahren schon sehen sollen, daß ich dabei war, ihre Herzen zu verlieren.«

»Sorge dich nicht, mein Freund.« Der Klang ihrer Stimme war warm in seinem Ohr. »Gott ist immer am Werk. Wie konntest du das vergessen? Deine Brüder verkauften dich in die Sklaverei, aber Gott erhob dich. Du stelltest meinen Sohn noch über deine eigenen, aber Gott wird Ephraim und Manasse segnen. Selbst in all unserer menschlichen Schwäche ist Gott am Werk – darum ist er ja der Allmächtige, und wir sind nur Staub.«

Ihre Worte waren Balsam für sein Herz, und er sagte lange nichts, dann verschmolzen seine Augen mit den ihren. »In meinen jungen Tagen habe ich mich an meinen Gott erinnert. Wie konnte ich denken, daß er mich im Alter vergessen würde?«

»Ich weiß nicht, Joseph.« Ihre Hand strich erneut über sein Haar. »Er wird dich nie vergessen, wenn du ihn nur suchst. Du hast ihm ein Opfer für deine Söhne dargebracht. Jetzt ist es Zeit, daß du dich ihm wieder selber zum Opfer gibst.«

Er schloß seine Augen, preßte seinen Kopf in ihren Schoß und hob sein Herz zu Gott Shaddai empor und ließ sich von Tujas Gegenwart trösten.

Dreißig

Als Manasse am nächsten Morgen aufwachte, wußte er, daß dies das letzte Mal war, daß er von seinem alten Bett in der Villa seines Vaters aufstehen würde. Das Ungeheure, das am vergangenen Tag geschehen war, hatte einen unwiderruflichen Schlußstrich unter seine Vergangenheit gezogen. Von jetzt ab würden er und Ephraim zu den Hebräern gehören. Und was noch wichtiger war: Von heute an würde er zu Jendayi gehören.

Er stand auf, wusch sein Gesicht mit Wasser aus dem Becken und trocknete es mit einem Leinentuch. Ein neues Gewand, lang und gestreift nach Art der Hebräer, hing über einem Ständer in seinem Zimmer. Manasse schlüpfte hinein. Das feine Leinen fühlte sich angenehm glatt an. Das Gewand war ein Geschenk von Halima, Tariks Frau. Jetzt würde es sein Hochzeitsgewand sein. Ob Halima das geahnt hatte?

Im Garten hielt er kurz an, um eine duftende Lotusblüte aus dem Teich zu pflücken, dann ging er rasch in den Hof, auf dem bereits ein geschäftiges Treiben herrschte. Ein halbes Dutzend Kamele standen da, hoch beladen mit Proviant und Gepäck für ihren Neuanfang in Goschen. Ephraim schien sich fast genauso auf die Reise zu freuen wie Manasse selber; sein Lächeln fiel wie eine Sonne auf alle, von Ani, der offen weinte, bis zum einfachsten Sklaven, und er dirigierte die Reisevorbereitungen mit einer für ihn ungewöhnlichen Systematik.

Manasse spürte, wie sein Herz sich mitleidig zusammenzog, als er seinem jüngeren Bruder zusah. Obwohl Ephraim es nie zugeben würde, war der gestrige Tag im Garten des Pharao das Ende seiner Träume gewesen. Weder die Herrlichkeit Ägyptens noch eine verwöhnte Prinzessin würde je sein sein. Aber er hatte immer noch den Segen Jakobs, und Manasse war zum ersten Mal dankbar, daß Jakob seine Rechte auf Ephraims Kopf gelegt hatte. Ephraim hatte mehr aufgeben müssen als Manasse; da war es nur recht und billig, wenn Gott Shaddai ihm mehr Nachkommen und Segen gab.

Jendayi stand mit Kesi neben einem der Kamele. Ein voller Reisemantel wehte um ihre schlanke Gestalt. Sie hatte beschlossen, ihre ägyptische Perücke nicht mitzunehmen, und der Wind zauste ihr eigenes, jetzt noch kurzgeschnittenes Haar. Sie lachte gerade über irgend etwas, das Kesi gesagt hatte, aber als Manasse zu ihr trat, verneigte die Magd sich und zog sich schüchtern zurück.

Halb erwartete Manasse, daß Jendayi ängstlich zusammenzucken würde. Er war angenehm überrascht, als sie ihren Kopf zu ihm hob. Ihre grauen Augen leuchteten wie zwei Sterne. »Herr Manasse?« fragte sie.

Die zufriedene Freude in ihrer Stimme ließ eine Saite in ihm erklingen. »Ja«, antwortete er. Er mußte das Wort über seine plötzlich gehemmten Lippen zwingen. Er trat näher und hielt die Blüte unter ihre Nase. »Für dich.«

Sie lächelte ein Dankeschön, nahm die Blüte und wickelte den langen Stengel geschickt um ihren nackten Arm. Dann nahm sie, mit einer Gelassenheit, die ihn überraschte, seine Hand und ging auf ein Knie. »Herr, ich bin so froh, daß ich jetzt Euch gehören darf! Und ich bin schon reisefertig. Kesi hat meine Sachen zu dem anderen Gepäck getan, und mit Eurer Erlaubnis habe ich die Diener gebeten, meine Harfe in einen Korb auf meinem Kamel zu legen – entschuldigt, auf *eurem* Kamel.«

»Natürlich, mach es nur, wie du willst. Aber jetzt steh auf.« Manasse war dankbar, daß der Lärm des Hofes das Trommeln seines Herzens übertönte. Er zog Jendayi auf ihre Füße. »Wo du hingehst, geht deine Harfe mit, Jendayi. Ich freue mich schon darauf, daß du sie jeden Abend spielst.«

Ihr Lächeln schien zu verblassen, als sie ihren Kopf senkte. »Ja, Herr. Als mein Herr könnt ihr mir jederzeit befehlen.«

»Du wirst nicht als meine Sklavin spielen.« Manasse zog sie näher, dann ließ er ihre Hand los und nahm sie ganz in seine Arme. »Du wirst nur dann spielen, wenn du es selber wünschst, und du wirst es als meine Frau tun.«

Zur Antwort drückte sie sich fest an ihn, ihr Herz zufrieden gegen seines schlagend. »Kann das wahr sein?« murmelte sie, während sie ihr Gesicht zu ihm hob. »So viel Glück und Freiheit – das habe ich doch nicht verdient. Vor einer Woche war ich eine Sklavin, die jede Nacht böse Träume hatte. Und jetzt schlafe ich so tief wie ein Kind, und mein Herz fließt über vor Freude. In tausend Tagen hätte ich mir nicht vorstellen können, daß ich einmal frei sein würde, und in zehntausend Jahren nicht, daß ich Eure Frau werde.« Ihr Gesicht überzog sich mit einer freudigen Röte. »Ihr ... du bist zu gut zu mir, Manasse. Du ... und dein Gott Shaddai.«

»Jendayi.« Ihr Lächeln, als er ihren Namen aussprach, ließ es ihm warm durchs Herz laufen. »Ich habe dich immer geliebt. Ich habe Jahre auf dich gewartet – erst, daß du eine Frau würdest, und dann auf eine Gelegenheit, dir zu sagen, wie wert du mir bist.«

»Und ich war so dumm.« Zwei Tränen zitterten auf ihren Wimpern. »Manasse, ich weiß nicht, warum du so geduldig warst. Ich wußte doch, daß ich das brauchte – Liebe. Es war alles, was ich wollte in der ganzen Welt! Aber ich war so dumm, ich wußte nicht, was Liebe war, und ich konnte mir nie vorstellen, daß ich frei werden könnte – oder die *Frau* eines Mannes ...«

»Gott hat meine Liebe zu dir vor langer Zeit schon in mein Herz gelegt«, antwortete Manasse, während er ihren Kopf zärtlich an seine Schulter zog. »Und so ewig, wie Gott ist, soll meine Liebe sein. Ich würde mein Leben für dich geben, Jendayi. Ich will dir dienen. Dir und Gott.«

Er hätte sie vielleicht für den Rest des Tages in seinen Armen gehalten, aber aus dem Augenwinkel sah er, wie sein Vater aus dem Säulenvorbau der Villa trat. Er ließ Jendayi los, dann winkte er Kesi herbei und befahl ihr, ihre Herrin sicher in einen der Kamelkörbe zu setzen. Er versprach Jendayi, wieder mit ihr zu sprechen, bevor sie die Villa verließen, dann trat er zu seinem Vater, um sich von ihm zu verabschieden.

Joseph wartete schweigend in der Mitte des Hofes, seine schlanken Hände gefaltet, seine kohlschwarzen Augen wehmütig verschleiert.

Joseph nickte knapp. »Ihr seid also aufbruchbereit.«

Manasse spürte einen merkwürdigen Enttäuschungsstich. Dies war nicht der Abschied, den er erhofft hatte.

»Ja, wir sind bereit.« Er hob sein Kinn. »Und ich denke, du solltest wissen, Vater, daß ich vorhabe, Jendayi zu heiraten, sobald wir in Goschen sind. Ich will sie in unserem eigenen Volk zur Frau nehmen.«

Joseph nickte langsam, ein Licht des Verstehens flackerte in seinen Augen. »Es freut mich, daß du nicht allein sein wirst«, sagte er einfach. »Die Einsamkeit war das erste, was Gott nach der Schöpfung nicht gut nannte. Ich bin sicher, ihr werdet sehr glücklich sein miteinander.«

Manasse blickte sich um, sein einer Fuß scharrte über den Sand. Zu dumm, daß ihm nichts einfiel, was er seinem Vater sagen konnte. Gerade eben hatte sein Vater vom Elend der Einsamkeit gesprochen – aber heute würden seine beiden Söhne ihn verlassen. Aber vielleicht würde er das gar nicht weiter bemerken, war doch soeben der Pharao zurück in sein Leben gekommen. Aber obwohl Manasse sich Ani und Tarik immer viel näher gefühlt hatte als seinem Vater, er war doch ...

Er trieb in einem Strudel der Gefühle, hin und her gerissen zwischen dem Wunsch, zu gehen, und dem Gefühl, daß er bleiben sollte.

»Manasse, ich weiß, was du gerade denkst. Du solltest nicht dein Glück für mich opfern.« Josephs Mundwinkel hob sich zu einem halben Lächeln. »Ich werde nicht allein sein. Sobald der Pharao seine Erlaubnis gegeben hat, wird Königin Tuja an meine Seite kommen. Ich werde wieder heiraten.«

»Die Königinmutter?« Manasse sah schockiert aus. »Wie ... warum ... die kennst du doch kaum!«

»Ich weiß, daß du mir das jetzt vielleicht nicht glaubst, aber ich hatte ein bewegtes Leben, bevor du geboren wurdest«, antwortete sein Vater, und sein Lächeln war erfrischend offen. »Tuja ist eine alte Jugendliebe von mir, und wir finden beide, daß es weise ist, uns zusammenzuschließen, um gemeinsam in die Zukunft zu gehen.«

Manasse lächelte, dann legte er seine Hände in die Hüften. »Also ... dann muß ich dich wohl beglückwünschen. Ich wünsche dir alles nur erdenkliche Gute!«

»Danke.« Sein Vater schaukelte langsam hin und her, dann fragte er: »Wirst du es wieder versuchen? Willst du immer noch unser Volk nach Kanaan zurückführen?«

Manasse sah aufseufzend zur Seite. »Ich weiß nicht, Vater. Es wäre jetzt bestimmt schwerer, genügend Männer zusammenzubekommen, und ich weiß nicht, ob sie das zur Zeit noch wollen. Vielleicht muß ich zufrieden sein, wenn sie mich überhaupt in das Lager aufnehmen.«

»Sie werden dich aufnehmen.« Joseph nickte energisch. »Du bist ihr Fleisch und Blut, du bist mein Sohn.«

Manasse wollte antworten, aber Joseph hob seine Hand. Einen Moment lang schienen seine Gedanken weit weg zu sein, und als er wieder sprach, war seine Stimme rauh. »Du hast mich einmal gefragt, warum ich dir nicht die alten Geschichten Israels erzählt habe«, sagte er. Seine Hand strich über Manasses Arm, und sein Blick traf sich mit dem seines Sohnes, aber er war nicht zu entziffern. »Vielleicht hatte ich Angst, von den alten Dingen zu reden. Bevor meine Brüder nach Ägypten kamen, wollte ich die Vergangenheit vergessen, und alle Geschichten, die ich gehört hatte, begraben. Und als meine Familie dann kam, war ich so mit meiner Arbeit für den Pharao und meine Verwandten beschäftigt ...«

Er verstummte, und Manasse senkte seinen Blick, um nicht die Selbstanklage in den Augen seines Vaters sehen zu müssen.

»Ich glaube, ich wollte, daß du zuerst Ägypten kennenlerntest, denn dorthin hatte Gott dich gestellt«, fuhr Joseph fort, seine Stimme jetzt fester. »Aber jetzt, Manasse, ist es das Richtige, daß du als ein Sohn Israels lebst. Du hast beide Welten kennengelernt, und du hast deine Wahl getroffen.« Seine Augen wurden groß und hell. »Du hast weise entschieden.«

»Danke, Vater.« Manasse suchte nach den richtigen Worten.

Joseph lachte leise auf. »Als ich jünger war, hatte ich so viele Träume. Ein paar von ihnen brachten mir Ärger, wie bei dir ja auch. Aber Gott sprach durch Träume zu mir, und nachdem er viele Jahre geschwiegen hatte, hat er in der letzten Nacht wieder gesprochen.«

»Und was hat er gesagt?«

»In meinem Traum sah ich einen König.« Josephs Brauen zogen sich zusammen, als er die Szene in sein Gedächtnis zurückholte. »Nicht einen ägyptischen, sondern einen von unserem Volk. Er war todkrank, und Gott Shaddai wollte, daß er sterben und ins Paradies gehen sollte. Aber der König bat um sein Leben, und ein Bote Gottes offenbarte ihm, daß der Allmächtige ihm fünfzehn Jahre zu seinem Leben dazugeben würde.«

Josephs Augen hefteten sich auf Manasse, warteten auf eine Reaktion. Manasse, der nicht wußte, was er aus dem Traum machen sollte, schüttelte seinen Kopf. »Und ... ist der König gestorben?«

»Ja, fünfzehn Jahre später.« Joseph schaute auf den Boden. »Aber in diesen fünfzehn Jahren zeugte der König einen Sohn, der böse war und an den Gott Shaddai geweihten Plätzen heidnische Altäre bauen ließ. Er betete die Sterne und die Geister an und verführte die Kinder Israels dazu, mehr Böses zu tun als die heidnischen Völker um sie herum. Und dann tötete er die wahren Propheten Gottes, bis die Straßen rot von ihrem Blut waren.« Eine nackte Angst glitzerte in Josephs Augen, als er wieder hochblickte. »Der Name dieses Sohnes war Manasse.«

Manasse machte einen Schritt zurück. »Das bin nicht ich, Vater!«

»Ich weiß.« Joseph zwang ein Lächeln hervor. »Aber Gott hat mir eine Botschaft geschickt ... für uns beide. Gott wollte den alten König ins Paradies holen, um seinem Volk das Böse, das kommen würde, zu ersparen. Aber der König war nicht bereit, sein Leben hinzugeben, und so mußte das Volk leiden.« Er unterbrach sich und schob die Hände hinter seinen Rücken, wie um eine starke Erregung zu beherrschen. »Ich bin zu der Überzeugung gekommen, mein Sohn, daß es Gottes Wille war, daß du unser Volk zurück nach Kanaan führtest. Aber sie waren nicht bereit ... und ich wollte sie nicht ziehen lassen.«

»Vater.« Manasse senkte seinen Kopf, um Joseph besser in die Augen zu sehen. »Jetzt klage dich nicht selber an.«

»Ich muß es.« Joseph Stimme war nüchtern. »Ich war an den Punkt gekommen, wo ich dachte, alle Antworten zu kennen, aber ich hatte die Fragen vergessen. Ich brauchte die Illusion, daß ich nach wie vor Gottes Sprachrohr war. Ich bildete mir ein, daß er durch niemand anderen reden konnte. Ich war dumm und eingebildet, und jetzt wird unser Volk leiden. Nicht heute, nicht so lange ich lebe, denn ich werde alles tun, was in meiner Macht steht, um Frieden zu halten zwischen dem Pharao und den Söhnen Israels. Aber wir waren nicht bereit zu gehorchen, als Gott uns die Gelegenheit gab, und jetzt habe ich Angst – nein, ich weiß –, daß wir sehr leiden werden für unseren Ungehorsam.«

Joseph hob seine Hand und legte sie auf die Schulter seines Sohnes. In seinen Augen leuchtete eine Zartheit, die Manasse noch nie gesehen hatte. »Du bist kein Versager, Sohn. Gott hatte dich gerufen, und du hast gehorcht. Es ist nicht deine Schuld, wenn wir nicht gefolgt sind.« Sein Griff wurde fester. »Die Kinder Israels werden nach Kanaan zurückkehren, denn Gott Shaddais Wille geschieht immer. Und wenn sie gehen, wann immer dies sein wird, sollen meine Gebeine sie begleiten. Gott hat mich dazu berufen, mein Leben hier unter den Kindern des Nils zu leben, aber ruhen will ich bei meinen Vätern im Verheißenen Land.«

»Vater ...« Ein tiefer, unbekannter Schmerz in Manasses Brust nahm ihm die Worte. Er konnte nur nicken.

Joseph lächelte zufrieden und zog seinen Sohn in seine Arme. Nach einem langen Augenblick ließ er ihn wieder los. »Hol deinen Bruder«, sagte er, und sein Lächeln machte Manasse das Herz warm, »daß ich euch beide für die Reise segne.«

Manasse gehorchte, sein Herz zu voll für Worte.

Epilog

Joseph, oder Zafenat-Paneach, überlebte Amenhotep III. um dreißig Jahre. Kurz nach seiner Thronbesteigung gab der Kronprinz Neferkheprure' Wa'enre', der den Lebensstil und die lauwarme Religion seines Vaters nie gutgeheißen hatte, Theben und sogar seinen königlichen Namen auf. Er nannte sich hinfort Echnaton – »Diener des (Sonnengottes) Aton – und erbaute zusammen mit seiner Frau, Königin Nefertiti (Nofretete), eine große Stadt in Mittelägypten, die er Achet-Aton nannte (auch Amarna genannt). Es ist interessant, daß der Pharao Aton als unsichtbaren und allmächtigen Gott verehrte.

Echnaton verwarf alles, was sein Vater angebetet hatte. Er ging gegen die Verehrung anderer Gottheiten vor, zerstörte ihre Bilder und konfiszierte die riesigen Ländereien und Tempel der lokalen Götter. Er regierte nur achtzehn Jahre, und sein ungestümes Vorgehen untergrub die Stabilität des Landes beträchtlich. Bezüglich der Hebräer in Goschen bestand sein wichtigster Beitrag darin, daß er sie in Ruhe ließ.

Joseph lebte lange genug, um noch seine Großenkel von Ephraim, der Jokims Schwester Atara geheiratet hatte, auf den Knien zu halten, dazu die Großenkel, die ihm Manasse gab. Er blieb der Familie seines Ältesten so eng verbunden, daß die Bibel berichtet, daß die Machir, dem Sohn Manasses, geborenen Kinder »auf Josephs Knie« geboren wurden (1. Mose 50,23), er sie also wie seine eigenen betrachtete. Wenn er mit seinem Schiff nach Goschen kam, erwartete ihn eine ganze Schar von Enkeln und Urenkeln. Kleine Hände packten sein

Gewand, wenn er die Laufplanke herabschritt, rosige Gesichter suchten Küsse von dem Brot Ägyptens, dem Vater des Pharao, dem Diener Gott Shaddais.

Als seine letzten Tage herbeikamen, ließ Joseph seine Brüder holen. »Ich sterbe jetzt«, sagte er ihnen, »aber Gott wird für euch sorgen. Er wird euch aus diesem Land hinausführen, in das Land, das er Abraham, Isaak und Jakob verheißen hat.«

Und Joseph ließ die Söhne Israels schwören, daß sie seine Gebeine aus Ägypten hinausbringen würden. Und Joseph starb mit 110 Jahren und wurde einbalsamiert und zunächst in einen Sarg in Ägypten gelegt.

Eine rasche Abfolge von Pharaonen folgte Amenhotep III.: Echnaton, Semenchkare, Tutanchamun, Eje und Haremhab. Und nach Haremhab, der ohne Erben starb, kam eine neue Dynastie von Königen, die, wie die Bibel sagt, »Joseph nicht kannten«.

Nachwort der Autorin

»Die Heiligung hängt nicht davon ab, ob Gott mich heiligen will – das steht fest. Aber will *ich* geheiligt werden?« schreibt Oswald Chambers. Und an anderer Stelle: »Wir müssen unterscheiden zwischen Gottes vollkommenem Willen und dem, was er zuläßt und gebraucht, um in unserem Leben seinen göttlichen Plan auszuführen. Gottes vollkommener Wille bleibt immer gleich. Aber mit all dem, was er in unserem Leben zuläßt, müssen wir kämpfen.«[1]

Als Ehefrau eines Jugendpastors werde ich oft von jungen Leuten gefragt, wie sie denn Gottes Willen finden können. Ich gebe ihnen dann gewöhnlich ein paar allgemeine Richtlinien, keine fertigen Antworten, denn ich habe selber darum ringen müssen, herauszufinden, was Gott eigentlich für mich und mein Leben will. Manche Prediger bieten eine einfache Formel an: Laß dich retten, werde heilig, laß dich vom Geist füllen, sei zum Leiden bereit und dann folge dem, wonach es dein Herz zieht!

Aber es ist einfacher, diese Formel herzusagen als sie zu praktizieren. Wie wählt ein Mensch, der gerettet, geheiligt, vom Geist Gottes erfüllt und zum Leiden bereit ist, zwischen »gut« und »auch gut«? Zwischen Blau und Rot? Zwischen Hinausgehen und Bleiben?

Wenigstens sind wir nicht allein mit unseren Zwickmühlen. Als ich den biblischen Bericht über Josephs spätere Lebensjahre stu-

---

1 Oswald Chambers, *Mein Äußerstes für sein Höchstes* (Wuppertal: Blaukreuz-Verlag, Neuhausen, Hänssler-Verlag, 1998), Andachten zum 20. Oktober und 16. Dezember.

dierte, fiel mir die simple Tatsache auf, daß die Israeliten nach dem Ende der Hungersnot nicht nach Kanaan zurückkehrten. So, wie der Mensch nun einmal ist, konnte ich mir leicht die Kräfte vorstellen, die sie in Ägypten hielten. Aber der Gedanke, daß sie eigentlich viel früher in ihr verheißenes Land hätten zurückkehren müssen, kam mir doch etwas gewagt vor – bis meine Theorie eine unerwartete Rükkendeckung erhielt durch einen Abschnitt, den einer meiner früheren Bibeldozenten mir faxte (danke, Dr. Harvey Hartman!). Der Abschnitt stammte aus einem älteren Bibelkommentar und zeigte mir, daß ich mich möglicherweise durchaus auf der richtigen Spur befand:

> Diese interessante kleine Episode läßt uns einen Blick in die Situation der hebräischen Gesellschaft in Ägypten erhaschen; denn der Vorfall, der hier berichtet wird (1. Chronik 7,20-22), scheint vor dem Auszug der Israeliten aus Ägypten zu liegen. Die Episode zeigt uns nämlich, daß einige von ihnen, die Palästina als ihre eigentliche Heimat ansahen, voreilig, auf eigene Faust und ohne auf den von Gott verordneten Tag zu warten, versuchten, das verheißene Land gewaltsam in Besitz zu nehmen.[2]

Einige von ihnen ... versuchten, das verheißene Land gewaltsam in Besitz zu nehmen. Einige der Hebräer setzten ihr Leben ein, um in ihre Heimat zurückzukehren!

War es Gottes Wille, daß der Mann und die Frau in Eden blieben, in ungebrochener Gemeinschaft mit ihm? Ja. Aber Gott gab dem Menschen einen freien Willen. Wenn wir nicht die Freiheit hätten, uns falsch zu entscheiden, hätten wir nicht die Freiheit, das Richtige zu wählen.

War es Gottes Wille, daß die Kinder Israels in Ägypten blieben und den Gott, der sie so wunderbar bewahrt hatte, vergaßen? Ich glaube, nein. Aber die Frage ist nicht so sehr, was Gott damals wollte

---

[2] Robert Jamieson, A. R. Fausset, David Brown, »Chronicles«, in: *A Commentary Critical, Experimental, and Practical on the Old and New Testaments* (Grand Rapids: William B. Eerdmans Publishing Company, 1973). S. 468.

– er hatte ja seinen vollkommenen Willen bereits geoffenbart –, sondern vielmehr, was die Hebräer wählten. Sie entschieden sich dafür, im Schwarzen Land zu bleiben, und mußten die Folgen dieser Entscheidung tragen – die Knechtschaft in Ägypten, die sie nach dem kommenden Erlöser schreien ließ ... nach Mose.

Gerade so wie Eden uns unsere Erlösungsbedürftigkeit zeigte.

Es sind verschiedene Variationen des gleichen Themas. Jede Geschichte ist ein Echo von Gottes Geschichte.